Integrationscontrolling bei Unternehmensakquisitionen

T0316981

Schriften zur Unternehmensplanung

Herausgegeben von Franz Xaver Bea, Alfred Kötzle und Erich Zahn

Band 63

PETER LANG

Frankfurt am Main · Berlin · Bern · Bruxelles · New York · Oxford · Wien

Cyrus B. Bark

Integrationscontrolling bei Unternehmens-akquisitionen

Ein Ansatz zur Einbindung
der Post-Merger-Integration in die Planung,
Steuerung und Kontrolle
von Unternehmensakquisitionen

PETER LANG
Europäischer Verlag der Wissenschaften

Die Deutsche Bibliothek - CIP-Einheitsaufnahme

Bark, Cyrus B.:

Integrationscontrolling bei Unternehmensakquisitionen : ein
Ansatz zur Einbindung der Post-Merger-Integration in die
Planung, Steuerung und Kontrolle von Unternehmens-
akquisitionen / Cyrus B. Bark. - Frankfurt am Main ; Berlin ;
Bern ; Bruxelles ; New York ; Oxford ; Wien : Lang, 2002
(Schriften zur Unternehmensplanung ; Bd. 63)
Zugl.: Frankfurt (Oder), Europa-Univ., Diss., 2001
ISBN 3-631-39271-0

Gedruckt auf alterungsbeständigem,
säurefreiem Papier.

ISSN 0175-8985
ISBN 3-631-39271-0

© Peter Lang GmbH
Europäischer Verlag der Wissenschaften
Frankfurt am Main 2002
Alle Rechte vorbehalten.

Printed in Germany 1 2 4 5 6 7

www.peterlang.de

Man überschätzt leicht

das eigene Wirken und Tun in seiner Wichtigkeit

gegenüber dem

was man durch andere geworden ist.

Dietrich Bonhoeffer

Meinen Eltern

Geleitwort

Der Befund, dass Unternehmensübernahmen - zumindest aus der Sicht von Anteilseignern der übernehmenden Unternehmen - häufiger erfolglos als erfolgreich sind, ist weder strittig noch neu. Das gilt auch für die Diagnose, dass dies auf Defizite in der Problemwahrnehmung von Entscheidungsträgern, eine mangelnde Problemrelevanz und eine Scheingenauigkeit der Akquisitionsplanung sowie insbesondere eine unzulängliche Integrationsplanung zurückzuführen ist (vgl. Kötzle 1996). Die vorliegende Arbeit befasst sich insofern mit einer für die betriebswirtschaftliche Forschung und die Unternehmenspraxis außerordentlich relevanten Problemstellung.

Ausgangspunkt der Arbeit ist die Entwicklung eines Erfolgsfaktorenmodells für die Integrationsgestaltung, welches systematisch aus den Zielebenen Unternehmensziele, Akquisitionsziele und Integrationsziele abgeleitet wird und interne Situationsvariablen, Variablen der Gestaltung des Akquisitionsprozesses bis zum Beginn der Integrationsphase sowie Variablen der Gestaltung des Integrationsprozesses abbildet. Auf diesem Modell baut die empirische Untersuchung zu kritischen Phasen im Akquisitionsprozess, Beurteilungskriterien des Akquisitionserfolgs, Bewertungsgrundlagen im Rahmen der Due Dilligence sowie Erfolgsfaktoren der Post-Merger-Integration auf. Der Verfasser konnte hierbei auf eine Stichprobe von Unternehmungen zurückgreifen, welche als Kunden einer renommierten Beratungsunternehmung Akquisitionserfahrungen aufweisen.

Aus den Erkenntnissen der empirischen Analyse werden Gestaltungsempfehlungen für das Integrations-Controlling abgeleitet: Der Verfasser entwickelt ein Integrations-Dashboard, eine für das Integrationscontrolling modifizierte Balanced Scorecard, leitet Empfehlungen zur Optimierung der Ablauf- und Aufbauorganisation des Integrationscontrolling ab und stellt ein Modell zur Erfassung des Post-Merger-Erfolgsbeitrags in der Due-Dilligence-Phase der Akquisitionsplanung vor.

Diese Gestaltungsempfehlungen stellen einen wertvollen Beitrag für die Praxis des Integrationscontrolling dar. Aber auch die betriebswirtschaftliche Forschung zum Integrationscontrolling kann aus den innovativen Erkenntnissen der empirischen Untersuchung fruchtbare Anregungen für weitergehende Untersuchungen gewinnen.

Prof. Dr. Alfred Kötzle

Vorwort

Der Erwerb von Unternehmen ist für den Erwerber zumeist eine wichtige Investitionsentscheidung, die sich im Falle eines „Kunstfehlers" des Erwerbers oder des Veräußerers oder deren Berater als sehr kostspielig erweisen kann.

Die Ursache gescheiterter Unternehmensakquisitionen wird sowohl seitens der betriebswirtschaftlichen Theorie als auch seitens der Unternehmenspraxis vielfach in der mangelnden bzw. mangelhaften Integration der beiden Akquisitionspartner nach Vertragsabschluss erkannt.

Ziel dieses Buches ist es, einen sowohl wissenschaftlichen als auch praxisorientierten Beitrag zur Lösung der Integrationsproblematik bei Akquisitionen zu leisten und diejenigen Verantwortungsträger systematisch zu unterstützen, die Akquisitions- und Integrationsentscheidungen treffen.

Bei der Entstehung dieses Buches waren mir meine ehemaligen Kollegen der Beratungsfirma A.T. Kearney Deutschland GmbH, besonders Dr. Michael Träm, Johann Veit und Dr. Markus Binder durch Hinweise und Ratschläge sehr behilflich. Dem DTP Stuttgart der A.T. Kearney GmbH und den Editoren des Düsseldorfer Büros bin ich für die große Unterstützung bei der Überarbeitung des Manuskriptes sehr zum Dank verpflichtet.

Besonderer Dank gilt den Vertretern der Praxis, die als Teilnehmer der empirischen Studie wesentlich zum Erfolg der vorliegenden Arbeit beigetragen haben

Mein aufrichtiger Dank gilt weiterhin meinem hochgeschätzten Doktorvater Professor Dr. Alfred Kötzle der mir immer mit Rat und Tat zur Seite stand und mich stets gefordert und gefördert hat. Dank auch an Professor Dr. Martin T. Bohl für die Übernahme des Zweitgutachtens.

Meinem Bruder bin ich zu besonderem Dank verpflichtet, denn mit seiner Geduld, sich trotz Fachfremdheit tapfer und hartnäckig durch den Dschungel der verqueren Satzstrukturen zu kämpfen hat er erheblich zur Qualität der Arbeit beigetragen.

Tiefe Dankbarkeit empfinde ich gegenüber meinen Eltern, die mein Studium ermöglichten und mir durch Ihren Zuspruch und das entgegengebrachte Vertrauen stets Rückhalt sind und waren.

Cyrus B. Bark

Inhaltsverzeichnis

Verzeichnis der Abbildungen

Verzeichnis der Tabellen

Verzeichnis der Beispielrechnungen

Verzeichnis der Formeln

Verzeichnis der Abkürzungen

AER	:	The American Economic Review
AG	:	Aktiengesellschaft
AK	:	Akquisitionskandidat
AktG	:	Aktiengesetz
AMJ	:	Academy of Management Journal
AMR	:	Academy of Management Review
AO	:	Akquisitionsobjekt
AOL	:	American Online
APV	:	adjusted present value
ArGe	:	Arbeitsgemeinschaft
AS	:	Akquisitionssubjekt
ATK	:	A.T. Kearney
AV	:	Anlagevermögen
BCG	:	Boston Consulting Group
BFuP	:	Betriebswirtschaftliche Forschung und Praxis
BGB	:	Bundesgesetzbuch
BSC	:	Balanced Scorecard
CAPM	:	capital asset pricing method
CCA	:	Comparative Company Approach
CEO	:	Chief Executive Officer
DB	:	Der Betrieb
DBW	:	Die Betriebswirtschaft
DCF	:	Discounted Cash-flow
DRSC	:	Deutsches Rechnungslegungsstandards Comittee
EBDIT	:	earnings before depreciation, interest and tax
EBIT	:	earnings before interest and tax
EK	:	Eigenkapital
EVA	:	Economic Value Added
F&E	:	Forschung und Entwicklung

FB/IE	:	Fortschrittliche Betriebsführung/Industrial Engineering
FCF	:	Free Cash-flow
FK	:	Fremdkapital
FTE	:	flow to equity
GF	:	Geschäftsfeld
GmbH	:	Gesellschaft mit beschränkter Haftung
GWB	:	Gesetz gegen Wettbewerbsbeschränkung
H	:	Hypothese
HBM	:	Harvard Business Manager
HBR	:	Harvard Business Review
HGB	:	Handels-Gesetzbuch
HM	:	Harvard Manager
HRP	:	Human Resource Planning
IG	:	Integrationsgestaltung
IPO	:	Initial Public Offering
IT	:	Informations-Technologie
JCM	:	Journal of Cost Management
JfB	:	Journal für Betriebswirtschaft
JFE	:	Journal of Financial Economics
JoB	:	The Journal of Occupational Behavior
KLR	:	Kosten- und Leistungsrechnung
LoI	:	Letter of Intent
M&A	:	Mergers and Acquisitions
MBO	:	Management Buy-Out
Mngmt	:	Management
MoU	:	Memorandum of Understanding
NBV	:	Nicht betriebsnotwendiges Vermögen
NCF	:	Netto Cash-flow
NOPAT	:	net operating profit after taxes
NPV	:	net present value
o.V.	:	ohne Verfasser

PatG	:	Patentgesetz
PCF	:	Perpetuity Cash-flow
PMI	:	Post-Merger-Integration
POG	:	Preisobergrenze
PR	:	Public Relations
PUG	:	Preisuntergrenze
RAM	:	recent acquisition method
RIV	:	Resource-Impact-Value
RoI	:	Return on Investment
RV	:	Residual Value
SGE	:	Strategische Geschäftseinheiten
SGF	:	Strategische Geschäftsfelder
SMJ	:	Strategic Management Journal
SMR	:	Sloan Management Review
SOFT	:	Strengths, Opportunities, Failures, Threats
SPCM	:	similar public company method
SV	:	Shareholder Value
SVA	:	Shareholder Value Analyse
T	:	Lebensdauer
UmwG	:	Umwandlungsgesetz
UV	:	Umlaufvermögen
VBM	:	Value Based Management
VStR.	:	Vermögenssteuerrecht
WACC	:	weighted average cost of capital
WiSt	:	Wirtschaftswissenschaftliches Studium
WISU	:	Das Wirtschaftsstudium
WiWo	:	Wirtschaftswoche
ZFB	:	Zeitschrift für Betriebswirtschaft
ZFBF	:	Zeitschrift für betriebswirtschaftliche Forschung
ZFO	:	Zeitschrift für Organisation
ZFP	:	Zeitschrift für Personalforschung

Acquisitions are like snowflakes.
No two are alike!
(Clemente/Greenspan (1998), S. 157)

1   Problemstellung, Ziel und Aufbau der Untersuchung

1.1   Ausgangssituation

Kaum ein Thema ist zur Zeit interessanter für die Wirtschaftspresse als Fusionen. Die Schlagzeilen beschäftigen sich mit *Mega-Deals*, *Merger-Mania* und *Fusionsfieber*.[1] Im Kampf um Marktanteile in gesättigten Märkten, im Wettlauf mit der Zeit hinsichtlich Produktentwicklung und Time-to-market, in Situationen ausgereizter Rationalisierungspotenziale versprechen oftmals nur noch Fusionen die Aussicht auf Unternehmenswertsteigerung.[2]

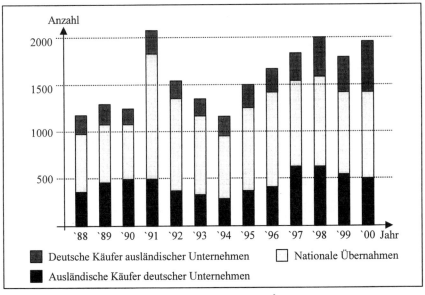

Abb. 1: Unternehmensakquisitionen in Deutschland[3]

---

[1]   Vgl. Heinrich (1999), S. 20 ff.
[2]   Vgl. Lloyd (1997), S. VII ff.
[3]   O.V. (2001), S. 47.

Der Wert der Firmenübernahmen ist in Deutschland im Jahr 2000 auf 479 Milliarden Euro gestiegen. Dieses Plus von 140 Prozent gegenüber 1999 ist zurückzuführen auf Mega-Deals wie Mannesmann/Vodafone und Voicestream/Telekom. Abb. 1 verdeutlicht, dass der Anteil rein innerdeutscher Transaktionen gesunken ist, deutsche Unternehmen jedoch mehr denn je im Ausland akquirieren; die Anzahl der Übernahmen deutscher durch ausländische Unternehmen ging zurück.

Jahr:	1996	1997	1998	1999	2000
Automobil		Daimler/Chrysler	72	Ford/Volvo 12 Renault/Nissan 10	
Telecom	39 Bell Atlantic/Nynex WorldCom/MCI 60		SBC/Ameritech 130 GTE/Bell Atlantic 130	MCI WorldCom/Sprint 207 Airtouch/Vodafone 120 Mannesmann/Vodafone 360	92 Qwest/USWest
Banken	USB/SBC 40		Citicorp./Travelers Group 131	111 Bank of America/Nations Bank	
Multimedia	131 Walt Disney/Capital Cities			CBS/Viacom 64 AT&T/MediaOne 114 AOL/Time Warner 300	
Pharma/Chemie	Ciba/Sandoz 90			Dow/Union Carbide 21 Hoechst/Rhône Poulenc 110 Glaxo/SmithKline 150 Pharmacia & Upjohn/Monsanto 44 Pfizer/Warner-Lambert 180	
Mineralöl		BP/Amoco 280	Exxon/Mobil 156	BP-Amoco/Arco 50	100 Elf/Totalfina
Quelle: A.T. Kearney				⊂⊃ = Transaktionspreis in Milliarden D-Mark	

Abb. 2: Die größten Merger der vergangenen Jahre

„Ich fusioniere, also bin ich!"[4] ist einer der vielgelebten Leitsätze; die Unternehmensgröße wird zum Wert an sich. Sowohl die steigende Anzahl der Unternehmenszusammenschlüsse als auch das zunehmende Transaktionsvolumen der Deals zeigen, dass immer mehr Unternehmen und Manager ihr Heil in der Größe suchen. Eindrucksvoll gestaltet sich die in Abb. 2 aufgeführte Liste der größten Merger der vergangenen Jahre.[5]

---

[4] Hetzer/Nölting (2000), S. 79.

[5] Neben dem absoluten Anstieg an Transaktionen ließen sich 1999 vier wesentliche Trends ausmachen. Erstens war es das Jahr europäischer M&A-Transaktionen (1998 machte Europa 23% des weltweit angekündigten Transaktionsvolumens aus, 1999 schon 37%). Zweitens war 1999 ein Jahr der Großfusionen (die Anzahl der angekündigten Transaktionen über 10 Mrd. US-$ stieg von 27 im Jahr 1998 auf 45 im Jahr 1999). Drittens war 1999 das Jahr der unfreundlichen Übernahmen. Waren 1997 und 1998 nur ca. 1% des weltweiten Transaktionsvolumens unfreundliche Übernahmen, so stieg dieser Anteil im Jahr 1999 auf 15,7%. Viertens war 1999 das Jahr der High-Tech-, Medien- und Telekommunikationsbranchen.

Fusionen sind jedoch kein neues Phänomen des Kapitalismus, es gibt sie schon seit über 100 Jahren, seit Beginn der Industrialisierung. Wie aus Abb. 3 ersichtlich, befinden wir uns derzeit in der *fünften Welle*. Wurden Unternehmenszusammenschlüsse zu Beginn des Jahrhunderts mit Erklärungsansätzen der ökonomischen Theorie (z.b. Fusionen mit dem Ziel der Monopolbildung)[6] gerechtfertigt, bzw. in den 30er Jahren als Antwort auf die Antitrustgesetze, finden sich in jüngerer Vergangenheit die Ursachen für Unternehmenszusammenschlüsse in der Strategiediskussion (z.b. Diversifikationsstrategien und Portfolio-Theorie)[7] sowie im Umfeld der Liberalisierung und Deregulierung. Neueste Triebfeder der Unternehmenszusammenschlüsse sind die Fusionsfantasien in den *new economies* (Internet, Bio-Technologie, ...) und die zunehmend strikte Ausrichtung des Top-Management auf das Shareholder Value-Prinzip.[8]

Doch die kritischen Stimmen mehren sich.[9] Es gibt viele Untersuchungen, die nachweisen, dass die meisten Unternehmenszusammenschlüsse scheitern. Eine von der Unternehmensberatung A.T. Kearney im Jahr 1998 durchgeführte empirische Studie von 115 internationalen Zusammenschlüssen kommt zu einem vernichtenden Ergebnis: 57 % der Fusionen führten zu einem Rückgang des Unternehmenswertes, bei 14% der Fusionen trat keine oder nur eine minimale positive oder negative Veränderung des Unternehmenswertes auf, lediglich 29% der Transaktionen führten zu einer merklichen Unternehmenswertsteigerung.[10]

Zu ähnlichen Ergebnissen kommt eine Vielzahl empirischer Untersuchungen, die sowohl von Vertretern der Wissenschaft als auch der Praxis in der Vergangenheit durchgeführt wurden.[11]

---

[6] Vgl. Kapitel 3.1.2.1, S. 53 ff.

[7] Vgl. ebenda.

[8] Vgl. Abb. 3. „Im Jahre 1999 betrug das weltweite Transaktionsvolumen 2.242 Milliarden US $. Seit 1994 (452 Milliarden US $) ist dieser Markt um durchschnittlich 38% jährlich gewachsen." Vgl. Stehr (2000).

[9] „Wenn Größe das entscheidende Kriterium wäre, müssten die Dinosaurier heute noch leben." Vgl. Wiedeking (2000), S. 86; ebenso Ghemawat/Ghadar (2000), S. 65 ff.

[10] Vgl. Habeck/Kröger/Träm (1999), S.11 und ebenso A.T. Kearney (1997).

[11] Für viele: Bühner (1990a), Fowler/Schmidt (1989), Möller (1983), etc. Eine umfangreiche Aufstellung über Studien zu Akquisitionserfolgen findet sich bei Bamberger (1993), S. 255, Frank/Stein (1993), S. 135 und Storck (1993), S. 140.

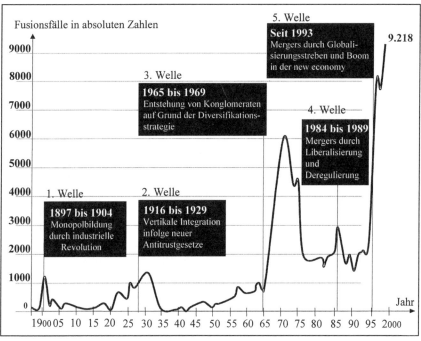

Fusionsfälle in absoluten Zahlen

9000

8000   3. Welle

7000

6000

5000

4000   1. Welle   2. Welle

3000

2000

1000

0   Jahr

1900 05 10 15 20 25 30 35 40 45 50 55 60 65 70 75 80 85 90 95 2000

5. Welle
Seit 1993
Mergers durch Globali-
sierungsstreben und Boom
in der new economy

9.218

1965 bis 1969
Entstehung von Konglomeraten
auf Grund der Diversifikations-
strategie

4. Welle
1984 bis 1989
Mergers durch
Liberalisierung
und
Deregulierung

1897 bis 1904
Monopolbildung
durch industrielle
Revolution

1916 bis 1929
Vertikale Integration
infolge neuer
Antitrustgesetze

Abb. 3: Die fünf Fusionswellen seit Beginn der Industrialisierung[12]

Ursachen für Misserfolg können verschiedenartiger Natur sein. Als typische Gründe für Negativergebnisse nennen *Habeck/Kräger/Träm* insbesondere folgende Kritikpunkte:[13]

□ Fehlende zukunftsbezogene Ausrichtung: Die Ausrichtung blieb in drei von vier Fällen vergangenheitsbehaftet, d.h. auf die bisherigen Unternehmensorganisationen und nicht auf die neuen Geschäftsprozesse fokussiert. Vielfach gingen dadurch auch in den angestammten Segmenten Marktanteile verloren.

□ Zielkonflikte der neuen Partner: Während sich ein Akquisitionspartner insbesondere Synergien auf der Ebene der Produkt- und Marktstrategien versprach, konzentrierte sich der andere Partner weitestgehend auf Kostenreduzierungen.

□ Unrealistische Integrationserwartungen: Kaum ein Unternehmen konnte den eigenen Ansprüchen an die Gestaltung der Integrationsprozesse gerecht werden, vielmehr mussten 86 Prozent Fehleinschätzungen einräumen.

---

[12] Leicht modifizierte Darstellung nach Müller-Stevens (2000), S. 84.
[13] Vgl. Habeck/Kröger/Träm (1999), S. 11 und ebenso A.T. Kearney (1997).

◻ Keine rechtzeitige Bestimmung der Führungsmannschaft: Nach der A.T. Kearney-Studie wurden in nur 39 Prozent der Abschlüsse die Personalfragen auf Management-Ebene bereits vor der Transaktion geklärt. Insofern kam es häufig zu einer ausgeprägten Konkurrenzsituation um leitende Positionen, die den Integrationsprozess und die Strategieumsetzung nachhaltig beeinträchtigten, was nicht selten dazu führte, dass Spitzenkräfte das Unternehmen verließen.

◻ Verletzung der Mitarbeiterinteressen: Weil in fast zwei Dritteln der Transaktionen ein Personalabbau den *Fusionserfolg* bewirken sollte, konnte auf Mitarbeiter-Ebene schwerlich ausreichende Akzeptanz der Unternehmenszusammenführung geschaffen werden.

◻ Kulturelle Diskrepanz: Die Studie belegt, dass in der Mehrzahl der untersuchten Akquisitionen den zugekauften Unternehmen die Übernahme der Firmenkultur des Akquisitionssubjektes *verordnet* wurde, so dass Blockadehaltungen den Integrationsprozess erschwerten.

Vertreter aus Wissenschaft und Praxis haben erkannt, dass insbesondere die Integrationsphase Gefahren für einen erfolgreichen Unternehmenszusammenschluss in sich birgt.[14] „The simple message [...] is that integration is both risky and necessary.“[15]

Die Berücksichtigung der Integrationsproblematik in der Phase der Unternehmensbewertung und die zielgerichtete Integrationsgestaltung im Rahmen eines Unternehmenszusammenschlusses sind die inhaltlichen Schwerpunkte dieser Arbeit.

1.2 Problemstellung und Untersuchungsgegenstand der Arbeit

In der wissenschaftlichen Literatur besteht eine Vielzahl von Arbeiten, die sich mit der Thematik der Unternehmensakquisition beschäftigen. Zum Beispiel sind „[...] alleine in den 700 wichtigsten englischsprachigen wirtschaftlichen Zeitschriften von Mai 1984 bis zum April 1989 4.450 Publikationen über Mergers und Acquisitions erschienen.“[16]

---

[14] Vgl. Gerpott (1993), S. 5 f.; Haspeslagh/Jemison (1991), S. 20 ff.; Jensen (2000), S. 91; o.V. (2000), S. 15; Coley/Reinton (1988), S. 29.; vgl. Anhang, S. 248 f.
[15] Vgl. Mitchell (1999), S. 6.
[16] Süverkrüp (1991), S. 2 ff.

Nicht zu vergessen sind jedoch die ebenfalls zahlreichen wissenschaftlichen Beiträge, die juristische oder auch psychologische sowie soziologische Themenkomplexe von Akquisitionen untersuchen.[17]

Ungeachtet der fachlichen Ausrichtung und den spezifischen Untersuchungsgegenständen findet sich in fast allen wissenschaftlichen Ausarbeitungen der Verweis auf die hohe Misserfolgsquote von Akquisitionen.[18] Wissenschaftlich weitaus interessanter als die Tatsache, dass es eine hohe Misserfolgsquote bei Akquisitionen gibt, ist jedoch die daraus abzuleitende Frage „[...] why some [acquisitions] fail and others succeed."[19]

Nicht nur in wissenschaftlicher Hinsicht ist diese Frage von Bedeutung, auch die Praxis kann aus deren Beantwortung erfolgsrelevante Handlungsempfehlungen für die Akquisitionsgestaltung ableiten.

In Anlehnung an Gerpott[20] lassen sich in Tab. 1 idealtypisch drei Erklärungsansätze der Erfolgsvarianz von Unternehmensakquisitionen unterscheiden:

❑ der strategisch-strukturelle Ansatz,

❑ der integrationsprozessual-mitarbeiter-orientierte Ansatz und

❑ der unternehmenskultur-orientierte Ansatz.[21]

Der bisherige Schwerpunkt der wissenschaftlichen Untersuchungen liegt zweifellos im Bereich des strategisch-strukturellen Erklärungsansatzes, wohingegen die beiden anderen Forschungsansätze in jüngster Vergangenheit mehr Beachtung in der betriebswirtschaftlichen Literatur finden. Auffallend ist, dass bisher kaum versucht wurde, die drei zumeist völlig isoliert voneinander stehenden Ansätze zu einem umfassenden Gesamtkonzept bzw. Erfolgsmodell zu verknüpfen.[22]

---

[17] Zu kurzen Abrissen der historischen Entwicklung der Akquisitionsforschung und der Untersuchungsschwerpunkte verschiedener Fachrichtungen siehe Möller (1983), S. 14-18; Sautter (1989), S. 4 f.; Grüter (1991), S. 9-12; Haspeslagh/Jemison (1991), S. 292-309; Kirchner (1991), S. 26-35.

[18] Vgl. Bronder/Pritzl (1992), S. 23; Cartwright/Cooper (1992), S. 1; Nolte (1992), S. B18.

[19] Schweiger/Walsh (1990), S. 47.

[20] Gerpott (1993), S. 4 ff.

[21] Siehe Tab. 1.

[22] Vgl. Gerpott (1993), S. 8-9.

Erklärungs-ansatz	Beschreibung	Erfolgsbestimmungsgrößen	Vertreter
Strategisch-struktureller Erklärungs-ansatz	Erfolgsrelevant ist die angemessene Einbettung des Akquisitionsobjektes in die Unternehmensstrategie des Erwerbers.	Parameter, die strategische Wertschöpfungspotenziale einer Akquisition und die Qualität der entwickelten Akquisitionsstrategie widerspiegeln, z.B. - Verwandtschaftsgrad der Geschäftssysteme der Akquisitionspartner - Umsatzgröße der beteiligten Partner - Umsatz-Wachstumsrate	- Porter (1985) - Coenenberg/ Sautter (1988) - Gomez/ Weber (1989)
Integrations-prozessual-mitarbeiter-orientierter Ansatz	Kernpunkt des Ansatzes ist die Aussage, dass „the transaction itself does not bring the expected benefits, instead actions and activities of the management after the agreement determine the results."[23]	Maßnahmen der Integrationsgestaltung, die akquisitionsbedingte Potenziale zur Unternehmenswertsteigerung erst ermöglichen, z.B. - Informationsprogramme für die Mitarbeiter des erworbenen Unternehmens - Maßnahmen zur Förderung der Abstimmung zwischen den Führungskräften der beteiligten Unternehmen	- Cartwright/ Cooper (1990) - Chakrabarti (1990) - Grüter (1991) - Gerpott (1993) - Hase (1996)
Unterneh-menskultur-orientierter Ansatz	Betont wird die Erfolgsbedeutung der beim Akquisiteur und erworbenen Objekt jeweils vorherrschenden Unternehmenskultur, i.e. die von den Mitarbeitern eines Unternehmens geteilten Werthaltungen, Normen und Verhaltensmuster.	Parameter zur Gestaltung erfolgsfördernder kultureller Stimmigkeit oder *Ähnlichkeit* der Akquisitionspartner, z.B.: - Akkulturationsmaßnahmen - Selbstfindungsseminare - Sensibilisierungsprogramme für negative, kulturzerstörende Wirkungen	- Davis (1968) - Buono et al. (1985) - Müller-Stewens/ Salecker (1991)

Tab. 1:   *Erklärungsansätze der Erfolgsvarianz von Akquisitionen*

Besondere Herausforderungen aus wissenschaftlicher Sichtweise resultieren dabei aus der Mehrdimensionalität der Ansätze insgesamt (strategie-, integrations- und unternehmenskultur-relevante Aspekte), aus der Mehrdimensionalität innerhalb der einzelnen Ansätze (technokratische, personelle und informationelle Integrationsgestaltung) und nicht zuletzt aus der Einmaligkeit und Sonderstellung jeder einzelnen Transaktion.

Eine weitere Herausforderung aus Sicht der Wissenschaft ist zudem die *ex-ante-Perspektive* der Integrationsthematik, die Prognose von Integrationsproblemen schon in der Due Diligence.[24]

---

[23] Haspeslagh/Jemison (1991), S. 12.
[24] Der Begriff der Due Diligence wird eingehend in Kapitel 2.2.3 erläutert.

Neben der zuvor genannten, wissenschaftlichen Problemstellung der Erklärbarkeit der Erfolgsvarianz von Unternehmensakquisitionen erscheinen die nachfolgend aufgeführten Herausforderungen besonders aus Sicht der Unternehmenspraxis relevant:

- Die Einmaligkeit und Sonderstellung des Vorgangs einer Akquisition erlaubt keine Fehltritte, d.h. ein Unternehmenskauf lässt sich kaum bzw. nur mit beträchtlichem finanziellen Aufwand wieder rückgängig machen.[25]

- Die finanzielle Größenordnung der Entscheidung sowie die personellen Auswirkungen einer Unternehmensakquisition sind zumeist erheblich. Insofern resultieren Misserfolge bei Akquisitionen nicht selten in einer existenziellen Bedrohung des Käuferunternehmens.

- Die Ermittlung des *wahren* Kaufpreises und die *richtige* Bewertung des Akquisitionsobjekts sind Ursprung und Basis einer erfolgsversprechenden Akquisition.[26]

- Die zumeist eingeschränkte Gestaltbarkeit des Integrationsprozesses erschwert nach erfolgtem Vertragsabschluss ein steuerndes Eingreifen in der Phase der Post-Merger-Integration (PMI) und hemmt die Realisierung der Synergiepotenziale.

Um einerseits die geschilderte Problemstellung aus Sicht der Wissenschaft zu bearbeiten (Erklärbarkeit der hohen Erfolgsvarianz von Akquisitionen) und andererseits die Herausforderungen der Unternehmenspraxis anzunehmen (Vermeidung von Misserfolgen im Rahmen von Akquisitionen), wird das Hauptaugenmerk der vorliegenden Untersuchung auf diejenige Phase im Akquisitionsprozess gerichtet, in der die eigentliche Wertschöpfung generiert und letzten Endes über Akquisitionserfolg oder -misserfolg entschieden wird – die PMI-Phase. Neben der Untersuchung der erfolgskritischen Parameter für die Planung, Steuerung und Kontrolle der PMI-Phase werden im Rahmen einer *ex-ante-Betrachtung* außerdem Auswirkungen der Integrationsproblematik auf die Phase der Due Diligence analysiert.

---

[25] Vgl. Humpert (1985), S. 31
[26] Im Falle einer Überbewertung des Kandidaten kann folgendes Phänomen beobachtet werden: Ist das Käuferunternehmen bereit, einen ungerechtfertigt hohen Kaufpreis bzw. Preiszuschlag zu zahlen, resultieren daraus zweifelsohne sehr hohe Ertragserwartungen, um die Akquisition zu amortisieren. Die Tatsache der Verfehlung dieser hochgesteckten Ziele führt häufig zu einer notwendigen (Cash-flow-relevanten) Verringerung der Investitionstätigkeit, was häufig eine Verschlechterung der Leistung bedingt. Trauriges Finale dieses Teufelskreises ist die Veräußerung des akquirierten Unternehmens mit Abschlag.

1.3 Zielsetzung der Arbeit

Die Zielsetzung der Arbeit ist zweigeteilt und leitet sich aus den geschilderten Problemstellungen der Wissenschaft und Unternehmenspraxis ab. Konkrete Ziele der Arbeit sind:

❑ einerseits die Ermittlung einer umfassenden Konzeption zur Planung, Steuerung und Kontrolle der PMI im Sinne eines Integrationscontrolling[27] und die daraus resultierenden Gestaltungsempfehlungen für den Integrationsprozess.

❑ andererseits die Integrationsproblematik bereits in der PMI vorgelagerten Phase der Due Diligence zu berücksichtigen und diese *ex-ante Perspektive* in ein neues Verfahren der Unternehmensbewertung einzubinden.

Folgende Teilziele lassen sich zur Erreichung dieser Untersuchungsziele bereits ableiten:

1. Generierung eines Erfolgsfaktorenmodells der Integrationsgestaltung: Ausgangspunkt jeglicher Integrationsgestaltung sind die mit der Akquisition verfolgten Ziele der Akquisitionspartner.[28] Die Erreichung der angestrebten Akquisitionsziele ist Grundlage für den Akquisitionserfolg. Die in Kapitel 4 durchzuführende empirische Studie soll neben der Bestimmung der erfolgskritischen Phasen im Akquisitionsprozess und der Untersuchung relevanter Akquisitionsmotive und Erfolgsgrößen die Vermutung bestätigen, dass sich insbesondere Parameter der Integrationsgestaltung als relevant für den Akquisitionserfolg erweisen.[29] Die relevanten Erfolgsparameter sind in einem Erfolgsfaktorenmodell zu verdichten.

2. Verknüpfung der einzelnen Erfolgsparameter der Integrationsgestaltung mit den erwarteten Synergiepotenzialen der Akquisition: Auf Grundlage der Erfolgsparameter der Integrationsgestaltung kann über das Verbindungsglied der Wertgeneratoren[30] ein Modell zur Ermittlung der quantitativen Auswirkungen der Integrationsgestaltung auf den Umfang der im Rahmen der Akquisition realisierbaren Synergiepotenziale entwickelt werden.

---

[27] Der Begriff des *Integrationscontrolling* ist vom Begriff des *Akquisitionscontrolling* zu unterscheiden. Eine detaillierte Abgrenzung erfolgt in Kapitel 5.1.2, S. 140 f.

[28] Unabdingbar für den Integrationserfolg ist die genaue Kenntnis des Akquisitionsziels und die Klärung der Fragestellung, wann eine Akquisition erfolgreich ist. Diese für die Arbeit äußerst wichtigen Fragestellungen nach den erfolgskritischen Phasen im Akquisitionsprozess, nach den relevanten Akquisitionsmotiven und Erfolgsgrößen bzw. Maßstäben der Erfolgsmessung werden im Rahmen der empirischen Studie in Kapitel 4 untersucht.

[29] Da erst in der PMI-Phase die eigentliche Zusammenführung der Akquisitionspartner faktisch vollzogen wird, werden die Schlüssel zum Akquisitionserfolg insbesondere in Erfolgsparametern der Integrationsgestaltung vermutet.

[30] Siehe Kapitel 6.3.

3. Einbindung des Modells zur Ermittlung der quantitativen Auswirkungen der Integrationsgestaltung auf den Umfang der realisierbaren Synergiepotenziale in ein System zur Unternehmensbewertung und Kaufpreisbestimmung: Die Verfahren der Unternehmenswertermittlung sollen im Rahmen der Akquisition realisierbare und von Maßnahmen der Integrationsgestaltung beeinflusste Synergiepotenziale in der Due Diligence präzisieren und den Prozess der Kaufpreisbestimmung verfeinern. Der Unternehmenswert und der darin implizit enthaltene Akquisitionserfolg sollen über den gesamten Akquisitionsprozess betrachtet werden. Der Unternehmenswert und Akquisitionserfolg werden folglich vor der PMI in der Due Diligence (als potenzielle Größen), während der PMI im Rahmen des Integrationscontrolling (als zu plitanende, zu steuernde und zu kontrollierende Größen in Relation zu einem Zielerreichungswert) und nach der PMI in der Aftermaths-Phase einer Akquisition (als tatsächlich realisierter, finaler Unternehmenswert) bewertet.

1.4 Aufbau der Arbeit

Zur aufgezeigten Problemstellung werden in Kapitel 2 die notwendigen Begriffe definiert und voneinander abgegrenzt. Neben den Termini der *Akquisition*, des *Akquisitionsprozesses* und der *Integration* liegt das Hauptaugenmerk auf dem *Synergiebegriff*, seiner Reichweite und seinen Ausprägungen sowie auf einer Erklärung des Ausdrucks *Ressourcentransfer*. Ziel der Untersuchung ist das Erkennen der Forschungslücken, aus denen die Lösungsbeiträge abzuleiten sind, die mit der eigenen Arbeit verfolgt werden sollen. Festgehalten wird das Ergebnis des Kapitels 2 in der detaillierten Agenda für die eigene Untersuchung.

In Kapitel 3 der Arbeit steht die Generierung eines Erfolgsfaktorenmodells für die PMI im Vordergrund. Ausgehend von konzeptionellen Grundlagen der Erfolgsfaktoren-Forschung und der Entwicklung von Erfolgsfaktorenmodellen wird ein konzeptioneller Bezugsrahmen der Erfolgsfaktoren und ein Erfolgsfaktorenmodell der Integrationsgestaltung entwickelt.

In Kapitel 4 wird eine eigene empirische Untersuchung hinsichtlich Erfolgsfaktoren in der PMI durchgeführt. Das Forschungs-Design der Studie wird in Kapitel 4.1 dargestellt. In Kapitel 4.2 werden die Ergebnisse der Studie erläutert und interpretiert – einerseits in einer branchenübergreifenden Gesamtsicht, andererseits branchenspezifisch.

Aus den in Kapitel 3 und 4 gewonnenen Erkenntnissen wird in Kapitel 5 ein umfassendes Konzept eines Integrationscontrolling entwickelt, welches unter verschiedenen Aspekten betrachtet wird. Die *funktionale Sichtweise* untersucht das Aufgabenspektrum des Integrationscontrolling. Unter der *instrumentellen Sichtweise* wird mit dem entwickelten PMI-Dashboard ein ganzheitlicher Lösungsansatz zur Methodik des Integrationscontrolling vorgestellt. Der *institutionale Aspekt* befasst sich mit ablauf- und aufbauorganisatorischen Fragestellungen des Integrationscontrolling. Kapitel 5.3 veranschaulicht die Umsetzung des Integrationscontrolling im Rahmen eines Projektmanagement. Besondere Beachtung finden das Kommunikations-Management entlang des Prozesses der Integrationsgestaltung und das Risk-Management.

In Kapitel 6.1 werden die in der Praxis relevanten Verfahren der Unternehmenswertermittlung vorgestellt und anhand von Beispielrechnungen gegeneinander abgegrenzt.

Basierend auf den empirischen Ergebnissen und gestützt auf theoretische Vorarbeiten zur Shareholder-Value-Thematik werden in Kapitel 6.2 die Komponenten des Unternehmenswertes nach Synergiegesichtspunkten untersucht. Kapitel 6.3 untersucht die Auswirkungen der Maßnahmen der Integrationsgestaltung auf den Akquisitionserfolg, die in der VALCOR-Matrix in den verschiedenen Synergiedimensionen abgebildet werden und somit in die Unternehmenswertermittlung Eingang finden.

Kapitel 7 schließt die Arbeit ab und fasst die Ergebnisse der Arbeit kurz zusammen.

Die geschilderte Vorgehensweise orientiert sich an dem in Abb. 4 dargestellten forschungslogischen Ablauf, der sich untergliedert in:

❑ den *Entdeckungszusammenhang*, der den Anlass beschreibt, der zu dem Forschungsprojekt geführt hat, z.B. ein praktisches Problem und / oder Probleme der Theoriebildung[31],

❑ den *Begründungszusammenhang*, der methodologische Schritte schildert, mit deren Hilfe das Problem untersucht wird und

❑ den *Verwertungszusammenhang*, den wesentlichen Beitrag der Untersuchung zur Lösung des Problems.[32]

---

[31] In dieser Arbeit trifft beides zu. Nach Witte (1981), S. 15 hat es die Forschung dann besonders leicht, den Nutzungsaspekt im Auge zu behalten, wenn sie durch eine Anregung aus der betriebswirtschaftlichen Praxis selbst entstanden ist.

[32] Vgl. Friedrichs (1990), S. 51 ff. Vergleichbare wissenschaftsmethodische Systematiken finden sich bei Atteslander und Kromrey. Vgl. Atteslander (1995), S. 74 f. und Kromrey (1995), S. 58 ff.

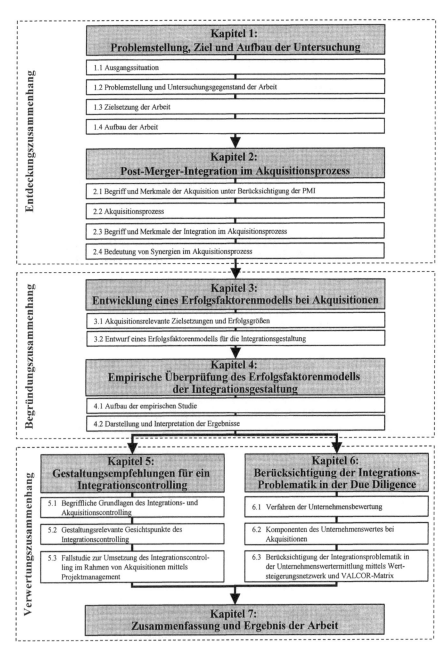

Abb. 4: Vorgehensweise und Aufbau der Arbeit

2 Post-Merger-Integration im Akquisitionsprozess

2.1 Begriff und Merkmale der Akquisition unter Berücksichtigung der Post-Merger-Integration

Da die Auslegung und das Verständnis des Akquisitionsbegriffs den Gegenstandsbereich der vorliegenden Arbeit entscheidend prägt, ist eine Definition und Abgrenzung des Akquisitionsbegriffs erforderlich, besonders weil die Vielfalt und Uneinheitlichkeit der Begriffsverwendung in Schrifttum und Praxis eher verwirrt als unterstützt.[33]

Für die Arbeit zweckmäßig ist aufgrund der thematischen Ausrichtung auf integrationsrelevante Fragestellungen die Anlehnung des verwendeten Akquisitionsbegriffs an die Definition von Gerpott. Eine Akquisition bezeichnet:[34]

- den Erwerb von Eigentumsrechten,

- durch ein Unternehmen (Akquisitionssubjekt),

- an einem anderen Unternehmen oder an abgrenzbaren und in sich geschlossenen Teileinheiten im Sinne von Betrieben eines anderen Unternehmens (gem. § 613a BGB) (Akquisitionsobjekt),

- mittels einer mehrheitlichen Übertragung der Gesellschaftsanteile oder des gesamten oder wesentlicher Teile des Vermögens des Akquisitionsobjektes auf das Akquisitionssubjekt,

- ohne dass ein vor der Transaktion rechtlich selbständiges Akquisitionsobjekt seine Rechtspersönlichkeit mit dem Erwerb verlieren muss.

Das von Gerpott gewählte Definitionselement der für den Akquisitionsbegriff notwendigen „[...] Möglichkeit einer beherrschenden Einflussnahme [des Akquisitionssubjekts, C.B.B.] auf das Akquisitionsobjekt"[35] wird abgelehnt, da dieses eingeschränkte Akquisitionsverständnis in der Praxis bedeutende Realphänomene wie z.B. *Mergers of equals* von der weiteren Betrachtung ausschließen würde, die sehr wohl integrationsrelevante Aspekte aufweisen.

Die gewählten fünf Definitionselemente werden im folgenden kurz erläutert.

---

[33] Neben dem Terminus der *Akquisition* sind Bezeichnungen wie *Unternehmenskauf, -übernahme, -beteiligung, -zusammenschluss, -fusion, -kooperation, -konzentration, strategische Partnerschaft, Allianz* oder *strategisches Netzwerk* gebräuchlich. Eine Ursache der Uneinheitlichkeit der Begriffsverwendung liegt in der nicht vorhandenen Festlegung des Unternehmensbegriffs im deutschen Recht; vgl. Picot (1998), S. 16.

[34] In enger Anlehnung an die gewählte Definition bei Gerpott (1993), S. 18 ff.

[35] Gerpott (1993), S. 18.

2.1.1   Erwerb von Eigentumsrecht

Akquisitionen haben zur Folge, dass Verfügungsrechte im Sinne von Eigen-
tums- und Besitzrechten[36] von einem *Veräußerer* zu einem *Erwerber* übergehen,
wobei der Erwerber dem Veräußerer eine Gegen- bzw. Entschädigungsleistung
bereitstellt.[37] Nicht als Akquisition angesehen wird in dieser Arbeit die Übertragung von Verfügungsrechten an Unternehmen durch Erbschaft oder Schenkung,
weil dabei die Integrationsthematik bzw. die Problematik der Ressourcenzu-
sammenführung i.d.R. nicht auftritt. Zudem hat die Art der Gegenleistung für
die Übertragung der Verfügungsrechte[38] für die Untersuchung keine Bedeutung,
da sie die Integrationsproblematik zwischen Akquisitionssubjekt und Akquisitionsobjekt nicht beeinflusst.

2.1.2   Akquisitionssubjekt

Aus dem Untersuchungsgegenstand lässt sich ableiten, dass als Akquisitionssubjekt bzw. Erwerber lediglich Unternehmen auftreten können, die durch den Erwerb des Akquisitionsobjektes nicht nur ein spekulatives, kurzfristiges Engage-
ment, sondern eine mit Ressourcentransfer verbundene, langfristig ausgerichtete
Bindung anstreben. Ausgeschlossen von der verwendeten Begriffsfassung sind
Transaktionen, in denen ehemalige Mitarbeiter[39], objekt-unabhängige Einzelper-
sonen oder Investorengruppen ohne Anspruch auf unternehmerische Führung[40]
als Akquisitionssubjekt auftreten, da hierbei zumeist keine Notwendigkeit besteht, einen Ressourcentransfer zwischen Akquisitionssubjekt und Akquisitionsobjekt im integrativen Sinne zu vollziehen.

---

[36] Nicht als Akquisition angesehen werden reine Besitzerwerbungen wie Unternehmenspacht
oder Unternehmensmiete.
[37] Vgl. Pausenberger (1989a), S. 18 und Gerpott (1993), S. 22.
[38] Z.B. monetäres Entgelt, Aktientausch (Kapitalanteile am Erwerber), Sachgüter.
[39] Der als Management Buy-Out (MBO) bezeichnete Erwerb von Unternehmen(-steilen)
durch die bisher im Unternehmen tätigen Führungskräfte, die aus der Rolle des angestellten Managers in die eines selbständigen Unternehmers und Miteigentümers migrieren,
wird in dieser Arbeit nicht als Akquisition bezeichnet.
[40] Wird eine Transaktion als reine Finanzanlage angesehen, besteht zumeist beim Erwerber
keine Notwendigkeit der Integration der Akquisitionspartner.

2.1.3 Akquisitionsobjekt

Akquisitionsobjekte sind abstrakt definiert bereits bestehende Produktionsfaktorkombinationen.[41] Zu betonen ist die weite Begriffsfassung des Terminus *Produktionsfaktorkombination*, der nicht nur „[...] Kombinationen von technischen Anlagen, sondern lebendige produktive soziale Systeme [...]"[42] umfasst, also Wertschöpfungseinheiten, in denen Menschen mit Sachmitteln arbeitsteilig Aufgaben zur Erreichung ökonomischer Ziele bewältigen. Diese Begriffsfassung bedeutet auch, dass nicht ausschließlich rechtlich selbständige Unternehmen Untersuchungsgegenstand sind[43], sondern auch in sich geschlossene und abgrenzbare Teile von Unternehmen im Sinne von Betrieben, die nicht rechtlich selbständig sind.[44]

Außerdem werden nur solche Transaktionen als Akquisitionen bezeichnet, bei denen das Akquisitionssubjekt ein gesamtes Unternehmen oder einen ganzen Betrieb[45] als Akquisitionsobjekt erwirbt, da nur in diesen Fällen die Notwendigkeit einer zumindest teilweisen Integration der beiden sich zusammenschließenden sozialen Systeme besteht.

Im weiteren Verlauf der Arbeit konzentrieren sich die konzeptionellen Überlegungen und die empirische Untersuchung auf den Erwerb von Akquisitionsobjekten im deutschsprachigen Raum durch Akquisitionssubjekte, deren Sitz ebenfalls im deutschsprachigen Raum liegt.[46]

---

[41] Vgl. Pausenberger (1989a), S. 18 und Süverkrüp (1991), S. 4.

[42] Vgl. Bressmer et al. (1989), S. 8.

[43] Im Sinne juristischer Personen und handelsrechtlicher Personengesellschaften mit Quasirechtsfähigkeit.

[44] Gerpott (1993) verweist an dieser Stelle auf § 613a BGB, der den Übergang von Arbeitsverhältnissen als Rechtsfolge des Inhaberwechsels eines Betriebs regelt. Der Erwerber ist gemäß § 613a BGB verpflichtet, beim Unternehmenskauf sämtliche Mitarbeiter bzw. deren Arbeitsverhältnisse ebenfalls zu übernehmen. Es stellt sich für den Erwerber damit die Aufgabe der Integration von Mitarbeitern aus zwei bisher wirtschaftlich und rechtlich nicht verbundenen Unternehmen. § 613a BGB gilt auch für leitende Angestellte im Sinne des Betriebsverfassungsgesetzes (Ausnahme: GmbH-Geschäftsführer und Vorstandsmitglieder von Aktiengesellschaften).

[45] Der *Betrieb* wird verstanden als in sich geschlossener, abgrenzbarer Teil von Unternehmen, der nicht rechtlich selbständig ist.

[46] Untersuchungsgegenstand sind Unternehmensakquisitionen in Österreich, Schweiz und Deutschland. Aus Gründen der Komplexitätsreduktion wurde die Beschränkung der Untersuchung auf den deutschsprachigen Kulturkreis bewusst gewählt, da Ressourcentransfers zwischen Akquisitionssubjekt und Akquisitionsobjekt aus verschiedenen Ländern bzw. verschiedenen nationalen Kulturen partikulare Integrationsprobleme aufwerfen.

2.1.4 Art und Umfang des Erwerbs

Handelt es sich beim Akquisitionsobjekt um eine Kapitalgesellschaft oder eine handelsrechtliche Personengesellschaft, ist die mehrheitliche Übernahme von Gesellschaftsanteilen Voraussetzung und Grundlage der Unternehmensakquisition.[47] Bei dieser als *share deal* bezeichneten Transaktion erfolgt der Kauf durch Übertragung im Wege des Anteils- bzw. Beteiligungserwerbs.[48] Kaufgegenstand ist dabei die gesellschaftsrechtliche Beteiligung, die Identität des übernommenen Unternehmens bleibt bestehen.[49] In der Literatur herrscht weitestgehend Übereinstimmung darüber, eine Transaktion nur dann als Akquisition zu bezeichnen, wenn das Akquisitionssubjekt mehr als 50% der Gesellschaftskapitalanteile des Akquisitionsobjektes übernimmt, unter der wirtschaftlichen Leitung und Kontrolle des Erwerbers steht und seine wirtschaftliche Selbständigkeit verliert.[50]

Handelt es sich um einen rechtlich unselbständigen Teil einer Kapitalgesellschaft oder ist der Träger des Akquisitionsobjektes eine natürliche Person (Einzelfirma), so ist die Übernahme sämtlicher oder wesentlicher Vermögensbestandteile Voraussetzung und Grundlage der Unternehmensakquisition. Bei dieser als *asset deal* bezeichneten Transaktion wird eine Übertragung aller oder wesentlicher Aktiva und Passiva vorgenommen, d.h. die Übertragung aller oder wesentlicher für die Erfüllung der wirtschaftlichen Zweckbestimmung des Akquisitionsobjektes unabdingbaren Vermögensbestandteile inkl. bestehender Arbeitsverhältnisse gemäß § 613a BGB.[51]

---

[47] Ist Unternehmensträger dagegen ein einzelkaufmännisches Unternehmen, so sind notwendigerweise die einzelnen Vermögenspositionen, die das Unternehmen umfasst, Gegenstand des Unternehmenskaufvertrags. Vgl. Semler (1996), S. 483.

[48] Vgl. Picot (1998), S. 27.

[49] Es liegt ein Rechtskauf nach § 433 I Satz 2 BGB vor. Die Bilanzierung des Kapitalanteilserwerbs wird im Anlagevermögen unter der Position Finanzanlagen unter Beteiligungen vorgenommen (§ 271 I HGB).

[50] Siehe für viele Lubatkin/Shrieves (1986) S. 503, Pausenberger (1989) S. 19; Chakrabarti (1990), S. 262; Süverkrup (1991), S. 4 und S. 63.

[51] Es liegt ein Sachkauf nach § 433 I Satz 1 BGB vor. Die entsprechenden Aktiva- bzw. Passiva-Positionen werden in der Bilanz des Akquisitionssubjekts bilanziert.

2.1.5 Rechtlicher Status des Akquisitionsobjektes nach dem Erwerb

Idealtypisch lassen sich hinsichtlich der rechtlichen Selbständigkeit des Akquisitionsobjektes vor bzw. nach der Transaktion vier unterschiedliche Konstellationen aufzeigen:

- Akquisitionsobjekt *rechtlich selbständig vor* dem Erwerb und *nach* dem Erwerb:
  Bei diesem als konzernmäßige Akquisition[52] bezeichneten Vorgehen werden mindestens zwei juristisch selbständige Unternehmen unter eine einheitliche Leitung zusammengefasst. Die entstandene wirtschaftliche Einheit wird als Konzern bezeichnet.[53]

- Akquisitionsobjekt *rechtlich selbständig vor* dem Erwerb und *nicht rechtlich selbständig nach* dem Erwerb:
  Bei diesem als *Fusion*[54] bezeichneten Vorgehen sind zwei Ausprägungen zu unterscheiden, Fusionen durch Aufnahme und Fusionen durch Neugründung.[55]

- Akquisitionsobjekt *nicht rechtlich selbständig vor* dem Erwerb und *rechtlich selbständig nach* dem Erwerb:
  Bei diesem als *Ausgliederung* bezeichneten Vorgehen wird eine nicht rechtsfähige Einzelfirma oder ein rechtlich unselbständiger Teil einer Unternehmung nach dem Erwerb unmittelbar in eine rechtlich selbständige Gesellschaft überführt.[56] Die rechtliche Verselbständigung schließt die Notwendigkeit der Integration der beteiligten Unternehmen dennoch nicht aus, da auch hier Gestaltungsaufgaben hinsichtlich Ressourcentransfers zwischen Akquisitionssubjekt und Akquisitionsobjekt anfallen.

- Akquisitionsobjekt *nicht rechtlich selbständig vor* dem Erwerb und *nach* dem Erwerb:
  Bei diesem als *Eingliederung* bezeichneten Vorgehen wird eine nicht rechtsfähige Einzelfirma oder ein rechtlich unselbständiger Teil einer Unternehmung nach dem Erwerb nicht rechtlich verselbständigt.[57] Die Eingliederung wird infolge der notwendigen Ressourcentransfers und der erforderlichen Integrationsgestaltungsmaßnahmen zur Erschließung geplanter Wertschöpfungspotenziale ebenfalls als Akquisition bezeichnet.

---

[52] Auch *Konzernierung* oder *Konzernbildung*.

[53] Vgl. § 17 Abs. 2 und § 18 Abs. 1 AktG. Auf die Unterscheidung in Unterordnungskonzern und Gleichordnungskonzern je nach Vorhandensein eines beherrschenden Einflusses wird nicht eingegangen.

[54] Auch als *Verschmelzung durch Aufnahme* bezeichnet.

[55] Vgl. die detaillierteren Ausführungen in Kapitel 2.1.6.

[56] Vgl. Bühner (1990b), S. 301-303.

[57] Die betriebswirtschaftliche Definition des Terminus *Eingliederung* unterscheidet sich hier von der juristischen Auffassung (vgl. §§ 319-327 AktG).

2.1.6 Abgrenzung des Akquisitionsbegriffs zu verwandten Begriffen

Die Abgrenzung des in dieser Arbeit verwendeten Akquisitionsbegriffs zu anderen, verwandten Begriffen wird in Abb. 5 visualisiert. Verwandte Begriffe des Terminus *Akquisition* können übergeordneter Natur (z.b. Unternehmensverbindungen), nebengeordneter Natur (z.b. Unternehmenskooperationen) oder untergeordneter Natur sein (z.b. Fusionen).

Unternehmenszusammenschlüsse

Der Terminus *Unternehmenszusammenschluss* subsumiert als Oberbegriff unterschiedlichste Formen von Zusammenschlüssen, wie z.b. Kartelle, Interessengemeinschaften, Joint Ventures, Fusionen etc.[58] Der Begriff der Unternehmenszusammenschlüsse wird in der Literatur nur sehr abstrakt definiert, etwa von *Gimpel-Iske* als „[...] Vereinigung von rechtlich und wirtschaftlich selbständigen Unternehmen zur Verfolgung einer gemeinsamen wirtschaftlichen Zielsetzung."[59]

Aus gesamtwirtschaftlicher Sicht sind Unternehmenszusammenschlüsse eine Folge der Strategie des externen Unternehmenswachstums. Zusammenschlüsse der gleichen Branche und Fertigungsstufe werden als horizontale Unternehmenszusammenschlüsse bezeichnet, wenn Unternehmen vor- oder nachgelagerter Produktionsstufen derselben Branche am Zusammenschluss beteiligt sind, spricht man von vertikalem Zusammenschluss. Bei konglomeraten (diagonalen) Zusammenschlüssen sind die beteiligten Unternehmen weder horizontal noch vertikal miteinander verbunden, noch derselben Branche zugehörig. Unternehmenszusammenschlüsse können im Sinne einer Strategie des externen Wachstums Expansionschancen eröffnen, die bei internem Wachstum versagt bleiben.

Unternehmenskooperationen

Unternehmenskooperationen und Akquisitionen im Sinne dieser Studie können wie aus Tab. 2 ersichtlich anhand mehrerer Differenzierungsmerkmale voneinander unterschieden werden.

---

[58] Synonym zum Oberbegriff des Unternehmenszusammenschlusses wird auch der Begriff der Unternehmensverbindung verwendet. Vgl. Wöhe (1993), S. 410, 413.

[59] Gimpel-Iske (1973), S. 8.

Differenzierungsmerk-male	**Typische Merkmalsausprägungen bei ...**	
	... Unternehmens-kooperationen	**... Akquisitionen im Sinne der Untersuchung**
❑ Bindungsmittel	Vertrag oder personelle Verflechtung oder Kapitalbeteiligung	Mehrheitliche Kapitalbeteiligung bzw. vollständiger Vermögenserwerb
❑ Bindungsintensität	Niedrig bis mittel	Hoch bis sehr hoch
❑ Wirtschaftliche Selbständigkeit	Bleibt prinzipiell für alle Beteiligten erhalten Kooperationspartner stehen nicht unter einer einheitlichen wirtschaftlichen Leitung	Endet für das Akquisitionsobjekt
❑ Rangmäßige Beziehung zueinander	Gleichordnung	In der Regel Über- und Unterordnung, teilweise auch Gleichordnung (*merger of equals*)
❑ Möglichkeit der Beendigung des Zusammenschlusses	Entscheidungsfreiheit für alle Partner in gleichem Ausmaß (Reziprozität)	Entscheidungsfreiheit zumeist nur für das Akquisitionssubjekt
❑ Leistungsprozessmäßiger Umfang des Zusammenschlusses	Teile der Wertschöpfungskette bzw. der Unternehmensaufgabe	Komplette oder zumindest überwiegender Teil der Wertschöpfungskette bzw. Unternehmensaufgabe (zumindest beim Akquisitionsobjekt)
❑ Eingesetzte Produktionsfaktorkombination	Vielfach neu für die Kooperation geschaffen	Bereits vorhanden

Tab. 2: *Differenzierungsmerkmale zwischen Unternehmenskooperationen und Akquisitionen im Sinne der Untersuchung*[60]

Eine *Unternehmenskooperation* liegt dann vor, wenn rechtlich und wirtschaftlich selbständige Unternehmen zur Verfolgung einer gemeinsamen wirtschaftlichen Zielsetzung zusammenarbeiten, ohne dass die Unternehmen unter eine einheitliche Leitung gestellt werden. Bei isolierter Betrachtung vereinzelter Differenzierungsmerkmale kann die Unterscheidung zwischen Unternehmenskooperationen und Akquisitionen im Sinne dieser Untersuchung sicherlich nicht ganz exakt vollzogen werden, dennoch bietet die Liste der Differenzierungsmerkmale, inkl. Merkmalsausprägungen, ein sinnvolles Unterscheidungsinstrument als Orientierungshilfe .

---

[60] Modifizierte Darstellung nach Gerpott (1993), S. 38.

Die Abb. 5 zeigt ein Diagramm des verwendeten Akquisitionsbegriffs, wobei dieser unter dem Oberbegriff der *Unternehmenszusammenschlüsse* und neben dem Begriff der *Unternehmenskooperationen* angesiedelt ist.[61]

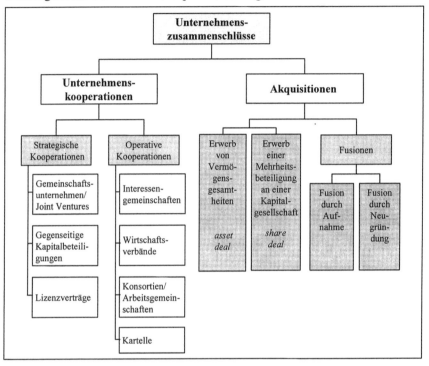

Abb. 5: *Einordnung des verwendeten Akquisitionsbegriffs im Sinne der Untersuchung[62]*

---

[61] Im Zuge der Nennung des Kooperationsbegriffs wird in der wissenschaftlichen Literatur häufig der Terminus *Unternehmenskonzentration* genannt, der sich vom Begriff der Unternehmenskooperation dadurch unterscheidet, dass die Unternehmen nach dem Zusammenschluss weder rechtlich noch wirtschaftlich selbständig bleiben. Konzentration bezeichnet in einzelwirtschaftlicher Sicht „[...] eine Angliederung bestehender Unternehmen an eine andere Wirtschaftseinheit, wobei die wirtschaftliche Selbständigkeit des angegliederten Unternehmens zugunsten der übergeordneten Einheit verloren geht [...]." Vgl. Schierenbeck (1989), S. 44. Die gesamtwirtschaftliche Sichtweise versteht unter dem Begriff der *Unternehmenskonzentration* den Prozess, der dazu führt, dass die Zahl der wirtschaftlich selbständigen Anbieter auf einem relevanten Markt im Zeitablauf abnimmt oder dass der Marktanteil, den die größten Anbieter des Marktes auf sich vereinigen, ansteigt. Vgl. Dichtl/Issing (1987), S. 1898.

[62] Stark modifizierte Abb. in Anlehnung an die Definition von Gerpott (1993), S. 39 und Pausenberger (1989), S. 625.

Die einzelnen Formen von Unternehmenskooperationen und Akquisitionen werden im weiteren Verlauf hinsichtlich der rechtlichen und wirtschaftlichen Selbständigkeit, der üblichen Rechtsform sowie weitergehender rechtlicher Regelungen erläutert.

Strategische Kooperationen:

Bezieht sich eine Unternehmenskooperation auf für den langfristigen Unternehmenserfolg besonders relevante Stärken und Schwächen der Unternehmungen bzw. Chancen und Risiken des Unternehmensumfelds und ist die Zielsetzung der Kooperation die nachhaltige Verbesserung der Wettbewerbsposition der beteiligten Unternehmen, so wird von *Strategischen Kooperationen* gesprochen. Ausprägungen dieser Kooperationsform sind:

□ *Gemeinschaftsunternehmen / Joint Ventures*
Arbeiten zwei oder mehr voneinander rechtlich und wirtschaftlich unabhängige Unternehmen zusammen und gründen ein rechtlich selbständiges Unternehmen mit dem Ziel, Aufgaben im gemeinsamen Interesse der Gesellschafterunternehmen auszuführen, spricht man von *Gemeinschaftsunternehmen*.[63]

□ *Gegenseitige Kapitalbeteiligungen*
Nach § 19 Abs. 1 AktG sind gegenseitig oder wechselseitig beteiligte Unternehmen solche Unternehmen mit Sitz im Inland in der Rechtsform der Kapitalgesellschaft, bei dem jeder Unternehmung mehr als 25 % der Anteile der anderen Unternehmung gehört. Inwieweit aufgrund der gegenseitigen Kapitalbeteiligung Einfluss genommen werden kann, ist abhängig von der Höhe der Kapitalbeteiligung.[64]

□ *Lizenzverträge*[65]
Lizenzverträge zwischen Lizenzgeber und -nehmer können unterschiedlich gestaltet sein und über den Lizenzgegenstand hinaus auch die Übertragung von Know-how, die weitere Finanzierung von Entwicklungspatenten etc. umfassen. Man unterscheidet den *ausschließlichen Lizenzvertrag*, der ein sachlich, zeitlich oder räumlich begrenztes, nur einem Lizenznehmer zustehendes Recht an der Patentnutzung verleiht und den *einfachen Lizenzvertrag*, der mehreren Lizenznehmern die Nutzung desselben Patents gleichzeitig und in gleichem räumlichen Gebiet gestattet.[66]

---

[63] Im internationalen Bereich wird bei dieser Konstellation von *Joint Ventures* gesprochen. In der Regel besteht eine gleichmäßige prozentuale Beteiligung und eine gemeinsame Leitung.

[64] Ein beherrschender Einfluss wird aber in der Regel ausgeschlossen.

[65] Lizenz bedeutet die Überlassung des Rechts zur Nutzung von gewerblichen Schutzrechten, i.d.R. eine patentgeschützte Erfindung oder ein geschützter Markenname (*brand*).

[66] Vgl. § 15 Abs. 2 PatG.

Operative Kooperationen:

Hat eine Unternehmenskooperation für die langfristige Erfolgsposition und Existenz der beteiligten Unternehmen eine eher geringe Wertigkeit und ist der Unternehmenszusammenschluss eher kurzfristig ausgerichtet, spricht man von einer *Operativen Kooperation*. Ausprägungen dieser Kooperationsform sind:

❑ *Interessengemeinschaften*
   Bei *Interessengemeinschaften* schließen sich Unternehmen auf vertraglicher Basis zur Wahrung und Förderung dauerhafter gemeinsamer Interessen zusammen, bleiben dabei aber rechtlich und wirtschaftlich selbständig.[67] Im Regelfall werden *Interessengemeinschaften* als BGB-Gesellschaften geführt.[68]

❑ *Wirtschaftsverbände*
   Wirtschaftsverbände entstehen aus einem freiwilligen Zusammenschluss von Unternehmungen (sog. Elementarverband oder Grundverband) oder deren Verbänden (sog. Verbände höherer Ordnung) zum Zwecke der gemeinschaftlichen Erfüllung bestimmter betrieblicher Teilaufgaben. Weitere Merkmale dieser Form von Kooperationen sind die Langfristigkeit der Zusammenarbeit sowie – im Falle der Grundverbände – die in der Mehrzahl der Fälle vorzufindende horizontale Zusammenschlussrichtung.

❑ *Konsortien / Arbeitsgemeinschaften (ArGe)*
   Konsortien sind Unternehmensverbindungen auf vertraglicher Basis, die zur Durchführung bestimmter, abgegrenzter Projekte i.d.R. als BGB-Gesellschaft (§§ 705 ff. BGB)[69] gegründet werden und gegenüber Dritten durch den von den Mitgliedern bestellten Konsortialführer vertreten werden.
   Arbeitsgemeinschaften sind zumeist horizontale Zusammenschlüsse rechtlich und wirtschaftlich selbständiger Unternehmen mit dem Ziel, eine bestimmte Aufgabe, einen Werkvertrag (§ 631 BGB) oder Werklieferungsvertrag (§ 651 BGB) bzw. eine begrenzte Anzahl derartiger Verträge gemeinschaftlich zu erfüllen.

---

[67] Zumeist handelt es sich um einen horizontalen Zusammenschluss.
[68] §§ 705 ff. BGB oder Interessengemeinschaft im engeren Sinne z.B. nach § 292, I AktG.
[69] Vorrangig im Bau- und Bankgewerbe.

❑ *Kartelle*

Bei *Kartellen* handelt es sich um horizontale Zusammenschlüsse zwischen rechtlich selbständigen Unternehmen, bei denen nur vertragliche Absprachen und keine kapitalmäßigen Verflechtungen erfolgen. Ziel von Kartellen ist die Beseitigung bzw. Beschränkung des Wettbewerbs. Kartellabsprachen beziehen sich bspw. auf Absatz- und Geschäftsbedingungen (Konditionenkartelle), auf Festsetzung der Absatzpreise (Preiskartelle), auf Produktion (Produktionskartelle) und auf Absatz (Absatzkartelle).[70]

Asset deal:

Akquisitionen können grundsätzlich auf zwei Wegen vorgenommen werden, die zu unterscheiden sind nach Art und Umfang des Erwerbs.[71] Erfolgt die Akquisition durch den Erwerb und die Übertragung aller wesentlichen zum Unternehmen gehörenden Wirtschaftsgüter, d.h. aller wesentlichen Aktiva und Passiva, so wird diese Akquisitionsform als *asset deal* bezeichnet. Der *asset deal* stellt einen Sachkauf nach § 433 I Satz 1 BGB dar.[72] Eine gängige Konstruktion bei dieser Form der Übernahme ist die Gründung einer Muttergesellschaft – in der Regel als GmbH – die Vermögens- und Verbindlichkeitspositionen aufnimmt und entsprechend die Kaufpreiszahlung an den Verkäufer fremd- oder eigenfinanziert vornimmt.

Share deal:

Erfolgt die Akquisition durch eine Übertragung des Rechtsträgers auf dem Wege des Anteils- bzw. Beteiligungserwerbs, so wird von *share deal* gesprochen. Dabei stellt die gesellschaftsrechtliche Beteiligung den rechtlichen Kaufgegenstand dar und die Identität des übernommenen Unternehmens bleibt bestehen. Es liegt ein Rechtskauf nach § 433 I Satz 2 BGB vor.[73]

---

[70] Vgl. Wöhe (1993), S. 403-473 und Kappler/Rehkugler (1991), S. 205-217.
[71] Vgl. Kapitel 2.1.4.
[72] Vgl. Picot (1998), S. 27.
[73] Vgl. ebenda.

Fusionen:

Bei einer *Fusion* (Verschmelzung) erfolgt der Zusammenschluss zweier oder mehrerer Unternehmen in der Weise, dass die Unternehmen danach eine rechtliche Einheit bilden. § 2 UmwG unterscheidet dabei folgende Arten von Fusionen:

◻ *Fusion durch Aufnahme*

Verliert ein vor dem Unternehmenszusammenschluss rechtlich selbständiges Akquisitionsobjekt im Zuge des Erwerbs durch ein Akquisitionssubjekt nicht nur seine wirtschaftliche, sondern auch seine rechtliche Selbständigkeit dadurch, dass seine ganze Vermögensmasse als Ganzes im Vermögen des Akquisitionssubjekts aufgeht, so liegt aus betriebswirtschaftlicher Sicht eine *Fusion durch Aufnahme* vor.[74]

◻ *Fusion durch Neugründung*

Entsteht beim Unternehmenszusammenschluss ein neues Unternehmen, auf das die Vermögensmassen der fusionierenden Unternehmen übertragen werden, so spricht man von *Fusion durch Neugründung.*[75]

2.2 Akquisitionsprozess

Nicht nur bei der Abgrenzung des Akquisitionsbegriffs, sondern auch bei der Definition der Phasen des Akquisitionsprozesses sind in der Literatur sehr unterschiedliche Auffassungen und Sichtweisen zu beobachten.

---

[74] Der betriebswirtschaftliche Begriff der *Fusion durch Aufnahme* wird an dieser Stelle weiter gefasst, als der juristische Begriff im Aktiengesetz. Der juristische Fusionsbegriff des Aktiengesetzes unterscheidet a) nach der *Rechtsform* der beteiligten Unternehmen (nur möglich bei Kapitalgesellschaften) b) nach den *unterschiedlichen Wegen der Rechtsnachfolge* in *Gesamtrechtsnachfolge* (Das übertragende Unternehmen tritt nicht in Liquidation. Die zu übertragenden Vermögensgegenstände und Schulden werden in diesem Fall nicht einzeln, sondern im Ganzen übertragen) und *Einzelrechtsnachfolge* (Das übertragende Unternehmen tritt in Liquidation. Die Vermögensgegenstände und Schulden werden nach den jeweils in Betracht kommenden Vorschriften des bürgerlichen Rechts einzeln auf das übernehmende Unternehmen übertragen) c) nach der *Art der Entschädigungsleistung (Barzahlung* oder *Gewährung von Gesellschaftsrechten)* Vgl. §§ 339-361 AktG.

[75] Entgegen dem Begriffsverständnis von Gerpott werden im Rahmen dieser Arbeit *Fusionen durch Neugründung* als integrationsrelevante Akquisitionsform betrachtet. Vgl. Gerpott (1993), S. 33. Die Argumentation Gerpotts, *Fusionen durch Neugründung* fehle es an empirischer Relevanz und dem für Integrationsaspekte relevanten (unverzichtbaren) hierarchischen Über- und Unterordnungsverhältnis zwischen Akquisitionssubjekt und –objekt wird abgelehnt und auf die jüngsten Entwicklungen des M&A-Marktes verwiesen (bspw. die DaimlerChrysler AG).

Blex/Marchal[76] unterscheiden neun verschiedene Phasen des Akquisitionsprozesses, *Gomez/Weber* sechs[77], *Coenenberg/Sautter*[78] vier und *Jansen*[79] drei. Auffallend ist hierbei, dass bei einigen Autoren die Integrationsphase nach Vertragsabschluss nicht Bestandteil des Akquisitionsprozesses ist.[80]

Im weiteren Verlauf der Arbeit wird – wie aus Abb. 6 ersichtlich – der Akquisitionsprozess in fünf überschneidungsfreie Phasen untergliedert. Diese Untergliederung berücksichtigt durch den expliziten Ausweis der Due Diligence und der PMI-Phase den für integrationsrelevante Fragestellungen notwendig erachteten Grad der Differenzierung, ohne durch überzogene Details komplexitätstreibend zu wirken.[81]

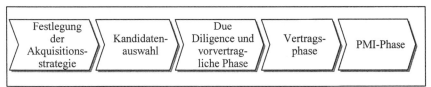

Abb. 6: Phasen des Akquisitionsprozesses

2.2.1 Festlegung der Akquisitionsstrategie

Ausgangspunkt der akquisitionsrelevanten Tätigkeit ist im Idealfall die übergreifende Vision der Unternehmung. Davon abgeleitet werden Strategien für einzelne Geschäftsfelder[82] bzw. für die gesamte Unternehmung[83] mit dem Ziel, strategische Erfolgspositionen auf- und auszubauen und das Erfolgspotenzial des Unternehmens langfristig zu steigern.

---

[76] Blex/Marchal (1990), S. 86 f.
[77] Gomez (1989), S. 451 und Gomez/Weber (1989), S. 16. Es werden unterschieden der *traditionelle Akquisitionsprozess* mit den Phasen *Festlegung der Akquisitionskriterien, Identifikation geeigneter Branchen, Identifikation geeigneter Unternehmen, Beurteilung der Unternehmen, Verhandlung/Akquisition* und *Integration* und der *strategisch ausgerichtete Akquisitionsprozess* mit den Phasen *Bestimmung der eigenen Fähigkeiten, Auswahl geeigneter Geschäftsfelder, Entwicklung einer Geschäftsfeldstrategie, Identifikation/Evaluation geeigneter Unternehmungen, Verhandlungen/Akquisition* und *Durchführung der Strategie*.
[78] Coenenberg/Sautter (1988), S. 695.
[79] Jansen (1998), S. 144. Konkret unterscheidet er die *Strategische Analyse- und Konzeptionsphase*, die *Transaktionsphase* und die *Integrationsphase*.
[80] Vgl. Blex/Marchal (1990), S. 101.
[81] Vgl. die Überlegungen in Kapitel 1.3 Zielsetzung der Arbeit.
[82] Vgl. Pümpin (1983).
[83] Vgl. dazu Porter (1985), S. 317.

Unternehmensziele[84] und -potenziale müssen insbesondere bei der Verfolgung einer Wachstumsstrategie einer detaillierten Analyse standhalten. Diagnoseinstrumente sind bspw. Stärken-/Schwächen- und Chancen-/Risiken-Analysen[85], Erfolgsfaktoren-, Kernkompetenz-, Umfeld- und Umwelt-[86], Gap-[87], Wertketten-[88], Portfolio- oder Produkt-Markt-Analysen.

Wachstumsstrategien können grundsätzlich auf internem Wachstum oder externem Wachstum beruhen.[89] Gründe für die jeweilige Wachstumsstrategie sind in Tab. 3 exemplarisch zusammengestellt.

Gründe für internes Wachstum ...	Gründe für externes Wachstum ...
❑ Notwendigkeit der Entwicklung eines *passgenauen* Objektes hinsichtlich der Standortwahl, des Personals, der Produktstruktur, der Organisation	❑ Schnellere Erreichung strategischer Ziele durch Akquisitionen (relevant bei sich beschleunigenden Produktlebenszyklen, etc.)
❑ Verminderung von Risiken im Sinne von Vertragsrisiken, Altlastenrisiken etc.	❑ Synergiepotenziale sind schneller nutzbar
❑ Einflusssicherung des Management	❑ Überwindung von Markteintrittsbarrieren
❑ Scheu vor der Integrationsproblematik und den damit verbundenen Kosten, die bei internem Wachstum in vermindertem Maße entstehen	❑ Verminderung des Innovationsrisikos bei der *First Mover Strategie* durch Akquisition vorhandener Produkterfolge, Märkte bzw. Marktanteile des Akquisitionsobjektes
❑ Imagesicherung	❑ Eliminierung des Technologievorsprungs des Akquisitionsobjektes
❑ Angst vor Misserfolgen bei Akquisitionen	
❑ Imitationsschutz durch Eigenentwicklung	❑ Übernahme der vorhandenen Kapazitäten, so dass die Gesamtkapazität auf dem Markt konstant bleibt und somit keine Wettbewerbsverschärfung eintritt.
	❑ Wettbewerbsberuhigung (*Wettbewerbsdämpfung*) durch den Aufkauf von Konkurrenten (mit ggf. Stilllegung der Kapazitäten)
	❑ Keine Notwendigkeit der Rekrutierung von entsprechend qualifiziertem Personal für die Eigenentwicklung
	❑ Steuerliche Vorteile
	❑ Wertschaffung durch effizientere Ressourcenallokation beim Akquisitionsobjekt

Tab. 3: Gründe für internes und externes Unternehmenswachstum[90]

---

[84] Unternehmensziele sind bspw. Gewinnmaximierung, Marktanteilssteigerung, Existenzsicherung.

[85] Man spricht auch von **SWOT**-Analysen (**S**trengths, **W**eaknesses, **O**pportunities, **T**hreats).

[86] Vgl. Storck (1993), S. 69.

[87] Vgl. Heinen (1991), S. 660.

[88] Vgl. Clever (1993), S. 127.

[89] *Internes* oder *endogenes Wachstum* bezeichnet einen spezifischen Wachstumsweg, bei dem sich das Unternehmenswachstum „[...] in der Weise vollzieht, dass Kapazitäten durch das wachsende Unternehmen [selbst, C.B.B.] neu erstellt werden." Vgl. Dichtl/Issing (1987), S. 914. Davon abzugrenzen ist der Begriff des *externen* oder *exogenen Wachstums*, bei dem das wachsende Unternehmen im Zuge des Wachstumsprozesses „[...] bereits bestehende Produktions- oder Distributionskapazitäten erwirbt." Dichtl/Issing (1987), S. 568.

[90] Modifizierte Darstellung nach Jansen (1998), S. 86.

Die Akquisitionsstrategie als externe Wachstumsstrategie ist Teil der Gesamtunternehmensstrategie, die den Rahmen für die Akquisitionsaktivitäten bildet. Realisierte Akquisitionen und geplante Akquisitionsvorhaben müssen also daran
gemessen werden, inwieweit sie zur Erfüllung der Gesamtunternehmensstrategie
und damit mittelbar zur Erreichung strategischer Ziele wie der Steigerung des
Shareholder Value beitragen.[91]

2.2.2 Kandidatenauswahl

Die Analyse der potenziellen Akquisitionspartner und die daraus resultierende
Auswahl des richtigen Kandidaten sind von entscheidender Bedeutung für das
Gelingen einer Akquisition[92], gestalten sich aber zumeist äußerst schwierig. „Se-
lecting the proper merger candidate [...] may be more an art than a science."[93]

Die angesprochenen Analyse- und Auswahlschritte umfassen in der Regel strategische, kulturelle sowie finanzielle Aspekte.[94] Dabei wird sich im Idealfall mit
fortschreitender Analyse die Zahl der für eine Akquisition in Frage kommenden
Unternehmen stetig verringern. Ausgehend von einer in Abb. 7 dargestellten
long-list, die sämtliche, potenzielle Akquisitionskandidaten umfasst, wird mittels *Pre-Test-Kriterien* die Menge grundsätzlicher Akquisitionskandidaten verdichtet.

Pre-Test-Kriterien sind bspw. Anforderungen an den Kandidaten hinsichtlich
Mindestumsatz, hinsichtlich Marktpositionierung[95] oder rechtlicher Auswirkungen eines Zusammenschlusses, die zum Eingreifen der Kartellbehörde führen
könnten. Untaugliche Kandidaten der *long-list* werden somit bereits im Vorfeld
eliminiert.

---

[91] Auf die verschiedenen Akquisitionsmotive wird im Rahmen der empirischen Untersuchung in
Kapitel 3 detailliert eingegangen, insbesondere unter dem Aspekt der Erklärungsansätze aus
der Strategiediskussion.

[92] Vgl. Jung (1993), S. 162.

[93] Vgl. Lubatkin (1983), S. 221.

[94] *Jung* spricht auch von der Analyse des *strategic fit*, *cultural fit* und *financial fit*. Vgl. Jung
(1993), S. 163. Test-Kriterien, die eventuell auftretende Integrationsprobleme zwischen
den Akquisitionspartnern bereits bei der Kandidatenauswahl im Sinne einer Analyse des
integrational fit berücksichtigen, sind in der Unternehmenspraxis nicht zu finden, sondern
werden vielmehr im Rahmen der Überprüfung des *cultural fit* undifferenziert einer Analyse unterzogen.

[95] Bspw. sollte sich der Kandidat fallweise weder in einer Konkurrenzsituation mit wichtigen
Kunden des Akquisitionssubjekts noch mit bestehenden Produkten des Akquisitionssubjekts befinden.

Ausgehend von der bereits verdichteten Menge möglicher Akquisitionskandidaten wird im weiteren Verlauf der Fit-Analyse[96] anhand von *Kern-Test-Kriterien* die Kandidatenliste weiter eingeschränkt.

Kern-Test-Kriterien sind bspw. im marktlichen Bereich die erwarteten Wachstumszahlen, Marktanteile, Wettbewerbsintensitäten oder Gewinnspannen der Strategischen Geschäftsfelder (SGF) oder im finanzwirtschaftlichen Bereich historische und erwartete Eigenkapitalrenditen oder Verschuldungsgrade.

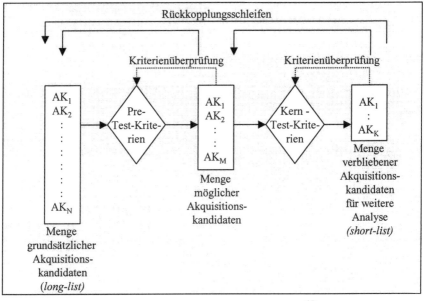

Abb. 7: Struktur einer Fit-Analyse zur Kandidatenauswahl[97]

---

[96] Goldstein fasst die Analyseschritte anhand von fünf eingängigen Fragestellungen zusammen, die sich jedes akquirierende Unternehmen bzgl. des Akquisitionskandidaten stellen muss: Can you EARN from the business? Can you MANAGE the business? Can you ENJOY the business? Can you AFFORD the business? Can you FIND the business? Vgl. Goldstein (1983), S. 23 ff.

[97] Stark erweiterte Darstellung nach Jung (1993), S. 183. Die Phase der Kandidatenauswahl wird häufig auch als *screening-Phase* bezeichnet, da die Akquisitionskandidaten nach einem vom Akquisitionssubjekt erstellten Anforderungsprofil durchleuchtet und auf Tauglichkeit geprüft werden.

Nach Abschluss der Fit-Analyse bleibt im Idealfall eine überschaubare Anzahl geeigneter Akquisitionskandidaten – die *short-list* – für weitere Analysen, die konkrete Kontaktaufnahme bzw. Vorverhandlungen übrig.

Je nach Verlauf der Fit-Analyse können in der Praxis bei Bedarf Rückkopplungsschleifen relevant werden. Hat sich bspw. der Kreis der Akquisitionskandidaten auf einige wenige, sehr vielversprechende Kandidaten verdichtet, die aber nach intensiven Vorverhandlungen nicht bereit sind, in die Akquisition einzuwilligen, ist eine Rückkopplung in der Fit-Analyse zur Kandidatenauswahl notwendig. In diesem Fall wird in einem ersten Schritt der Kreis der potenziellen Akquisitionskandidaten wieder erweitert um im Anschluss von neuem eine weitere short-list zu generieren.

Falls nach eingehender Prüfung der Akquisitionskandidaten kein Kandidat den gestellten Anforderungen entspricht – die short-list also keinen einzigen Kandidaten aufweist – ist gegebenenfalls eine Prüfung der gewählten Test-Kriterien zu überdenken.

2.2.3   Due Diligence und vorvertragliche Phase

Der Terminus *Due Diligence* stammt aus dem anglo-amerikanischen Sprachumfeld und bedeutet wörtlich übersetzt *„angemessene Sorgfalt"*. Im akquisitionsspezifischen Verständnis meint Due Diligence das „[...] Durchleuchten eines Akquisitionskandidaten mit gebührender und der im Verkehr erforderlichen Sorgfalt [...]."[98]

Ziel der Due Diligence ist die gründliche Prüfung des Akquisitionsobjekts, um sich ein umfassendes Bild der Position des Zielunternehmens zu verschaffen.[99]

---

[98] Auch *Pre Acquisition Audit* genannt. Zur Begriffsbildung siehe Berens/Strauch (1998), S. 6 ff.
[99] Vgl. Nagel (2000), S. 76.

Man unterscheidet je nach Untersuchungsschwerpunkt Due-Diligence-Untersuchungen[100] im Bereich:

- ❑ wirtschaftlicher Angelegenheiten (*commercial Due Diligence*)[101],
- ❑ bilanzieller Sachverhalte (*financial Due Diligence*),
- ❑ rechtlicher Aspekte (*legal Due Diligence*)[102],
- ❑ steuerlicher Fragestellungen (*tax Due Diligence*)[103],
- ❑ humanpotenzial-bezogener Themen (*human-resource Due Diligence*) oder
- ❑ umwelt-bezogener Gesichtspunkte (*environmental Due Diligence*).[104]

Wichtigste Funktionen der Due Diligence sind also die Beschaffung und Beurteilung relevanter Informationen über das Akquisitionsobjekt und darauf aufbauend die Unternehmensbewertung[105], weiterhin die Einschätzung der erforderlichen Garantien und Gewährleistungen aus den identifizierten Risikopositionen und die Dokumentation für spätere Beweiszwecke über die Informationstransparenz zum Zeitpunkt des Kaufes.

Traditionell untersucht dabei der Käufer mit seinen Beratern das zum Verkauf stehende Unternehmen vor Ort und nimmt Einsicht in die im sogenannten *data room* bereitgestellten, relevanten betriebsinternen Daten und Verträge.

Die Due Diligence ist zeitlich in den Prozess der *vorvertraglichen Verhandlungsphase* eingelagert, die insbesondere der Vorbereitung und Klärung des Verhandlungsablaufs und der Beseitigung der Informationsasymmetrie zwischen Verkäufer und Käufer dient.

---

[100] Siehe auch die exemplarischen Ausführungen zu den verschiedenen Due Diligence-Checklisten im Anhang, S. 253-259.

[101] Vgl. Leoprechting (2000), S. 78. Ziel der *commercial Due Diligence* ist die gewissenhafte Prüfung und Bewertung aller wesentlichen unternehmerischen Tatbestände, die die Strategie eines Unternehmens betreffen und den Unternehmenskauf beeinflussen.

[102] Vgl. Kirchner (1998), S. 15-17. Die *legal Due Diligence* ermittelt die Grundlagen für einen vertraglichen Gewährleistungskatalog. In der *legal Due Diligence* werden bspw. Fragestellungen untersucht hinsichtlich der Gewährleistungsvoraussetzungen, des Gewährleistungsumfangs (Zusicherungen, Garantien), der Rechtsfolgen bei Verletzung (Schadensersatz, Kaufpreisminderung, Rücktritt) oder der Verjährung und Anspruchssicherung (Garantie, Rückbehalt).

[103] Vgl. Jamin (1998), S. 30-31. Bei der *tax Due Diligence* ist die steueroptimale Gestaltung der Transaktion im gesetzlichen Rahmen des Steuerrechts Fokus der Untersuchung. Dabei geht es vor allem um die Abschätzung steuerlicher Risiken, verdeckte Gewinnausschüttungen, um die Frage des Verlustabzugs und des Übergangs, Verkehrssteuern (Grunderwerbs-, Schenkungs-, Umsatzsteuer) und Gewährleistungsregeln.

[104] Vgl. König/Fink (2000), S. 220 ff.

[105] Siehe die in Kapitel 6 angestellten Überlegungen zur Thematik der Unternehmensbewertung.

Die vorvertragliche Verhandlungsphase wird stark von den jeweiligen Käufer-
und Verkäuferpositionen und oftmals auch von zeitlichen Restriktionen bestimmt, besteht aber zumeist aus den folgenden drei Teilelementen:

- ❑ *Confidentiality Agreement* und *Statements of Non-Disclosure*
  Der potenzielle Käufer und Verkäufer verpflichten sich vertraglich zur Geheimhaltung der Kaufs- bzw. Verkaufsabsicht, um beidseitig negativen
  Auswirkungen infolge Indiskretionen entgegenzuwirken und einem unge-
  wollten Informationsabfluss vorzubeugen.[106] Die vertragliche Regelung,
  wer, wann, welche Informationen, unter welchen Umständen, an wen wei-
  tergegeben darf, wird im *Confidentiality Agreement* oder in den *Statements
  of Non-Disclosure* festgehalten.

- ❑ *Letter of Intent (LoI)*
  Nach ersten Verhandlungen wird zumeist zur Fixierung der Zwischener-
  gebnisse ein *Letter of Intent* ausgetauscht, mit dem die beidseitige Absicht
  bekundet wird, aufbauend auf bereits erzielten Verhandlungsergebnissen
  jedoch unter Vorbehalt weiterer Ereignisse (bspw. Einigung über noch offene Punkte, Entwicklung bestimmter Rahmenbedingungen, Zustimmung
  Dritter etc.) die Transaktion durchzuführen.[107] „Im Letter of Intent, der eine
  grundsätzliche Einigung der beiden Parteien voraussetzt und diese in
  schriftlicher Form niederlegt, werden die wesentlichen Einzelheiten der
  Transaktion sowie des weiteren Vorgehens geregelt."[108]

  Der Letter of Intent ist in seiner üblichen Ausgestaltungsform noch nicht rechtlich bindend, doch sind aus ihm Sorgfaltspflichten mit rechtlichen Konsequenzen ableitbar.[109]

---

[106] Bspw. können Nachrichten über einen bevorstehenden Verkauf einer Unternehmung negative ökonomische Wirkungen auf Beziehungen zu Kunden, Lieferanten, Banken und
anderen Stakeholdern haben.

[107] Vgl. Hölters (1996), S. 37.

[108] Vgl. Funk (1995), S. 500.

[109] Ist eine rechtliche Bindungswirkung erwünscht, ist ein *Vorvertrag* abzuschließen. Ein
nicht juristisch abgesicherter *Letter of Intent* führt in der Akquisitionspraxis oftmals zu
Überraschungen, wenn man sich über die Tragweite der sich daraus ergebenden bzw.
nicht ergebenden Ansprüche im klaren wird (vgl. Semler (1996), S. 492 und Picot (1998),
S. 31).

❑ *Memorandum of Understanding (MoU)*

Das *Memorandum of Understanding* ist ein zusätzliches vorvertragliches Instrument. Es regelt in relativ übersichtlicher Form und überschaubarem Umfang den weiteren Ablauf der Transaktion[110] und schafft nochmalige Klarheit über diejenigen Punkte, über die bereits eine Einigung erzielt wurde und solche, die im weiteren Prozess noch einer Klärung bedürfen.

2.2.4 Vertragsphase

Die Vertragsphase schließt die Transaktion ab und setzt sich aus folgenden Komponenten zusammen:

❑ *Vorvertrag*

„Der Vorvertrag begründet eine Verpflichtung zum Abschluss des Hauptvertrages, der [...] noch nicht vereinbart werden kann, weil bestimmte, von den Parteien als klärungsbedürftig angesehene Punkte noch offen sind."[111]

Im Gegensatz zum *Letter of Intent* und *Memorandum of Understanding* ist der Vorvertrag juristisch bindend und bei Nichterfüllung (nicht abgeschlossenem Hauptvertrag) mit Schadensersatzansprüchen verbunden, wenn sich aus dem Vorvertrag alle relevanten Vertragselemente richterlich bestimmen und erschließen lassen (vgl. § 315 BGB).

❑ *Kaufvertrag (Signing)*

Der Abschluss des Kaufvertrages verpflichtet den Verkäufer zur Übertragung von Beteiligungen (*share deal*) oder Vermögensgegenständen (*asset deal*) und korrespondiert mit der Verpflichtung des Käufers zur Zahlung des Kaufpreises. Durch Zusicherungen und Garantien bzw. eventuelle Verzichtsvereinbarungen sind erwartete Risiken nach Möglichkeit unmissverständlich auf die jeweiligen Vertragspartner zu verteilen.

Weitere zu fixierende Vertragselemente sind bspw. Rücktrittsvereinbarungen, eventuelle Änderungen oder Ergänzungen des Vertrages oder die Aufteilung der bei der Erstellung des Vertrages angefallenen Kosten.[112]

---

[110] Das *Memorandum of Understanding* wird in der Literatur häufig synonym mit dem Begriff *Letter of Intent* verwendet. Vgl. Berens/Mertens/Strauch (1998), S. 54.

[111] Vgl. Picot (1998), S. 32.

[112] Vgl. zu den Vertragselementen Jung (1983), S. 339-355 und Rädler/Pöllath (1982), S. 261-262.

❑ *Übergang (Closing)*

Das *Closing* bezeichnet den Stichtag des Vollzugs des Kaufvertrags, d.h. den Übergang der Leitungsgewalt und der unternehmerischen Verantwortung auf den Käufer sowie die dingliche Übertragung der Vermögenswerte.[113]

Der Terminus *Closing* wird auch als zusammenfassende Umschreibung der am Stichtag vorzunehmenden Rechtshandlungen verwendet, z.B. die Übergabe (Besitzwechsel), die Übertragung (Eigentumswechsel), die Übergabe von Bürgschaftserklärungen, die zeitliche Begrenzung von Rücktrittsmöglichkeiten und die Kaufpreiszahlung.[114]

2.2.5 Post-Merger-Integrations-Phase

Als bedeutende Phase für den Akquisitionserfolg wird nach Einschätzung verschiedener Vertreter aus Wissenschaft und Praxis die PMI-Phase angesehen, da mit der Qualität des Vorgehens bei diesem letzten Schritt des Akquisitionsprozesses oftmals der Erfolg der ganzen Transaktionsbemühungen steht und fällt.[115]

„Why are some deals so much more successful than others? The unexpected answer [...] is not price or strategic fit. Instead the secret of success lies with the calibre of the post-merger-management."[116]

Die Phase nach Vertragsabschluss und Closing gestaltet sich erfahrungsgemäß äußerst komplex und schwierig zu managen. „The immediate post-acquisition period is pregnant with expectations, questions and reservations, among the personnel and the managers of both the acquired and acquiring organizations."[117]

Im weiteren Verlauf der Arbeit wird der PMI-Phase im allgemeinen und der Integrationsgestaltung im besonderen erhöhtes Augenmerk geschenkt, deshalb wird an dieser Stelle auf eine detailliertere Beschreibung der PMI-Phase verzichtet.

---

[113] Bei *asset deals* ist insbesondere der Übergang sämtlicher Risiken und Nutzungsmöglichkeiten der *assets* auf den Käufer relevant. Zudem können in der Periode zwischen Abschluss des Kaufvertrags und dessen dinglichem Vollzug Vermögenswerte des zu übernehmenden Unternehmens erhebliche Veränderungen erfahren, deshalb ist im Kaufvertrag der Übergabestichtag (*Closing*) zu bestimmen; vgl. Beisel/Klumpp (1996), S. 139 f.

[114] Vgl. Holzapfel/Pöllath (1994).

[115] Die Überprüfung der Relevanz der einzelnen Phasen des Akquisitionsprozesses und insbesondere der PMI-Phase für das Gelingen des Unternehmenskaufes und den Akquisitionserfolg ist Gegenstand der empirischen Studie in Kapitel 4.

[116] Houlder (1997), S. 14. Weitere Einschätzungen zur Relevanz der PMI-Phase im Akquisitionsprozess finden sich bspw. bei Gomez/Weber (1989), S. 72.

[117] Haspeslagh/Jemison (1991b), S. 57.

2.2.6 Zusammenfassende Übersicht über den Akquisitionsprozess

Abb. 8 liefert einen detaillierten Überblick über die zuvor geschilderten Phasen des Akquisitionsprozesses und gibt Einblick in deren Teilkomponenten und phasen-spezifische Aufgabenstellungen.

Festlegung der Akquisitions- strategie	Kandidaten- auswahl	Due Diligence und vorvertrag- liche Phase	Vertrags- phase	PMI-Phase

• Festlegung Akquisitions- kriterien und -strategie durch das Manage- ment
• Bestellung Akquisitions- team aus Mitarbeiter, Vorständen, Experten, Beratern
	• Erstellung Anforde- rungsprofil und Test- kriterien
	• Aufstellung einer Liste grundsätzlich interessanter Akquisitions- kandidaten *(long-list)*
	• *Pre-Test (Screening I)*
	• Aufstellung der Liste möglicher Akquisitions- kandidaten
	• *Kern-Test (Screening II)*
	• Liste der verbliebenen Akquisitions- kandidaten *(short-list)*
		• Erste Kontakt- aufnahme mit Akquisitions- partnern
		  – *Confidentiality Agreement*
		  – *Statements of Non-Disclosure*
		• Erhalt des Unter- nehmensprofils
		• Abgabe des *Letter of Intent*
		• Bei Bietungs- verfahren
		  – *First round bidding instructions*
		  – *First unbinding bids*
		• Management- präsentation
		• *Final round bidding*
		• Verhandlungs- beginn und Vorbereitung *data room*
		• Festlegung der *rules of data room procedure*
		• Durchführung verschiedener *Due-Diligence- Formen*
		• Vereinbarung *Memorandum of Understanding*
			• Erstellung des *Vorvertrags*
			• Abgabe des entgültigen Angebots
			• Letzte Detailverhand- lungen und Vertrags- formulierung
			• *Vertrags- abschluss*
			• *Closing*
				• Bestellung Integrations- team aus Mitarbeitern, Experten, Beratern beider Unter- nehmen
				• Installation Integrations- Controlling
				• Integration und Vernetzung der Mitarbeiter, Prozesse, Strukturen, IT, etc.
				• Entwurf Kommuni- kationsplan
				• Realisierung der geplanten Wertschöp- fungs- potenziale
				• Installation Merger-Risk- Management- System

Zeitdauer

ca. 6-12 Monate	ca. 6 Monate	ca. 6-12 Monate	ca. 3 Monate	ca. 3-24 Monate

Abb. 8: Exemplarischer Verlauf eines Akquisitionsprozesses

Die genannten Zeitfenster der einzelnen Akquisitionsphasen sind an Erfahrungswerte aus der Unternehmenspraxis angelehnt. Erwähnenswert erscheint neben der Abnahme der Anzahl von Akquisitionskandidaten und dem zunehmenden Informationsbedarf im Verlauf der Phasen der Kandidatenauswahl, der Due Diligence und der vorvertraglichen Phase bis hin zur Vertragsphase auch die zunehmende Verhandlungsschwierigkeit bis zum finalen *Closing*.

2.3 Begriff und Merkmale der Integration im Akquisitionsprozess

Im Wissensfeld der Betriebswirtschaft[118] sind Definitionen des Terminus *Integration*[119] zahllos und unterschiedlich, ebenso wie dessen im Schrifttum beschriebene Hauptmerkmale und Begriffsweiten.[120] Eine Einordnung ausgewählter Definitionen nach den Unterscheidungskriterien *Träger* der Integration (wer integriert?), *Objekt* der Integration (was wird integriert?), *Ziel* der Integration (wozu wird integriert?), *Integrationsmaßnahmen* (wie wird integriert?) und *Integrationsverständnis* (was bedeutet Integration?) liefert Tab. 4.

---

[118] In der Betriebswirtschaft hat der Integrationsbegriff in den letzten Jahren hauptsächlich im Zusammenhang mit dem Untersuchungsgegenstand des *integrierten Management* an Bedeutung gewonnen. Grundlage der Auseinandersetzung mit dem *integrierten Management* stellt der Systemansatz von Ulrich (1987) dar, aus dem das *St. Gallener Management-Modell* hervorging. Siehe hierzu z.B. Bleicher (1992), S. 1646-1648, Krieg (1985), S. 263-265. Den Ausgangspunkt der Systemtheorie bildet die Erkenntnis, dass Unternehmen in einem komplexen Beziehungsgeflecht mit den Umweltbedingungen stehen und zwischen dem Unternehmen und der Umwelt vielfältige und dynamische Wechselwirkungen bestehen. Zur Bewältigung dieser Komplexität wird ein Denken vom Management gefordert, das getragen ist von einer ganzheitlichen Sichtweise zur Steuerung und Sicherung der Unternehmensentwicklung. Insofern wird die Kernaufgabe der Unternehmenssteuerung nicht in der kurzfristigen Erfolgssteuerung einzelner Unternehmensbereiche gesehen, sondern vielmehr in der langfristigen Ausrichtung des Unternehmens als Ganzes. Vgl. hierzu Schwaninger (1990), S. 45-48.

[119] Der Terminus *Integration* stammt ab vom lateinischen Verb *integrare* [wiederherstellen, vervollständigen] bzw. vom Substantiv *integratio* [Wiederherstellung eines Ganzen] und bedeutet die Herstellung einer Einheit oder die Eingliederung in ein größeres Ganzes. Weniger eindeutig als die Herleitung des sprachwissenschaftlichen Ursprungs ist die Anwendung des Begriffs. Der Integrationsbegriff wird außer in der Betriebswirtschaftslehre in einer Vielzahl von wissenschaftlichen Disziplinen verwendet, so z.B. in der Mathematik, Psychologie, Soziologie und im Staatsrecht.

Quelle	Definitionselemente des Integrationsbegriffs				
	Träger der Integration	**Objekt** der Integration	**Ziel** der Integration	**Integrationsmaßnahmen**	**Integrationsverständnis**
Scheiter (1989)[121]	–	Systeme, Strukturen, Ressourcen und Kulturen	Wirtschaftliche Zielsetzungen	–	Integration als Prozess der Zusammenführung und Verschmelzung
Chakrabarti (1990)[122]	–	–	–	–	Integration als Zustandsbeschreibung, nicht als Prozess
Haspeslagh/ Jemison (1991)[123]	–	Strategische Fähigkeiten (Knowhow)	–	Interaktion zwischen Individuen zweier Organisationen	Integration als interaktiver Prozess
Hase (1996)[124]	Management des akquirierenden Unternehmens	Unternehmensaktivitäten des Akquisitionsobjekts und Koordination von Handlungen und Entscheidungen	Umsetzung möglicher ökonomischer Vorteile von Akquisitionen in tatsächliche Vorteile	Strategische, strukturelle, personelle und kulturelle Integrationsmaßnahmen	Integration als eigenständiger Prozess bzw. Gestaltungsvorgang der Zusammenarbeit

Tab. 4:   Ausprägungen der Definitionselemente des Integrationsbegriffs

Vor dem Hintergrund der Bedeutung der Integration für die erfolgreiche Durchführung des Akquisitionsprozesses[125] überzeugt keine der untersuchten Definitionen.

---

[120] Vgl. hierzu eine umfangreiche Auflistung unterschiedlicher Integrationsbegriffe in der Literatur bei Gerpott (1993), S. 116.

[121] „Der […] Integrationsbegriff […] bedeutet die Zusammenführung und Verschmelzung von Systemen, Strukturen, Ressourcen und Kulturen zweier Unternehmungen zur Erreichung einer wirtschaftlichen Zielsetzung." Scheiter (1989), S. 7.

[122] „Integration is defined as the quality of the state of collaboration between the organizational units." Chakrabarti (1990), S. 263.

[123] „Integration is an interactive, gradual process in which individuals from organizations learn to work together and cooperate in the transfer of strategic capabilities." Haspeslagh/Jemison (1991), S. 106

[124] „Integration ist ein hauptsächlich vom Management des akquirierenden Unternehmens […] geplanter Gestaltungsvorgang der Zusammenarbeit, Integration umfasst die vollständige oder die partielle Eingliederung des akquirierten Unternehmens durch strategische, strukturelle, personelle und kulturelle Integrationsmaßnahmen, Integration bedeutet Zusammenfassung von akquirierten Unternehmensaktivitäten (Integration i.e.S.) und Koordination von Handlungen und Entscheidungen (Integration i.w.S.), Integration ist ein eigenständiger Prozess, in dem mögliche ökonomische Vorteile von Akquisitionen in tatsächliche Vorteile nach dem formalen Vollzug der Unternehmensübernahme umgesetzt werden sollen." Hase (1996), S. 19.

[125] Vgl. zu dieser Thematik die Überlegungen zur Relevanz der PMI-Phase im Akquisitionsprozess in Kapitel 2.2.5. und die Ergebnisse der empirischen Studie in Kapitel 4.2.2, S. 101.

Kritikpunkte sind neben dem gänzlichen Fehlen relevanter Definitionselemente[126] teils die starke Einschränkung der begrifflichen Weite der Integration innerhalb einzelner Definitionselemente[127], teils der nicht ausreichend vorhandene Präzisionsgrad der Aussagen.[128] Es lassen sich aus den untersuchten Definitionen nur schwer Anhaltspunkte für ein eingreifendes Gestalten in den Akquisitionsprozess im Sinne eines Integrations-Managements ableiten, das eine erfolgreiche Integration gewährleisten soll.

Einen Ansatz hierfür stellt hingegen der Definitionsversuch von Gerpott bereit, der im Rahmen einer Akquisition den Prozess der *Integrationsgestaltung* in den Vordergrund der Untersuchung stellt. Ausgangspunkt für die Integrationsgestaltung bilden die „[...] strategisch begründeten Prioritätensetzungen für Ressourcentransfers zwischen erwerbendem und erworbenem Unternehmen [...]. Der Kern [...] besteht darin [...], dass Wertsteigerungspotenziale in tatsächliche Wertsteigerungen umgewandelt werden."[129]

Integrationsgestaltung wird definiert als: „[...]

❑ hauptsächlich vom erwerbenden Unternehmen initiierte Maßnahmen [...],

❑ die primär auf die Beeinflussung der Interaktionen zielen,

❑ die zwischen Mitarbeitern des erworbenen Unternehmens oder

❑ zwischen diesen und Mitarbeitern des akquirierenden Unternehmens stattfinden,

❑ um für die Erhaltung und Übertragung von Fähigkeiten [...] erforderliche Informationsaustausch-, Kooperations- und Lernprozesse zu fördern."[130]

---

[126] Vgl. hierzu bspw. die Definition von Chakrabarti (1990), S. 263, die keinerlei Aussagen hinsichtlich der Trägerschaft, des Objekts, des Ziels oder der Maßnahmen der Integration liefert oder die Definition von Scheiter (1989), die weder Trägerschaft noch Maßnahmen der Integration nennt.

[127] Vgl. hierzu bspw. die Definition von Haspeslagh/Jemison (1991), S. 106, die als Objekt der Integration lediglich strategische Fähigkeiten (Know-how) anerkennt.

[128] Vgl. hierzu bspw. die Definition von Hase (1996), S. 19, der als Integrationsobjekt „[...] Unternehmensaktivitäten des Akquisitionsobjekts und Koordination von Handlungen und Entscheidungen [...]" versteht.

[129] Gerpott (1993), S. 120.

[130] Vgl. ebenda.

Maßnahmen der Integrationsgestaltung versuchen, die zuvor selbständigen Akquisitionspartner in verschiedenen Bereichen zu einem sinnvollen Ganzen zusammenzufassen, z.b. im Bereich der Unternehmensstrategie[131], der Ablauf- und Aufbauorganisation, im Personalbereich oder im unternehmenskulturellen Bereich.

Von entscheidender Bedeutung ist, dass der Integrationsaspekt bei Akquisitionen nicht *erst* und nicht *ausschließlich* in der PMI-Phase berücksichtigt werden darf, sondern vielmehr entlang des gesamten Akquisitionsprozesses, um eine erfolgreiche Integrationsgestaltung zu gewährleisten. Durch diese phasenübergreifende und kontinuierliche Berücksichtigung des Integrationsaspekts wird die Grundlage für die Durchführung der Ressourcentransfers geschaffen, die im Rahmen der PMI-Phase Wertsteigerungspotenziale in tatsächliche Wertsteigerungen umwandeln.

Abb. 9 veranschaulicht neben den Themenstellungen innerhalb der PMI-Phase insbesondere die phasenübergreifenden Wirkungen integrationsrelevanter Aspekte im Rahmen des gesamten Akquisitionsprozesses.

Die PMI-Phase wird einerseits durch die Ausprägung bestimmter Parameter in den vorhergehenden Phasen des Akquisitionsprozesses *ex-post* beeinflusst[132], andererseits sind integrationsrelevante Aspekte in den Prozessschritten der Akquisition, die der PMI-Phase vorhergehen, *ex ante* zu berücksichtigen.[133]

---

[131] Z.B. die gemeinsame Ausrichtung des Unternehmensverbundes und der gemeinsamen Geschäftsfelder auf die neue Strategierichtung nach der Akquisition.

[132] Die Untersuchung der integrationsrelevanten (Erfolgs-)Parameter, die die PMI-Phase beeinflussen ist insbesondere Gegenstand der Fragen 2,5 und 6 der empirischen Studie des Kapitels 4.

[133] Die ex-ante Berücksichtigung integrationsrelevanter Aspekte in der Phase der Due Diligence ist Themenstellung des Kapitels 6.

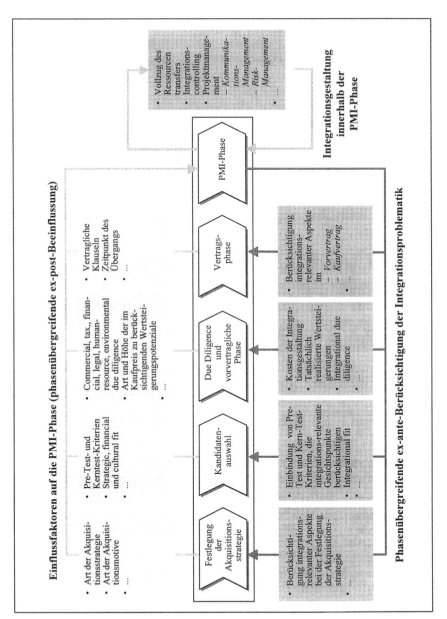

Abb. 9: Integrationsrelevante Aspekte im Rahmen des Akquisitionsprozesses

2.4 Bedeutung von Synergien im Akquisitionsprozess

2.4.1 Reichweite des Synergiebegriffs

Vereinfacht wird unter dem Begriff der Synergie[134] oft der Effekt verstanden, dass aus der Kombination zweier Einzelteile eine Wirkung resultieren kann, die größer ist als die Summe der Einzelwirkungen der isolierten Teile.[135] Auf die Problemstellung der Unternehmensbewertung übertragen bedeutet dies, dass durch Kombination zweier oder mehrerer Objekte ein Gesamtunternehmenswert entstehen kann, der die Summe der Werte der unabhängigen Einzelunternehmen übertrifft.

Der Geltungsbereich des akquisitionsbezogenen Synergiebegriffs wird im Schrifttum stark unterschiedlich interpretiert. Die nachfolgend aufgeführten Begriffsdefinitionen verdeutlichen das heterogene Synergieverständnis und die Unterschiede in der Reichweite des Synergiebegriffs in Wissenschaft und Praxis auf eindrucksvolle Weise.[136]

- ☐ In einer weiten Begriffsfassung – hier als **Synergiebegriff A** bezeichnet – werden unter Synergien <u>sämtliche Quellen für akquisitionsbedingte Veränderungen des Gesamtwertes der beiden Akquisitionspartner</u> verstanden.[137]

- ☐ In einer engeren Begriffsfassung wird der oben genannte Synergiebegriff A dahingehend eingeschränkt, dass nur diejenigen akquisitionsbedingten Veränderungen des Gesamtwertes begriffsrelevant sind, <u>die ihren Ursprung im Zusammenwirken[138] der beiden Akquisitionspartner haben</u>, also weder durch das Akquisitionssubjekt, noch durch das Akquisitionsobjekt alleine realisiert werden können.

---

[134] Das Wort Synergie leitet sich aus dem griechischen *synergos* ab, was *zusammen arbeiten* bedeutet.

[135] Vgl. Mintzberg (1983), S. 151. Man spricht auch vom *1+1=3 Effekt* bei der Betrachtung von Umsatzsynergien bzw. vom *1+1=1,5 Effekt* bei der Betrachtung von Kostensynergien.

[136] Vgl. Gerpott (1993), S. 80.

[137] Vgl. Brigham/Gapenski (1988), S. 843; Bühner (1990c), S. 6-16; Cooley/Roden (1988), S. 863f.; Küting (1981), S. 175-177; Seth (1990a), S. 107 und Vizjak (1990), S. 82.

[138] Über die Art des Zusammenwirkens der Akquisitionspartner vgl. Kapitel 2.4.2.

Weitere Differenzierungskriterien innerhalb der engen Interpretation des Synergiebegriffs, der lediglich die akquisitionsbedingten Unternehmenswertänderungen erfasst, die ihren Ursprung im Zusammenwirken der Akquisitionspartner haben, sind in Tab. 5 dargestellt. Man differenziert den Synergiebegriff also weiter nach:

- den *Quellen der Wertveränderung*, d.h. nach deren Entstehungsorten, die entweder in *Kostensenkungen* und/oder *Umsatzsteigerungen* liegen oder ausschließlich in *Kostensenkungen* ohne Berücksichtigung der Umsatzsteigerungen.

- der *Art des Leistungsprozesses,* durch die Wertveränderung geschaffen werden, die entweder *gleichartige Leistungen (Leistungszentralisierung)*[139] und/oder *verschiedenartige Leistungen (Leistungserweiterung)*[140] berücksichtigt oder ausschließlich *verschiedenartige Leistungen.*

Art des Leistungsprozesses	Quellen der Wertveränderung	
	Kostensenkungen und/oder Umsatzsteigerungen	Ausschließlich Kostensenkungen
Gleichartige und/oder verschiedenartige Leistungen, d.h. Leistungszentralisierung und/oder Leistungserweiterung	**Synergiebegriff B** Literaturverweise: ▪ Ansoff (1965), S. 77-86 ▪ Coenenberg/Sautter (1988), S. 694 ▪ Jemison (1988), S. 206 ▪ Porter (1987b), S. 33 ▪ Lubatkin (1983), S. 218f.	**Synergiebegriff C** Literaturverweise: ▪ Jensen/Ruback (1983), S. 245 ▪ Roll (1988), S. 245
Ausschließlich verschiedenartige Leistungen, d.h. ausschließlich Leistungserweiterung	**Synergiebegriff D** Literaturverweise: ▪ Haspeslagh/Jemison (1991), S. 28 ▪ Welge (1976), Sp. 3802	**Synergiebegriff E** Literaturverweise: ▪ Bühner/Weinberger (1991), S. 198 ▪ Ropella (1989), S. 224f.,

Tab. 5: Art des Leistungsprozesses und Quellen der Wertveränderungen als Differenzierungskriterien des Synergiebegriffs

---

[139] Leistungszentralisierung fasst gleichartige Leistungen, die vor der Akquisition bei den Partnern getrennt erbracht wurden, an einer Stelle zusammen. Durch die Zentralisierung sollen Vorteile aufgrund von verbesserter Kapazitätsausnutzung, Lerneffekten bei Mitarbeitern bzw. Erfahrungskurveneffekte beim Einsatz von Produktionsmitteln, aber auch aus der akquisitionsbedingt gestiegenen Unternehmensgröße (Marktmacht gegenüber Lieferanten und Kunden) erzielt werden, die zu einer Degression der Stückkosten führen (hauptsächlich economies of scale). Vgl. Gerpott (1993), S. 79. Ein Beispiel ist die Einstellung der Lohn- und Gehaltsbuchhaltung beim Akquisitionsobjekt und die Übertragung der Abrechnung auf die entsprechenden organisatorischen Teilbereiche des Akquisitionssubjekts.

[140] Bei der Leistungserweiterung werden beim Akquisitionssubjekt und/oder -objekt zu bereits vor der Akquisition durchgeführten Aktivitäten zusätzliche Aufgaben übernommen, die aber im Rahmen der Erstellung verschiedener Leistungen anfallen. Ziel ist die Erreichung einer Degression im Bereich der Gemeinkosten (hauptsächlich economies of scope). Vgl. Gerpott (1993), S. 81.

Die Reichweite des Synergiebegriffs A schließt auch diejenigen Restrukturie-
rungspotenziale in die Synergiebetrachtung mit ein, die lediglich einseitig bei
einem Akquisitionspartner (zumeist dem Akquisitionsobjekt) realisierbar sind.
Für die weitere Verwendung in der Arbeit ist dieser Synergiebegriff im Hinblick
auf die akquisitionsspezifische Ausrichtung zu undifferenziert.

Die Synergiebegriffe C und E erfassen ausschließlich Kostensenkungen als Synergien und vernachlässigen Effekte, die aus Umsatzsteigerungen resultieren.
Für die weitere Verwendung in der Arbeit sind diese Synergiebegriffe zu restriktiv hinsichtlich des Umfangs der im Synergiebegriff zu berücksichtigenden
Quellen der Wertveränderungen.

Der Synergiebegriff D, der lediglich die Leistungserweiterung als synergierelevante Art des Leistungsprozesses versteht und Effekte der Leistungszentralisierung ausschließt, ist ebenfalls zu restriktiv und wird abgelehnt.

Im weiteren Verlauf der Arbeit wird der Synergiebegriff B verwendet. Es gilt:

- Akquisitionsbedingte Synergien sind *verknüpfte Ressourcenstrukturierun-
  gen*, die ihren Ursprung im Zusammenwirken beider Akquisitionspartner
  haben, also weder vom Akquisitionssubjekt noch von Akquisitionsobjekt
  alleine, sondern nur gemeinsam erwirtschaftet werden können.

- Akquisitionsbedingte Synergien sind positive Wertveränderungen, die auf
  Kostensenkungen und/oder Umsatzvorteile zurückzuführen sind.[141]

- Synergierelevante Leistungsprozesse sind die *Leistungszentralisierung* und
  Leistungserweiterung.[142]

---

[141] Die erklärten Synergiebegriffe A bis E nennen Wertveränderungen und meinen positive
Wertsteigerungen. Neben positiven Wertsteigerungen existieren jedoch auch akquisitionsbedingte, negative Wertminderungen. „[...] there are negative synergies, costs of adjustment. Assets, employees, and so forth may have to be released, rearranged, transferred or
retained. New procedures have to be implemented and a new organization designed after
the merger. Managers, too, have to be retained. The cost of reorganizing the [acquired and
acquiring; C.B.B.] companies can be nontrivial." Vgl. Dahliwal/Sunder (1988), S. 172.

[142] Die Begriffe der Leistungszentralisierung und Leistungserweiterung gehen einher mit
dem allgemeinen Wirtschaftlichkeitsprinzip (ökonomischen Prinzip) und lassen sich zusammenfassen unter dem Begriff der *Leistungsrationalisierung*. Das Wirtschaftlichkeitsprinzip besagt, dass zur optimalen Erfüllung ökonomischer Ziele angesichts der allgemein bestehenden Knappheitsrelationen die Mittel wirtschaftlich einzusetzen sind. Dabei
sind zwei Varianten zu unterscheiden: a) das *Maximumprinzip*, d.h. mit gegebenem Mitteleinsatz ist ein größtmöglicher Nutzen zu erzielen und b) das *Minimumprinzip*, d.h. ein
gegebenes Ziel ist mit möglichst geringem Mitteleinsatz zu realisieren. Vgl. Dichtl/Issing
(1987), S. 2073.

Wichtig ist die Unterscheidung der Begriffe der akquisitionsbedingt möglichen Synergiepotenziale[143] und der tatsächlich realisierten Synergieeffekte.

□ Mit dem Terminus *Synergiepotenzial* soll zum Ausdruck gebracht werden, dass die Potenzialbetrachtung lediglich ein Wertsteigerungsreservoir darstellt, das sich jedoch keinesfalls automatisch entfaltet, sondern aktiv freigesetzt werden muss.[144]

□ Der Terminus *Synergieeffekt* bezeichnet eine tatsächlich realisierte, positive Wertveränderung.

In der Differenz zwischen Synergiewunsch (Synergiepotenzial) und Synergiewirklichkeit (Synergieeffekt) liegt einer der Gründe für misslungene Akquisitionen. Die Abweichungen zwischen Wunsch und Wirklichkeit manifestieren sich bspw. in überhöhten Planumsatzzahlen, in übertriebenen Erwartungen hinsichtlich der Produktqualität und gemeinsamen Technologien oder in der Überschätzung der Leistungsfähigkeit der Mitarbeiter und des Management. So erkennen auch Eisenhardt und Galunic kritisch: „The truth is, for most corporations, the 1+1 = 3 arithmetic of [...] synergies does not add up."[145]

2.4.2 Synergiearten im Akquisitionsprozess

Je nach Zweck und Detaillierungsgrad können zahlreiche Klassifizierungen von Synergiepotenzialen und Synergieeffekten unterschieden werden.[146] Die folgenden Eingruppierungen liefern einen Ausschnitt der Klassifizierungsmöglichkeiten:

□ „Synergien können in allen betrieblichen Funktionen entstehen [...]. Allgemein kann zwischen *güterwirtschaftlichen* und *finanzwirtschaftlichen* Synergiepotenzialen unterschieden werden."[147]

□ „Acquirers generally base their calculations on five types of synergies: *cost savings, revenue enhancements, process improvements, financial engineering*, and *tax benefits*."[148]

---

[143] Synergiepotenziale werden auch als Wertlücken bezeichnet, vgl. McTaggart (1988), S.27.

[144] Kein Synergiepotenzial schlägt sich automatisch in Synergieeffekte nieder. Vgl. Seth (1990), S. 434 und im Gegensatz dazu Haspeslagh/Jemison (1991), S. 344, die insbesondere finanzwirtschaftliche Synergiepotenziale sogar als *automatic benefits* bezeichnen.

[145] Eisenhardt/Galunic (2000), S. 91. Vgl. hierzu auch Scharlemann (1996), S. 26 ff. und Kitching (1967), S. 84 f. Kitching ermittelte, dass sich Marketing- und Produktionssynergien bei den meisten diversifizierten Unternehmen oft nicht realisierten, dagegen finanzwirtschaftliche Synergien am leichtesten zu erzielen waren.

[146] Vgl. Reißner (1992), S. 108 ff.

[147] Vgl. Mandl/Rabel (1997), S. 164.

[148] Eccles/Lanes/Wilson (1999), S. 141. Diese Art der Gruppierung von Synergien stellt die realisierten Synergieeffekte und deren Auswirkungen auf Kosten-, Umsatz- und Prozess-Strukturen in den Vordergrund der Betrachtung und wird als ergebnis-orientiert erachtet.

❑ „Wir fanden, dass die meisten geschäftlichen Synergien eine von sechs Formen annehmen: *Gemeinsam genutztes Know-how* [...], *gemeinsam genutzte Ressourcen* [...], *gebündelte Verhandlungsmacht* [...], *koordinierte Strategien* [...], *vertikale Integration* [...], *vereintes Schaffen neuer Geschäftsfelder* [...]."[149]

Die genannten Klassifizierungsmöglichkeiten[150] sind entweder undifferenziert,[151] nennen Synergieeffekte und Synergiepotenziale unterschiedlicher Gruppierungsebenen auf ein und derselben Klassifizierungsstufe[152] oder grenzen die verschiedenen Synergiearten nicht überschneidungsfrei gegeneinander ab.[153]

Akquisitionsrelevant und zweckmäßig für die Arbeit gestalten sich diejenigen Gliederungsansätze, die einerseits die Quellen der Wertsteigerung des gewählten Synergiebegriffs berücksichtigen, d.h. die „[...] principal sources of value

---

[149] Vgl. Goold/Campbell (1999), S. 67.

[150] Ein weiterer Klassifizierungsansatz unterscheidet nach dem *Zeitpunkt und Zeitraum der Realisierbarkeit* der Synergien in:

a) Synergien, die *unmittelbar in Verbindung mit dem Akquisitionsereignis an sich stehen*. Für diese Art von Synergien gilt: „[...] benefits stemming from [transaction-related sources; C.B.B.] are typically irreversible, arising from one-shot moves made during or shortly after the time of the takeover or merger transaction." Salter/Weinhold (1988), S. 141, siehe auch Gerpott (1993), S. 72 ff.

b) Synergien, die in Zusammenhang mit den auf *unbegrenzte Zeit ausgelegten Leistungserstellungsprozessen* des Akquisitionssubjekts und -objekts stehen. Es gilt: „[...] benefits from [operation-related sources, C.B.B.] typically require the sustained attention of operation managers over many months and years." Salter/Weinhold (1988), S. 141. Ähnlich argumentiert auch Jemison: „ [...] that a distinction should be made between value capture and value creation [...]. Value capture is seen as a one-time event resulting from the transaction itself; examples include asset stripping and gaining tax benefits associated with a particular acquisition. In contrast, value creation is seen as a long term phenomenom that is a product of managerial action and interaction between two firms." Jemison (1988), S. 193.

[151] Vgl. Klassifikation von Mandl/Rabel (1997), S. 164, die lediglich zwei unterschiedliche Synergiearten unterscheiden, finanzwirtschaftliche und güterwirtschaftliche Synergien.

[152] Eccles/Lanes/Wilson nennen bspw. *cost savings* und *financial engineering,* als gleichwertige, nebeneinanderstehende Synergiearten. *Financial engineering* im Rahmen von Akquisitionen führt aber zu cost savings (insbesondere bei den Kapitalkosten), d.h. der Begriff financial engineering müsste logischerweise dem Begriff cost savings untergeordnet sein, da er eine Teilmenge desselben darstellt. Vgl. Eccles/Lanes/Wilson (1999), S. 141.

[153] Die Abgrenzung der Synergiearten *gemeinsam genutzte Ressourcen, gemeinsam genutztes Know-how* und *gebündelte Verhandlungsmacht* ist nicht eindeutig, da z.B. Synergien durch Bezugsquellenmanagement im Beschaffungswesen allen drei genannten Synergiearten zugerechnet werden könnten, je nach Auslegung der Gruppengrenzen. Vgl. Goold/Campbell (1999), S. 67.

creation in mergers and takeovers [...]"[154] und andererseits die Art der für die Synergien relevanten Leistungsprozesse in die Betrachtung einbeziehen.[155]

Entsprechend der gewählten definitorischen Reichweite des Synergiebegriffs ist für die Arbeit ein eigener Klassifizierungsansatz der Synergiearten zu wählen, der in Tab. 6 dargestellt ist.

Finanzwirtschaftliche Synergien	**Güter**wirtschaftliche Synergien	**Wissens**bezogene Synergien	**Markt**liche Synergien

▪ Senkung der Kapital-kosten
  - Bessere Kapital-struktur
  - Steuer-vergünstigungen
  - Geringeres Risiko
 	
▪ Umstrukturierung von Vermögenswerten
  - Desinvestitionen
  - Spin-offs
  - Liquidationen
  - Trennung von unter-ausgelasteten Immo-bilien
  - Reduzierung des Netto-Umlauf-vermögens
  - Cash-Management
 	
▪ Alternative Finanzie-rungsmethoden
  - „Sale & Lease Back"
  - Initial Public Offerings (IPOs)
  - Nutzung innovativer Finanzinstrumente
 	
...
	▪ Konsolidierung der Overheads
	  - Eliminierung nicht-wertschöpfender activities
	  - Zusammenfassung von Service- und Sekundärabteilungen
	  - Anpassung des Rech-nungswesens
	  a) Konsolidierung der Kostenstellen
	  b) Konsolidierung der Debitoren- / Kredi-torenbuchhaltung
	
	▪ Kostensenkungen im Beschaffungswesen
	  - Identifizierung unter-nehmensübergreifen-der Preisunter-schiede/Vertragsneu-/-nachverhandlungen
	  - Kostendegression durch höhere Beschaf-fungsvolumina
	
	▪ Kostensenkungen in Marketing & Vertrieb
	  - Konsolidierung von Regionalbüros und Unterstützungsfunk-tionen
	  - Eliminierung von Budgets mit identi-scher Zielabdeckung
	
	...
		▪ Know-how-Transfer im Management-Bereich
		  - Neue Steuerungs-größen
		  - Effizientere Füh-rungsstile
		  - Gemeinsame Stra-tegien
		
		▪ Know-how-Transfer im Organisations-Bereich
		  - Neue Organisati-onsformen, Center-konzepte, Ver-triebsstrukturen, Stabsstellen
		  - Angepasste An-reizsysteme
		
		▪ Know-how-Transfer im operativen Be-reich
		  - Verfahrens-Know-how (F&E, Pro-duk-tion, etc.)
		  - IT-Know-how
		  - Know-how im Be-reich des Lie-ferantenmanage-ment/Bezugs-quellen-Know-how
		
		...
			▪ Marktliche Economies of scale / scope
			  - Cross-selling von Produkten
			  - Zugang zu neuen Märkten
			  - Technologietransfer
			  - Erweiterte geogra-phische Abdeckung
			
			▪ Marktchancen
			  - Erhöhte Marktmacht
			  - Optimierte Nutzung der Vermögenswerte (Markennamen, etc.)
			  - Optimierte Nutzung des Erfahrungs- und Fähigkeitsportfolios (z.B. Neuprodukt-vermarktung)
			
			...

Tab. 6: Die vier Synergiearten mit Beispielen akquisitionsrelevanter Gestaltungsmaßnahmen

---

[154] Salter/Weinhold (1988), S. 141; siehe auch Walsh/Seward (1990), S. 436.
[155] Vgl. Kapitel 2.4.1 Tab. 5.

Der Ansatz berücksichtigt hinsichtlich der Quellen der Wertveränderung sowohl Kostensenkungen (insbesondere in der finanzwirtschaftlichen und güterwirtschaftlichen Synergieart) als auch Umsatzvorteile (insbesondere in der marktlichen Synergieart).

Hinsichtlich der Art des Leistungsprozesses werden sowohl die Leistungszentralisierung (bspw. im Rahmen der Konsolidierung der Overheads bei den güterwirtschaftlichen Synergien) berücksichtigt, als auch die Leistungserweiterung (bspw. die Economies of scale / scope bei den marktlichen Synergien).

Akquisitionsbedingte Synergien werden in vier verschiedene Synergiearten unterteilt:

- □ die finanzwirtschaftlichen Synergien[156] realisieren ungenutzte Wertsteigerungspotenziale durch *finanzwirtschaftlichen Ressourcentransfer*, der sich zumeist auf Degressionseffekte bei den Kapital- oder Finanzierungskosten bzw. auf positive Effekte durch Umstrukturierung von Vermögenswerten zurückführen lässt.

- □ die güterwirtschaftlichen Synergien[157] kennzeichnen die klassischen economies of scale, d.h. Wertsteigerungseffekte aufgrund *materiell-physischer Ressourcentransfers*. Felder güterwirtschaftlicher Synergie sind bspw. die Konsolidierung von Gemeinkosten in indirekten Bereichen und Kostensenkungen durch Skaleneffekte in Funktionsbereichen wie Marketing/Vertrieb oder Beschaffung.

- □ die wissensbezogenen Synergien[158] erfassen den *immateriellen Ressourcentransfer*, d.h. die Übertragung von Fähigkeiten und Know-how zwischen den Akquisitionspartnern in Bereichen des Management- oder des operativen Know-hows.

- □ die marktlichen Synergien[159] sind durch *marktlichen Ressourcentransfer* gekennzeichnet und offenbaren sich in Größenvorteilen und Marktchancen, die weitestgehend auf Umsatzsteigerungen im Absatzmarkt abzielen.[160]

---

[156] Im weiteren Verlauf der Arbeit auch als die *finanzwirtschaftliche Dimension des Ressourcentransfers* oder die *finanzwirtschaftliche Synergiedimension* bezeichnet.

[157] Im weiteren Verlauf der Arbeit auch als die *güterwirtschaftliche Dimension des Ressourcentransfers* oder die *güterwirtschaftliche Synergiedimension* bezeichnet.

[158] Im weiteren Verlauf der Arbeit auch als die *wissensbezogene Dimension des Ressourcentransfers* oder die *wissensbezogene Synergiedimension* bezeichnet.

[159] Im weiteren Verlauf der Arbeit auch als die *marktliche Dimension des Ressourcentransfers* oder die *marktliche Synergiedimension* bezeichnet.

[160] „Erfolgreiche Fusionen haben sich nie darauf beschränkt, Synergien nur aus der Reduzierung von Personal zu gewinnen, sondern ihren Erfolg durch Wachstum auf der Marktseite erzielt. Neue Produkte, neue Märkte, neue, kundenorientierte Strategien zur Durchdringung von Märkten lösen auch vielmehr Börsenphantasie aus." Träm (1999), S. 24.

Der Ansatz ist gekennzeichnet durch weitgehende Überschneidungsfreiheit der Synergiearten[161] und durch eine klare, eindeutige Zuordenbarkeit akquisitionsbedingter Maßnahmen zur jeweiligen Synergieart.

---

[161] Eine trennscharfe Abgrenzung der insbesondere auf der *zweiten Klassifizierungsebene* der Synergiearten kann aufgrund der Begriffsvielfalt und der daraus ableitbaren Interpretationsmöglichkeiten nicht gewährleistet werden.

3 Entwicklung eines Erfolgsfaktorenmodells bei Akquisitionen

"Die Erfolgsfaktorenforschung stellt sich zur Zeit als eine bunte Mischung von oberflächlicher Geschichtenerzählerei, Folklore, Rezeptverkauf, Jagen und Sammeln sowie einigen wenigen Bemühungen um ernstzunehmende eigenständige Forschung dar."[162] Doch trotz aller Unzulänglichkeiten des Erfolgsfaktorenkonzepts ist die Ermittlung von Faktoren, die für das Gelingen oder Misslingen einer Akquisition ausschlaggebend sind, von größtem theoretischen und praktischen Interesse.

Aufbauend auf den im vorigen Kapitel 2 angestellten Überlegungen hinsichtlich des Akquisitions-, Integrations- und Synergiebegriffs erfolgt in Kapitel 3.1 die Abgrenzung zwischen Unternehmens-, Akquisitions- und Integrationsziel und deren hierarchische Ordnung untereinander. Wichtig für das Zielverständnis ist die Klärung der Fragestellung, weshalb überhaupt Akquisitionen stattfinden. In der Wissenschaft existieren zu dieser Fragestellung zwei Hauptrichtungen von Erklärungsansätzen: die Erklärungsansätze aus der ökonomischen Theorie und die Erklärungsansätze aus der Strategiediskussion. Zudem wird in Kapitel 3.1. der Erfolgsbegriff untersucht und die Begriffe des Unternehmens-, Akquisitions- und Integrationserfolgs gegeneinander abgegrenzt. Besonderes Augenmerk wird auf die Problemfelder bei der Messung des Akquisitions- und Integrationserfolgs gelegt.

In Kapitel 3.2 wird ein Strukturmodell entworfen, das die Ursache-Wirkungs-Beziehungen zwischen Erfolgsfaktoren und den genannten Erfolgsgrößen aufzeigt. Die relevanten Erfolgsfaktoren sind aus den – der PMI-Phase vorgelagerten – Prozessschritten der Akquisition abzuleiten, werden aus der PMI-Phase selbst begründet oder lassen sich vom Akquisitionsprozess unabhängig erschließen.

Der Fortgang der Untersuchung des Kapitels 3 ist in Abb. 10 dargestellt.

---

[162] Fritz (1990), S.103.

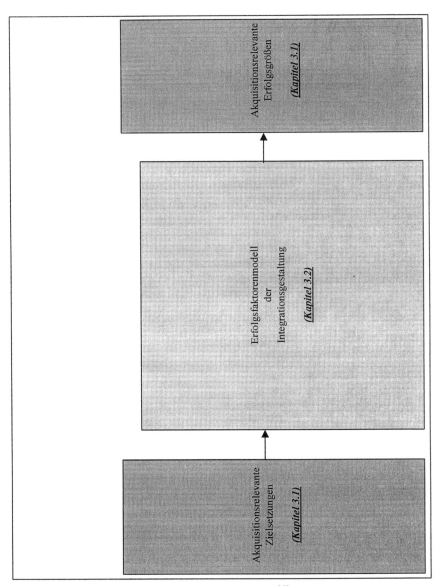

Abb. 10: Übersicht zu Kapitel 3.1 und Kapitel 3.2.[163]

---

[163] Die Darstellung der Abb. 10 liefert als *Übersicht zu Kapitel 3.1 und 3.2* einen Bezugs-rahmen für die weiteren Überlegungen. Dieser Bezugsrahmen wird im Verlauf der Arbeit immer weiter detailliert, vervollständigt und *aufgefüllt*. Vgl. Abb. 14, Abb. 16, Abb. 17, Abb. 41 und Abb. 68.

3.1 Akquisitionsrelevante Zielsetzungen und Erfolgsgrößen

3.1.1 Unternehmensziele

Die Ziele eines Unternehmens, auf die sich ihre gesamten Maßnahmen zielführend auszurichten haben und anhand derer die Zielerreichung des Unternehmens als wirtschaftliche Einheit beurteilt wird, sind keine von vornherein vorgegebenen festen Größen. Vielmehr sind die Unternehmensziele das Ergebnis eines – insbesondere in größeren Unternehmen – multipersonalen, komplexen Zielentscheidungsprozesses, in dem die unterschiedlichen Ziele der Unternehmensträger (zumeist Unternehmensleitung, Shareholder und Mitarbeiter), aber auch sonstiger Stakeholder-Gruppen (Kunden, Lieferanten etc.), zum Ausgleich gebracht werden. Eine zentrale Rolle bei der Zielbildung liegt dabei in der Machtverteilung zwischen den verschiedenen Unternehmensträgern.[164]

Im wirtschaftswissenschaftlichen Kontext liefert die Anreiz-Beitrags-Theorie einen Ansatz zur Erklärung der Entstehung von Unternehmenszielen.[165] Ausgangsgröße des Zielbildungsprozesses sind in Abb. 11 die jeweils dominierenden Interessenlagen/Bedürfnisse (Motive) der Unternehmensträger. Maslow teilt die vielfältigen Motive menschlichen Handelns in fünf hierarchisch angeordnete Motivklassen ein.[166]

---

[164] Je mehr es einzelnen Personen oder Personengruppen gelingt, die Willensbildung im Unternehmen im Sinne der individuellen oder kollektiven Ziele zu beeinflussen und diese Ziele auch gegenüber konfliktären Interessenlagen durchzusetzen, desto umfassender kann das Unternehmen zur Erfüllung individueller oder kollektiver Ziele genutzt werden. Die hinter diesen Aussagen stehende These der Instrumentalfunktion verknüpft Unternehmensziele als Ziele **des** Unternehmens mit den Zielen der Unternehmensträger und sonstiger Stakeholder **für** das Unternehmen. Vgl. Schmidt (1977), S. 122 ff.

[165] Die Anreiz-Beitrags-Theorie ist ein Aussagensystem zur Beantwortung der Fragen der Existenzerhaltung einer Organisation bzw. eines Unternehmens und durch folgende Prämissen gekennzeichnet: „[...] die Organisationsziele sind nicht originärer Art, sondern werden von den Zielen der Teilnehmer bestimmt [...] die Betroffenen bringen spezifische Beiträge (Arbeit, Kapital etc.) ein, wofür die Organisation angemessene Anreize bieten muss (Löhne, Zinsen, etc.) [...] ein Teilnehmer ist solange Mitglied der Organisation, wie er unter Berücksichtigung seiner subjektiven Maßstäbe und möglicher Alternativen einen angemessenen Anreiz für seinen Beitrag erhält [...] die Existenz einer Organisation ist gesichert, wenn Beiträge geleistet werden, die adäquate Anreize verkörpern, welche wiederum die Teilnehmer zu weiteren Beiträgen veranlassen." Dichtl/Issing (1987), S. 72.

[166] Die unterste Stufe bilden die physiologischen Motive, wie z.B. die Bedürfnisse nach Nahrung oder Schlaf, von denen bei dauerhafter Nicht-Befriedigung der stärkste Verhaltenseinfluss ausgeht, da sie im Mangelzustand die übrigen Motive verdrängen. Sind die physiologischen Motive befriedigt, wird die nächsthöhere Motivklasse (Sicherheitsbedürfnisse) verhaltensrelevant (bspw. das Verlangen nach Schutz vor physischen Gefahren etc.). Sind die Sicherheitsbedürfnisse befriedigt, werden soziale Motive verhaltensrelevant (bspw. das Bedürfnis nach Gruppenzugehörigkeit etc.). Sind die sozialen Motive sichergestellt, werden Wertschätzungsmotive (bspw. Bedürfnisse nach Fremdwertschätzung, Respekt, etc.) verhaltensrelevant. Die oberste Motivklasse bilden die Selbstverwirklichungsbedürfnisse. Vgl. Schierenbeck (1989), S. 52.

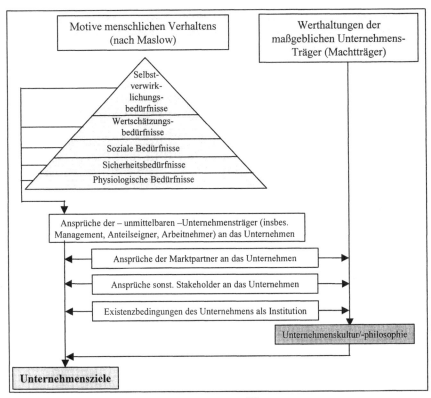

Abb. 11: Entstehung von Unternehmenszielen[167]

Die verschiedenen Motive menschlichen Handelns und deren im Einzelfall erlebte Intensität und Dringlichkeit haben als persönlichkeitsspezifische Verhal-
tensparameter der jeweiligen Unternehmensträger zweifellos großen Einfluss
auf die Wahl der Unternehmensziele. Dominante Verhaltensmotive des Managements (bspw. Macht und Einfluss), der Shareholder (bspw. angemessene Ka-
pitalverzinsung) und der Mitarbeiter (bspw. angemessene Entlohnung, sichere
Arbeitsplätze oder Karrierechancen) lassen sich ebenfalls als Ansprüche an das
Unternehmen interpretieren, die auch in den Unternehmenszielen eine entsprechende Berücksichtigung erfordern.

---

[167] Weitgehende Übernahme der Abb. von Kirsch (1971), S. 86.

Zusätzliche Einflüsse kommen auch von den Marktpartnern. Lieferanten erwarten bspw. angemessene Erlöse und pünktliche Bezahlung, während Kunden bspw. preisgünstige Leistungen und hohe Produkt- oder Dienstleistungsqualität fordern.

Sonstige Stakeholder (bspw. soziale Gruppen, die Öffentlichkeit, der Staat oder die Gesellschaft als Ganzes) stellen ebenfalls Ansprüche und beeinflussen bspw. durch Wirtschafts- und Umweltschutzgesetze oder Steuern die Unternehmenszielbildung nicht unwesentlich.

Von besonderer Bedeutung für akquisitionsrelevante Zielaspekte sind die Existenzbedingungen des Unternehmens als Institution, die permanent sichergestellt sein müssen, damit die Unternehmung die an sie gerichteten vielfältigen Ansprüche überhaupt erfüllen kann. Zu solchen Existenzbedingungen im Rahmen des wirtschaftswissenschaftlichen Kontextes gehören insbesondere:

- *Liquidität*, als Fähigkeit, fällige Zahlungsverpflichtungen uneingeschränkt erfüllen zu können.

- *Rentabilität*, als Fähigkeit, die im Unternehmensprozess entstehenden Aufwendungen durch entsprechende Erträge – mindestens – zu decken.

- *Wachstum*, als Notwendigkeit, um im Wettbewerb bestehen zu können und Liquidität sowie Rentabilität zu sichern. Dieses Wachstum kann aus eigener Kraft als internes Wachstum erfolgen oder aber bspw. mittels Akquisitionen als externes Wachstum stattfinden.[168]

Die vielfältigen Ansprüche der Interessengruppen an das Unternehmen lassen sich zumeist nur schwer ohne größere Probleme zusammenfassen, da regelmäßig von konfliktären Interessenverknüpfungen ausgegangen werden muss. Ob eher eine einseitige Interessen- bzw. Zieldurchsetzung oder eine gegenseitige Interessen- bzw. Zielberücksichtigung verfolgt wird, hängt stark von der vorherrschenden Werthaltung bei den Machtträgern des Unternehmens ab. Diese Werthaltungen sind dabei zugleich als Einflussparameter auf die Unternehmenskultur anzusehen, die somit ebenfalls in engem Zusammenhang zu den Unternehmenszielen steht.

Akquisitionsziele gestalten sich dementsprechend als (externe) Wachstumsziele, die neben Liquiditäts- und Rentabilitätszielen als Existenzbedingungen des Unternehmens die vielfältigen, übergeordneten Unternehmensziele beeinflussen.

---

[168] Wachstum wird dabei gemessen an Größen wie Gewinn, Umsatz, Wertschöpfung, etc.

3.1.2 Akquisitionsziele

Akquisitionsziele werden ebenso wie die übergeordneten Unternehmensziele von vielfältigen Faktoren beeinflusst und können sich sehr unterschiedlich gestalten. Kernpunkt einer gruppierenden Einordnung und Beschreibung der verschiedenartigen Akquisitionsziele ist die Beantwortung der Fragestellung, weshalb überhaupt Akquisitionen stattfinden.

In der wirtschaftswissenschaftlichen Theorie existieren zu dieser Fragestellung zwei unterschiedliche Hauptrichtungen von Erklärungsansätzen: die Erklärungsansätze aus der ökonomischen Theorie und die Erklärungsansätze aus der Strategiediskussion.

3.1.2.1 Ableitung der Akquisitionsziele aus Erklärungsansätzen der ökonomischen Theorie

Im folgenden werden die klassischen Erklärungsansätze der ökonomischen Theorie kurz nachgezeichnet, insbesondere die *Monopolhypothese*, die *Economies-of-scale-Hypothese* und *Economies-of-scope-Hypothese*, der Ansatz der *Transaktionskostentheorie*, die *Steuerhypothese*, die *Hybrishypothese* und der Ansatz der *Principalagency-Theorie* mit den beiden Ausprägungen der *Free-Cash-flow-Hypothese* und der *Corporate-Control-Hypothese*.

Monopolhypothese

Wichtigstes Unternehmensziel im Rahmen dieses mikroökonomischen Erklärungsansatzes für Akquisitionen ist die Erlangung einer marktbeherrschenden Stellung und der damit verbundenen Preissetzungsmöglichkeiten eines Monopolisten auf den Absatz- und Faktormärkten.[169] Liegt kein *natürliches Monopol* vor, wird die Realisierung der Monopolrenten durch Unternehmenszusammenschlüsse und im engeren Sinne durch Akquisitionen angestrebt.

Zweifel an der Relevanz dieses Erklärungsansatzes für Akquisitionen liefern die fehlende empirische Evidenz[170], die nicht vorhandene Erklärungsmöglichkeit für ausschließlich finanziell motivierte Übernahmen[171] oder Akquisitionen im Rahmen einer *unrelated diversification*[172] und die rechtlichen Wettbewerbsbeschränkungen (GWB). Zusammenfassend bemerkt Jensen: „Takeover gains do not come from the creation of monopoly power."[173]

---

[169] Vgl. Pausenberger (1993), S. 4442 und Copeland/Weston (1988), S. 676 ff.

[170] Vgl. Stillmann (1983), S. 225 ff. und Eckbo (1983), S. 241 ff.

[171] Bspw. Akquisitionen, bei denen keine Änderung der Marktstruktur vorgenommen wird, sondern lediglich eine Veränderung der Eigentümer- bzw. Kapitalstruktur.

[172] Vgl. Kapitel 2.2.1 und Anhang, S. 266.

[173] Jensen (1986a), S. 23.

Economies-of-scale-Hypothese

Kernpunkt der Economies-of-scale-Hypothese ist der Effekt der Stückkostende-gression bei wachsender Unternehmensgröße oder Ausbringungsmenge bspw. in den Bereichen der Beschaffung oder der Fertigung. Je stärker dieser Degres-sionseffekt ausgeprägt ist, desto größer ist der Kostenvorteil, den Unternehmen optimaler Größe gegenüber solchen Firmen realisieren, die sich bietende eco-nomies of scale (Skaleneffekte) infolge ihre suboptimalen Größe nicht nutzen können.

Kritiker sehen in der Economies-of-scale-Hypothese eher ein Argument für in-ternes Wachstum als einen Erklärungsansatz für externes Wachstum durch Ak-quisitionen, „[...] da es auf Betriebsgrößenvorteile [vor allem, C.B.B.] im Pro-duktionsbereich hinweist."[174] Überdies gilt derselbe Einwand wie bei der Mono-polhypothese: die mangelnde Erklärbarkeit ausschließlich finanziell motivierter Akquisitionen oder Akquisitionen im Rahmen einer *unrelated diversification*.

Economies-of-scope-Hypothese

Der Ansatz der economies of scope versucht, Kostenvorteile von Unterneh-mensgröße bei heterogenem Produktprogramm zu begründen und verknüpft die Termini *Produktvielfalt* und *Wirtschaftlichkeit*.

❑ In einem ersten Schritt werden im Rahmen der economies of scope markt-seitige Verbundeffekte oder Maßnahmen der Risikodiversifikation zur wettbewerbsstrategisch günstigeren Marktpositionierung realisiert.

❑ Im zweiten Schritt werden die aus den marktseitigen Verbundeffekten re-sultierenden negativen Kosteneffekte eingedämmt.

Ein diversifiziertes Produktprogramm ist aufgrund der economies of scope kos-tengünstiger zu verwirklichen als mehrere getrennte Produktionen. Economies of scope sind für Mehrproduktunternehmen von Bedeutung, bei denen gleiche Einsatzfaktoren in unterschiedliche Produkte eingehen, „[...] ohne in entspre-chendem Maße zusätzliche Kosten zu verursachen."[175]

---

[174] Pausenberger (1993), Sp. 4443. Bedenken der Relevanz der Economies-of-scale-Hypo-these als Erklärungsansatz für Akquisitionen erscheinen bei der praktischen Realisierung von Skaleneffekten in produktionsfernen Unternehmensbereichen angebracht. Im Marke-tingbereich sind bspw. durch einen einheitlichen Auftritt erhebliche Investitionen in Wer-bung, Verpackung, Corporate Design notwendig; im F&E-Bereich sind Skaleneffekte schwer nachvollziehbar.

[175] Pausenberger (1993), Sp. 4444.

Der Ansatz der Economies-of-scope-Hypothese erklärt aus Diversifikationsbe-strebungen und aus marktseitigen Verbundeffekten motivierte Akquisitionen, versagt aber bei Akquisitionsvorhaben von Einproduktunternehmen, deren Bestrebungen einzig und allein in der Realisierung von Größenvorteilen und nicht in marktseitigen Verbundeffekten oder Risikodiversifikation liegen.

Transaktionskostentheorie

Die von Coase 1937 begründete Transaktionskostentheorie vergleicht die Effizienz unterschiedlicher institutioneller Koordinationsformen, in deren Rahmen wirtschaftliche Transaktionen durchzuführen sind.[176]

Bei der Übertragung von Verfügungsrechten (property rights) zwischen zwei Marktteilnehmern entstehen Transaktionskosten[177] – Kosten der Information und Kommunikation für die Anbahnung, Vereinbarung, Abwicklung, Kontrolle und nachträgliche Anpassung von Verträgen – die je nach vorliegender Koordinationsform – marktlich, hybrid[178] oder hierarchisch – unterschiedlich hoch ausfallen. Im Falle von Akquisitionen wird eine vormals kaufvertragliche, marktliche Koordination der unabhängigen Akquisitionspartner durch eine (hierarchische) Koordination im Unternehmensverbund ersetzt, mit dem Ziel der effizienteren und kostengünstigeren Transaktionsabwicklung.[179]

Die hierarchische Koordination ist gegenüber der marktlichen zunehmend dann von Vorteil, wenn sich die mit der wirtschaftlichen Transaktion verbundenen Informationsprobleme ausweiten und dadurch die Transaktionskosten steigen.[180] Dies bedeutet konkret:

- je *häufiger* wirtschaftliche Transaktionen zwischen Marktteilnehmern stattfinden,

- je *spezifischer* die Art der wirtschaftlichen Transaktionen und damit die gegenseitige Abhängigkeit und das Absicherungsbedürfnis der Marktteilnehmer ist und

- je *unsicherer* die wirtschaftliche Transaktion hinsichtlich Informationsgewinnung, -verarbeitung und vertraglicher Rahmenbedingungen ist,

- desto *kostengünstiger* gestaltet sich die hierarchische im Gegensatz zur marktlichen Koordination.

---

[176] Vgl. Coase (1937), S. 386 ff. und hierzu auch Kreikebaum (1998), S. 23 ff.

[177] Auch als *Reibungsverluste* oder *Betriebskosten des ökonomischen Systems* bezeichnet.

[178] Unter hybriden Organisationsformen werden Koordinationsformen verstanden, die weder der marktlichen noch der hierarchischen Koordinationsform zuzuordnen sind, z.B. Netzwerke, Kooperationen, etc.

[179] Dieser Prozess wird als *Internalisierung* bezeichnet. Siehe Williamson (1991).

[180] Vgl. Williamson (1985).

Vertikale Akquisitionsabsichten sind mit Hilfe der Transaktionskostentheorie erklärbar, Kritiker der Transaktionskostentheorie weisen aber auf die mangelnde Praktikabilität des Konzepts und das Versagen bei der Interpretation hybrider Formen von Unternehmenszusammenschlüssen hin.[181] Außerdem betrachtet der transaktionstheoretische Ansatz die alternativen Koordinationsformen einseitig kostenbezogen und berücksichtigt relevante Machtphänomene nur ungenügend.

Steuerhypothese

Die Steuerhypothese als Erklärungsansatz für Akquisitionen zielt auf zu realisierende Steuerersparnisse beim Unternehmenskauf ab, bspw. durch steuersparende Abschreibungsmöglichkeiten, unausgenutzte Verlustvorträge beim Akquisitionsobjekt oder die Erhöhung des steuerlich abzugsfähigen Zinsaufwandes bei einer entsprechenden Fremdkapitalfinanzierung einer Akquisition.[182]

Als umfassender Erklärungsansatz für Akquisitionen ist die Steuerhypothese nicht geeignet, da das einzige Akquisitionsziel die zu realisierende Steuerersparnis darstellt und andere Zielsetzungen nicht berücksichtigt werden.

Hybrishypothese

Der Ansatz der Hybrishypothese zielt auf die Hybris (Selbstüberschätzung) der Unternehmensleitung des Akquisitionssubjekts ab.[183] Die akquirierenden Manager überschätzen ihre Führungs- und Problemlösungsfähigkeit und ihre Integrationskompetenz. Sie rechnen mit überzogenen Synergieerwartungen aus der Akquisition und sind willens, überhöhte Kaufpreise weit oberhalb der Marktpreise zu zahlen. Die Hybrishypothese zielt zudem auf Akquisitionsentscheidungen ab, die aufgrund individueller Bedürfnisse nach Wertschätzung und Selbstverwirklichung der Entscheidungsträger im Sinne von Individualzielen getroffen werden, wie z.B. Macht oder Prestigedenken.[184]

Hauptkritikpunkt an der Hybrishypothese ist die Mutmaßung, dass Akquisitionsentscheidungen weitestgehend auf Individualzielen der Entscheidungsträger beruhen und wirtschaftlich rationale Gründe für Akquisitionen in den Hintergrund treten.

---

[181] Vgl. Powell (1996), S. 213 ff. und Picot et al. (1996).
[182] Siehe Huemer (1991).
[183] Vgl. Roll (1986), S. 197 f.
[184] Vgl. die Bedürfnishierarchie von Maslow in Abb. 11, S. 51.

Principal-agency-Theorie

Gegenstand der Principal-agency-Theorie ist die Analyse der Auftragsbeziehungen zwischen einem Auftraggeber (principal) und einem Auftragsnehmer (agent) und die darauf aufbauenden Gestaltungsempfehlungen. Wesentliche Merkmale dieser Auftragsbeziehungen sind die asymmetrische Informationsverteilung zu Gunsten des agents und die in der Theorie unterstellte, opportunistische Vorgehensweise beider Parteien.[185] Kernproblem der Principal-agency-Theorie ist die Vertragsgestaltung der Auftragsbeziehung zwischen principal und agent und die Fragestellung, mit welchen (finanziellen) Mitteln und Anreizen der principal den agent dazu bewegen kann, dass dieser den Informationsvorsprung nicht in opportunistischer Weise ausnutzt, sondern im Interesse des principals handelt.

Die auf der Principal-agency-Theorie fußende *Free-Cash-flow-Hypothese* greift die Merkmale der Informationsasymmetrie und des opportunistischen Vorgehens der Auftragspartner auf und sieht die Ursache für Akquisitionen in der für die Anteilseigner (principals) suboptimalen Allokation der hohen Free-Cash-flow-Positionen in reifen bzw. schrumpfenden Märkten durch das Management (agents). Anstatt die Free Cash-flows nutzenmaximierend an die Aktionäre auszuschütten, thesauriert das Management das freigewordenen Kapital und schafft sich somit Freiräume und Puffer hinsichtlich des Kapitalmarktes (Kapitalaufnahme bzw. Möglichkeit zur Ertragsglättung) bei gleichzeitiger Stärkung der eigenen Machtposition.[186] Entsprechend werden vom Management häufig Investitionen getätigt, deren Verzinsung unterhalb des Kapitalmarktzinses liegt, aber die sowohl die eigene Einkommenssituation (steigend mit der Unternehmensgröße) als auch die eigene Machtposition (in Abhängigkeit des verwalteten Budgetvolumens) verbessern.

Auch hier werden vergleichbar der Hybrishypothese den agents Individualzielsetzungen unterstellt, die eine ökonomisch sinnvolle Ressourcenallokation konterkarieren. Zudem versagt die Free-Cash-flow-Hypothese bei inhabergeführten Unternehmen.

---

[185] Es werden drei Arten asymmetrischer Informationen unterschieden: a) Kann der principal die Aktionen des agents nicht beobachten, so spricht man von *versteckter Aktion (hidden action)*; b) ist dem principal im Gegensatz zum agent der Umweltzustand nicht bekannt, von dem es abhängt, welche beobachtbare Aktion der agent wählen sollte, spricht man von *versteckter Information (hidden information)*; c) verfügt der agent bereits zum Zeitpunkt des Vertragsabschlusses über Information, die der principal nicht hat, so handelt es sich um *versteckte Charakteristika (hidden characteristics)*.

[186] Vgl. Jensen (1986b), S. 323 ff.

Die ebenfalls auf die Principal-agency-Theorie zurückzuführende *Corporate-Control-Hypothese* sieht das bestehende Management eines Unternehmens einer ständigen Konkurrenzsituation unterworfen, einer „[...] competition among managerial teams [...]"[187], um das Recht der Unternehmensführung zu erhalten.

Im Rahmen von Akquisitionen wird durch Ablösung des bisher tätigen Management eine Unternehmenswertsteigerung durch das übernehmende Management-Team realisiert. Akquisitionen werden bei der Corporate Control-Hypothese als Kapitaltransfer in ineffizient genutzte, unterbewertete Ressourcen verstanden.

Ein Gegenargument für den Erklärungsansatz der Corporate-Control-Hypothese liefert jedoch die übliche Praxis der Vorgehensweise bei Beteiligungsgesellschaften, die nur in denjenigen Fällen Unternehmen akquirieren, in denen das bisherige Management zumindest für einen mittelfristigen Zeitraum (z.B. zwei Jahre) im Amt bleibt und für eine gewisse Kontinuität sorgt.

3.1.2.2 Ableitung der Akquisitionsziele aus Erklärungsansätzen der strategischen Management-Forschung

Eine zweite Gruppe von Erklärungsansätzen für Akquisitionen ist aus Forschungsergebnissen im Bereich des strategischen Management abgeleitet. Im folgenden wird auf *Portfoliomodelle, Porters wettbewerbstheoretischen Beitrag,* das *Kernkompetenzenkonzept* von *Prahalad/Hamel* und das *wertorientierte Management* eingegangen.

Portfoliomodelle

Ausgehend vom ursprünglichen kapitalmarktorientierten Ansatz von Markowitz[188] wurde das Portfoliokonzept seit Anfang der 70er Jahre insbesondere durch Strategieberatungsfirmen weiterentwickelt und zählt heute zu den verbreitetsten Analyse- und Planungsinstrumenten des strategischen Management.

Ist die Betrachtungsebene des Portfoliomodells das Gesamtunternehmen, so sind seine Elemente die Strategischen Geschäftsfelder (SGF). Grundgedanke ist es, die einzelnen SGF nicht isoliert zu betrachten, sondern eine ganzheitliche Planung des Verbundes aller SGF anzustreben. Durch Vorgabe von zielgerichteten Normstrategien werden systematische Verfahrens- und Prozessvorschriften für die Erstellung und Beurteilung eines Unternehmensportfolios geliefert.

---

[187] Jensen/Ruback (1983), S. 42.

[188] Vgl. Markowitz (1952), S. 77 ff. Der ursprüngliche Portfolio-Ansatz stellt eine Planungsmethode zur Zusammenstellung eines Wertpapierbündels *(portefeuille)* dar, das – nach bestimmten Kriterien (z.B. Erwartungswert oder Standardabweichung der Kapitalrendite) bewertet – eine optimale Verzinsung des investierten Kapitals erbringen soll.

Exemplarisch soll die Marktanteils-Marktwachstums-Matrix der Boston Consulting Group (BCG) vorgestellt werden. Den theoretischen Bezugsrahmen der Marktanteils-Marktwachstums-Matrix stellt das Erfahrungskurvenkonzept sowie das Produktlebenszykluskonzept dar.

Das Erfahrungskurvenkonzept besagt, dass sich die Stückkosten eines Produktes bei einer Verdopplung der im Zeitablauf kumulierten Ausbringungsmenge um einen relativ konstanten Betrag (ca. 20-30%) reduzieren. Verantwortlich für die Kostensenkung sind insbesondere economies of scale, Lerneffekte und Produkt- bzw. Verfahrensinnovationen.

Das Produktlebenszykluskonzept geht von der Annahme aus, dass die Nachfrage nach einem Produkt von seiner Entstehung aus gesehen unterschiedliche Phasen durchläuft, bis zu dem Zeitpunkt, an dem es vom Markt verschwindet.

1. *Einführungsphase*:   endet, wenn der Stückgewinn des Produktes positiv wird,

2. *Wachstumsphase*:   endet, wenn die Absatzmengen nicht mehr progressiv ansteigen, d.h. bis zum Wendepunkt der Absatzmengenkurve,

3. *Reifephase*:   dauert bis zu dem Zeitpunkt, an dem der Stückgewinn maximal ist,

4. *Sättigungsphase*:   gekennzeichnet durch sinkende Stückgewinne und i.d.R. durch sinkende Preise und steigende Werbekosten; endet mit dem absoluten Umsatzmaximum,

5. *Degenerationsphase*:   erzielbare Absatzmenge nimmt zunehmend ab.

In Abb. 12 ist der Zusammenhang der beiden geschilderten Konzepte in der Marktanteils-Marktwachstums-Matrix dargestellt. Die beiden Dimensionen der Matrix sind einerseits der *relative Marktanteil*[189], der sich aus dem Verhältnis der eigenen Absatz- bzw. Umsatzzahlen zum stärksten Konkurrenten ableitet und andererseits das *Marktwachstum*[190], das sich aus dem Verhältnis des zukünftig erwarteten Marktvolumens zum aktuellen errechnet.

---

[189]   Der *relative Marktanteil* korreliert annahmegemäß positiv mit dem Return on Investment (ROI).

[190]   Das *relative Marktwachstum* korreliert annahmegemäß negativ mit dem Finanzmittelbedarf.

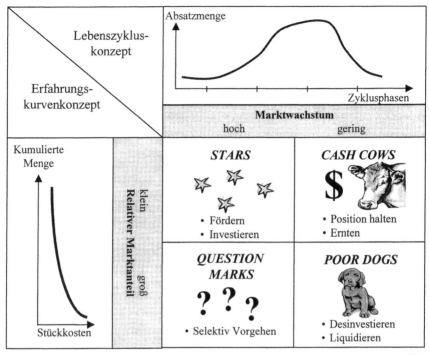

Abb. 12: Marktanteils-Marktwachstums-Matrix der Boston Consulting Group[191]

Positioniert man in diese Marktanteils-Marktwachstums-Matrix die Strategischen Geschäftseinheiten (SGE), lassen sich diese den vier unterschiedlichen Matrixfeldern mit den dazugehörigen Normstrategien zuordnen. Die Normstrategien zielen auf eine Ressourcenzuteilung ab, die ein längerfristiges Gleichgewicht der Zahlungsströme sowie eine ausgewogene Desinvestitions- bzw. Investitionspolitik erwarten lässt.[192] Zudem wird durch einen ausgewogenen SGE-Mix ein Risikoausgleich vorgenommen. Zur Optimierung des eigenen Portfolios können bestimmte SGE desinvestiert werden bzw. fremde SGE im Rahmen von Akquisitionen zugekauft werden.

---

[191] In enger Anlehnung an die Abb. bei Hedley (1977), S. 112.

[192] Anhand der Normstrategien wird dargestellt, in welchen Geschäftsbereichen Desinvestitionen bzw. komplette Liquidationen durchzuführen sind (*Poor Dogs*) und in welche Geschäftsbereiche investiert werden muss (*Stars*) bzw. in welchen Bereichen komplette Geschäftsbereiche bzw. Unternehmen zur Optimierung des eigenen Portfolios zugekauft werden sollten. Die Marktanteils-Marktwachstums-Matrix visualisiert die unterschiedlichen Finanzmittelbedarfe und geleisteten Beiträge für die (Überschuss-)Liquidität einzelner Geschäftsbereiche.

Die Kritik am Konzept der Portfoliomodelle als möglichem Erklärungsansatz für Akquisitionsvorhaben verdichtet sich auf folgende Schwachpunkte:

❑ generell *mangelnde Darstellbarkeit von Synergieeffekten* zwischen SGE (und damit auch potenziellen Akquisitionspartnern).

❑ Reduzierung der Verbundeffekte *auf finanzwirtschaftliche Synergieeffekte* zwischen den SGE; Synergieeffekte anderer Dimensionen (z.B. marktlich, wissensbezogen) bleiben unberücksichtigt,[193]

❑ nicht unerhebliche *Bewertungsproblematik* bei der Positionierung der SGE in der Marktanteils-Marktwachstums-Matrix,

❑ i.d.R. *subjektive Einschätzung* der Größen *Marktanteil* und *Marktwachstum*,[194]

❑ zu *undifferenzierte Handlungsanweisungen der Normstrategien.*[195]

Porters Wettbewerbstheorie

Mögliche Antworten auf die Fragestellung, weshalb Akquisitionen überhaupt stattfinden, können in der Wettbewerbstheorie von Porter gefunden werden.[196] Sein wettbewerbstheoretischer Zugang zur Strategieentwicklung – und in einem engeren Begriffsverständnis zur Erklärung von Akquisitionsvorhaben – beruht auf drei Kernaussagen:

1. Notwendigkeit der Auswahl einer attraktiven Industrie

In attraktiven Industrien gilt: „[...] entry barriers are high, suppliers and buyers have only modest bargaining power, substitute products or services are few, and the rivalry among competitors is stable."[197]

Unattraktive Industrien hingegen sind gekennzeichnet durch „[...] structural flaws, including a plethora of substitute materials, powerful and price-sensitive buyers, and excessive rivalry caused by high fixed costs and a large group of competitors, many of whom are state supported."[198]

---

[193] Im Rahmen der Normstrategien und der daraus ableitbaren Subventionspolitik ist im Portfolio ein ausgewogener SGE-Mix zu gestalten. Dafür müssen jeweils ausreichend neue SGE (*stars* und *question marks*), aber auch SGE in der Phase hoher Cash-Generierung (*cash cows*) vorhanden sein.

[194] Vgl. Abbel (1980).

[195] Vgl. Bruppacher (1990), S. 274. Bspw. sollte innerhalb des Bereiches mit niedrigem relativen Marktanteil und niedrigem Wachstum zusätzlich in zu haltende Auslaufprodukte (cash traps) und echte Desinvestitionsbereiche unterschieden werden.

[196] Die Verdienste Porters bei der Generierung des Konzepts einer strategischen Unternehmensführung sind ebenso anerkannt wie zahlreich. Vgl. Porter (1987a), Porter (1990), Porter (1991), Porter (1992), Porter (1996a), Porter (1996b).

[197] Porter (1987a), S. 46. Vgl. die Abb. 88 der *Five Forces und der Markteintritts- und -austrittsbarrieren*, S. 264.

[198] Vgl. ebenda.

2. Entwicklung von Wettbewerbsvorteilen durch Kostenführerschaft oder Differenzierung

Durch folgende grundlegende Strategien können mit Porters Konzept Wettbewerbsvorteile realisiert werden.[199]

- Die Strategie der Kostenführerschaft, die Wettbewerbsvorteile gegenüber den Konkurrenten aufgrund einer besseren Kostensituation realisiert.[200]
- Die Differenzierungsstrategie, die sich mittels höherer Qualitäts- und Leistungsniveaus der Produkte und Dienstleistungen Wettbewerbsvorteile verschafft.
- Die Fokussierungsstrategie, die sich durch Konzentration auf Marktnischen bzw. ein eng abgegrenztes Branchenziel (Abnehmergruppe) Wettbewerbsvorteile durch Anwenderspezifität verschafft.

3. Generierung einer effizienten Wertschöpfungskette

Die Einbettung bzw. Modifikation der eigenen Wertschöpfungskette in ein umfassendes System von Lieferanten-, Vertriebskanal- und Endabnehmerwertschöpfungsketten ist für Porter wettbewerbsstrategisch von großer Bedeutung.[201]

- Entlang der einzelnen Wertschöpfungsketten sind „[...] Kombinationen von technologisch eigenständigen Produktions-, Vertriebs-, Verkaufs- und/oder anderen ökonomischen Prozessen [...]"[202] möglich, die Porter als *vertikale Integration* bezeichnet.
- Querverbindungen zwischen Wertschöpfungsketten, die „[...] eine koordinierte Gesamtheit von Zielen und Grundsätzen [verfolgen; C.B.B.], die unterschiedliche, aber miteinander verflochtene Unternehmenseinheiten umfassen [...]"[203], bezeichnet Porter als *horizontale Integration* oder *Horizontalstrategie*.
- *Diversifikationsstrategien* beschreiben die Erweiterung des Leistungsprogramms um Produkte oder Dienstleistungen mit hohem Neuheitsgrad und wenig Gemeinsamkeiten zur bisherigen Produkt- und Dienstleistungspalette und/oder die Erschließung neuer Absatzmärkte. Bei *konzentrischen Diversifikationen* werden Wertschöpfungsketten dadurch verknüpft, dass sie auf dieselbe Zielgruppe ausgerichtet werden. Bei *konglomeraten Diversifikationen* besteht keinerlei Verbindung zwischen den Wertschöpfungsketten.

---

[199] Vgl. Abb. 89, Anhang S. 265.
[200] Die *Strategie der Kostenführerschaft* basiert auf dem Lernkurvenkonzept sowie den *economies of scale*.
[201] Vgl. Abb. 90, Anhang, S. 266.
[202] Vgl. Porter (1992), S. 375.
[203] Vgl. ebenda, S. 407.

Für Porter ist die Suche nach Synergien (Verflechtungstypen[204]) zwischen einzelnen SGE und deren Nutzung zur Generierung von Wettbewerbsvorteilen die Antwort auf die Fragestellung, weshalb Akquisitionen stattfinden. Neben den Synergiewirkungen werden von Porter Akquisitionen explizit auch als Option des kostengünstigeren Überwindens von Markteintrittsbarrieren in attraktiven Industrien angesehen.[205] Auch hier sind jedoch Verflechtungen maßgeblich: „Wo Verflechtungen vorhanden sind, wird der Eintritt durch den Erwerb eines anderen Unternehmens leichter, dass es für den Käufer größeren Wert hat als für seine augenblicklichen Besitzer oder andere Kaufinteressenten ohne ähnliche Verflechtungen."[206]

Kritisch sieht Porter die organisatorische Integration der Akquisition gegenüber einer *gewachsenen* Struktur bei der internen Entwicklung: „Bei Unternehmensübernahmen ist es andererseits erforderlich, Verflechtungen mit einer bislang eigenständigen Organisation zu schmieden, welche Widerstände damit auch verbunden sein mögen. Der Unternehmenserwerb hat auch den Nachteil, dass Strategiekompromisse zugunsten von Verflechtungsmöglichkeiten erforderlich werden."[207]

Kernkompetenzenkonzept

Ein weiterer Erklärungsansatz für Akquisitionen kann aus dem Kernkompetenzenkonzept von Prahalad/Hamel abgeleitet werden.[208] Kernkompetenzen ermöglichen

❑ den potenziellen Zugang zu einer Vielfalt von Märkten (*Marktzugangspotenzial*),

❑ weisen einen signifikant wahrnehmbaren Kundennutzen hinsichtlich der Endprodukte auf (*substanzieller Kundennutzen*) und

❑ sind von Wettbewerbern nur schwer kopierbar (*Imitationsschutz*).

Im Gegensatz zur Verflechtung von SGE bzw. Wertschöpfungskettenelementen sieht der Ansatz von Prahalad/Hamel einen Antrieb für die Durchführung von Akquisitionsvorhaben insbesondere in der Chance, sich durch Erwerb eines Akquisitionsobjekts Wettbewerbsvorteile rund um die Kernkompetenzen zu verschaffen.

---

[204] Vgl. Porter (1996a), S. 413 ff.

[205] Vgl. Porter (1992), S. 436 ff.

[206] Vgl. Porter (1996a), S. 475.

[207] Vgl. ebenda, S. 515.

[208] Kernkompetenzen werden beschrieben als „[...] the collective learning in the organization, especially how to coordinate diverse production skills and integrate multiple streams of technologies. [...] Core competence is communication, involvement, and a deep commitment to working across organizational boundaries." Prahalad/Hamel (1990), S. 82.

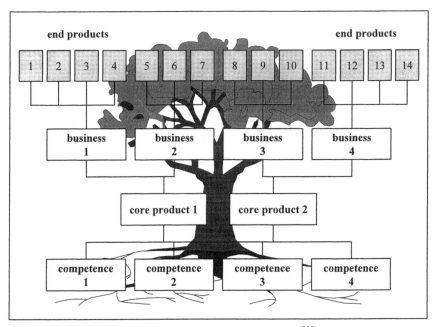

Abb. 13: Baumorganisation des Kernkompetenzkonzepts[209]

Die Wettbewerbsanalyse als Ausgangspunkt für Akquisitionsvorhaben verbleibt nicht auf der Ebene der Endprodukte bzw. SGE, sondern geht tiefer auf die Ebene der Kernprodukte oder Kernkompetenzen – mit der Abb. 13 gesprochen, steckt die Kraft des Baumes nicht in den Blättern, sondern in dessen Wurzeln. Akquisitionen sind folglich auf – zuvor identifizierte – technologische Lücken und/oder spezifizierte Komponenten zu fokussieren, um einen gezielten Ausbau der Kernkompetenzen voranzutreiben.

Die Kritik am Kernkompetenzenkonzept als Erklärungsansatz für Akquisitionsvorhaben beruht auf der Betonung der wissensbezogenen Synergiedimension bei gleichzeitiger Vernachlässigung akquisitionsbedingter Kostendegressionseffekte.[210]

---

[209] Abb. 13 weitestgehend in Anlehnung an die Darstellung bei Prahalad/Hamel (1990), S. 81.

[210] In seinem ursprünglichen Verständnis spricht das Kernkompetenzenkonzept gegen Formen der Zusammenarbeit zwischen Unternehmen, insbesondere gegen Kooperationen. Sämtliches Know-how ist im ursprünglichen Verständnis aus Wettbewerbsüberlegungen in Eigenentwicklung zu generieren, um den notwendigen Imitationsschutz für das spezifische Know-how rund um die Kernkompetenzen zu erreichen. So wurden/werden beispielsweise in Japan Fertigungsanlagen einzelner Hersteller und Zulieferer entgegen reiner Kostengesichtspunkte in Eigenentwicklung und Eigenproduktion hergestellt.

Wertorientiertes Management

Aufbauend auf dem grundlegenden Werk von Rappaport[211] erlangte in den 80er Jahren in den USA eine Managementrichtung zunehmende Bedeutung, welche die Ausrichtung der Unternehmensentscheidungen – und in diesem Sinne auch der Akquisitionsentscheidungen – an den Interessen der Eigentümer betonte. Zusätzlich wurde die Steigerung des Unternehmenswertes als wichtigstes Ziel herausgestellt. Diese Entwicklung wurde insbesondere durch die Termini *wertorientiertes Management*, *Value-Based-Management* oder *Shareholder-Value-Konzept* geprägt.[212]

Im deutschsprachigen Raum hat das wertorientierte Management trotz anfänglicher Zurückhaltung in der Anwendung des Konzepts seit Beginn der 90er Jahre zunehmend Fuß gefasst und ist heute aus keiner Führungsetage mehr wegzudenken.

"Das grundlegende Ziel einer Akquisition ist [im Rahmen des wertorientierten Management, C.B.B.] dasselbe wie bei jeder anderen Investition im Rahmen der Gesamtstrategie eines Unternehmens: *den Wert zu steigern.*"[213]

Das wertorientierte Management bewertet das Ziel der Unternehmenswertsteigerung mit einem ökonomisch fundierten und einheitlichen Meßsystem[214] und verschafft so dem Management die Möglichkeit, jene Strategien und Maßnahmen – in diesem Sinne auch Akquisitionsvorhaben – zu verfolgen, die zu einer Steigerung des Eigentümerwertes führen.[215]

"The triumph of this [value-based management, C.B.B] approach, sometimes described as the marriage of strategic thinking and modern financial theory, represents the Eighties most important contribution to formal corporate planning."[216]

Der Hauptkritikpunkt an dem Erklärungsansatz des wertorientierten Management liegt in der eindimensionalen, finanzwirtschaftlichen Zielkonzeption, die zu Gunsten der Eigentümerinteressen die Ziele der restlichen Stakeholder vernachlässigt.

---

[211] Vgl. Rappaport (1986).

[212] Vgl. Rappaport (1981), Alberts/McTaggart (1984), Stewart (1990). Gebräuchlich sind neben den genannten Bezeichnungen auch die Termini *wertorientiertes strategisches Management* und *Management-Wert-Konzept.* Vgl. Hanssmann (1988), Bühner (1990). Die Bestimmung des Eigentümernutzens wird als *Wertsteigerungsanalyse* bezeichnet. Vgl. Weber (1990), Herter (1991), Herter (1994).

[213] Vgl. Rappaport (1999), S. 164, vgl. auch Kapitel 2.2.5.

[214] Vgl. die detaillierteren Ausführungen zum Shareholder-Value-Konzept im Rahmen des Kapitels 6.

[215] Vgl. Herter (1994), S. 13, Dirrigl (1994), S. 409 ff.

[216] Vgl. Kiechel III (1988), S. 18.

3.1.2.3   Zusammenfassende Erkenntnisse der Erklärungsansätze der ökonomischen Theorie und strategischen Management-Forschung

Tab. 7 fasst die Erkenntnisse der geschilderten Erklärungsansätze zusammen:

Hauptrichtung des Erklärungsansatzes	Name des Erklärungsansatzes	Grund für die Durchführung des Akquisitionsvorhabens	Hauptkritik am Erklärungsansatz
Ökonomische Theorie	Monopolhypothese	• Erlangung einer marktbeherrschenden Stellung • Preissetzungsmöglichkeiten auf Absatz- und Faktormärkten	• mangelnde empirische Evidenz • keine Erklärbarkeit von rein finanziell motivierten Akquisitionsvorhaben und *unrelated diversifications*
	Economies-of-scale-Hypothese	• Stückkostendegressionseffekt bei wachsender Unternehmensgröße/ Ausbringungsmenge	• Begründung ebenso für internes Wachstum • keine Erklärbarkeit rein finanziell motivierten Akquisitionsvorhaben und *unrelated diversifications*
	Economies-of-scope-Hypothese	• Kostenvorteile von Unternehmensgröße bei heterogenem Produktprogramm	• keine Erklärbarkeit von Akquisitionsvorhaben bei Einproduktunternehmen und *unrelated diversifications*
	Transaktionskostentheorie	• Akquisition als hierarchische Koordinationsform zur Verringerung der Transaktionskosten	• mangelnde Praktikabilität • keine Interpretation hybrider Organisationsformen möglich • ausschließlich Kostenbetrachtung
	Steuerhypothese	• Steuerersparnisse beim Unternehmenskauf	• eindimensionale Ausrichtung auf Steuerwirkung
	Hybrishypothese	• Selbstüberschätzung des Akquisitionssubjekts • Wirtschaftlich nicht rationale Individualziele	• Vernachlässigung wirtschaftlich rationaler Zielsetzungen bei Akquisitionsvorhaben
	Principal-agency-Theorie/ Free-Cash-flow-Hypothese	• Suboptimale Allokation der Free Cash-flows infolge Individualzielsetzungen	• Vernachlässigung wirtschaftlich rationaler Zielsetzungen bei Akquisitionsvorhaben • Versagen des Ansatzes bei inhabergeführten Unternehmen
	Principal-agency-Theorie/ Corporate-Control-Hypothese	• Unternehmenswertsteigerung durch Ablösung des bisherigen Management	• Akquisitionen mit der Auflage des Verbleibs des bisherigen Management in der Unternehmensleitung
Strategische Management-Forschung	Portfoliomodelle	• Steigerung der Wettbewerbsfähigkeit • Risikoausgleich	• Keine Darstellbarkeit von Verbundeffekten zwischen SGE • Bewertungsproblematik
	Porters wettbewerbstheoretischer Beitrag	• Schaffung strategischer Wettbewerbsvorteile • Synergieeffekte	• keine Erklärbarkeit rein finanziell motivierter Akquisitionsvorhaben und *unrelated diversifications*
	Kernkompetenzenkonzept	• Generierung von Wettbewerbsvorteilen rund um Kernkompetenzen	• Begründung ebenso für internes Wachstum relevant • Betonung Know-how-Transfer
	Wertorientiertes Management	• Unternehmenswertsteigerung	• Eindimensionale, finanzwirtschaftliche Zieldimension

Tab. 7: Übersicht über die Erklärungsansätze zur Begründung von Akquisitionsvorhaben

Keiner der geschilderten Erklärungsansätze kann für sich alleine überzeugen und es ist nicht möglich, ein eindeutiges, allgemeingültiges Erklärungsmuster zur Begründung von Akquisitionsvorhaben auszumachen. Es ist davon auszugehen, dass jeder der genannten Erklärungsansätze in bestimmten Erwerbssituationen zur Begründung von Akquisitionsvorhaben wirksam werden kann.

In allen Erklärungsansätzen besteht jedoch Einigkeit, dass Akquisitionsvorhaben nicht Selbstzweck sind, sondern zur Verfolgung gesamtunternehmerischer, zumeist strategischer Zielsetzungen dienen.[217]

In der folgenden empirischen Studie ist die Frage 2 ausschließlich der Untersuchung von Akquisitionszielen und der Bedeutung von Akquisitionsmotiven für den Unternehmenskauf gewidmet. Ein besonderer Schwerpunkt der Untersuchung wird auf Erklärungsansätze der neueren Strategiediskussion und die daraus resultierenden – insbesondere wettbewerbstheoretischen und synergierelevanten – Motive gelegt.

3.1.3 Integrationsziele

Die wichtigsten Integrationsziele im Rahmen der Untersuchung lassen sich aus der in Kapitel 2.3 gefassten Definition des Begriffs der Integrationsgestaltung und aus den in Kapitel 2.4.2 definierten vier Synergiedimensionen ableiten. Folglich sind annahmegemäß Ziele der Integration die Bewerkstelligung des erwarteten Ressourcentransfers zwischen Akquisitionssubjekt und Akquisitionsobjekt – d.h. die Realisierung von Synergiepotenzialen – in der finanzwirtschaftlichen, güterwirtschaftlichen, wissensbezogenen und marktlichen Synergiedimension.[218]

---

[217] Folgt man den neueren Ansätzen der Strategiediskussion fällt auf, dass beim Wunsch zur Generierung von Wettbewerbsvorteilen durch Akquisitionen synergierelevante Fragestellungen zunehmend an Bedeutung gewinnen, insbesondere bei *Porters wettbewerbstheoretischem Beitrag* rund um Verbundeffekte entlang der Wertschöpfungsketten, beim *Kernkompetenzenkonzept* rund um wissensbezogene Synergien und beim *wertorientierten Management* im Rahmen der Unternehmenswertsteigerung.

[218] Auf andere, denkbare Integrationsziele wie z.B. die *Wahl der richtigen Integrationsgeschwindigkeit* oder die *Wahl der richtigen Integrationstiefe* wird in den Kapiteln 3.2.1 und 4.2 im Rahmen von Gestaltungsparametern der Integration eingegangen, die den Ressourcentransfer in den vier Synergiedimensionen beeinflussen.

Die Entscheidungsträger in Unternehmen verfolgen bei Akquisitionsvorhaben Integrationsziele, Akquisitionsziele und Unternehmensziele. Diese Zielgrößen stehen in einer komplementären, vertikalen Zielbeziehung zueinander.[219] Integrationszielsetzungen gehen als Unterziele in die Akquisitionszielsetzungen ein, die wiederum in die hierarchisch übergeordneten Unternehmensziele eingehen. Diese Zielhierarchie ist in Abb. 14 dargestellt – zusammen mit den akquisitionsrelevanten Erfolgsgrößen.

3.1.4 Akquisitionsrelevante Erfolgsgrößen und Problemfelder der Erfolgsmessung

Die akquisitionsrelevanten Erfolgsgrößen sind mit den im vorigen Unterkapitel 3.1.3 getroffenen Aussagen zu akquisitionsrelevanten Zielsetzungen in Beziehung zu setzen, denn in seiner ursprünglichsten, sehr undifferenzierten Auslegung wird Erfolg verstanden als „[...] das Erreichen eines Ziels, wobei ein Ziel als zukünftiger Zustand interpretiert wird, der als erstrebenswert angesehen wird."[220]

In Anlehnung an die definierte Zielhierarchie zwischen Unternehmens-, Akquisitions- und Integrationszielen ergibt sich entsprechend eine *Erfolgshierarchie* zwischen Unternehmens-, Akquisitions- und Integrationserfolg, die in Abb. 14 neben der Zielhierachie dargestellt ist.

Eine Integration ist gemäß der vereinbarten Zielsetzung dann erfolgreich, wenn der erwartete Ressourcentransfer in den finanzwirtschaftlichen, güterwirtschaftlichen, wissensbezogenen und marktlichen Synergiedimensionen realisiert ist.[221]

---

[219] Eine vertikale Zielbeziehung unterstreicht den *Mittelcharakter* einer untergeordneten Zielsetzung für ein übergeordnetes Ziel innerhalb einer Zielhierarchie. Eine komplementäre Zielbeziehung bezeichnet die positive Beeinflussung und Begünstigung einer Zielsetzung auf die Erreichung einer anderen Zielsetzung. Vgl. Dichtl/Issing (1987), S. 2139.

[220] Bamberger (1993), S. 57.

[221] Vgl. Gerpott (1993), S. 390. Aussagen über die konkrete Ausformulierung von Akquisitionszielen werden erst im Rahmen der empirischen Studie in Kapitel 4 getroffen.

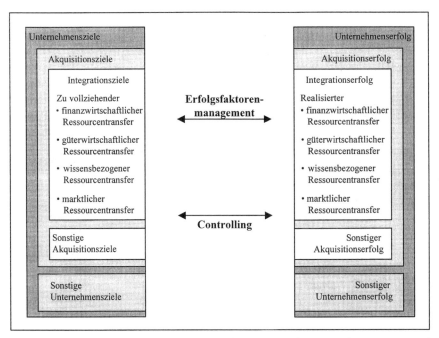

Abb. 14: Ziel- und Erfolgshierarchie zwischen Unternehmens-, Akquisitions- und Integrationsgrößen

Im Gegensatz zum Integrationserfolg gestaltet sich die Beantwortung der Fragestellung, wann eine Akquisition erfolgreich ist, schwieriger. Dies liegt einerseits an der Vielschichtigkeit der Akquisitionszielsetzungen[222], andererseits an der erschwerten Messbarkeit der Akquisitionserfolgsgrößen. Abb. 15 liefert eine Übersicht über Hauptproblemfelder bei der Messung des Akquisitionserfolgs, die sich aus folgenden zentralen Fragestellungen ableiten lassen:

❑ Wie lässt sich Akquisitionserfolg messen und was bedeutet Akquisitionserfolg? (*Erfolgskonzept* der Messung)

❑ Wann wird Akquisitionserfolg gemessen? (*Zeitpunkt/Zeitraum* der Erfolgsmessung)

❑ Anhand welcher Bewertungskriterien wird beurteilt, ob eine Akquisition erfolgreich ist und ob nicht? (*Maßstäbe* der Erfolgsmessung)

---

[222] Vgl. Kapitel 3.1.2.

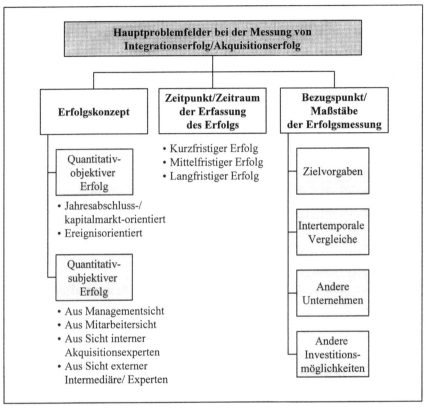

Abb. 15: Problemfelder bei der Messung des Akquisitionserfolgs[223]

<u>*Erfolgskonzept[224]*</u>

Ein erstes Messkonzept geht davon aus, dass Akquisitionserfolg anhand *quanti-tativ-objektiver Messgrößen* erfasst werden kann und impliziert damit, dass sich das Ereignis *Akquisitionserfolg* direkt auf – monetäre – objektive Zielgrößen auswirkt. Ausprägungen dieser quantitativ-objektiven Messgrößen können sein:

❑ *jahresabschluss- oder kapitalmarktorientierte* Messgrößen, die den Akquisitionserfolg primär über Datenanalysen aus Bilanz- und Gewinn- und Ver-
   lustrechnungspositionen bzw. aus Cash flow-Betrachtungen, Börsenkursen
   etc. und daraus ableitbaren Kennziffern ermitteln.

---

[223]   In enger Anlehnung an die Darstellung bei Gerpott (1993), S. 190.

[224]   Vgl. die sehr detaillierten Ausführungen von Gerpott (1993), S. 191-228.

❑ *ereignisorientierte* Messgrößen, die den Akquisitionserfolg anhand des Eintretens objektiv bestimmbarer Vorkommnisse ermitteln, bspw. das Ereignis des Wiederverkaufs des Akquisitionsobjekts oder die Fluktuation des Schlüsselpersonals.

Ein zweites Messkonzept berücksichtigt bei der Messung des Akquisitionserfolgs insbesondere *qualitativ-subjektive Messgrößen,* die sich aus Erfahrungen von Personengruppen ableiten lassen, die im Akquisitionsprozess eine relevante Rolle spielen, bspw. das Management, die Mitarbeiter oder interne sowie externe Akquisitionsexperten.

Zeitraum/Zeitpunkt der Messung[225]

Die Bedeutung von Akquisitionserfolgsmessungen wird wesentlich davon beeinflusst, zu welchem Zeitpunkt man die Erfolgsmessung vornimmt bzw. welcher Zeitraum mit der Messung abgedeckt werden soll.

„Grundsätzlich ist es wenig sinnvoll, *den* optimalen Zeitpunkt bzw. -raum für Akquisitionserfolgsmessungen bestimmen zu wollen [...]"[226], denn je nach Erfolgskonzept und verfolgten Fragestellungen kann ein unterschiedlicher Messzeitpunkt bzw. kürzerer oder längerer Zeitraum angemessen sein. Mit zunehmendem zeitlichen Abstand der Erfolgsmessung vom Datum der Akquisition werden zwar immer mehr kurzfristig-operative und langfristig-strategische Erfolgswirkungen erfasst, zugleich steigt aber die Gefahr, dass die Erfolgsmessung zunehmend durch Ereignisse beeinflusst wird, die nicht in einem direkten Zusammenhang mit der Akquisition stehen, was zu einer Verfälschung der Akquisitionserfolgsmessung führt.

Maßstäbe der Erfolgsmessung[227]

Akquisitionserfolgsmessungen bedingen stets eine wertende Einordnung, d.h. es muss ausgehend von einem festgelegten Bezugspunkt bzw. Maßstab bewertet werden, ob eine Akquisition erfolgreich ist oder nicht. Diese Bewertung kann anhand unterschiedlicher Referenzgrößen vorgenommen werden.

---

[225] Vgl. die detaillierten Ausführungen von Gerpott (1993), S. 231-234.
[226] Gerpott (1993), S. 232.
[227] Vgl. die detaillierten Ausführungen von Gerpott (1993), S. 234-240.

Mögliche Maßstäbe der Erfolgsbewertung von Akquisitionen sind:

❑ *Soll-Ist-Vergleiche*, anhand derer Akquisitionen danach beurteilt werden, inwiefern sie die vor der Akquisition vereinbarten *Zielvorgaben* tatsächlich erreicht haben.

❑ *Intertemporale Vergleiche*, anhand derer Akquisitionen danach beurteilt werden, inwiefern sich die Ausprägung *bestimmter Kriterien im zeitlichen Verlauf* des Akquisitionsvorhabens entwickelt.

❑ *Unternehmensübergreifende Vergleiche*, anhand derer Akquisitionen danach beurteilt werden, inwiefern sich bestimmte Kriterien einer vergleichbaren Akquisition im Gegensatz zur Kriterienausprägung der eigenen Akquisition gestalten.

❑ *Vergleich mit alternativen Investitionsmöglichkeiten*, anhand derer Akquisitionen an Kriterienausprägungen alternativer Investitionsmöglichkeiten gemessen werden.

Bei der in Kapitel 4 dargestellten empirischen Analyse ist der Problematik der Akquisitionserfolgsmessung ein eigener Fragenblock gewidmet (Fragenblock 3), der die genannten Problemfelder bei der Messung des Akquisitionserfolges auf ihre empirische Relevanz untersucht.

3.2 Entwurf eines Erfolgsfaktorenmodells für die Integrationsgestaltung

Aufbauend auf den gewonnenen Erkenntnissen hinsichtlich akquisitionsrelevanter Ziel- und Erfolgsgrößen, widmet sich Kapitel 3.2 der Generierung eines Erfolgsfaktorenmodells der Integrationsgestaltung.

Abb. 16 liefert einen Überblick über den weiteren Fortgang der Untersuchung in Kapitel 3.2 unter Berücksichtigung der Überlegungen bzgl. akquisitionsrelevanter Ziel- und Erfolgsgrößen.

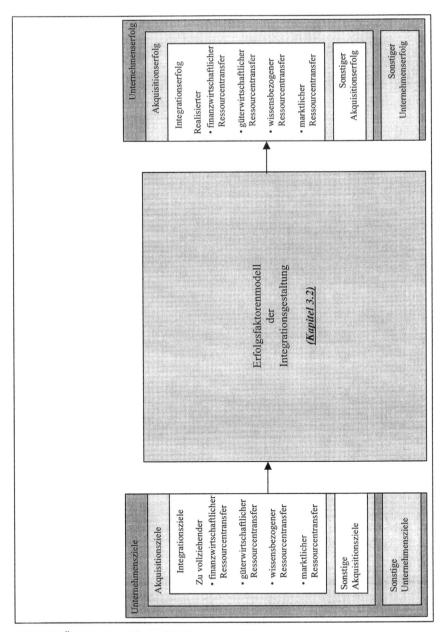

Abb. 16: Übersicht zu Kapitel 3.2

3.2.1 Erfolgsfaktoren der Integrationsgestaltung

„Als Erfolgsfaktoren werden sowohl diejenigen Faktoren der Umwelt- und Unternehmenssituation als auch diejenigen strategischen Maßnahmen bezeichnet, die die Zielerreichung [...] maßgeblich beeinflussen."[228]

Erfolgsfaktoren der Integrationsgestaltung sind folglich diejenigen Faktoren der Umwelt- und Unternehmenssituation und diejenigen strategischen Maßnahmen, die das Integrationsziel, d.h. den Ressourcentransfer der finanzwirtschaftlichen, güterwirtschaftlichen, wissensbezogenen und martklichen Synergiedimension maßgeblich beeinflussen.

Die Ermittlung von Erfolgsfaktoren der Integrationsgestaltung kann auf verschiedenen Wegen der Erkenntnisgewinnung erfolgen, bspw. als Ableitung der Erfolgsfaktoren aus Erfahrungen von Entscheidungsträgern, Plausibilitätsüberlegungen, Theoriekonzepten oder Ergebnissen empirischer Befunde.

Eine Auswahl von Untersuchungen, die ihre Ergebnisse in Form von Erfolgsfaktoren bzw. Handlungsanweisungen verdichtet haben, ist in Tab. 8 dargestellt, ergänzt um eine ordnende Gruppierung der verschiedenen Erfolgsfaktoren in *Erfolgsfaktorenfelder*.

---

[228] Grabner-Kräuter (1993), S. 286 f. Vgl. hierzu auch Segler (1986), S. 42. In dieser weiten Auslegung des Erfolgsfaktorenbegriffs wird von Faktoren gesprochen, die *die Zielerreichung maßgeblich beeinflussen.* Es wird explizit **nicht** von ausschließlich positiver Beeinflussung der Zielerreichung gesprochen, d.h. dass ebenso negative Faktoren der Umwelt und Unternehmenssituation und strategische Maßnahmen – im engeren Sinne *Misserfolgsfaktoren* – als Erfolgsfaktoren definiert werden.
Hinsichtlich der begrifflichen Weite noch einen Schritt weiter geht der Terminus der *Erfolgsdeterminanten*, der zudem Faktoren als Erfolgsdeterminanten bezeichnet, die die Zielerreichung nicht nur in positivem Sinne (*Erfolgsfaktoren*) oder negativen Sinne (*Misserfolgsfaktoren)* aktiv fördern, sondern diese Zielerreichung in positivem Sinne (*Misserfolgsbarrieren)* oder auch negativen Sinne (*Erfolgsbarrieren*) verhindern können.

Quelle	Erkenntnis-ursprung	Erfolgsfaktorenfelder									
		Unternehmensinterne Situationsvariablen			Maßnahmen der Integrationsgestaltung					Akquisitions-vorbereitung	
		Akquisitions-subjekt	Akquisitions-objekt	Beziehungen zw. Partnern	Projekt management	Integrations-controlling	Kommuni-kation	Integrationsge-schwindigkeit	Integrations-tiefe	Vision und Stra-tegie	Akquisitions-management
Habeck/ Kröger/ Träm (1999)[229]	Empirische Querschnitts-studie (115 Transaktionen)	–	–	◐	●	◐	●	◐	–	●	◐
Rumpf/ Neumann (1998)[230]	Beratungs-erfahrung	◐	◐	–	●	○	○	●	◐	●	◐
Frank (1992)[231]	Plausibilitäts-überlegungen	–	–	–	◐	●	○	○	–	●	●
Clark (1991)[232]	Plausibilitäts-überlegungen	○	○	–	◐	●	–	–	–	●	–

● = Erfolgsfaktorenfeld sehr wichtig   ◐ = Erfolgsfaktorenfeld wichtig

○ = Erfolgsfaktorenfeld eher unwichtig   – = Erfolgsfaktorenfeld nicht relevant

Tab. 8: Untersuchungen zu integrationsrelevanten Erfolgsfaktoren im Akquisitionsprozess[233]

---

[229] Erfolgsfaktoren sind: *Klare Vision/Strategie vorgeben, Eindeutig/schnell Führungsverantwortung festlegen, Wachstum und Synergien ausschöpfen, Schnelle Gewinne erzielen, Kulturelle Unterschiede bewältigen, Effektiv kommunizieren und Risikomanagement einsetzen.*

[230] Erfolgsfaktoren sind: *Frühzeitige Stabilisierung der Organisation, Klare Strategie und Integrationsansatz (Integrationstiefe), Aktives Change-Management, Kundenfokus, Straffes Management des Integrationsprozesses, Stringente Mess-/Steuerungssysteme mit entsprechenden Anreizen, Fähigkeit der Akquisitionspartner Veränderungen schnell herbeizuführen.*

[231] Erfolgsfaktoren sind: *Strategische Fundierung der Akquisition, Professionelle Vorgehensweise bei der Unternehmens-Analyse in den Vorphasen des Akquisitionsprozesses, Frühzeitige Planung des Integrationsprozesses (Verantwortlichkeiten, Kompetenzen, Meilensteine), Miteinbeziehung der Mitarbeiter in den Integrationsprozess, Schnelle Festlegung eines Hauptverantwortlichen, Never change a winning team, Generierung eines aussagefähigen Kontroll- und Berichtssystems für die Integration.*

[232] „Foundations for success" sind: Develop bid valuation from the head, not from the heart, Develop a financial and operational structure that anticipates value and liquidity issues, Adjust strategies and actions to be consistent with the merger cycle, Limit expansion to industries, processes, and markets in which acquirer expertise can be applied effectively, Isolate critical areas for improvement; fix these and leave other areas alone, Resolve to act and not simply analyse, Inflict pain today to ensure satisfaction tomorrow, Monitor early measures of acquisition problems to deflect problems before they arise, Develop contingency measures to adress unexpected problems, Develop effective asset and business sales programs.

[233] Weitere praxisorientierte Untersuchungen zu Erfolgs-/Misserfolgsfaktoren der Integrationsgestaltung bei Kröger/Träm/Vandenbosch (1999), S. 32, Heinrich (1999), S. 20-26, Benölken (1995), S. 1555 ff., Bamberger (1997), S. 373, Mitchell/Holmes (1996), S. 102.

Eine unvoreingenommene Verwendung und uneingeschränkte Übernahme der Erfolgsfaktoren der in Tab. 8 genannten Studien gestaltet sich für die vorliegende Untersuchung aufgrund folgender Problempunkte kritisch:

❑ Es erfolgt in den Studien zumeist keine saubere Trennung der Begriffe *Integrationserfolg* und *Akquisitionserfolg*, was dazu führt, dass die Erfolgsfaktorenwirkungen hinsichtlich ihrer Zielgrößen nicht eindeutig feststellbar sind.

❑ Die Studien sind zumeist präskriptiver Natur und können den Anforderungen der wissenschaftlichen Erkenntnisgewinnung gewöhnlich nicht standhalten – insbesondere mangels nicht vorhandener bzw. intransparenter statistischer Analysen zur Absicherung der gewonnenen Erkenntnisse.[234]

❑ Es erfolgt in den Studien keine bzw. lediglich eine nicht transparente Darstellung von Ursache-Wirkungszusammenhängen zwischen Erfolgsfaktoren und den jeweiligen Zielgrößen.

❑ Die Erfolgsfaktoren sind in den Studien häufig ohne ordnende Gruppierung in Erfolgsfaktorenfelder zusammenhangslos aufgelistet, was ein gestaltendes Erfolgsfaktorenmanagement erschwert.[235]

Aufgrund von Plausibilitätsüberlegungen und/oder empirischen Befunden werden im folgenden den einzelnen Erfolgsfaktorenfeldern spezifische Erfolgsfaktoren zugeordnet, von denen angenommen wird, dass sie das Erfolgsniveau der Integrationsgestaltung beeinflussen dürften.[236]

3.2.1.1   Unternehmensinterne Situationsvariablen

Unternehmensinterne Situationsvariablen, die auch als *strategic acquisition factors*[237] oder strukturelle Einflussgrößen[238] bezeichnet werden, stellen die Merkmale von *Akquisitionssubjekt* und *–objekt* und deren *Beziehungen* zueinander dar.[239]

---

[234] Mit Ausnahme der Studie von Habeck/Kröger/Träm (1999)

[235] Die in Tab. 8 dargestellte ordnende Gruppierung erleichtert den Vergleich der genannten Studien, und ist für ein zielorientiertes, integrationsrelevantes Gestalten des Akquisitionsprozesses unerlässlich.

[236] Diese spezifischen Erfolgsfaktoren werden in der empirischen Studie im Rahmen der Fragenblöcke 5 und 6 auf ihre Erfolgsrelevanz hinsichtlich der Realisierung von Ressourcentransfers untersucht.

[237] Kusewitt (1985), S. 151.

[238] Möller (1983), S. 68.

[239] Diese unternehmensinternen Situationsvariablen können nicht oder nur in nicht nennenswertem Umfang während der Vorbereitung und in den ersten Jahren nach der Akquisition vom Management der Akquisitionspartner verändert werden. Vgl. Gerpott (1993), S. 245.

Akquisitionssubjekt

Die Situationsvariable *Akquisitionserfahrung* des Akquisitionssubjekts bezieht sich auf die beim Erwerber zum Erwerbszeitpunkt eines Akquisitionsobjekts aufgrund früherer Akquisitionen bereits vorhandenen Wissens- und Fähigkeitsmuster, die für einen Integrationserfolg relevant sein könnten.[240] Hinsichtlich der Begründbarkeit der Zusammenhänge zwischen Akquisitionserfahrung und Integrationserfolg existieren in der Theorie zwei Argumentationslinien:

❑ einerseits wird argumentiert, dass ein Akquisitionssubjekt aufgrund von Lerneffekten aus früheren Akquisitionen die Handhabung der zum Integrations- und Akquisitionserfolg notwendigen Gestaltungsmaßnahmen im Zeitablauf verbessert,[241]

❑ andererseits wird festgestellt, dass sich mit wachsender Akquisitionserfahrung die Aufmerksamkeit verringert[242], mit der Akquisitionen umgesetzt werden.

Die *gute wirtschaftliche Erfolgsposition* des Akquisitionssubjekts zum Akquisitionszeitpunkt – hauptsächlich über jahresabschlussorientierte Kriterien beurteilt – wird in der empirischen Forschung[243] als erfolgsrelevant für Akquisitions- und Integrationsprozesse eingeschätzt. Insbesondere *Meeks* berichtet über empirische Befunde, die sich als Indizien für eine positive Korrelation zwischen der Situationsvariablen der guten wirtschaftlichen Erfolgsposition[244] des Akquisitionssubjekts und der erfolgreichen Integrationsgestaltung interpretieren lassen.[245]

Die Situationsvariable der *vorhandenen Bereitschaft zur Veränderung* beim Akquisitionssubjekt erscheint deshalb erfolgsrelevant für die Integrationsgestaltung, weil sie auf die Bereitwilligkeit des Erwerbers abzielt, eigene Verhaltens- und Denkmuster im Rahmen des Akquisitionsprozesses kritisch zu hinterfragen, gegebenenfalls zu ändern und somit einen Ressourcentransfer zwischen den Akquisitionspartnern zu bewerkstelligen.

---

[240] Zur *Bewertung* der Situationsvariablen wird zumeist die Zahl der Akquisitionen, die ein Akquisitionssubjekt in einem bestimmten Zeitraum durchgeführt hat als *einordnender Maßstab* verwendet. Vgl. Fowler/Schmidt, S. 344.

[241] Siehe z.B. die Argumentation bei Jemison/Sitkin (1986), S. 156 und Haspeslagh/Jemison (1991a), S. 62.

[242] Siehe die Argumenation bei Süverkrüp (1991), S. 224 und Cartwright/Cooper (1992), S. 23.

[243] Vgl. Kitching (1973), S. 82; Möller (1983), S. 182 f. und Süverkrüp (1991), S. 219.

[244] Die gute wirtschaftliche Erfolgsposition oder der *Gesundheitszustand einer Unternehmung* ermittelt sich bspw. aus den Größen Umsatzwachstum, Rentabilität, Eigenkapitalquote, Managementfähigkeit, Technologieposition und Liquiditätssituation im Vergleich zum Branchendurchschnitt.

[245] Vgl. Meeks (1977), S. 46. Betrachtet man das wirtschaftliche Erfolgsniveau des Akquisitionssubjekts als Indikator für die Verfügbarkeit von nicht gebundenen materiellen und immateriellen Mitteln eines Unternehmens, die zur Unterstützung von Maßnahmen der Integrationsgestaltung herangezogen werden können, ist der Zusammenhang zwischen Erfolgsniveau und Integrationserfolg ableitbar.

Akquisitionsobjekt

Untersuchungen, die sich mit freundlichen und unfreundlichen Akquisitionen[246] auseinandersetzen, stellen übereinstimmend fest, dass das Ausmaß der *Zustimmung der Unternehmensleitung* des Akquisitionsobjekts zur Akquisition für die Integrationsgestaltung bzw. für die „[...] Schwierigkeiten, die bei der Integration des neu erworbenen Unternehmens [...]"[247] auftreten, von hoher Relevanz ist.[248]

Hinsichtlich der Zusammenhänge zwischen der *wirtschaftlichen Erfolgsposition des Akquisitionsobjekts* zum Akquisitionszeitpunkt und dem Integrations- und Akquisitionserfolg werden von der empirischen Forschung konsistent positive Korrelationen berichtet.[249]

Die Situationsvariable der *vorhandenen Bereitschaft zur Veränderung* beim Akquisitionsobjekt erscheint aus denselben Gründen erfolgsrelevant für die Integrationsgestaltung wie beim Akquisitionssubjekt, da ein umfassender Ressourcentransfer zwischen den Akquisitionspartnern neben der Bereitwilligkeit des Akquisitionssubjekts insbesondere die Bereitschaft des Akquisitionsobjekts erfordert, eigene Verhaltens- und Denkmuster kritisch zu hinterfragen und gegebenenfalls zu ändern.

---

[246] Werden die Unternehmenseigentümerrolle und die Unternehmensleitungsrolle nicht in Personalunion wahrgenommen (dies ist der Fall bei den meisten Kapitalgesellschaften, insbesondere bei Aktiengesellschaften), ist es denkbar, dass ein Unternehmen ohne Zustimmung oder gegen den Widerstand des Top Management übernommen wird. Derartige gegen den Willen des Management des Akquisitionsobjekts vollzogene Akquisitionsfälle werden als *unfreundliche* oder *feindliche Übernahmen* bezeichnet (*unfriendly/hostile takeover*). Ist hingegen eine Zustimmung des Management des Akquisitionsobjekts zur Übernahme gegeben, spricht man *von freundlicher Übernahme* (*friendly takeover*). Im Rahmen eines *unfriendly/hostile takeover* wird bei einer Aktiengesellschaft bspw. ein öffentliches formales Angebot des Akquisitionssubjekts an die Aktionäre des potenziellen Akquisitionsobjekts abgegeben, deren Kapitalanteile zu bestimmten Konditionen innerhalb einer vordefinierten Zeitspanne zu übernehmen (*tender offer*). Eine weitere Möglichkeit des *unfriendly/hostile takeover* besteht im Bemühen um Stimmrechtsvollmachten, die auf einer Hauptversammlung dazu benutzt werden, die Akquisition gegen den Willen der Unternehmensleitung des Akquisitionsobjekts durchzusetzen (*proxy contest*).

[247] Sautter (1989), S. 30.

[248] Vgl. Buono/Bowditch (1989), S. 71, Wächter (1990), S. 116 f.

[249] Vgl. Hunt (1990), S. 71 f. und Kusewitt (1985), S. 159-161. Dies bedeutet bspw. dass der Integrations- und Akquisitionserfolg nicht dadurch gesteigert wird, dass wenig erfolgreiche oder sanierungsbedürftige Akquisitionsobjekte akquiriert werden.

Beziehungen zwischen Akquisitionssubjekt und Akquisitionsobjekt

Die große Aufmerksamkeit, die in der Akquisitionsliteratur dem Kriterium der *Ähnlichkeit der* von den Akquisitionspartnern *bearbeiteten Produkt-Markt-Felder* geschenkt wird, deutet auf eine sehr hohe Relevanz dieses Kriteriums für die Integrationsgestaltung hin.[250] Im Schrifttum werden zwei Argumentationslinien aufgezeigt:

◻ steigender Integrationsbedarf mit zunehmender Geschäftsverwandtschaft,[251]

◻ wachsende Schwierigkeit der Integrationsgestaltung bei abnehmender Ähnlichkeit der von den Akquisitionspartnern bearbeiteten Produkt-Markt-Felder.[252]

Unterschiede in den Unternehmenskulturen und *Führungsstilen* der Akquisitionspartner (Werthaltungs- und Managementmuster, Risikobereitschaft oder Entscheidungspartizipation) werden dann erfolgsrelevant für die Integrationsgestaltung, wenn sie als Indikator für die Inkompatibilität der Personalressourcen der Akquisitionspartner interpretiert werden.[253]

In der empirischen Akquisitions- und Integrationsforschung ist das *Verhältnis der Unternehmensgröße zwischen Akquisitionssubjekt und -objekt* häufig Untersuchungsgegenstand erfolgsrelevanter Fragestellungen.[254]

---

[250] Eine umfassende Übersicht über die Akquisitionsliteratur, die sich mit der Ähnlichkeit der Produkt-Markt-Felder der Akquisitionspartner beschäftigt findet sich bei Kirchner (1991), S. 45. Grundsätzlich werden nach Verwandtschaftsgrad *horizontale, vertikale* und *konglomerate* Akquisitionen unterschieden.

[251] Diese Argumentationslinie beruht insbesondere auf der Annahme, dass der Ressourcentransfer zwischen den Akquisitionspartnern hauptsächlich aufgrund von leistungswirtschaftlichen Ressourcentransfers erfolgt. Vgl. hierzu Chatterjee (1990), S. 6 und Jensen/Ruback (1983), S. 42-45.

[252] „Die organisatorischen und menschlichen Integrationsschwierigkeiten sind umso größer, je unterschiedlicher die Leistungsprogramme [...] der beiden Unternehmen sind." Pausenberger (1975), Sp. 1610.

[253] Vgl. hierzu Datta (1991), S. 293.

[254] Für viele vgl. Kitching (1967), S. 92; Kitching (1973), S. 78 f.; Dornis (1982); Hawkins (1988), S. 211. Als Maßzahl des Kriteriums *Unternehmensgröße* werden zumeist Umsatzgrößen, Bilanzsummen, Börsenwerte oder Mitarbeiterzahlen herangezogen. Nach einer empirischen Analyse von Jansen haben Fusionen unter Gleichen (*Merger of equals*) eine tendenziell höhere Erfolgswahrscheinlichkeit. Während lediglich 18,8% der reinen Übernahmen eine Wertsteigerung erzielen können, weisen immerhin 30,8% der Zusammenschlüsse zwischen gleichwertigen Partnern eine positive Entwicklung auf. Auch bei der Umsatzentwicklung schneiden die *Merger of equals* deutlich besser ab: 52,8% der *Merger of equals* konnten gegenüber 38% bei den reinen Übernahmen eine höhere Umsatzsteigerung im Vergleich zur Branche realisieren. Fusionen von gleichstarken Partnern dauern auch signifikant länger: so benötigen 28,2% der *Merger of equals* mehr als drei Monate bis zum Start der Umsetzung. Bei den Akquisitionen sind dies nur 9,3%. Vgl. Jansen (2000), S. 389 ff.

Die Bedeutung der Unternehmensgröße im Hinblick auf den Integrationserfolg ist umstritten, da folgende kontroverse Argumentationslinien existieren:

❑ je größer das Akquisitionsobjekt im Verhältnis zum Akquisitionssubjekt ist, desto mehr steigt die Integrationskomplexität infolge des beträchtlichen Umfangs des zu bewerkstelligenden Ressourcentransfers[255] und im Gegensatz dazu die Argumentation, dass

❑ je größer das Akquisitionsobjekt im Verhältnis zum Akquisitionssubjekt ist, desto größer ist die Aufmerksamkeit, die dem Akquisitionsobjekt geschenkt wird, was sich positiv auf den Integrationserfolg auswirkt.[256]

3.2.1.2 Maßnahmen der Integrationsgestaltung

Die Untersuchung der Erfolgswirksamkeit unterschiedlicher Maßnahmen der Integrationsgestaltung ist Gegenstand vieler Studien der empirischen Akquisitions- und Integrationsforschung.[257] Die folgenden Erfolgsfaktorenfelder und in diesen enthaltenen Faktoren werden als erfolgsrelevant für die Integrationsgestaltung erachtet.

Projektmanagement der Integrationsgestaltung

Als erfolgswirksam wird neben der *Installation eines schlagkräftigen Projektteams*, das für die Durchführung der Maßnahmen der Integrationsgestaltung mit entsprechenden fachlichen und hierarchischen Kompetenzen ausgestattet sein sollte, auch *die Benennung eines Integrationsverantwortlichen* erachtet, ebenso wie die *paritätische Team-Besetzung* des Integrationsteams aus Mitarbeitern des Akquisitionssubjekt und –objekts.

Integrationscontrolling-System

Der Planung, Steuerung und Kontrolle der Maßnahmen der Integrationsgestaltung im Sinne eines Integrationscontrolling wird eine nicht unwesentliche Rolle bei der Erreichung der Integrationsziele beigemessen.[258] Komponenten des Integrationscontrolling-Systems sind *klare Zielvorgaben und Maßnahmenpläne*, eine *kontinuierliche Planfortschrittskontrolle* und eine *frühzeitige Integrationsplanung*.

---

[255] Vgl. hierzu Walsh (1988), S. 178; Gerpott (1991), S. 17; Süverkrüp (1991), S. 55.

[256] Vgl. hierzu Kitching (1967), S. 92; Kirchner (1991), S. 113.

[257] Für viele Chakrabarti (1990); Chakrabarti/Souder (1987); Chatterjee et. al. (1992), Datta (1991), Möller (1983); Schweiger/De Nisi (1991); Süverkrüp (1991); Weber (1991).

[258] Vgl. Süverkrüp (1991), S. 76 ff.

Kommunikation

Akquisitionsbezogene Kommunikationsprogramme stellen den am häufigsten auf seine Erfolgswirksamkeit untersuchten Maßnahmenbereich der Integrationsgestaltung dar.[259] Die Mehrheit der Befunde zeigt, dass sich eine intensive Kommunikation, insbesondere der *stetige Informations-Austausch auf Management-Ebene,* die *kontinuierliche Information der Mitarbeiter* – zumeist der Mitarbeiter des Akquisitionsobjekts – und die *Durchführung von Mitarbeiterbefragungen* positiv auf den Integrationserfolg auswirken. Besonders eindrucksvoll werden diese Effekte in der Untersuchung von Schweiger/De Nisi deutlich, deren Ergebnisse in Ausschnitten in Abb. 86 im Anhang S. 250 dargestellt sind.

Integrationsgeschwindigkeit

Kaum ein anderer Gestaltungsparameter wird kritischer und auf widersprüchlichere Weise diskutiert als die Wahl der richtigen *Integrationsgeschwindigkeit.*[260] In Tab. 9 sind exemplarisch Vor- und Nachteile einer hohen Integrationsgeschwindigkeit aufgeführt.

Vorteile einer hohen Integrationsgeschwindigkeit (kurze Zeitdauer der Integrationsgestaltung)	**Vorteile einer niedrigen Integrationsgeschwindigkeit** (lange Zeitdauer der Integrationsgestaltung)

▪ Nutzung der Veränderungserwartung der Mitarbeiter und daraus resultierendes
  - leichteres Durchsetzen von Veränderungen
  - Vermeiden eines unangebrachten Sicherheitsgefühls bzw. *verspäteter Überraschungen.*
 	
▪ Schnelle Realisierung von Wertsteigerungspotenzialen und Verringerung von Opportunitätskosten bei unveränderter Ressourcennutzung.
 	
▪ Vermeidung und Abbau von Unsicherheit durch
  - sofortiges Schaffen klarer Führungsverhältnisse
  - umgehendes Fixieren von Positionsbesetzungen, Kompetenzen und Verantwortlichkeiten
  - keine *Paralyse durch Analyse.*
 	
▪ Überwindung der Aufmerksamkeitskonzentration auf unternehmensinterne Ereignisse
  - Fokussieren auf Marktherausforderungen
  - Verringern von Produktivitätsverlusten
  - Vermeidung langwieriger, nicht zuträglicher und unnötiger Machtkämpfe.
	▪ Wechselseitiges, gründliches Kennenlernen der Fähigkeiten, Strategie- und Wertvorstellungen sowie der Führungssysteme des jeweils anderen Partners verbunden mit einem Vertrauensaufbau beim Top-Management, bei den Mitarbeitern und bei den Arbeitnehmervertretungen.
	
	▪ Motivation der Betroffenen durch nachhaltige Einbindung und Nutzung ihres Wissens bei der Vorbereitung und Umsetzung der Integrationsgestaltung.
	
	▪ Fundierte Strategieentwicklung auf Basis vertiefter Produkt-Markt-Ressourcentransfer-Analysen und damit
	  - bessere Bewältigung der Problemkomplexität/verringertes Fehlentscheidungsrisiko
	  - sachgerechte Reorganisationsprioritäten
	
	▪ Vermeidung der Überforderung der beteiligten Führungskräfte und Mitarbeiter bzgl. Arbeitsvolumen, Anpassungs- und Lernfähigkeit.

Tab. 9: Vorteile einer hohen und niedrigen Integrationsgeschwindigkeit[261]

---

[259] Vgl. die oben genannten empirischen Befunde.
[260] Vgl. hierzu Grüter (1991), S. 188 f.; Möller (1983), S. 260 f.; Scheiter (1989), S. 133 und die Ausführungen bei Mandl „[...] and speed – speed to market, speed to positioning, speed to becoming a viable company – is absolutely essential [...]." Mandl (2000), S. 146.
[261] Vgl. Gerpott/Schreiber (1994), S. 104, Abb. 1.

Umfang der Integrationsmaßnahmen/Integrationstiefe

Die Gestaltungsparameter des *Umfangs der zu* bewerkstelligenden *Integrations-maßnahmen* und die *Integrationstiefe* stellen auf das Volumen und die Reichweite des Ressourcentransfers ab und können als erfolgsrelevantes Maß für die Komplexität der angestrebten Integrationsgestaltung interpretiert werden.[262]

3.2.1.3 Gestaltung der Akquisitionsvorbereitung

Die Gestaltung der Akquisitionsvorbereitung – auch als *pre-acquisition decision making process*[263] oder *Akquisitionsplanung*[264] bezeichnet – beinhaltet Handlungs- und Entscheidungsprozesse beim Akquisitionssubjekt, die sich sachlich primär auf das zustande kommen einer Akquisition beziehen und endet mit der offiziellen Ankündigung der bevorstehenden Akquisition.

Vision und Strategie

Als erfolgsdeterminierende Aspekte im Rahmen der Gestaltung der Akquisitionsvorbereitung werden in der Literatur neben der *Generierung einer schlüssigen Akquisitionsstrategie* auch die dominierenden *Akquisitionsmotive* wie *Kostensenkung* oder *Wachstumsmotive* erachtet.[265]

Akquisitions- und Integrationserfolg werden zudem von der festgelegten Akquisitionsrichtung beeinflusst. Je nachdem, ob eine *horizontale, vertikale* oder *diagonale/laterale Akquisition* erfolgt, treten unterschiedliche Effekte in Bezug auf die Integrationsgestaltung auf.[266]

Akquisitionsmanagement

Die Gestaltungsparameter im Rahmen des Akquisitionsmanagement beziehen sich auf diejenigen Phasen im Akquisitionsprozess, die der Strategiephase nachgelagert und der PMI-Phase vorgelagert sind.

---

[262] Vgl. hierzu Hunt et. al. (1987), S. 54 ff.

[263] Haspeslagh/Jemison (1991), S. 15.

[264] Pausenberger (1989a), S. 20.

[265] Vgl. Gomez/Weber (1989), S. 14-38; Möller (1983), S. 137-139; Hunt et al. (1987), S. 67 f. *Schlüssige Akquisitionsstrategie* meint damit die strategische Fundierung einer Akquisition im Sinne eines von der Unternehmensgesamtstrategie ausgehenden detaillierten Konzeptes, das auf einer umfassenden Analyse von Markt, Wettbewerb und sonstigen Umfeldentwicklungen basiert. Vgl. hierzu auch die Überlegungen im Rahmen des Kapitels 2.2.1. Siehe hierzu die umfassende Aufstellung von Akquisitionsmotiven bei Bamberger (1993), S. 61 und Sautter (1989); Huemer (1991); Trautwein (1990), S. 283 ff.

[266] Vgl. die Argumentation bei dem Erfolgsfaktorenfeld der Beziehungen zwischen Akquisitionssubjekt und Akquisitionsobjekt und speziell der Ähnlichkeit der Produkt-Markt-Felder der Akquisitionspartner.

Besonders in der Due Diligence und vorvertraglichen Phase werden die Gestaltungsparameter der *professionellen Unternehmensanalyse* und der damit verbundenen *realistischen Einschätzung* zu realisierender *Synergiepotenzialen* und *finanziellen Zielsetzungen* als erfolgswirksam bei der Integrationsgestaltung beurteilt.[267]

In der Vertragsphase werden dem *Kaufpreis* und der *Anzahl der ernsthaften Erwerbsinteressenten* integrationsrelevante Wirkungen zugesprochen.[268]

3.2.2 Bezugsrahmen eines Erfolgsfaktorenmodells der Integrationsgestaltung

Mit den in Kapitel 3.2.1 gewonnenen Erkenntnissen hinsichtlich relevanter Erfolgsfaktorenfelder der Integrationsgestaltung ist die Voraussetzung geschaffen, einen Bezugsrahmen der Erfolgsfaktoren der Integrationsgestaltung zu entwickeln, der

❑ die einzelnen Erfolgsfaktorenfelder übersichtlich in den Kontext anderer Erfolgsdeterminanten des Integrations- und Akquisitionserfolgs einordnet,

❑ es ermöglicht, die prinzipiellen Beziehungsarten und Zusammenhänge zwischen Erfolgsfaktoren und Zielgrößen transparent zu machen und

❑ es erleichtert, die Systematik der Auswahl der Variablen in der empirischen Studie verständlich zu machen.

Problematisch bei der Darstellung des Bezugrahmens ist die Komplexität der Zusammenhänge zwischen Erfolgsfaktor und Zielgröße und die Berücksichtigung der Kontextfaktoren, die auf das Modell wirken, denn „[...] success is complex."[269]

Tab. 10 liefert eine Auswahl an empirischen Studien, die Ursache-Wirkungs-Zusammenhänge zwischen Erfolgsfaktoren und Zielgrößen darstellen.

---

[267] Vgl. Gomez/Weber (1989), S. 44-75.

[268] Vgl. Datta et al. (1992), S. 69 f. und S. 75.

[269] Venohr (1988), S. 183. Die Zusammenhänge zwischen Erfolgsfaktoren und Zielgrößen können klassifiziert werden: (1) *Loser Zusammenhang*: Keine feste Verknüpfung zwischen Erfolgsfaktor und Zielgröße. (2) *Unscharfer/„fuzzy" Zusammenhang*: Zielgröße wird durch eine Vielzahl von Erfolgsfaktoren beeinflusst, die wiederum untereinander Abhängigkeiten besitzen. Diese Relationen sind nicht bzw. nur unscharf abzubilden. (3) *Veränderlicher Zusammenhang*: Je nach Ausprägungsart der Erfolgsfaktoren erfolgt eine positive bzw. negative Auswirkung auf die Zielgröße. (4) *Mehrstufiger Zusammenhang*: Verschiedenen Erfolgsfaktoren bauen aufeinander auf (Erfolgsfaktoren-Hierarchie) und wirken sich auf die Zielgröße aus. (5) *Kontextabhängiger Zusammenhang*: Wirkung der Erfolgsfaktoren auf die Zielgröße ist abhängig von Kontextfaktoren, z.B. Wettbewerbskontext (Deregulierung gegenüber Regulierung) oder Branchenkontext (Automobil- gegenüber Energiebranche). (6) *Wechselseitiger Zusammenhang*: Abhängigkeiten zwischen Zielgröße und Erfolgsfaktor, d.h. die Definition von Erfolg als Erfolgsfaktor (*Ikarus-Paradoxon* nach der griechischen Sage benanntes Phänomen der Erfolgsfaktorenforschung, nachdem aktueller Erfolg zukünftigen Misserfolg generiert.)

Quelle	Erhebungsmethode/ Stichprobe	Ergebnisse – Erfolgsfaktoren der Integrationsgestaltung
Datta (1991)	- Querschnittsstudie - Schriftliche Befragung von je einer Führungskraft aus 173 US-Unternehmen, die zwischen 1980 und 1984 ein größeres anderes US-Unternehmen erwarben	- Je geringer der wahrgenommene Unterschied im Führungsstil der Akquisitionspartner, desto reibungsfreier die Integration, unabhängig vom Integrationsgrad. - Unterschiede/Ähnlichkeiten zwischen den Anreizsystemen der Akquisitionspartner haben keine Auswirkungen auf den Integrationserfolg.
Schweiger/ De Nisi (1991)	- Längsschnittstudie - Viermalige schriftliche Befragung von 168 Mitarbeitern eines fusionierten US-Unternehmens (82 Mitarbeiter mit Kommunikationsprogramm während der Fusion begleitet, 86 Mitarbeiter nicht begleitet.)	- Fusionen führen bei Mitarbeitern zur signifikanten Zunahme des Stressniveaus und der wahrgenommenen Unsicherheit, sowie zur Abnahme der Arbeitszufriedenheit. - Die negativen psychologischen Effekte einer Fusion auf die Mitarbeiter nehmen ohne Maßnahmen der Integrationsgestaltung (Kommunikation, Information etc.) im Zeitablauf nicht automatisch ab. - Information der Mitarbeiter über erwartete transaktionsbedingte Veränderungen mindern die negativen Einstellungs-/Verhaltenseffekte.
Gerpott (1993)	- Querschnittstudie - Schriftliche Befragung von Führungs- und Stabskräften fusionierter Unternehmen - Untersuchungsvolumen: 92 Akquisitionsfälle	Für eine erfolgreiche Integrationsgestaltung gilt: - Je höher die Marktverwandtschaft der Akquisitionspartner, desto unwichtiger das Personalqualifikationsniveau des Akquisitionsobjekts. - Je besser die Beziehungen zwischen Arbeitnehmervertretern und Management, desto erfolgreicher die Integration. - Je mehr Informationen über das Zielunternehmen vorliegen, desto besser für die Integration. - Paritätisch zusammengesetzte Integrationsteams aus Vertretern beider Unternehmen sind besser für eine erfolgreiche Integration als die Benennung eines einzelnen *acquisition managers* des Käuferunternehmens oder der Einsatz *Externer Berater*. - Bereichsbezogener Führungskräfteaustausch und partizipative Entscheidungsfindung beeinflussen den Integrationserfolg positiv. - Kommunikative Maßnahmen und individuumszentrierte Anpassungshilfen fördern Integrationserfolg.
Chakrabarti (1990) Chakrabarti/ Souder (1987) Souder/ Chakrabarti (1984)	- Quasi-Längsschnittstudie (retrospektive Datenerhebung) - Strukturierte Interviews mit Führungskräften aus 31 kleineren US-Unternehmen - Interviewzeitpunkt: durchschnittlich ca. 3-5 Jahre nach der Akquisition	Der Akquisitionserfolg wird nach der Transaktion im Hinblick auf 6 Kriterien (z.B. Gewinnwachstum, ROI, etc.) umso positiver beurteilt... - je besser Qualität und Quantität des Informationsaustausches zwischen Akquisitionspartnern beurteilt werden. - je mehr gemeinsame Projekte und Job Rotation als Verknüpfungsmechanismen zwischen den Akquisitionspartnern eingesetzt werden. - je mehr akquisitionsbedingte Vorteile durch Technologieaustausch, gemeinsamen Zugriff auf Kunden und Distributionskanäle sowie Bereitstellung von Kapital wahrgenommen werden. - je weniger eine Zunahme der Formalisierung von Planungs-, Ressourcenallokations- und F&E-Projektauswahlverfahren nach der Akquisition erfolgt.

Tab. 10: Auswahl empirischer Untersuchungen von Ursache-Wirkungs-Zusammenhängen zwischen Erfolgsfaktoren und Integrations-/ Akquisitionserfolg

Die in Tab. 10 dargestellten Studien bestätigen die in Kapitel 3.2.1 entwickelte Klassifizierung der Erfolgsfaktorenfelder. Es lassen sich sämtliche genannten Erfolgsfaktoren und die daraus abgeleiteten Ursache-Wirkungs-Zusammenhänge eindeutig auf die Erfolgsfaktorenfelder – *unternehmensinternen Situationsvariablen, Maßnahmen der Integrationsgestaltung* und *Gestaltung der Akquisitionsvorbereitung* – zuordnen.

Situationsvariablen[270] werden in der Tradition der vergleichenden Organisationsforschung[271] einerseits in *unternehmensinterne* Situationsvariablen und andererseits *unternehmensexterne* Situationsvariablen unterteilt.[272] Die unternehmensexternen Situationsvariablen – auch als Umwelt- oder Umfeldvariablen bezeichnet – befassen sich mit Aspekten der allgemeinen und unternehmensaufgabenspezifischen Umwelt der Akquisitionspartnern, die

- ❏ für die an der Akquisition beteiligten Unternehmen allenfalls langfristig oder gar nicht gezielt durch eigene Maßnahmen beeinflusst werden können und

- ❏ von denen anzunehmen ist, dass sie – zumindest indirekt über die Beeinflussung anderer Erfolgsfaktorenfelder – die Integrationsgestaltung erfolgswirksam beeinflussen.

Beispiele integrationsrelevanter, unternehmensexterner Situationsvariablen sind:

- ❏ *volkswirtschaftlichen Rahmenbedingungen* zum Zeitpunkt der Transaktion, d.h. die *allgemeine konjunkturelle Lage*, die *Situation am Kapitalmarkt* oder *Arbeitsmarkt* und *besondere Branchenbedingungen* (Profitabilität der für die Akquisitionspartner relevanten Märkte).

- ❏ *gesetzgeberische, kartell-, steuer-, handels-, gesellschafts-* und *mitbestimmungsrechtliche Variablen*[273] und *industriepolitische Ziele* und *Programme des Staates.*

- ❏ *bestehende* und *zukünftige Eigentümerstrukturen im Wirtschaftssektor.*

---

[270] Auch als situative Variablen bezeichnet.

[271] Vgl. Wollnik (1980), Sp. 595; Welge (1985), S. 76-90; Staehle (1989), S. 47-58; Ebers (1992), Sp. 1817-1833.

[272] Auf die unternehmensinternen Variablen und ihre Bedeutung für den Integrations- bzw. Akquisitionserfolg und insbesondere auch die weitere Spezifizierung in Situationsvariablen des *Akquisitionssubjekts*, des *Akquisitionsobjekts* und *deren Beziehungen zueinander* wurde bereits in Kapitel 3.2.1 eingegangen.

[273] Bspw. wollen die USA die bei Unternehmensfusionen mögliche Bilanzierungsmethode des *Pooling of Interests* abschaffen. Das Deutsche Rechnungslegungsstandards Comittee (DRSC) sieht das Vorhaben eher skeptisch und für wenig ratsam, da das Bilanzrecht in diesem Punkt zu unflexibel würde und fusionshemmend wirken könne. Vgl. o.V. in: Handelsblatt, Nr. 129, Donnerstag, 8.7.1999, S. 14.

In der eigenen empirischen Studie werden unternehmensexterne Situationsvariablen aus der Analyse ausgeklammert, da diese Variablen sich in erster Linie über ihre Effekte auf interne Situationsvariablen *indirekt* auf den Integrationserfolg auswirken dürften und deshalb mittelbar über die internen Situationsvariablen Eingang in die Untersuchung finden.

In Abb. 17 sind die genannten Erfolgsfaktorenfelder der Integrationsgestaltung als konzeptioneller Bezugsrahmen einerseits in die Hierarchie akquisitions- und integrationsrelevanter Zielsetzungen und andererseits in die Hierarchie akquisitions- und integrationsrelevanter Erfolgsgrößen eingebettet. Dieser Bezugsrahmen kann als ein vereinfachtes Abbild dieses durch Zusammenhänge zwischen den betrachteten Erfolgsfaktoren(feldern) gekennzeichneten Ausschnitts der ökonomischen Realität interpretiert werden und stellt somit ein Erfolgsfaktorenmodell der Integrationsgestaltung dar, ein Hilfsmittel des wissenschaftlichen Erkenntnisprozesses zur Erklärung integrations- und akquisitionsrelevanter Fragestellungen.

Die Untersuchung der *Ursache-Wirkungs-Zusammenhänge zwischen den Erfolgsfaktoren(feldern) und den integrations- und akquisitionsrelevanten Zielgrößen* ist Gegenstand der eigenen empirischen Untersuchung.

Die Untersuchung der *Beziehungen* und *Zusammenhänge zwischen den einzelnen Erfolgsfaktoren(feldern)* innerhalb des Erfolgsfaktorenmodells und die daraus resultierenden, integrationsrelevanten Wirkungen dieser *Querverbindungen* werden im Rahmen der empirischen Studie aus Gründen der Komplexitätsreduktion explizit nicht untersucht.[274] Es wird ein *isolierter Ansatz* zugrunde gelegt, der im Gegensatz zu multikausalen und kombinativen situativen Ansätzen lediglich die unverknüpften Wirkungen aus Ursachenbereichen auf die integrations- und akquisitionsrelevante Erfolgsgrößen untersucht.[275]

---

[274] Mit Ausnahme der Untersuchung des Erfolgsfaktorenfeldes der *Beziehungen zwischen Akquisitionssubjekt und -objekt* im Rahmen der unternehmensinternen Situationsvariablen.

[275] Vgl. hierzu die Argumentation bei Gerpott (1993), S. 250-255.

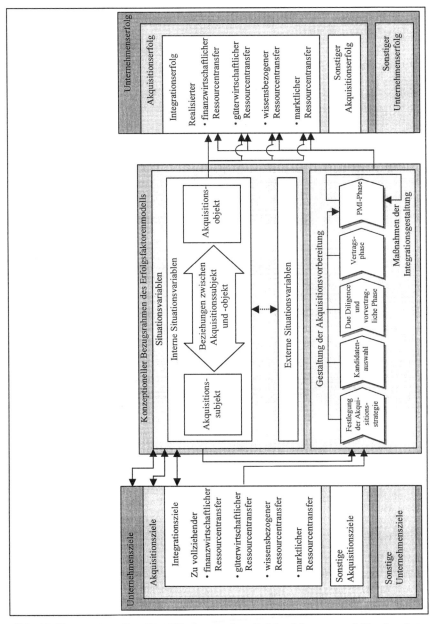

Abb. 17: Konzeptioneller Bezugsrahmen des Erfolgsfaktorenmodells der Integrationsgestaltung

4 Empirische Überprüfung des Erfolgsfaktorenmodells der Integrationsgestaltung

4.1 Aufbau der empirischen Studie

Zielsetzung der folgenden Untersuchung ist neben der empirischen Bestätigung der Relevanz der PMI-Phase für den Akquisitionserfolg und neben der Untersuchung der relevanten Akquisitionsmotive und Erfolgsgrößen zur Beurteilung des Akquisitions- und Integrationserfolges, die Schaffung einer Datenbasis zur Überprüfung der Erfolgswirksamkeit der in Kapitel 3.2 entwickelten Erfolgsfaktoren auf den Prozess der Integrationsgestaltung unter Berücksichtigung der zuvor definierten Dimensionen des Ressourcentransfers.[276]

4.1.1 Schriftliche Befragung als Instrument der empirischen Forschung

Da zu dem spezifischen Untersuchungsbereich[277] noch kein verwertbares empirisches Material vorlag, um auf der Basis repräsentativer Aussagen zu Ursache-Wirkungs-Zusammenhängen Gestaltungsempfehlungen abzuleiten, wurde eine Befragung durchgeführt.

Die anderen Methoden der Datengewinnung, die im Rahmen der empirischen Forschung im wesentlichen empfohlen werden (Beobachtung, Inhalts- und Dokumentenanalyse)[278], erweisen sich im vorliegenden Fall aus folgenden Gründen als ungeeignet:

❑ Beobachtungen können keinen Aufschluss über die hier zu untersuchenden betriebswirtschaftlichen Fragestellungen liefern,

❑ Inhalts- und Dokumentenanalysen sind aufgrund des fehlenden (bzw. unzugänglichen, da in den Unternehmen als vertraulich behandelten) Datenmaterials nicht durchführbar und

❑ frei zugängliche Dokumente wie Geschäfts- und Lageberichte decken die Problemstellung der Überprüfung der Erfolgswirksamkeit der zu untersuchenden Faktoren auf die Integrationsgestaltung nicht zufriedenstellend ab.

---

[276] Integrationserfolg ist definiert als realisierter Ressourcentransfer in der finanzwirtschaftlichen, güterwirtschaftlichen, wissensbezogenen und marktlichen Dimension. Aufbauend auf der generierten Datenbasis sind im weiteren Verlauf der Untersuchung einerseits Gestaltungsempfehlungen für Planung, Steuerung und Kontrolle des Akquisitions- und Integrationsprozesses abzuleiten (Kapitel 5) und andererseits relevante Bewertungsparameter für die Phase der Due Diligence zu ermitteln (Kapitel 6).

[277] Ursache-Wirkungs-Zusammenhänge zwischen Erfolgsfaktoren(-feldern) und integrationsrelevanten Erfolgsgrößen in Abhängigkeit von der Dimension des zu realisierenden Ressourcentransfers, d.h. finanzwirtschaftlich, güterwirtschaftlich, wissensbezogen und marktlich.

[278] Vgl. Laatz (1993), S. 169 ff.

Von den grundsätzlich möglichen Varianten der Befragung (schriftlich oder mündlich)[279] wird die schriftliche Befragung ausgewählt, da die mündliche allein schon wegen des damit verbundenen Aufwands als undurchführbar ausscheiden muss.

Zwar weist die schriftliche Befragung einige methodische Probleme auf, wie z.b. die fragwürdige Repräsentanz der Ergebnisse infolge zu geringer Rücklaufquoten oder die fehlende Kontrolle der Erhebungssituation[280], was jedoch nicht den Ausschlag für die Anwendung anderer Erhebungsmethoden geben kann.

Durch Maßnahmen, wie z.b. Begleitschreiben, Nachfassaktionen, etc.,[281] ist eine Stichprobenausschöpfung möglich, die der des persönlich-mündlichen Interviews durchaus gleichkommen kann, so dass mögliche Verzerrungen in einem tolerierbaren Rahmen bleiben.

Auch die Qualität der Antworten steht einer mündlichen Befragung bei einer sorgfältigen Fragebogenausarbeitung in nichts nach. Zudem lassen sich bei der erheblich zeit- und kostenintensiveren Methode des Interviews methodische Mängel nicht gänzlich ausschließen, wie bspw. die Verzerrung der Erhebungssituation durch die persönliche Anwesenheit des Interviewers, oder auch Unregelmäßigkeiten infolge Zeitdrucks und geringerer Bedenkzeit zur Beantwortung, als bei der schriftlichen Befragung.[282]

Die Vorteile der schriftlichen Befragung sind wie folgt begründbar:

- bei der schriftlichen Befragung kann die Anonymität des Antwortenden besser gesichert werden und

- es ist keine spezifische Terminabsprache für die Beantwortung erforderlich.

Diese beiden Argumente sind in dem als äußerst sensibel geltenden Umfeld von Akquisitionen auch im Hinblick auf das gleichzeitig sehr enge Zeitbudget der angesprochenen Personengruppe von entscheidender Bedeutung.[283]

---

[279] Vgl. ebenda, S. 107 f.
[280] Vgl. Friedrichs (1990), S. 237.
[281] Ausführlich hierzu Hafermalz (1976), S, 63 ff.
[282] Vgl. Friedrichs (1990); S. 215 ff.
[283] Vgl. Brockhoff (1990), S. 8.

4.1.2   Aufbau des Fragebogens

Aus den bisherigen, konzeptionellen Vorarbeiten lässt sich folgender Fragebogenaufbau ableiten:

1. Frage : *Welches ist die Ihrer Meinung nach **kritischste Phase im Akquisitionsprozess** für das Gelingen eines Unternehmenskaufes?*

    Hier wird ermittelt, welche Bedeutung den einzelnen Phasen des Akquisitionsprozesses für die erfolgreiche Durchführung von Akquisitionsvorhaben zukommt.

2. Frage : *Welche Bedeutung messen Sie den genannten **Motiven für Unternehmenskäufe** zu?*

    Mit dieser Fragestellung wird untersucht, welches die Ursachen und Gründe für die Durchführung von Akquisitionsvorhaben sind.

3. Frage : *Der Erfolg von Unternehmenskäufen kann anhand unterschiedlicher Kriterien gemessen werden. Wie wichtig sind die folgenden **Beurteilungskriterien** im Rahmen Ihrer persönlichen Urteilsfindung hinsichtlich des **Erfolgs von Unternehmenskäufen?***

    Aus den Antworten auf diese Frage lässt sich die *Objektivität* der Akquisitionserfolgsmessung in den Unternehmen ableiten. Es lassen sich Schlussfolgerungen ziehen, auf welche Weise über Akquisitionserfolg bzw. Akquisitionsmisserfolg entschieden wird und ob quantitative oder qualitative Beurteilungsgrößen ein wesentlicher Maßstab zur Erfolgsbeurteilung sind.

4. Frage : *Inwieweit werden folgende **Größen/Wertschöpfungspotenziale bei der Unternehmenswertermittlung** berücksichtigt und wie schätzen Sie die Wichtigkeit ihrer Berücksichtigung ein?*

    Diese Frage untersucht die Vollständigkeit und Relevanz der in der Phase der Due Diligence berücksichtigten Größen.

5. Frage : *Wie beurteilen Sie die **Auswirkungen folgender Faktoren** auf die Realisierung von **finanzwirtschaftlichen**[284] **Synergien** (Frage 5-1) und **güterwirtschaftlichen**[285] **Synergien** (Frage 5-2).*

---

[284] Z.B. steuerliche Synergien, reduzierte Kapitalbeschaffungskosten, Risikoreduktion, besseres Management des Umlaufvermögens.

[285] Z.B. economies of scale in der Produktion, Beschaffung, Logistik, gemeinsame Forschung, Zusammenlegung administrativer Tätigkeiten.

6. Frage : *Wie beurteilen Sie die **Auswirkungen folgender Faktoren** auf die Realisierung von **wissensbezogenen**[286] **Synergien** (Frage 6-1), und **marktlichen**[287] **Synergien** (Frage 6-2)?*
Die Fragen fünf und sechs klären die Zusammenhänge zwischen Erfolgsfaktorenfeldern bzw. einzelnen Erfolgsfaktoren und deren Auswirkungen auf die Realisierung von Ressourcentransfers in den zuvor definierten, vier verschiedenen Synergiedimensionen.

Bei der Gestaltung des Fragebogens wurde Wert auf einen klaren Aufbau und auf eine unkomplizierte Möglichkeit der Beantwortung der Fragen gelegt, um eine möglichst hohe Rücklaufquote zu erzielen. Bei allen Fragen wurden für die Untersuchungsvariablen Antwortmöglichkeiten als Rangordnung in Form einer fünfstufigen Likert-Skala[288] vorgegeben, die mittels Ankreuzen auszufüllen waren.

Die endgültige Festlegung der Fragen und Antwortvorgaben erfolgte aufgrund von Literaturarbeiten und von Gesprächen mit Kollegen der Firma A.T. Kearney GmbH Deutschland.

Zusätzlich zu den vorgegebenen Antwortmöglichkeiten wurden bei den Fragen 1, 2 und 4 jeweils eine weitere Alternative *"Sonstige, und zwar..."* vorgesehen um ggf. Tatbestände zu erfassen, die durch die inhaltlichen Vorgaben noch nicht abgedeckt waren. Von diesen Ergänzungsmöglichkeiten wurde jedoch ein so geringer Gebrauch gemacht – insgesamt viermal in insgesamt 53 Fragebögen –, dass diese statistisch als Ausnahmefälle zu betrachten sind und nicht in die Auswertungen miteinbezogen wurden.[289]

---

[286] Z.B. Know-how-Transfer im Management-Bereich, im operativen Bereich, im Bereich der Forschung und Entwicklung.

[287] Z.B. Synergieeffekte durch gemeinsamen Marktauftritt, Cross-Selling, gemeinsame Nutzung von Vertriebswegen.

[288] Die Likert-Skala ist ein bewährtes Messkonzept zur Operationalisierung von Variablen durch quantitative, dimensionslose Indikatoren (ähnlich Schulnoten). Ausführlichere Ausführungen vgl. Friedrichs (1990), S. 175 ff.

[289] Das geringe Eingehen auf die „Sonstige..."-Alternative ist zugleich ein Indiz dafür, dass die Vorgaben der Antwortmöglichkeiten u.a. durch die Berücksichtigung der durchgeführten Vorgespräche weitgehend optimiert werden konnte.

4.1.3 Zielgruppe der Befragung

Eine Vollerhebung[290] war aus Zeit- und Kostengründen nicht durchführbar und hätte zudem Probleme hinsichtlich Kontrollmöglichkeiten, Präzision der Datenerhebung und Auswertbarkeit aufgeworfen.[291] Diese Tatsache machte die Bildung einer Stichprobe erforderlich, die ein *quasi-repräsentatives* Abbild der Grundgesamtheit darstellt, so dass Aussagen, die für die Stichprobe gefunden wurden, auch auf die Grundgesamtheit übertragbar waren.[292]

Um *Repräsentativität*[293] sicherzustellen, werden verschiedene Auswahlverfahren zur Stichprobenkonstruktion empfohlen.[294] Obwohl dem Quotenverfahren – häufig von demoskopischen Instituten benutzt[295] – aufgrund seiner schnellen, kostengünstigen Durchführung bei gleichzeitig relativ guter Wahrnehmung der Repräsentativität eine hohe praktische Bedeutung zukommt, wurde der Weg der direkten Expertenansprache aufgrund der intensiven persönlichen Kontakte des Beratungshauses A.T. Kearney zu Akquisitionsexperten in einer Vielzahl von Industrieunternehmen und anderen Organisationen vorgezogen.

Die gewählte Stichprobe verspricht zwar in engerem Sinne keine Repräsentativität, es sind jedoch dennoch fundierte und gehaltvolle Aussagen hinsichtlich der zu untersuchenden Fragestellungen zu erwarten, insbesondere aufgrund

◻ der infolge des persönlichen Kontaktes zu den Entscheidungsträgern und Akquisitionsexperten vermuteten sehr hohen Rücklaufquote und

◻ der fokussierten und ausschließlichen Befragung eines Personenkreises mit garantierter Akquisitionserfahrung.

Bei der Auswahl der Befragten wurde Wert gelegt auf eine breite Streuung hinsichtlich der Branchen – mit Schwerpunkt auf der Energiewirtschaft – und hinsichtlich Zugehörigkeiten der Befragten zu Funktionsbereichen und Leitungsebenen.[296]

Um eine ausreichend große Anzahl von Untersuchungsfällen für die Auswertung sicherzustellen, wurden 89 Akquisitionsexperten aus 66 verschiedenen Unternehmen angeschrieben.

---

[290] Eine Vollerhebung entspricht im gegebenen Kontext einer Befragung aller Unternehmen mit Erfahrung in akquisitions- und integrationsrelevanten Fragestellungen.

[291] Vgl. Kromrey (1995), S. 188 f.

[292] Vgl. Laatz (1993), S. 35.

[293] Der Begriff *Repräsentativität* wird definiert als die "[...] Kongruenz zwischen theoretisch definierter Gesamtheit und tatsächlich durch die Stichprobe repräsentierter Gesamtheit." Kromrey (1995), S. 197.

[294] Vgl. Neubauer (1994), S. 29 ff. und Friedrichs (1990), S. 130 ff.

[295] Vgl. ebenda, S. 35.

[296] Vgl. Abb. 19 und Abb. 23.

4.1.4 Ablauf der Befragung

Mit einer ersten Fassung des Fragebogens wurde eine Art *Pre-Test*[297] durchgeführt, indem zu drei Akquisitionsexperten ein persönlicher Kontakt hergestellt wurde mit der Bitte, den Fragebogen auszufüllen und auf einem beiliegenden Bewertungsbogen Kommentare, Kritik und Verbesserungsvorschläge abzugeben.

Der Fragebogen wurde von den drei vorab kontaktierten Experten komplett ausgefüllt, die Ergebnisse waren eindeutig und im Hinblick auf die Fragestellungen der Untersuchung auswertbar und interpretierbar. Verbesserungen waren größtenteils hinsichtlich Formulierungen einzelner Fragestellungen und Antwortvorgaben erforderlich, in Einzelfällen mussten die ausgewählten Antwortvorgaben mit dem Ziel eines überschneidungsfreien Interpretationsraumes konsequenter voneinander abgegrenzt werden.

Der Hauptteil der Umfrage wurde sukzessive in den Monaten Mai bis Juli 2000 durchgeführt. Von den 89 angeschriebenen Akquisitionsexperten antworteten 41 sofort und 14 weitere nach einem zusätzlichen Erinnerungstelefonat.

Von diesen 55 Rückmeldungen waren 53 Fragebögen für die Auswertung verwertbar, 2 Fragebögen waren – insbesondere zu den Fragen der Auswirkungen der Erfolgsfaktoren auf die Synergiedimensionen – unvollständig ausgefüllt und konnten nicht ausgewertet werden. Der verwertbare Rücklauf beträgt damit 59,5% und liegt somit überdurchschnittlich hoch, was einerseits auf die persönlichen Kontakte der Beratungsfirma A.T. Kearney zu den jeweiligen Akquisitionsexperten, andererseits auf die stete Kontakthaltung mit den Fragebogenteilnehmern während des Verlaufs der empirischen Studie zurückzuführen ist.

Um zusätzlich sicherzustellen, dass die verbleibende Anzahl der *Nicht-Antworter* die erwünschte Repräsentativität der tatsächlich realisierten Stichprobe – im Vergleich zur geplanten Ausgangsstichprobe – nicht in Frage stellt, war es erforderlich, zumindest fallweise zu prüfen, ob die Gründe für die Nichtteilnahme an der Untersuchung im Untersuchungsgegenstand selbst zu suchen waren, so dass in diesem Falle von einer strukturellen Verzerrung der Stichprobe hätte ausgegangen werden müssen.[298]

---

[297] Vgl. Atteslander (1995), S. 342 ff.

[298] Zum Problem des Einflusses der Gruppe der Nicht-Antworter auf die Qualität der Umfrageergebnisse vgl. z.B. Friedrich (1990), S. 244 f.

Es wurden daher zufällig acht Nicht-Antworter ausgewählt und telefonisch über die Gründe ihrer Nichtteilnahme befragt: Es stellte sich heraus, dass:

❑ in vier Unternehmen auf zeitliche Restriktionen verwiesen wurde, wobei das grundsätzliche Interesse an der Thematik nicht verneint wurde,

❑ in drei Unternehmen die angeschriebenen Personen nicht mehr im betreffenden Unternehmen bzw. Unternehmensbereich tätig waren und andere Mitarbeiter sich aufgrund des persönlichen Anschreibens nicht zuständig fühlten und eine Beantwortung ablehnten,

❑ ein Unternehmen die Teilnahme an der Befragung ablehnte, weil aufgrund der nach eigener Einschätzung höchstsensiblen unternehmensspezifischen Akquisitionsthematik eine "[...] Offenbarung [...]" des firmeneigenen Akquisitions-Know-hows nicht wünschenswert sei.

In der überwiegenden Anzahl der Fälle (7 von 8) waren damit die Ursachen der Nichtteilnahme nicht im Untersuchungsgegenstand an sich begründet, sodass ein Einfluss der Nicht-Antworter auf die Repräsentativität der realisierten Stichprobe durch Strukturverzerrungen ausgeschlossen werden kann.

Den Umfrageteilnehmern wurde exklusiv eine Kurzauswertung der Ergebnisse zugesichert, die Anfang September 2000 versandt wurde. Darüber hinaus wurden keine materiellen Anreize zur Steigerung der Rücklaufquote (Rückporto, zusätzliches Informationsmaterial, Verlosungen etc.) angeboten.[299]

---

[299] Anreize zur Steigerung der Rücklaufquote beeinflussen möglicherweise das Antwortverhalten ungewollt, im günstigsten Falle haben sie dagegen nahezu keine Auswirkungen. Vgl. Hafermalz (1976), S. 187.

4.1.5 Auswahl der statistischen Testverfahren

Die angeschriebenen Unternehmen stellen einen Ausschnitt der Grundgesamtheit dar. Werden in dieser Stichprobe nun bestimmte Beziehungen zwischen Variablen identifiziert[300], so stellt sich die Frage, ob ein festgestellter Zusammenhang zufälliger Natur ist[301] oder repräsentativ ist, d.h. auch für die Grundgesamtheit gültig.

Eine weitgehende Absicherung vor zufallsbedingten Ergebnissen erfolgt im Rahmen des *stochastischen Testens* mit Hilfe von *Signifikanztests*. Unter stochastischem Testen[302] versteht man dabei das Prüfen von Hypothesen – vermutete Zusammenhänge – über quantitative Charakteristika – die Ausprägung einer Variablen – einer unbekannten[303] Grundgesamtheit.

Signifikanztests sind das statistische Werkzeug, mit dem geprüft wird, ob die aus der Stichprobe gewonnenen Aussagen auf die Grundgesamtheit übertragbar und damit *gültig* sind.

Signifikanztests sind nach einem einheitlichen Muster aufgebaut[304]. Dieses bildet auch die Grundlage für die Prozeduren des Programmpaketes MINITAB[305], mit dem die Auswertungen durchgeführt wurden:

1. Festlegung einer statistischen Testhypothese

   Zum Test wird das Gegenteil des zu beweisenden Sachverhaltes, die sogenannte Nullhypothese H_0 (Annahme, es bestehe *keine* Beziehung zwischen den zu untersuchenden Variablen) herangezogen. Ziel ist es, diese zu falsifizieren, so dass die Gegenhypothese H_1 (Annahme, es bestehe *eine* Beziehung zwischen den zu untersuchenden Variablen) vorläufig angenommen werden kann. Diese Vorgehensweise entspricht dem Schema der Erkenntnisgewinnung des kritischen Rationalismus[306], nämlich gültige Aussagen durch Falsifizierung zu gewinnen.[307]

---

[300] Z.B. die Ausprägung zweier Variablen bewegen sich im Einklang zueinander oder die Mittelwerte einer bestimmten Variablen unterscheiden sich, wenn zwei oder mehr Untergruppen in der Stichprobe gebildet werden.

[301] D.h. der Zusammenhang existiert in der Grundgesamtheit nicht und wurde lediglich durch Auswahlverzerrungen vorgetäuscht.

[302] Zur Abgrenzung zum Begriff des *Stochastischen Schätzens*, vgl. Neubauer (1994), S. 289 f.

[303] Der Begriff *unbekannt* bezieht sich dabei nicht auf die Kenntnis der Grundgesamtheit an sich, sondern auf statistische Beschreibungsmaße wie z.B. Mittelwerte oder Standardabweichungen.

[304] Stellvertretend für viele Statistiklehrbücher z.B. Bamberg/Baur (1989), S. 179 ff.

[305] MINITAB Release 13 Statistical Software.

[306] Vgl. Popper (1994), Lingnau (1995), S. 124 ff.

[307] Vgl. Chmielewicz (1979), S. 98 ff.

2. Festlegung des Signifikanzniveaus

Es wird ein Signifikanzniveau α festgelegt, d.h. die Wahrscheinlichkeit, ab der H_1 angenommen und H_0 abgelehnt wird. Damit wird das Risiko beschrieben, sich für H_1 zu entscheiden, obwohl H_0 richtig ist – α wird daher in diesem Zusammenhang auch als Irrtumswahrscheinlichkeit bezeichnet. Um dieses Fehlerrisiko 1. Art möglichst klein zu halten, strebt man kleine Werte von α an.

Andererseits wird bei strengen Forderungen nach Signifikanz auch die Chance geringer, eine falsche Nullhypothese H_0 abzulehnen. Dieses Fehlerrisiko 2. Art steigt im selbem Maße, mit dem das Fehlerrisiko 1. Art abnimmt.

Da aber Signifikanztests von einem konservativen Grundverständnis ausgehen[308], bei dem die Vermeidung des Fehlers 1. Art wichtiger ist als die Vermeidung des Fehlers 2. Art[309], wählt man *strenge*, d.h. kleine α-Werte. Üblich sind Signifikanzniveaus von 0,1 oder 0,05 oder 0,01.[310] In einigen Studien wird auch mit deutlich höheren Irrtumswahrscheinlichkeiten gearbeitet, bspw. mit Werten von $\alpha = 0,15$[311].

Für die vorliegende Untersuchung gelte das übliche abgedeckte Intervall von 0,1 bis 0,01 mit folgenden Festlegungen:

□ ab α-Werten kleiner als 0,1 wird der Zusammenhang signifikant,

□ ab α-Werten kleiner als 0,01 als hoch signifikant bezeichnet.

Wird z.B. H_0 bei einem α von 0,1 (0,01) abgelehnt und damit H_1 angenommen, so geht man ein Risiko von 10% (1%) ein, eine Fehlentscheidung zu treffen. Mit anderen Worten: Der nachzuweisende Zusammenhang kann mit einer Wahrscheinlichkeit von 90% (99%) als sicher angesehen werden.

---

[308] Vgl. Janssen/Laatz (1994), S. 294 f.
[309] Lieber verzichtet man darauf, einen richtigen Zusammenhang als gültig anzusehen, als dass man Gefahr läuft, einen falschen Zusammenhang als signifikant zu bezeichnen.
[310] Vgl. Schlittgen (1993), S. 301.
[311] Z.B. Prillmann (1996), S. 177.

3. Auswahl der Testfunktion

Generell werden *parametrische* und *nicht-parametrische* Tests unterschieden[312].
Die Anwendung parametrischer Testverfahren setzt voraus, dass

◻ eine Normalverteilung der zu untersuchenden Merkmale vorliegt und
◻ die zu testenden Variablen metrisches Skalenniveau besitzen.

Nicht-parametrische Tests dagegen

◻ benötigen keine Annahmen über die zugrunde liegende Verteilung (sogenannte verteilungsfreie Tests) und
◻ setzen lediglich ordinales Skalenniveau voraus.

Da die Variablen im Fragebogen gemäß der Likert-Skala ordinales Skalenniveau besitzen, werden für die folgenden Analysen nur nicht-parametrische Tests verwendet, die – trotz des Vorteils der weniger restriktiven Voraussetzungen – nicht zwangsläufig eine geringere Trennschärfe als parametrische Tests aufweisen.[313]

In der vorliegenden Untersuchung werden folgende Testverfahren mit folgenden Aufgaben angewendet:

◻ Der *Chi-Quadrat-Test* ist ein *Unabhängigkeitstest,*[314] der prüft, ob zwei mit einer Stichprobe erhobenen Variablen voneinander unabhängig sind oder nicht. Im Chi-Quadrat-Test wird die empirisch beobachtete Verteilung mit einer erwarteten Verteilung verglichen, die auftreten würde, wenn zwischen beiden Variablen keine Beziehung bestünde. Die Prüfgröße des Tests ist ein Messwert für die Abweichung der beobachteten Verteilung von der erwarteten Verteilung. Je größer der Messwert, desto sicherer kann angenommen werden, dass zwischen den Variablen ein Zusammenhang besteht.

Der Chi-Quadrat-Test wird im folgenden eingesetzt, um zu prüfen, ob zwei Variablen – bspw. zum einen die Relevanz der Berücksichtigung von güterwirtschaftlichen Synergiepotenzialen und zum anderen die Integrationsgeschwindigkeit – grundsätzlich voneinander unabhängig sind oder sich gegenseitig beeinflussen.

---

[312] Vgl. Janssen/Laatz (1994), S. 413.
[313] Vgl. Bamberg/Baur (1989), S. 207 ff.
[314] Janssen/Laatz (1994), S. 217 f.

❏ Der *Kruskal-Wallis H-Test*[315] prüft, ob mehrere beliebige, unabhängig voneinander erhobene Stichproben aus einer gleichen Grundgesamtheit (d.h. Grundgesamtheit mit gleicher Verteilung) stammen. Da die Untergruppen einer Stichprobe (z.B. Unternehmen der Energiewirtschaft und Dienstleistungsunternehmen) als voneinander unabhängige *Teilstichproben* interpretiert werden können, kann somit ermittelt werden, ob die Ausprägung einer bestimmten Variable in den jeweiligen Gruppen unterschiedlich ist.

Der Test wird im folgenden eingesetzt, um zu überprüfen, ob die Mittelwertdifferenzen, die in den jeweiligen Branchenklassen für spezifische Erfolgsfaktoren zu beobachten sind, signifikant sind oder nicht. Des Weiteren wird überprüft, ob die Mittelwertdifferenzen in den einzelnen Synergiedimensionen bei Berücksichtigung unterschiedlicher Branchen signifikant sind.

❏ Der *Korrelationskoeffizient nach Spearman* ist ein Maß, das die Richtung und die Stärke eines Zusammenhangs zwischen zwei Variablen ausdrückt. Zur Berechnung werden die Merkmalsausprägungen der beiden Variablen in eine Rangfolge gebracht. Die quadrierten Rangdifferenzen der beiden Reihen werden aufsummiert und mit einem von der Größe der Stichprobe abhängigen Faktor normiert, so dass die Werte zwischen -1 und $+1$ liegen[316]. Beträgt der Korrelationskoeffizient 0, so besteht kein Zusammenhang zwischen den Variablen. Werte zwischen -1 und 0 zeigen eine Gegenläufigkeit der Variablen an, Werte von $+1$ bis 0 eine Gleichläufigkeit. Je höher der *betragsmäßige* Wert ausfällt, desto *stärker* ist der Zusammenhang.

Der Korrelationskoeffizient nach Spearman wird im folgenden eingesetzt, um zwischen Untersuchungsvariablen Zusammenhänge aufzuzeigen, bei denen

- einerseits klassenabhängige Mittelwertvergleiche – wie sie der Kruskal-Wallis-Test durchführt – keine aussagekräftigen Interpretationsmöglichkeiten bieten und

- andererseits über die reine Feststellung eines grundsätzlichen Zusammenhangs – wie sie der Chi-Quadrat-Test liefert – hinausgehende Informationen über Art und Stärke des Zusammenhangs gesucht sind.

---

[315] Janssen/Laatz (1994), S. 217 f.
[316] Vgl. Neubauer (1994), S. 274 ff.

4. Bestimmung des Verwerfungsbereichs

Der Verwerfungsbereich für H_0 ergibt sich, indem das vor dem Test festgelegte Signifikanzniveau (vgl. Gliederungsunterpunkt 2 in diesem Kapitel) mittels des dem jeweiligen Testverfahren zugrundeliegenden Rechenalgorithmus in einen bestimmten Soll-Wert der verfahrensspezifischen Größe umgerechnet wird. Meistens kann diese Umrechnung, insofern sie nicht EDV-gestützt abläuft, auf einfache Weise mit Hilfe von Tabellen vorgenommen werden, wie sie aus Statistiklehrbüchern entnommen werden können[317].

5. Entscheidung über die Hypothese

Die Prüfgröße wird als Ist-Wert auf Grundlage des empirischen Materials errechnet und daraufhin untersucht, ob sie im ermittelten Verwerfungsbereich liegt oder nicht. Im ersten Fall wird H_0 verworfen und H_1 angenommen, im zweiten Fall wird H_0 beibehalten.

MINITAB bietet mit den jeweilig implementierten Prozeduren der Testverfahren eine einfache Vorgehensweise, die Rechenschritte oder das Arbeiten mit Tabellen zur Ermittlung und Umrechnung der Prüfgröße erspart. Es wird anhand einer vorliegenden Stichprobe die erforderliche Prüfgröße für die zu untersuchenden Variablen errechnet. Gleichzeitig wird der zugehörige Wert α – das beobachtete Signifikanzniveau – angegeben. Der Benutzer muss sich für einen bestimmten α-Wert entscheiden, ab der er die Hypothese H_0 ablehnt.

Analog zu den Ausführungen gemäß obenstehendem Punkt 2 soll bei den Analysen wie folgt differenziert werden:

1. Liegt das von MINITAB ermittelte Signifikanzniveau **über 0,1** so wird der Zusammenhang zwischen den Variablen abgelehnt.

2. Liegt das von MINITAB ermittelte Signifikanzniveau **unter 0,1** so wird der Zusammenhang zwischen den Variablen als signifikant angenommen.

3. Liegt das von MINITAB ermittelte Signifikanzniveau **unter 0,01** so wird der Zusammenhang zwischen den Variablen als hoch signifikant angenommen.

---

[317] Vgl. bspw. Bamberg/Baur (1989), S. 316 ff.

4.2 Darstellung und Interpretation der Ergebnisse

4.2.1 Struktur der Leitungsebenen und Funktionsbereiche des Untersuchungssamples

Zielgruppe der empirischen Untersuchung sind Führungskräfte mit betriebswirtschaftlicher bzw. technischer Verantwortung und einschlägiger Erfahrung im Akquisitionsbereich. Abb. 18 zeigt die Zusammensetzung der Rückläufe nach Leitungsebenen und Funktionsbereichen.

Zusammensetzung der Rückantworten nach *Leitungsebenen* und Funktionsbereichen

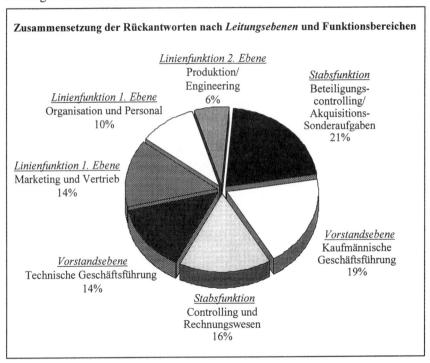

Abb. 18: Zusammensetzung der Antworten nach Leitungsebenen und Funktionsbereichen

Den größten Anteil des befragten Personenkreises macht mit 21% des Rücklaufs die Untersuchungsgruppe der Akquisitionsexperten und Beteiligungscontroller aus, die innerhalb ihrer Unternehmung Sonderaufgaben im Akquisitionsbereich wahrnehmen und auf einen beträchtlichen Erfahrungsschatz im Bereich der Integrationsproblematik zurückgreifen können.

An zweiter Stelle des Rücklaufvolumens rangiert die Gruppe der kaufmännischen Geschäftsführung mit 19%, gefolgt von Spezialisten des Controlling und Rechnungswesens mit einem Anteil von 16%.

Eine ausgewogene Auswertung garantiert insbesondere auch die relativ hohe Rücklaufquote aus dem Bereich der technischen Geschäftsführung (14%) und die über Funktionsbereiche und Leitungsebenen vorhandene breite Streuung der Fragebogenrückläufe in den Bereichen Marketing und Vertrieb (14%), Organisation und Personal (10%) und Engineering (6%).

4.2.2 Ergebnisse zu kritischen Phasen im Akquisitionsprozess

Mittels der Antworten zu Frage 1[318] lassen sich die kritischsten Phasen im Akquisitionsprozess für das Gelingen des Unternehmenskaufs identifizieren.

Die PMI-Phase – auch als Integrationsphase bezeichnet – gestaltet sich eindeutig als erfolgskritischste Phase der gesamten Akquisition[319], liegt sie doch mit einem Mittelwert der abgegebenen Antworten von (4,66) weit über den Mittelwerten der anderen Phasen.[320]

Erwartungsgemäß gilt die Phase, in der die Akquisitionsstrategie festgelegt wird, als wichtige Phase für das Gelingen eines Unternehmenskaufs. Sie ist als erste Phase im zeitlichen Ablauf in gewissem Sinne richtungsweisend für alle nachfolgenden Phasen der Akquisition.

Die Due Diligence und vorvertragliche Phase ist mit einem Mittelwert von (3,75) die drittwichtigste Phase im Akquisitionsprozess. Insofern werden gemäß Aufbau und forschungslogischem Ablauf der vorliegenden Arbeit die drei wichtigsten Phasen des Akquisitionsprozesses in besonderem Maße untersucht und miteinander verknüpft.

---

[318] Vgl. den Fragebogen im Anhang.

[319] Eindrucksvoll auch durch die hier nicht dargestellte Verteilung der Antworten belegbar: Nicht eine einzige Nennung der Rückantworten bewegt sich bei der Einschätzung der Integrationsphase im *unkritischen* Bereich der Werte eins und zwei.

[320] Zur besseren Visualisierung der empirischen Ergebnisse wird in den folgenden Abbildungen der Studie der reziproke Antwortwert der Fragebögen verwendet. Für den Betrachter ist der „proportionale" Zusammenhang (*je wichtiger die Phase im Akquisitionsprozess für den Akquisitionserfolg, desto höher der Ausprägungswert der Variablen,* bzw. *je wichtiger das Akquisitionsmotiv, desto höher der Ausprägungswert der Variablen*) einfacher und offensichtlicher nachzuvollziehen, als der umgekehrte Fall (*je kleiner der Wert, desto wichtiger die Variable).*

Die Vertragsphase liegt mit einem Mittelwert von (3,57) im Mittelfeld.[321]

Die Controllingphase wird als unkritisch erachtet. Ursache hierfür liegt vermutlich in der akquisitions-begleitenden und nicht akquisitions-gestaltenden Aufgabenstellung des Controlling. Zudem gestaltet sich für die Fragebogenteilnehmer eine eindeutige Abgrenzung der Controllingphase von der PMI-Phase als schwierig.[322]

Am wenigsten kritisch erscheint die Phase der Kandidatensuche. Die Ursache hierfür könnte in einer eher *reaktiven* Vorgehensweise der Akquisitionssubjekte liegen. Es lässt sich vermuten, dass die potenziellen Akquisitionsobjekte dem Akquisitionssubjekt bereits im Vorfeld bekannt sind, sodass eine intensive Kandidatensuche entfällt.

Frage 1: Welches ist die Ihrer Meinung nach **kritischste Phase im Akquisitionsprozess für das Gelingen des Unternehmenskaufes?**

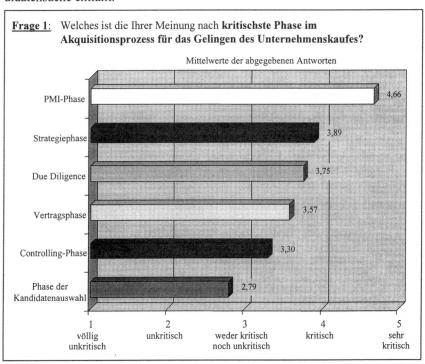

Abb. 19: Erfolgskritische Phasen im Akquisitionsprozess

---

[321] Auffallend erweist sich die nicht dargestellte hohe Streuung der Nennungen zur Vertragsphase, was auf differenzierte Erfahrungen der Fragebogenteilnehmer bzgl. der Wichtigkeit und Relevanz der Vertragsphase schließen lässt.

[322] Die Controllingphase wird entgegen der zuvor definierten fünf Phasen des Akquisitionsprozesses an dieser Stelle gesondert aufgeführt, um die Erfolgsrelevanz des Controllingprozesses hinsichtlich der Integrationsgestaltung zu überprüfen.

4.2.3 Ergebnisse zu relevanten Akquisitionsmotiven

Frage 2 untersucht die Relevanz unterschiedlicher Akquisitionsmotive für die Durchführung von Akquisitionsvorhaben.

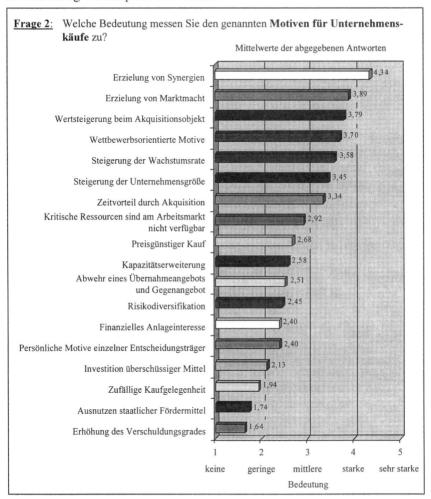

Frage 2: Welche Bedeutung messen Sie den genannten **Motiven für Unternehmenskäufe** zu?

Mittelwerte der abgegebenen Antworten

Erzielung von Synergien	4,34
Erzielung von Marktmacht	3,89
Wertsteigerung beim Akquisitionsobjekt	3,79
Wettbewerbsorientierte Motive	3,70
Steigerung der Wachstumsrate	3,58
Steigerung der Unternehmensgröße	3,45
Zeitvorteil durch Akquisition	3,34
Kritische Ressourcen sind am Arbeitsmarkt nicht verfügbar	2,92
Preisgünstiger Kauf	2,68
Kapazitätserweiterung	2,58
Abwehr eines Übernahmeangebots und Gegenangebot	2,51
Risikodiversifikation	2,45
Finanzielles Anlageinteresse	2,40
Persönliche Motive einzelner Entscheidungsträger	2,40
Investition überschüssiger Mittel	2,13
Zufällige Kaufgelegenheit	1,94
Ausnutzen staatlicher Fördermittel	1,74
Erhöhung des Verschuldungsgrades	1,64

1   2   3   4   5

keine   geringe   mittlere   starke   sehr starke

Bedeutung

Abb. 20: Bedeutung der Akquisitionsmotive für den Unternehmenskauf

Ohne auf jedes einzelne Akquisitionsmotiv und seine spezifische *Ranglistenposition* eingehen zu wollen, sind folgende Besonderheiten der Klassifizierung nennenswert:

- Eindeutig wichtigstes Motiv für Unternehmenskäufe ist nach Ansicht der befragten Personen die Erzielung von Synergien.[323]

- Auf vordersten Plätzen der Rangliste (Platz 2 und Platz 4) finden sich Akquisitionsmotive, denen markt- und wettbewerbsrelevante Beweggründe zugrunde liegen, die *Erzielung von Marktmacht* und *wettbewerbsorientierte Motive.*

- Als wichtig wird durch den befragten Personenkreis das Motiv der *Wertsteigerung beim Akquisitionsobjekt* im Rahmen des Unternehmenskaufes und das damit verbundene Gedankengut des Shareholder-Value erachtet.

- Die klassischen Argumente der *economies of scale* – vertreten durch die Motive der *Erhöhung der Wachstumsrate des Umsatzes* und *die Steigerung der Unternehmensgröße* – sind ebenfalls im vorderen Feld der relevanten Akquisitionsmotive für Unternehmenskäufe zu finden.[324]

- Als weniger wichtig angesehen werden Kaufmotive, die überwiegend finanzwirtschaftlich orientiert sind und keine Verknüpfungen zu Wettbewerbs- oder Wachstumsmotiven erkennen lassen, wie z.B. *Risikodiversifikation, Investition überschüssiger Mittel, rein finanzielles Anlageinteresse, Erhöhung des Verschuldungs-grades* oder *Ausnutzen von staatlichen Zulagen und Zuschüssen.*

- Das Akquisitionsmotiv der *Kapazitätserweiterung* spielt eine untergeordnete Rolle[325], ebenso wie Unternehmenskäufe infolge *Ressourcenknappheit auf dem Arbeitsmarkt.*

- Reaktiv ausgeprägte Akquisitionsmotive wie, die *Abwehr eines Übernahmeangebots und Gegenangebot* oder der *preisgünstiger Kauf* eines angebotenen Unternehmens treten ebenso in den Hintergrund, wie ökonomisch nicht oder nur schlecht begründbare Kaufentscheidungen, z.B. infolge *opportunistischer Motive einzelner Entscheidungsträger* oder aufgrund *zufälliger Kaufgelegenheiten.*

---

[323] Vgl. hierzu die Aufschlüsselung der Synergien nach der Dimension des Ressourcentransfers in Abb. 22.

[324] Zu ähnlichen Ergebnissen kommt die im Rahmen des von der Unternehmensberatung A.T. Kearney 1998 durchgeführten Global PMI Survey durchgeführte Studie. Es ließen sich folgende Motive für Unternehmensakquisitionen feststellen: 85 % der befragten Unternehmen gaben als Akquisitionsmotiv Wachstumsziele an, 57% die Realisierung von Kostensynergien, 52% die Realisierung von Know-how-Transfer, 21% gaben als Akquisitionsmotiv die Erlangung von Wettbewerbsvorteilen an, 12% nannten steuerliche Gründe. Vgl. A.T. Kearney (1999), S. 24.

[325] Vermutlich aufgrund der zumeist vorliegenden Käufermärkte mit den vorhandenen Überkapazitäten.

Bei genauerer Untersuchung des wichtigsten Akquisitionsmotivs, der *Erzielung von Synergien,* lässt sich die in Abb. 21 dargestellte *interne Rangliste* hinsichtlich der zuvor definierten vier Synergiedimensionen treffen.

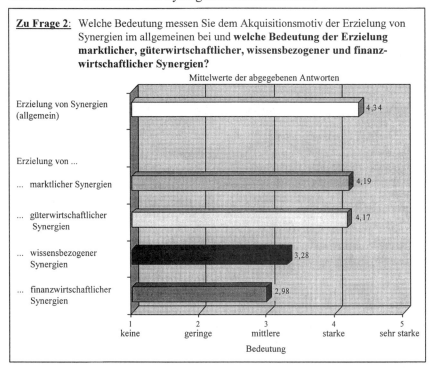

Zu Frage 2: Welche Bedeutung messen Sie dem Akquisitionsmotiv der Erzielung von Synergien im allgemeinen bei und **welche Bedeutung der Erzielung marktlicher, güterwirtschaftlicher, wissensbezogener und finanzwirtschaftlicher Synergien?**

Mittelwerte der abgegebenen Antworten

Erzielung von Synergien (allgemein) — 4,34

Erzielung von ...

... marktlicher Synergien — 4,19

... güterwirtschaftlicher Synergien — 4,17

... wissensbezogener Synergien — 3,28

... finanzwirtschaftlicher Synergien — 2,98

| 1 keine | 2 geringe | 3 mittlere | 4 starke | 5 sehr starke |

Bedeutung

Abb. 21: Relevanz der unterschiedlichen Synergiedimensionen als Akquisitionsmotiv

Am wichtigsten wird vom befragten Personenkreis die Erzielung von marktlichen Synergien erachtet, mit einem Mittelwert der abgegebenen Antworten von (4,19), knapp gefolgt von den güterwirtschaftlichen Synergien mit einem Mittelwert von (4,17). Die Erzielung wissensbezogener und finanzwirtschaftlicher Synergien wird als weniger wichtig eingeschätzt (Mittelwerte (3,28) und (2,98)).

Eine genauere Untersuchung des Akquisitionsmotivs der *Erzielung einer Wertsteigerung beim Akquisitionsobjekt* ist in Abb. 22 dargestellt.

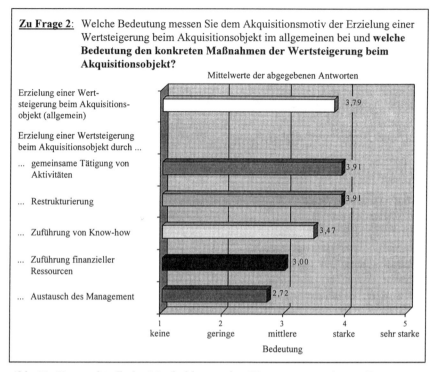

Zu Frage 2: Welche Bedeutung messen Sie dem Akquisitionsmotiv der Erzielung einer Wertsteigerung beim Akquisitionsobjekt im allgemeinen bei und **welche Bedeutung den konkreten Maßnahmen der Wertsteigerung beim Akquisitionsobjekt?**

Mittelwerte der abgegebenen Antworten

Erzielung einer Wertsteigerung beim Akquisitionsobjekt (allgemein) — 3,79

Erzielung einer Wertsteigerung beim Akquisitionsobjekt durch ...

... gemeinsame Tätigung von Aktivitäten — 3,91

... Restrukturierung — 3,91

... Zuführung von Know-how — 3,47

... Zuführung finanzieller Ressourcen — 3,00

... Austausch des Management — 2,72

| 1 | 2 | 3 | 4 | 5 |
| keine | geringe | mittlere | starke | sehr starke |

Bedeutung

Abb. 22: Unterschiedliche Möglichkeiten der Wertsteigerung beim Akquisitionsobjekt und deren Relevanz als Akquisitionsmotiv

Insbesondere durch die *gemeinsame Wahrnehmung von Aktivitäten* und Geschäftsprozesse sowie durch *Restrukturierungsmaßnahmen* sollen durch Reduzierung der Kosten Unternehmenswertsteigerungen realisiert werden.

Zuführung von Know-how oder *Zuführung finanzieller Ressourcen* werden als weniger wichtige Maßnahmen der Unternehmenswertsteigerung erkannt, ebenso wie *der Austausch des Management.*

Als Ergebnis der Frage 2 lässt sich zusammenfassen:

❑ Die *Erzielung von Synergien* im allgemeinen und *marktlicher* bzw. *güterwirtschaftlicher* Synergien im besonderen ist der wichtigste Beweggrund für Unternehmenskäufe. *Finanzwirtschaftliche* Synergien und Synergien im Bereich *des Wissenstransfers* spielen eine untergeordnete Rolle.

❑ Die *Unternehmenswertsteigerung* und der damit verbundene *Shareholder-Value-Gedanke* beeinflusst die Akquisitionsthematik in besonderem Maße.[326] Besonders durch gemeinsame Wahrnehmung von Aktivitäten und Restrukturierungsmaßnahmen sollen Wertsteigerungen realisiert werden.

4.2.4 Ergebnisse zu relevanten Erfolgsgrößen bei Akquisitionen

Erkenntnisse und Ergebnisinterpretationen hinsichtlich der in Frage 3 behandelten Erfolgsgrößen bei Akquisitionen gestalten sich aufgrund der schon in Abb. 15 angesprochenen Problemfelder bei der Messung des Akquisitionserfolgs schwierig.

Eine interessante Feststellung im Bereich des Erfolgskonzepts ergibt sich aus der Betrachtung der Durchschnittswerte über die Erfolgsgrößen des *quantitativ-objektiven Erfolgskonzepts* einerseits und *des qualitativ-subjektiven Erfolgskonzepts* andererseits.[327] Der Mittelwert der quantitativ-objektiven Erfolgsgrößen liegt mit (3,78) deutlich über dem Wert der qualitativ-subjektiven Erfolgsgrößen mit (2,96). Dies ist ein Indiz dafür, dass sich die Unternehmen in der Beurteilung des Akquisitionserfolgs eher an der objektiven Marktsicht und an Finanzkennzahlen orientieren, als an subjektiven, persönlichen Beurteilungen der Entscheidungsträger.

---

[326] Es kann interpretiert werden, dass eine Akquisition aus Sicht des Erwerbers dann erfolgreich ist, wenn „[...] sämtliche durch die Akquisition erzielten und auf den Bewertungsstichtag abgezinsten Einzahlungsüberschüsse den gezahlten Kaufpreis zuzüglich aller übrigen mit der Kaufentscheidung verbundenen Kosten übersteigen." Küting (1981), S. 186. Vgl. auch Maul (1992), S. 1256. (Akquisitionserfolg = Steigerung des Unternehmenswertes der an der Akquisition beteiligten Unternehmen).

[327] Vgl. die Mittelwertbetrachtungen in den Abb. 23 und Abb. 24.

Aus Abb. 23 ist ersichtlich, dass bei den *quantitativ-objektiven Erfolgsgrößen* als Beurteilungskriterium für den Erfolg des Unternehmenskaufes das *Cashflow-Wachstum* mit einem Mittelwert von 4,32 dominiert, neben dem *Wachstum des operativen Ergebnisses* (4,09) und der *Steigerung der Eigenkapitalrendite* (4,04) und *Gesamtkapitalrendite* (3,92).

Weniger bedeutend sind die aus bilanzpolitischer Sicht stark beeinflussbare und damit wenig aussagekräftige Erfolgsgröße des *Gewinnwachstums* (3,66) und die stark turnover-abhängigen Kennzahlen der *Steigerung der Umsatzrendite* (3,28) und des *Umsatzwachstums* (3,24).

Zu Frage 3a: Der Erfolg von Unternehmenskäufen kann anhand unterschiedlicher Kriterien gemessen werden. Wie wichtig sind die folgenden **quantitativ-objektiven Beurteilungskriterien** im Rahmen ihrer persönlichen Urteilsfindung hinsichtlich des Erfolgs von Unternehmenskäufen?

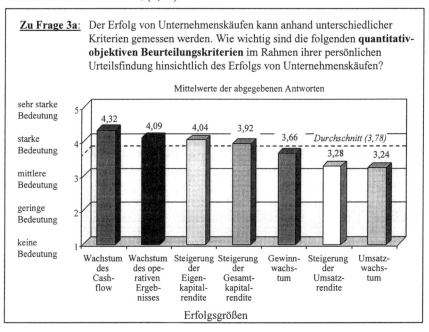

Abb. 23: Relevanz quantitativ-objektiver Erfolgsgrößen zur Akquisitionserfolgsbewertung

Bei den qualitativ-subjektiven Erfolgsgrößen wird – wie in Abb. 24 dargelegt – der *Erfolgsbeurteilung aus Sicht der Management-Ebene* ein höherer Stellenwert eingeräumt als der *Erfolg aus Sicht der Mitarbeiter-Ebene*. Erstaunlich ist die niedrige Relevanz der Expertenmeinung im Zuge des Erfolgskonzepts. Weder interne Akquisitionsexperten (Mittelwert der abgegebenen Antworten: 2,51) noch externe Berater (2,09) vermögen eine gewichtige Rolle in der Erfolgsbeurteilung von Akquisitionen zu spielen.

Zu Frage 3b: Der Erfolg von Unternehmenskäufen kann anhand unterschiedlicher Kriterien gemessen werden. Wie wichtig sind die folgenden **qualitativ-subjektiven Beurteilungskriterien** im Rahmen Ihrer persönlichen Urteilsfindung hinsichtlich des Erfolgs von Unternehmenskäufen?

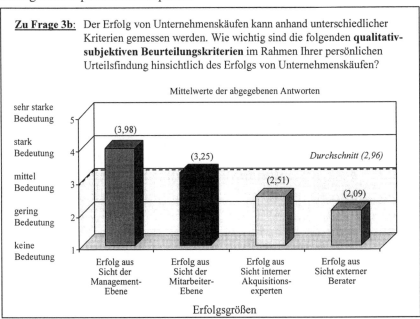

Abb. 24: Relevanz qualitativ-subjektiver Erfolgsgrößen zur Akquisitionserfolgsbewertung

Besonders zu erwähnen ist die Ergänzung zweier befragter Personen, die im Fragebogen im Rahmen des qualitativ-subjektiven Erfolgskonzepts zusätzlich die Aussagen von Börsenfachleuten als relevanten Maßstab der Erfolgsbeurteilung bezeichneten.

Bei den Maßstäben der Erfolgsmessung werden *Vergleichsbetrachtungen mit anderen Unternehmen* große Bedeutung beigemessen. Besonders relevant ist nach Abb. 25 die Generierung von Bezugsgrößen im Rahmen von Benchmarking-Betrachtungen, weniger relevant sind Vergleiche mit dem Branchendurchschnitt.

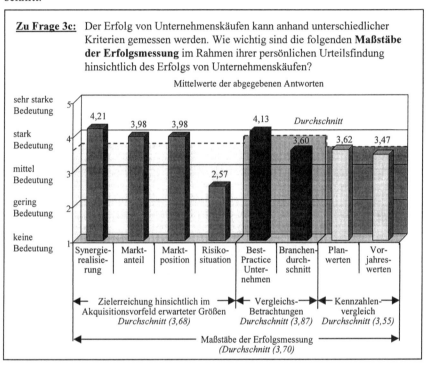

Zu Frage 3c: Der Erfolg von Unternehmenskäufen kann anhand unterschiedlicher Kriterien gemessen werden. Wie wichtig sind die folgenden **Maßstäbe der Erfolgsmessung** im Rahmen ihrer persönlichen Urteilsfindung hinsichtlich des Erfolgs von Unternehmenskäufen?

Abb. 25: Relevanz unterschiedlicher Maßstäbe der Erfolgsmessung

Als Maßstab des Akquisitionserfolges wird dem Vergleich der Akquisitionsergebnisse mit den im Vorfeld der Akquisition aufgestellten Zielvorgaben große Bedeutung beigemessen. Dabei besondere Beachtung verdienen diejenigen Gegenüberstellungen, die im Vorfeld der Akquisition gesetzte Ziele hinsichtlich zu *erwirtschaftender Synergiepotenziale, Marktanteile* und *Marktpositionen* mit den tatsächlich realisierten Ergebnissen vergleichen und mittels des daraus resultierenden Zielerreichungsgrades über Akquisitionserfolg oder -misserfolg entscheiden. Wenig Beachtung als relevanter Maßstab der Erfolgsmessung findet dagegen der Zielerreichungsgrad der realisierten zur angestrebten Risikosituation.

Intertemporale Vergleiche im Sinne von Gegenüberstellungen von *finanziellen Unternehmenskennzahlen* zu *Vorjahreswerten* oder zu *Unternehmensplanwerten* spielen eine untergeordnete Rolle.

Interessant gestaltet sich die Analyse des Zeitraums der Erfassung des Akquisitionserfolgs. Auffallend ist die breite Streuung der Jahreszahlangaben von einem Jahr bis zu sieben Jahren.[328] Der Mittelwert der abgegebenen Antworten von 2,75 Jahren in Abb. 26 ist insofern erklärbar, dass im ersten Jahr nach der Akquisition Sonderwirkungen und Einmaleffekte auftreten, die sich erst im Verlauf weiterer Geschäftsjahre normalisieren.

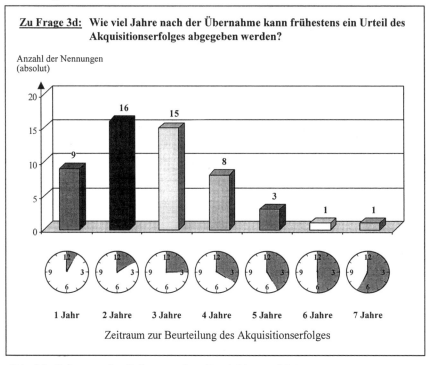

Zu Frage 3d: **Wie viel Jahre nach der Übernahme kann frühestens ein Urteil des Akquisitionserfolges abgegeben werden?**

Abb. 26: Zeitraum der Erfassung des Akquisitionserfolges

---

[328] Die breite Streuung bei der Frage der zeitlichen Bemessung des Erfolgszeitraums spiegelt sich in einem relativ hohen Wert für die Varianz der getätigten Antworten mit (2,17) wider. Vgl. hierzu auch die branchenspezifischen Auswertungen.

Hervorzuheben ist, dass zwei Fragebogenteilnehmer keine Angaben zum Zeitraum der Erfassung des Akquisitionserfolgs machten und dies mit der Branchen- bzw. Geschäftsfeldabhängigkeit des Beurteilungszeitraums rechtfertigten.

Als Ergebnis der Frage 3 lässt sich zusammenfassen:

❑ Unternehmen orientieren sich in der Beurteilung des Akquisitionserfolgs bevorzugt am *quantitativ-objektiven Erfolgskonzept*, allen voran an *Cashflow-* und *eigenkapital-orientierten Finanzkennzahlen.*

❑ *Qualitativ-subjektive Einschätzungen* von Entscheidungsträgern, Mitarbeitern oder internen wie externen Akquisitionsexperten werden als weniger wichtig zur Beurteilung des Akquisitionserfolgs erachtet.

❑ Maßstäbe der Erfolgsmessung sind mehrschichtig. Neben dem Zielerreichungsgrad bei im Vorfeld der Akquisition getroffenen Erwartungen hinsichtlich Synergierealisierung, Marktanteil und Marktposition spielen insbesondere Vergleichsbetrachtungen zu best-practise-Unternehmen im Sinne von Benchmarking-Studien eine entscheidende Rolle als Erfolgsmaßstab.

❑ Einschätzungen hinsichtlich des vertretbaren Zeitraums zur Erfassung des Akquisitionserfolgs nach vollzogenem Kauf gehen stark auseinander und bewegen sich zwischen einem Jahr und sieben Jahren.

4.2.5   Ergebnisse zu bewertungsrelevanten Komponenten des Unternehmenswertes bei Akquisitionsvorhaben

Aus Abb. 27 ist ersichtlich, dass beinahe in jeder Due Diligence – genaugenommen in 96% der Fälle – finanzwirtschaftliche Synergiepotenziale in der Unternehmenswertermittlung mitberücksichtigt werden. Die Wichtigkeit der Berücksichtigung finanzwirtschaftlicher Synergien wird von den Befragten dagegen mit einem Antwortmittelwert von (3,17) weniger wichtig eingeschätzt.

Auffallend ist die Dominanz der güterwirtschaftlichen und marktlichen Synergiepotenziale, sowohl hinsichtlich deren Relevanz ((4,34) und (4,13)) als auch hinsichtlich deren Berücksichtigung in der Due Diligence (100% und 90%).[329]

---

[329]   Vgl. auch die Ergebnisse zu Frage 2, die ebenfalls den güterwirtschaftlichen und marktlichen Synergiepotenzialen die höchste Relevanz bei der Generierung von Akquisitionserfolg beimessen.

Zu Frage 4: Inwieweit werden folgende **Größen/Wertschöpfungspotenziale bei der Unternehmenswertermittlung berücksichtigt** und **wie beurteilen Sie die Wichtigkeit ihrer Berücksichtigung?**

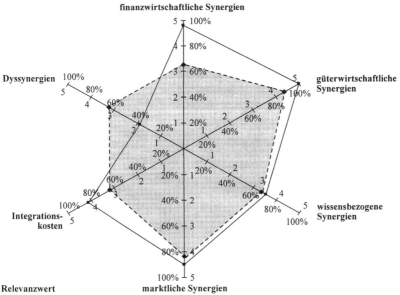

Relevanzwert
5 = sehr starke Bedeutung
4 = starke Bedeutung
3 = mittlere Bedeutung
2 = geringe Bedeutung
1 = keine Bedeutung

—— Häufigkeit der Berücksichtigung
- - - Relevanz der Berücksichtigung

Bewertungs-relevante Größe	Finanzwirt-schaftliche Synergien	Güterwirt-schaftliche Synergien	Wissensbe-zogene Synergien	Marktliche Synergien	Integra-tionskosten	Dys-synergien
Häufigkeit der Berücksichti-gung der Größe in der Due Diligence	96%	100%	71%	90%	83%	38%
Relevanz der der Größe in der Due Diligence	3,23	4,34	3,28	4,13	3,17	3,11

Abb. 27: Bewertungsrelevante Komponenten des Unternehmenswertes nach Wichtigkeit und Berücksichtigung in der Due Diligence

Wissensbezogene Synergiepotenziale werden in 71% der Due-Diligence-Vorhaben berücksichtigt, die geringste Prozentzahl der definierten vier Synergiedimensionen, obwohl deren Relevanz bei der Berücksichtigung in der Due Diligence mit (3,28) wichtiger eingeschätzt wird als bei den finanzwirtschaftlichen Synergien.

Als integrations- und bewertungsrelevante Komponenten werden in Frage 4 zusätzlich zu den vier Synergiedimensionen negative Effekte der Integration – *Integrationskosten* und *Dyssynergien* – auf ihre Relevanz und Berücksichtigung in der Due Diligence untersucht. Bei vergleichbarer Relevanz werden die Integrationskosten in 83% der Due Diligence Verfahren berücksichtigt, wohingegen Dyssynergien lediglich bei ca. jeder dritten Due Diligence (38%) in die Wertermittlung einbezogen werden.

Auffallend in Abb. 27 ist bei den Dyssynergien die Diskrepanz zwischen der Ausprägung der *Häufigkeit der Berücksichtigung* und der *Relevanz der Berücksichtigung in der Due Diligence*. Abb. 28 verdeutlicht die Zusammensetzung der Wertkomponente der Dyssynergien.

So wird der *Marktanteilsverlust durch Kundenabwanderung* mit einem Wert von (3,53) und absolut 31 Einzelnennungen (knapp 60% der Nennungen) im Antwortbereich (4,00) und (5,00) (starke bis sehr starke Bedeutung in der Due Diligence) bei der *Relevanz* eher hoch eingestuft, bei der *Häufigkeit der Berücksichtigung* wird diese Komponente jedoch nicht einmal in 30% der Fälle in der Unternehmenswertermittlung beachtet.

Die Ursache dieses Missverhältnisses hinsichtlich Relevanz und Häufigkeit der Berücksichtigung der Dyssynergien in der Due Diligence ist vermutlich auf folgende Problembereiche eingrenzbar:

❑ Dyssynergien werden allein aufgrund ihrer negativen Vorzeichen von „*fusionswilligen Unternehmenswert-Ermittlern*" gerne vernachlässigt, weil die Höhe des Honorars dieses *fusionsbetreuenden* Personenkreises oftmals als prozentualer Anteil an den getätigten Transaktionswert angelehnt wird.

❑ Die Quantifizierung von Dyssynergien gestaltet sich eher schwierig.

❑ Dyssynergien sind infolge ihres unsicheren zeitlichen Auftretens schwer erfassbar.

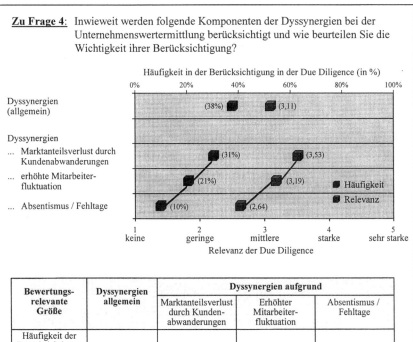

Zu Frage 4: Inwieweit werden folgende Komponenten der Dyssynergien bei der Unternehmenswertermittlung berücksichtigt und wie beurteilen Sie die Wichtigkeit ihrer Berücksichtigung?

Bewertungs-relevante Größe	Dyssynergien allgemein	Dyssynergien aufgrund		
		Marktanteilsverlust durch Kunden-abwanderungen	Erhöhter Mitarbeiter-fluktuation	Absentismus / Fehltage
Häufigkeit der Berücksichtigung der Größe in der Due Diligence	38%	31%	21%	10%
Relevanz der Größe in der Due Dilgence	3,11	3,53	3,19	2,64

Abb. 28: Bewertungsrelevante Komponenten des Unternehmenswertes – Spezifika bei Dyssynergien

Mit einer Berücksichtigung bei lediglich jeder zehnten Unternehmensbewertung rangieren Dyssynergien aufgrund Absentismus zusammen mit den Kategorie Mitarbeiterfluktuation auf den hintersten Plätzen.

Besonders hervorzuheben ist die in Abb. 29 visualisierte *Antwortverteilung* hinsichtlich der Relevanz bei der Berücksichtigung der *güterwirtschaftlichen Synergien* in der Due Diligence.

Zu Frage 4: Inwieweit werden **güterwirtschaftliche Synergien** im allgemeinen und **güterwirtschaftliche Synergien** in der **Produktion**, im **Marketing und Vertrieb**, im **administrativen Bereich**, in der **Beschaffung** und im **Einkauf**, in der **Logistik** und in der **Forschung und Entwicklung** im besonderen hinsichtlich Relevanz in der Due Diligence berücksichtigt?

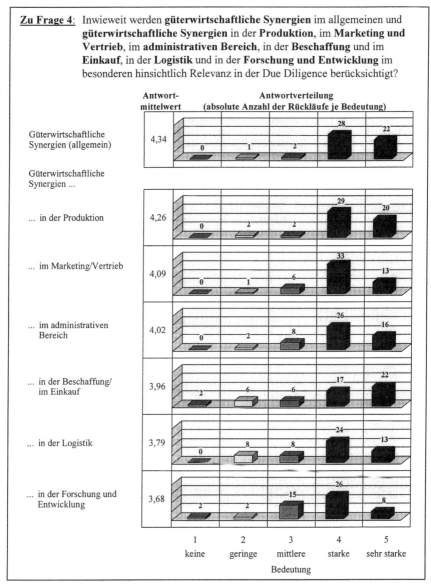

Abb. 29: *Relevanz der Berücksichtigung güterwirtschaftlicher Synergien in der Due Diligence – Antwortverteilung*

Die Synergien im Bereich der Beschaffung überragen mit absolut 22 Nennungen des Wertes 5 als *sehr starke Bedeutung für die Due Diligence* die Produktionssynergien mit absolut nur 20 Nennungen des Wertes 5, dennoch liegt der Mittelwert der Beschaffungssynergien mit (3,96) lediglich im hinteren Mittelfeld der güterwirtschaftlichen Synergiepotenziale, also hinter den Produktionssynergien (4,26), Synergien in Marketing und Vertrieb (4,09) und Wertschöpfungspotenzialen im administrativen Bereich (4,02). Die Ursache für die festgestellte Antwortverteilung im Bereich der Beschaffungssynergien könnte in Branchenspezifika oder stark geschäftsfeldabhängigen Erfahrungen der Akquisitionsexperten hinsichtlich Relevanz von Synergien im Beschaffungsbereich und deren Berücksichtigung in der Due Diligence liegen.

Als Ergebnis der Frage 4 lässt sich zusammenfassen:

❑ Güterwirtschaftlichen und marktlichen Synergiepotenzialen werden in der Due Diligence eindeutig am meisten Bedeutung beigemessen ((4,34) und (4,13)) und auch hinsichtlich der Häufigkeit der Berücksichtigung in der Due Diligence werden die güterwirtschaftlichen und marktlichen Synergiepotenziale bei beinahe jeder Due Diligence berücksichtigt (100% und 90%).

❑ Finanzwirtschaftliche (3,23) und wissensbezogene (3,28) Synergiepotenziale werden wie Integrationskosten (3,17) und Dyssynergien (3,11) als weit weniger wichtig hinsichtlich der Relevanz in der Due Diligence erachtet.

❑ Im Rahmen der Unternehmenswertermittlung werden in der Due Diligence güter- und finanzwirtschaftliche Synergiepotenziale (100% und 96%) am meisten berücksichtigt, Wertvernichtungspotenziale und wissensbezogene Synergien am wenigsten berücksichtigt (36% und 71%).

❑ Trotz nicht unbedeutender Relevanz in der Due Diligence werden Dyssynergien bei der Unternehmenswertermittlung selten berücksichtigt.

4.2.6 Ergebnisse zur Auswirkung der Erfolgsfaktoren auf den zu bewerkstelligenden Ressourcentransfer

Besonderes Augenmerk muss im Rahmen der Untersuchung auf die Interpretation der Fragen 5-1, 5-2, 6-1 und 6-2 gerichtet werden. Sie behandeln nicht nur akquisitionsrelevante sondern auch *integrationsspezifische Fragestellungen* des Ressourcentransfers in der PMI-Phase und bilden dadurch den *empirischen Unterbau für die weiteren Untersuchungen* der Kapitel 5 und 6.

In den genannten Fragen werden die Auswirkungen der in Kapitel 3.2 definierten Erfolgsfaktoren auf die Realisierung von Synergiepotenzialen untersucht, d.h. deren Fähigkeit, den Ressourcentransfer zwischen Akquisitionssubjekt und -objekt zu unterstützen und somit die durch die Akquisition erwarteten Synergiepotenziale zu generieren.

In Abb. 30 ist eine *Rangliste* dargestellt, die die einzelnen Erfolgsfaktoren nach ihrer Relevanz zur Unterstützung der zu bewerkstelligenden Ressourcentransfers ordnet – vorerst in einer undifferenzierten Art der Betrachtung über vier Synergiedimensionen.

Ohne auf die Ranglistenposition jedes einzelnen Erfolgsfaktors einzugehen sind folgende Auffälligkeiten der Positionierung nennenswert:

◻ Die Maßnahmen der Integrationsgestaltung (4,04)[330] dominieren als Erfolgsfaktorenfeld eindeutig vor der Akquisitionsvorbereitung (3,67) und unternehmensinternen Situationsvariablen (3,65).

· Die ersten vier Plätze der Rangliste sind durch Erfolgsfaktoren aus dem Bereich der Integrationsgestaltung belegt.

· Insgesamt acht der zwölf für die Synergierealisierung relevantesten Erfolgsfaktoren sind aus dem Bereich der Integrationsgestaltung.

· Der Erfolgsfaktor *Informationsaustausch auf Management-Ebene* steht an vorderster Stelle. An zweiter Stelle rangiert der Erfolgsfaktor der *Installation* eines hochkarätigen, in der Unternehmenshierarchie weit oben angesetzten, *schlagkräftigen Projektteams*, gefolgt von der *Benennung eines Integrationsverantwortlichen* und dem *Setzen von klaren Zielvorgaben und Maßnahmenplänen*.

---

[330] Mittelwert der abgefragten Einschätzungen hinsichtlich der Relevanz bei der Unterstützung zur Bewerkstelligung des Ressourcentransfers.

Zu Frage 5-1, 5-2, 6-1 und 6-2: Wie beurteilen Sie die **Auswirkungen folgender Faktoren auf die Realisierung von Synergiepotenzialen**, d.h. inwieweit unterstützen folgende Faktoren den Ressourcentransfer zwischen Akquisitionssubjekt und objekt?

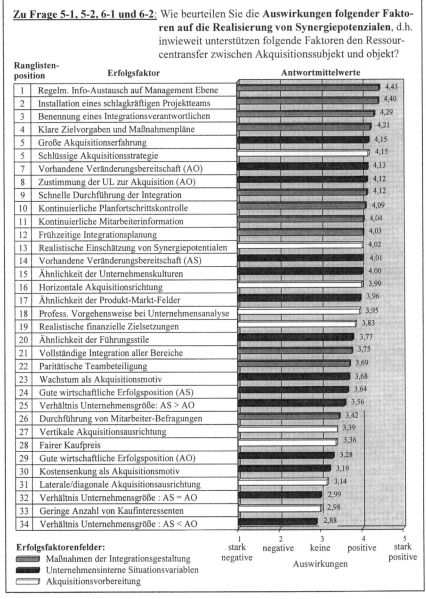

Ranglisten-position	Erfolgsfaktor	Antwortmittelwerte
1	Regelm. Info-Austausch auf Management Ebene	4,43
2	Installation eines schlagkräftigen Projektteams	4,40
3	Benennung eines Integrationsverantwortlichen	4,29
4	Klare Zielvorgaben und Maßnahmenpläne	4,21
5	Große Akquisitionserfahrung	4,15
5	Schlüssige Akquisitionsstrategie	4,15
7	Vorhandene Veränderungsbereitschaft (AO)	4,13
8	Zustimmung der UL zur Akquisition (AO)	4,12
9	Schnelle Durchführung der Integration	4,12
10	Kontinuierliche Planfortschrittskontrolle	4,09
11	Kontinuierliche Mitarbeiterinformation	4,04
12	Frühzeitige Integrationsplanung	4,03
13	Realistische Einschätzung von Synergiepotentialen	4,02
14	Vorhandene Veränderungsbereitschaft (AS)	4,01
15	Ähnlichkeit der Unternehmenskulturen	4,00
16	Horizontale Akquisitionsrichtung	3,99
17	Ähnlichkeit der Produkt-Markt-Felder	3,96
18	Profess. Vorgehensweise bei Unternehmensanalyse	3,95
19	Realistische finanzielle Zielsetzungen	3,83
20	Ähnlichkeit der Führungsstile	3,77
21	Vollständige Integration aller Bereiche	3,75
22	Paritätische Teambeteiligung	3,69
23	Wachstum als Akquisitionsmotiv	3,68
24	Gute wirtschaftliche Erfolgsposition (AS)	3,64
25	Verhältnis Unternehmensgröße: AS > AO	3,56
26	Durchführung von Mitarbeiter-Befragungen	3,42
27	Vertikale Akquisitionsausrichtung	3,39
28	Fairer Kaufpreis	3,36
29	Gute wirtschaftliche Erfolgsposition (AO)	3,28
30	Kostensenkung als Akquisitionsmotiv	3,19
31	Laterale/diagonale Akquisitionsausrichtung	3,14
32	Verhältnis Unternehmensgröße : AS = AO	2,99
33	Geringe Anzahl von Kaufinteressenten	2,98
34	Verhältnis Unternehmensgröße : AS < AO	2,88

Skala: 1 stark negative – 2 negative – 3 keine – 4 positive – 5 stark positive Auswirkungen

Erfolgsfaktorenfelder:
- Maßnahmen der Integrationsgestaltung
- Unternehmensinterne Situationsvariablen
- Akquisitionsvorbereitung

Abb. 30: Rangliste der Erfolgsfaktoren – undifferenzierte Betrachtung über alle Synergien

❑ Wichtigste Erfolgsfaktoren aus dem Bereich der *unternehmensinternen Situationsvariablen*[331] sind die *große Akquisitionserfahrung* des Akquisitionssubjekts (5. Ranglistenposition) [332], gefolgt von der *vorhandenen Bereitschaft zur Veränderung beim Akquisitionsobjekt* (7. Ranglistenposition) und der *Zustimmung der Unternehmensleitung des Akquisitionsobjekts zur Akquisition* (8. Ranglistenposition).

❑ Wichtigster Erfolgsfaktor des Bereichs der *Akquisitionsvorbereitung* ist die *Generierung einer schlüssigen Akquisitionsstrategie* (5. Ranglistenposition).

❑ Die *schnelle Durchführung der Maßnahmen der Integrationsgestaltung* – die Integrationsgeschwindigkeit – befindet sich in der undifferenzierten Sichtweise über die vier Synergiedimensionen lediglich auf der 9. Ranglistenposition.[333]

❑ Interessant ist die Rangordnung der unterschiedlichen Akquisitionsrichtungen untereinander:

- Einer *horizontalen Akquisition* werden am meisten Erfolgschancen eingeräumt (16. Ranglistenposition),

- weit abgeschlagen ist die *vertikale Akquisitionsrichtung* (27. Ranglistenposition)

- und an letzter Stelle des Trios die *laterale* bzw. *diagonale Akquisition* (31. Position), die von den Befragten als am wenigsten erfolgversprechend hinsichtlich der Unterstützung des Ressourcentransfers eingeschätzt wird.

---

[331] Die *unternehmensinternen Situationsvariablen* sind im Gegensatz zu den *Maßnahmen der Integrationsgestaltung* und auch zur Gestaltung der *Akquisitionsvorbereitung* kaum oder nur sehr schwierig beeinflussbar. Dennoch ist das Wissen um ihre Relevanz im Akquisitions- und Integrationsprozess von großer Wichtigkeit.

[332] Nach einer Untersuchung von Zehnder sind erfolglose Akquisitionen viel eher bei Unternehmen mit geringer oder keiner Akquisitionserfahrung zu erwarten, als bei erfahrenen Unternehmen. Vgl. Zehnder/London Business School (1987), S. 63 ff. Bühner stellt aufgrund empirischer Ergebnisse sogar die These auf, dass die Akquisitionserfahrung ein „[...] Erfolgsfaktor per se [...]" sei, mit der „[...] Zusammenschlüsse erfolgreich gestaltet werden [können, C.B.B], ohne dass weitere, den Erfolg beeinflussende Faktoren hinzukommen." Vgl. Bühner (1990a), S. 202. Die systematische Untersuchung bereits abgeschlossener Akquisitions- und Integrationsprozesse und das Erkennen der dabei begangenen Fehler sind eine entscheidende Voraussetzung für künftige Akquisitionserfolge. Vgl. Steinöcker (1993), S. 109.

[333] Eine genauere Betrachtung dieses Erfolgsfaktors über die verschiedenen Synergiedimensionen liefert jedoch ein weitaus differenzierteres Bild der Rolle der Integrationsgeschwindigkeit im Integrationsprozess bei der Bewerkstelligung des Ressourcentransfers.

❑ Das *Verhältnis der Unternehmensgrößen der Akquisitionspartner* spielt hinsichtlich der Relevanz zur Realisierung des Ressourcentransfers eine untergeordnete Rolle, nennenswert ist jedoch auch hier die Rangordnung der Größenverhältnisse untereinander:

- erwartungsgemäß werden Akquisitionen am erfolgversprechendsten eingeschätzt, wenn das *Akquisitionssubjekt größer ist als das Akquisitionsobjekt* (25. Ranglistenposition).

- weit weniger erfolgversprechend gestaltet sich ein *Zusammenschluss gleich großer Partner* (merger of equals)[334] (32. Ranglistenposition).

- am wenigsten erfolgversprechend sind diejenigen Akquisitionen, bei denen ein *kleineres Akquisitionssubjekt* ein größeres *Akquisitionsobjekt* kauft.

❑ Bei den Akquisitionsmotiven dominieren wachstumsbezogene Motive (23. Ranglistenposition) vor dem Akquisitionsmotiv der Kostensenkung (30. Ranglistenposition).[335]

❑ Die *Durchführung von Mitarbeiterbefragungen* befindet sich an letzter Stelle des Erfolgsfaktorenfeldes der *Maßnahmen der Integrationsgestaltung* (absolut an 26. Ranglistenposition).[336]

In Abb. 31, Abb. 33 und Abb. 34 erfolgt eine differenziertere Betrachtungsweise der Erfolgsfaktorenfelder hinsichtlich ihrer Auswirkungen und Relevanz für die Ressourcentransfers in den vier Synergiedimensionen (finanzwirtschaftliche, güterwirtschaftliche, wissensbezogene und marktliche Synergiedimensionen bzw. Dimensionen des zu bewerkstelligenden Ressourcentransfers).

Derselbe Erfolgsfaktor kann die vier verschiedenen Synergiedimensionen auf sehr unterschiedliche Weise beeinflussen und sich somit stark unterschiedlich auf die Realisierung des Ressourcentransfers auswirken.[337]

Konkretes Beispiel für diese stark unterschiedlichen Auswirkungen ist im Erfolgsfaktorenfeld der *unternehmensinternen Situationsvariablen* in Abb. 31 der Erfolgsfaktor der *Kostensenkung als Akquisitionsmotiv* (Ranglistenposition 30).

---

[334] Womöglich wird von den Fragebogenteilnehmern befürchtet, dass sich bei einem ausgewogenen Größenverhältnis keiner der Partner im Akquisitions- bzw. Integrationsprozess durchsetzen kann und eine klare Linie bei der Umsetzung verloren geht.

[335] Mit der Kostensenkung als Motiv für Akquisitionen gestaltet es sich ähnlich wie mit der Integrationsgeschwindigkeit, auch hier ist eine differenziertere Betrachtungsweise über die einzelnen vier Synergiedimensionen aufschlussreich.

[336] Eine zu starke Einbindung der Mitarbeiter in den Akquisitions- bzw. Integrationsprozess wird von den Fragebogenteilnehmern als kontraproduktiv angesehen.

[337] Vgl. insbesondere Abb. 34 und zusätzlich die Abb. 33, Abb. 35 und Abb. 36 und die Ausführung zum Erfolgsfaktor der Integrationsgeschwindigkeit.

Zu Frage 5-1, 5-2, 6-1 und 6-2: Wie beurteilen Sie die Auswirkungen folgender **unternehmensinterner Situationsvariablen** auf die Realisierung von Synergiepotenzialen in den Dimensionen des finanzwirtschaftlichen, güterwirtschaftlichen, wissensbezogenen und marktlichen Ressourcentransfers?

Rang-listen-position	Unternehmensinterne Situationsvariable	Synergie-dimension	Antwortmittelwerte
5	Große Akquisitionserfahrung des Akquisitionssubjektes***	finanz	3,77
		güter	4,21
		wissen	4,36
		markt	4,26
7	Vorhandene Veränderungsbereit-schaft beim Akquisitionsobjekt***	finanz	3,49
		güter	4,25
		wissen	4,43
		markt	4,34
8	Zustimmung der Unternehmenslei-tung des Akquisitionsobjektes***	finanz	3,51
		güter	4,23
		wissen	4,45
		markt	4,28
14	Vorhandene Veränderungsbereit-schaft beim Akquisitionssubjekt***	finanz	3,40
		güter	4,25
		wissen	4,34
		markt	4,08
15	Ähnlichkeit der Unternehmenskulturen***	finanz	3,32
		güter	4,26
		wissen	4,09
		markt	4,32
17	Ähnlichkeit der Produkt-Markt-Felder***	finanz	3,21
		güter	4,42
		wissen	3,74
		markt	4,47
20	Ähnlichkeit der Führungsstile***	finanz	3,19
		güter	3,96
		wissen	3,98
		markt	3,94
23	Wachstum als Akquisitionsmotiv***	finanz	3,40
		güter	3,21
		wissen	3,81
		markt	4,30
24	Gute wirtschaftliche Erfolgsposition des Akquisitionssubjektes***	finanz	3,47
		güter	3,70
		wissen	3,40
		markt	4,00
25	Verhältnis der Unternehmensgröße AS > AO***	finanz	3,34
		güter	3,81
		wissen	3,40
		markt	3,68
29	Gute wirtschaftliche Erfolgsposition des Akquisitionsobjektes**	finanz	3,28
		güter	3,13
		wissen	3,15
		markt	3,57
30	Kostensenkung als Akquisitionsmotiv***	finanz	3,55
		güter	4,17
		wissen	2,28
		markt	2,75
32	Verhältnis der Unternehmensgröße AS = AO*	finanz	3,13
		güter	3,02
		wissen	2,85
		markt	2,98
34	Verhältnis der Unternehmensgröße AS < AO***	finanz	2,79
		güter	2,57
		wissen	2,98
		markt	3,19

* Verteilung ist **nicht signifikant unterschiedlich** mit α > 0,1 nach Kruskal-Wallis Test

** Verteilung ist **signifikant unterschiedlich** mit α > 0,1 nach Kruskal-Wallis Test

*** Verteilung ist **hoch signifikant unterschiedlich** mit α > **0,01** nach Kruskal-Wallis Test

1	2	3	4	5
stark negative	negative	keine	positive	stark positive

Auswirkungen

Abb. 31 Rangliste der unternehmensinternen Situationsvariablen – differenzierte Betrachtungsweise über die vier Synergiedimensionen

Obwohl in der güterwirtschaftlichen Synergiedimension das *Akquisitionsmotiv der Kostensenkung* mit einem Antwortmittelwert von (4,17) *positive bis stark positive Auswirkungen* auf den güterwirtschaftlichen Ressourcentransfer ausübt, entpuppt sich dasselbe Akquisitionsmotiv mit einem Antwortmittelwert von (2,28) bei wissensbezogenem Ressourcentransfer als integrationshemmend (*negative bis keine Auswirkungen* auf den wissensbezogenen Ressourcentransfer).

Von besonderem Interesse ist die vergleichende, differenzierte Betrachtung der *Akquisitionsmotive der Kostensenkung* und des *Wachstum* (Ranglistenposition 23). Auffallend ist die in Abb. 32 dargestellte, stark unterschiedliche Ausprägung der Auswirkungen auf den Ressourcentransfer, insbesondere in güterwirtschaftlichen, wissensbezogenen und marktlichen Synergien.

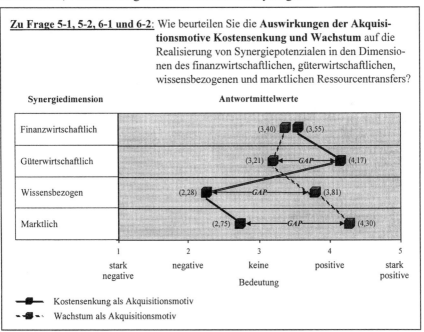

Zu Frage 5-1, 5-2, 6-1 und 6-2: Wie beurteilen Sie die **Auswirkungen der Akquisitionsmotive Kostensenkung und Wachstum** auf die Realisierung von Synergiepotenzialen in den Dimensionen des finanzwirtschaftlichen, güterwirtschaftlichen, wissensbezogenen und marktlichen Ressourcentransfers?

Abb. 32: Kostensenkung und Wachstum als Akquisitionsmotive – vergleichende, differenzierte Betrachtungsweise über die vier Synergiedimensionen

Aus Abb. 33 sind die unterschiedlichen Auswirkungen der *Maßnahmen der Integrationsgestaltung* auf den Ressourcentransfer in den vier Dimensionen ersichtlich.

Zu Frage 5-1, 5-2, 6-1 und 6-2: Wie beurteilen Sie die **Auswirkungen folgender Maßnahmen der Integrationsgestaltung** auf die Realisierung von Synergiepotenzialen in den Dimensionen des finanzwirtschaftlichen, güterwirtschaftlichen, wissensbezogenen und marktlichen Ressourcentransfers?

Rang-listen-position	Maßnahmen der Integrationsgestaltung	Synergiedimension	Antwortmittelwerte
1	Regelmäßiger Informationsaustausch auf Management-Ebene***	finanz	4,04
		güter	4,74
		wissen	4,51
		markt	4,43
2	Installation eines schlagkräftigen Projektteams***	finanz	3,94
		güter	4,60
		wissen	4,55
		markt	4,51
3	Benennung eines Integrationsverantwortlichen**	finanz	4,00
		güter	4,47
		wissen	4,36
		markt	4,34
4	Setzen von klaren Zielvorgaben und Maßnahmenplänen***	finanz	4,02
		güter	4,47
		wissen	3,96
		markt	4,40
9	Schnelle Durchführung der Integrationsgestaltungsmaßnahmen***	finanz	4,08
		güter	4,70
		wissen	3,60
		markt	4,09
10	Kontinuierliche Planfortschrittskontrolle***	finanz	3,87
		güter	4,38
		wissen	3,81
		markt	4,30
11	Kontinuierliche Mitarbeiterinformation***	finanz	3,58
		güter	4,45
		wissen	4,09
		markt	4,04
12	Frühzeitige Integrationsplanung**	finanz	3,87
		güter	4,21
		wissen	3,87
		markt	4,17
21	Vollständige Integration aller Bereiche***	finanz	3,66
		güter	4,19
		wissen	3,42
		markt	3,72
22	Paritätische Teambeteiligung***	finanz	3,36
		güter	3,79
		wissen	3,98
		markt	3,62
26	Durchführung von Mitarbeiterbefragungen***	finanz	2,94
		güter	3,64
		wissen	3,57
		markt	3,53

* Verteilung ist **nicht signifikant unterschiedlich** mit $\alpha > 0,1$ nach Kruskal-Wallis Test
** Verteilung ist **signifikant unterschiedlich** mit $\alpha > 0,1$ nach Kruskal-Wallis Test
*** Verteilung ist hoch signifikant unterschiedlich mit $\alpha > 0,01$ nach Kruskal-Wallis Test

Auswirkungen:
1 stark negative — 2 negative — 3 keine — 4 positive — 5 stark positive

Abb. 33: Rangliste der Maßnahmen der Integrationsgestaltung – differenzierte Betrachtungsweise über die vier Synergiedimensionen

Auffällig gestaltet sich die differenzierte Antwortverteilung beim Erfolgsfaktor der *Integrationsgeschwindigkeit* (9. Ranglistenposition).[338] Während für das Zustandekommen eines Ressourcentransfers im Bereich der *güterwirtschaftlichen Synergien* die *Integrationsgeschwindigkeit* mit einem Antwortmittelwert von (4,70) neben dem Informationsaustausch auf Management-Ebene (Ranglistenposition 1 mit (4,74)) das wichtigste Erfolgskriterium ist, kann die *schnelle Durchführung der Integrationsgestaltungsmaßnahmen* im *wissensbezogenen Bereich* mit einem Mittelwert von (3,60) als relativ unbedeutender Erfolgsfaktor interpretiert werden.

Die einfache Faustformel vieler Akquisitions- und Integrationshandbücher, die lautet: "Je schneller die Durchführung der Integration, desto besser!" ist in dieser undifferenzierten Betrachtungsweise nur sehr eingeschränkt haltbar.[339] Vielmehr verlangen die Ressourcentransfers in den *unterschiedlichen Synergiedimensionen unterschiedliche Integrationsgeschwindigkeiten.*[340]

Abb. 34 zeigt die Rangliste der Erfolgsfaktoren des Erfolgsfaktorenfeldes der *Gestaltung der Akquisitionsvorbereitung* in der differenzierten Betrachtung über die vier Synergiedimensionen.

---

[338] Zur Rolle der Integrationsgeschwindigkeit im Akquisitionsprozess vgl. Gerpott/Schreiber (1994), S. 100.

[339] „Merger integration is like pulling-off a Band-Aid. It can be slow and painful or fast and painful." Galpin/Robinson (1997), S. 26.

[340] "Je schneller die Durchführung der Integration, desto besser!" gilt allenfalls für den güterwirtschaftlichen Bereich, doch spätestens im Bereich des wissensbezogenen Ressourcentransfers gilt die Formel "Je behutsamer und langsamer die Durchführung der Integration, desto besser!"

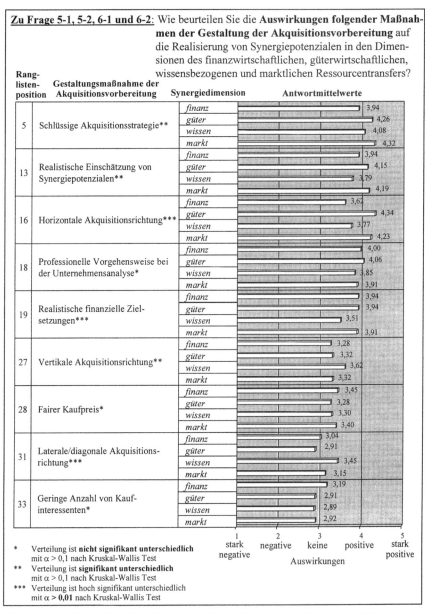

Zu Frage 5-1, 5-2, 6-1 und 6-2: Wie beurteilen Sie die **Auswirkungen folgender Maßnahmen der Gestaltung der Akquisitionsvorbereitung** auf die Realisierung von Synergiepotenzialen in den Dimensionen des finanzwirtschaftlichen, güterwirtschaftlichen, wissensbezogenen und marktlichen Ressourcentransfers?

Rang-listen-position	Gestaltungsmaßnahme der Akquisitionsvorbereitung	Synergiedimension	Antwortmittelwerte
5	Schlüssige Akquisitionsstrategie**	finanz	3,94
		güter	4,26
		wissen	4,08
		markt	4,32
13	Realistische Einschätzung von Synergiepotenzialen**	finanz	3,94
		güter	4,15
		wissen	3,79
		markt	4,19
16	Horizontale Akquisitionsrichtung***	finanz	3,62
		güter	4,34
		wissen	3,77
		markt	4,23
18	Professionelle Vorgehensweise bei der Unternehmensanalyse*	finanz	4,00
		güter	4,06
		wissen	3,85
		markt	3,91
19	Realistische finanzielle Zielsetzungen***	finanz	3,94
		güter	3,94
		wissen	3,51
		markt	3,91
27	Vertikale Akquisitionsrichtung**	finanz	3,28
		güter	3,32
		wissen	3,62
		markt	3,32
28	Fairer Kaufpreis*	finanz	3,45
		güter	3,28
		wissen	3,30
		markt	3,40
31	Laterale/diagonale Akquisitionsrichtung***	finanz	3,04
		güter	2,91
		wissen	3,45
		markt	3,15
33	Geringe Anzahl von Kaufinteressenten*	finanz	3,19
		güter	2,91
		wissen	2,89
		markt	2,92

1 stark negative — 2 negative — 3 keine — 4 positive — 5 stark positive

Auswirkungen

* Verteilung ist **nicht signifikant unterschiedlich** mit $\alpha > 0,1$ nach Kruskal-Wallis Test
** Verteilung ist **signifikant unterschiedlich** mit $\alpha > 0,1$ nach Kruskal-Wallis Test
*** Verteilung ist hoch signifikant unterschiedlich mit $\alpha > 0,01$ nach Kruskal-Wallis Test

Abb. 34: Rangliste der Gestaltung der Akquisitionsvorbereitung – differenzierte Betrachtungsweise über die vier Synergiedimensionen

Bei der Analyse der Antwortverteilung fällt in Abb. 35 auf, dass Ressourcentransfers in der finanzwirtschaftlichen Synergiedimension mittels Erfolgsfaktorenmanagement am wenigsten beeinflussbar sind, was eindeutig aus dem niedrigsten Antwortmittelwert (3,55) und der ebenfalls niedrigsten Streuung der Antwortwerte (0,65) ableitbar ist.[341] Die anderen Synergiedimensionen zeigen stärkere Abhängigkeiten.

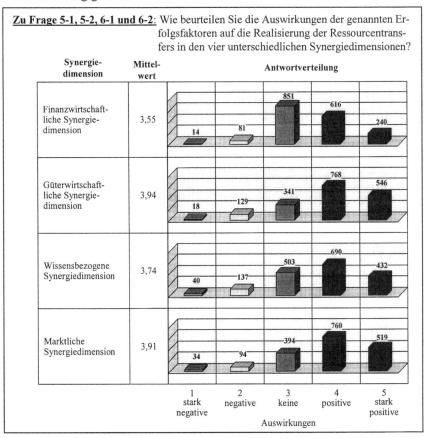

Zu Frage 5-1, 5-2, 6-1 und 6-2: Wie beurteilen Sie die Auswirkungen der genannten Erfolgsfaktoren auf die Realisierung der Ressourcentransfers in den vier unterschiedlichen Synergiedimensionen?

Abb. 35: Antwortverteilung bei der Einschätzung der Erfolgsfaktorenwirkungen auf die Realisierung des Ressourcentransfers in den vier Synergiedimensionen

---

[341] Der größte Anteil des befragten Personenkreises (ca. 47%) hat den Antwortwert *3* bei der finanzwirtschaftlichen Synergiedimension gewählt, der für *keine Auswirkungen* der genannten Erfolgsfaktoren auf die Realisierung der Ressourcentransfers in den vier unterschiedlichen Synergiedimensionen steht.

4.2.7 Branchenspezifische Ergebnisse

Die Zusammensetzung des Untersuchungssamples gestaltet sich in Abb. 36 aus branchenspezifischen Gesichtspunkten weniger ausgewogen als die Zusammensetzung nach Leitungsebenen und Funktionsbereichen[342].

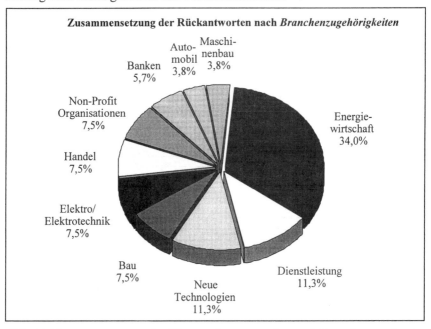

Abb. 36: Zusammensetzung des Untersuchungssamples nach Branchenzugehörigkeiten

Den größten Anteil mit absolut 18 zurückgesandten Fragebögen stellt die Branche der Energiewirtschaft[343]. Es folgen mit jeweils 11,3% und absolut 6 zurückgesandten Fragebögen die Dienstleistungsbranche und die Neuen Technologien.[344]

---

342   Vgl. Abb. 18.

343   Der hohe Anteil von Unternehmen aus der Energiewirtschaft im Untersuchungssample ist auf die weitreichende und umfassende Projekterfahrung der Unternehmensberatungsfirma A.T. Kearney speziell in dieser Branche und den daraus resultierenden guten Geschäftskontakten zu Führungskräften und Experten zurückzuführen.

344   Unternehmen der Neuen Technologien sind beispielsweise Internet-Firmen sowie Life-Science- und Bio-Science-Unternehmen.

Die Bereiche Bau, Elektrotechnik, Handel und Non-Profit folgen mit je 7,5% Anteil und absolut 4 Nennungen, Banken mit 5,7% und 3 Nennungen. Den kleinsten Anteil innerhalb der branchenspezifischen Untersuchung halten die Bereiche Automobil und Maschinenbau mit knapp 4% und absolut je 2 Nennungen.[345]

In Abb. 37 ist die Auswertung der Fragebogenrückläufe dargestellt, die Aufschluss hinsichtlich der branchenspezifischen Relevanz der jeweiligen Phasen im Akquisitionsprozess liefert.

Die Antwortmittelwerte liegen bei Vergleichsbetrachtungen zwischen den einzelnen Branchen für die einzelnen Akquisitionsphasen eng beieinander.

Eine Ausnahme bildet die Automobilbranche, in der die *Due Diligence und vorvertragliche Phase* mit einem Antwortmittelwert von (5,00) für Akquisitionen weitaus *erfolgskritischer* im Vergleich zu den anderen Branchen ist und die *Vertragsphase* mit einem Mittelwert von (2,00) *unkritischer* für das Gelingen einer erfolgreichen Akquisition angesehen wird.

Auffällig ist die kritische Einschätzung der Banken in Bezug auf die Relevanz der *Due Diligence und vorvertraglichen Phase*, die neben der *PMI-Phase* sowohl in der vorliegenden Untersuchung als auch in der aktuellen Wirtschaftspresse[346] als Hauptgrund für das Scheitern von Fusionsplänen angesehen wird.

Bei den Branchen Handel und Energiewirtschaft fällt auf, dass die *Vertragsphase* im Gegensatz zu den anderen untersuchten Branchen erfolgskritischer für Akquisitionen erachtet wird als die *Due Diligence und vorvertagliche Phase*.

---

[345] Es stellt sich die Frage, inwieweit Ergebnisinterpretationen bei Branchen, die lediglich kleine Rücklaufanteile aufweisen, aussagekräftig sind, wie zum Beispiel beim Maschinenbau oder der Automobilbranche. Die folgenden branchenspezifischen Interpretationen stellen deshalb Einschätzungen und Vermutungen dar, die zwar die engen statistischen Anforderungen des vorhergehenden Unterkapitels nicht uneingeschränkt erfüllen, aber durchaus branchenspezifische Aussagen im Rahmen von Akquisitionen ermöglichen.

[346] Vgl. o.V. (2000), S. 15.

Frage 1: Welche ist die Ihrer Meinung nach **kritischste Phase im Akquisitionsprozess** für das Gelingen des Unternehmenskaufes – branchenspezifisch?

Branche	Akquisitionsphase				
	Festlegung der Akquisitionsstrategie	Kandidatenauswahl	Due Diligence und vorvertragliche Phase	Vertragsphase	PMI-Phase
Energiewirtschaft	4,28	3,28	3,39	4,33	4,56
Dienstleistung	3,83	2,67	3,67	3,50	4,50
Neue Technologien	4,00	3,00	4,50	3,50	4,83
Elektronik/ Elektro-Technik	4,00	2,00	4,00	2,25	5,00
Non-Profit-Organisationen	3,50	3,75	4,00	4,00	5,00
Bau	3,50	2,50	3,75	2,75	4,25
Handel	3,25	2,50	3,00	3,50	5,00
Maschinenbau	4,00	2,00	3,50	2,50	4,50
Automobil	4,50	2,00	5,00	2,00	5,00
Banken	3,00	2,67	4,33	3,33	4,33

Antwortmittelwerte

Antwortmittelwert 1 = völlig unkritisch
Antwortmittelwert 2 = unkritisch
Antwortmittelwert 3 = weder unkritisch noch kritisch
Antwortmittelwert 4 = kritisch
Antwortmittelwert 5 = sehr kritisch

Abb. 37: Kritische Phasen im Akquisitionsprozess – branchenspezifische Auswertung[347]

---

[347] Reihenfolge der aufgeführten Branchen nach abnehmender Anzahl der Rückantworten.

Diejenigen Akquisitionsmotive, die Unregelmäßigkeiten in der branchenspezifischen Betrachtungsweise aufweisen, sind in Abb. 38 dargestellt.

Zu Frage 2: Welche Bedeutung messen Sie den **genannten Motiven für Unternehmenskäufe innerhalb Ihrer Branche zu?**

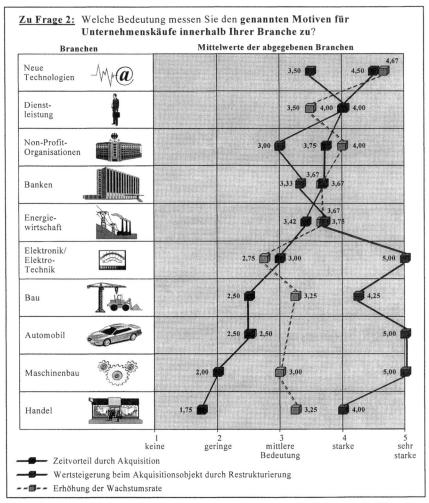

Abb. 38: Branchenabhängigkeit ausgesuchter Motive für Akquisitionen[348]

---

[348] Die Verteilung zwischen den Motiven *Erhöhung der Wachstumsrate* und den Motiven *Zeitvorteil durch* Akquisition und *Wertsteigerung beim Akquisitionsobjekt durch* Restrukturierung ist nicht signifikant unterschiedlich mit $\alpha = 0,17$ (Chi-Quadrat-Test). Die Verteilung zwischen den Motiven *Zeitvorteil durch* Akquisition und *Wertsteigerung beim Akquisitionsobjekt durch* Restrukturierung ist hoch signifikant unterschiedlich mit $\alpha = 0,01$. Der Regressionskoeffizient nach Spearman ist (-0,68).

Die *Erhöhung der Wachstumsrate* ist für Unternehmen der Neuen Technologien das wichtigste Akquisitionsmotiv (Antwortmittelwert 4,67), für Unternehmen der *old economy*, bspw. Unternehmen der Maschinenbaubranche (3,00), der Elektronik und Elektrotechnik (2,75) oder der Automobilindustrie (2,50) gleichwohl weniger wichtig.[349] Dies könnte an der Tatsache liegen, dass insbesondere Unternehmen der *new economy* – Unternehmen der Neuen Technologie oder moderne Dienstleistungsunternehmen – vom Kapitalmarkt an ihren Umsatz- und Unternehmenswachstumszahlen gemessen werden und diese Maßzahl von entscheidender Bedeutung für Kapitalanlageentscheidungen ist.[350]

Unternehmen der *old economy* schätzen den *Zeitvorteil* als weitestgehend unwichtiges Akquisitionsmotiv ein (Handel (1,75); Maschinenbau (2,00); Automobil (2,50); Bau (2,50); E-Technik (3,00); Energiewirtschaft (3,42) und Banken (3,67)). Im Gegenzug wird dem Motiv *Wertsteigerungen beim Akquisitionsobjekt durch Restrukturierung* große Wichtigkeit beigemessen.

Durch Akquisitionen realisierbare *Zeitvorteile* sind für die Unternehmen der *new economy* ein wichtiges Akquisitionsmotiv (Neue Technologien (4,50); moderne Dienstleistungsunternehmen (4,00)), wohingegen *Wertsteigerungen beim Akquisitionsobjekt durch Restrukturierung* als Akquisitionsmotiv in den Hintergrund treten.

---

[349]   Zu diskutieren ist die Unterscheidung zwischen *old economy* und *new economy*. Als Unternehmen der *old economy* werden im Rahmen der Untersuchung Unternehmen der Branchen *Automobil, E-Technik, Maschinenbau, Handel, Banken* und *Bau* angesehen. Die Branche der Energiewirtschaft erhält einen *Sonderstatus* infolge der jüngst vollzogenen Liberalisierung des Energiemarktes. Ebenso durch einen *Sonderstatus* gekennzeichnet sind Non-Profit-Organisationen, denn ihnen ist einerseits der Marktzugang völlig oder zumindest teilweise verwehrt, andererseits können sie keine freien Entscheidungen bzgl. Unternehmensakquisitionen treffen. Unternehmen der *new economy* finden sich demnach in Bereichen der *Dienstleistungsunternehmen* und der *Neuen Technologien*.

[350]   Während die produzierenden Branchen der *old economy* nun langsam ihren Konsolidierungsprozess abzuschließen scheinen, wird der *new economy* nicht erst seit den turbulenten Entwicklungen am Neuen Markt und den globalen Börsen ein sogenannter *Shakeout* vorhergesagt, d.h. die Start-up-Welle der vergangenen Jahre stößt an ihre Grenzen, die Finanzierung neuer Unternehmen und Ideen gestaltet sich immer schwieriger. Weiterhin verlangt der Markt in vielen Applikationen von Business-to-Business- und Business-to-Consumer-Marktplätzen eine Konsolidierung der wuchernden und intransparenten Redundanz im Medium Internet. Für den gesamten Akquisitions-Markt bieten diese Entwicklungen neue Chancen. Es wird neuerdings von der *one economy* gesprochen, der Vereinigung von *new economy* und *old economy*, in der bisher in einigen seltenen Fällen die *new economy* die *old economy* aufkauft (AOL/Time Warner) und in den weit häufigeren Fällen die old economy zumeist unterkapitalisierte Unternehmen der *new economy* akquiriert.

Die Fragestellung der empirischen Studie wie viele Jahre nach der Übernahme frühestens ein Urteil bzgl. des Akquisitionserfolgs abgegeben werden kann, ist – wie aus Abb. 39 ersichtlich – ebenfalls von den einzelnen Branchen sehr unterschiedlich beantwortet worden.

Zu Frage 3: Nach wieviel Jahren kann frühestens ein **Urteil bzgl. des Akquisitionserfolgs gegeben werden** — branchenspezifische Betrachtung?

Branche	Elektronik/ Elektrotechnik	Neue Technologien	Handel	Banken	Dienstleistung	Non-Profit Organisation	Automobil	Bau	Maschinenbau	Energiewirtschaft
Zeitraum	1,25 Jahre	1,83 Jahre	2,00 Jahre	2,30 Jahre	2,50 Jahre	2,50 Jahre	2,50 Jahre	3,00 Jahre	3,50 Jahre	3,67 Jahre

Abb. 39: Branchenabhängigkeit des Zeitraums der Erfassung des Akquisitionserfolgs

Der kürzeste Zeitraum bis zur Erfassung des Akquisitionserfolgs wird in den Branchen Elektrotechnik und Neue Technologien zugebilligt und zwar mit einer Frist von weniger als zwei Jahren.

Am meisten Geduld bei der Beurteilung des Akquisitionserfolgs wird im Maschinenbau und in der Energiewirtschaftsbranche aufgebracht. Der Zeitraum zur Erfassung des Akquisitionserfolgs liegt hier bei 3,50 Jahren (Maschinenbau) und 3,67 Jahren (Energiewirtschaft) vergleichsweise hoch, Einzelnennungen geben in diesen Branchen Erfassungszeiträume bis zu sieben Jahren an.

In Abb. 40 werden Aussagen zur Relevanz der einzelnen Synergiedimensionen im Rahmen von Akquisitionen für ausgesuchte Branchen dargestellt.

Zu Frage 4: Inwieweit werden folgende **Synergiedimensionen im Rahmen von Akquisitionen** innerhalb ausgesuchter Branchen als relevant erachtet?

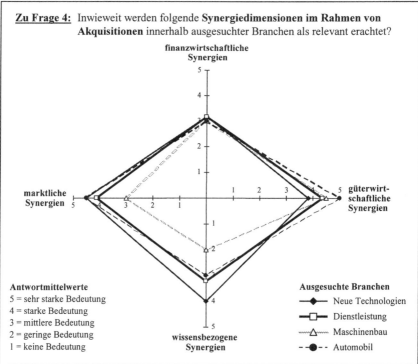

Antwortmittelwerte
5 = sehr starke Bedeutung
4 = starke Bedeutung
3 = mittlere Bedeutung
2 = geringe Bedeutung
1 = keine Bedeutung

Ausgesuchte Branchen
◆ Neue Technologien
□ Dienstleistung
△ Maschinenbau
● Automobil

Branche	Synergiedimension (Antwortmittelwert)			
	Finanz	Güter	Wissen	Markt
Neue Techno-logien	3,17	3,83	4,00	4,50
Dienst-leistung	3,17	4,36	3,23	4,11
Maschinen-bau	3,00	4,50	2,00	3,00
Auto-mobil	3,00	5,00	3,00	4,50

Abb. 40: Branchenabhängigkeit der Relevanz der einzelnen Synergiedimensionen im Rahmen von Akquisitionen

Es fällt auf, dass bei ausgewählten Branchen der *old economy* insbesondere die *güterwirtschaftliche Synergiedimension* am relevantesten eingeschätzt wird (*Maschinenbau* (4,50) und *Automobil* (5,00)). *Wissensbezogene Synergien* werden als weit weniger relevant erachtet (*Maschinenbau* (2,00) und *Automobil* (3,00)).

Im Gegensatz dazu werden bei den Unternehmen der *new economy* besonders *wissensbezogene Synergien* als relevant im Rahmen von Akquisitionen erachtet (*Neue Technologien* (4,00) und *Dienstleistungsunternehmen* (3,23)). Die *güterwirtschaftliche Synergiedimension* tritt in der *new economy* eher in den Hintergrund.

Bei den *finanzwirtschaftlichen Synergien* liegen die Einschätzungen hinsichtlich der Relevanz undifferenziert über die Branchen hinweg eng um den Antwortmittelwert (3,00). Branchenspezifische Unterschiede sind nicht erkennbar.

Marktliche Synergien im Rahmen von Akquisitionen werden branchenübergreifend als relevant erachtet, lediglich die Maschinenbaubranche fällt mit einem Antwortmittelwert von (2,00) hinter den anderen Branchen zurück.

Zusammenfassend kann die vorliegende Studie eine deutliche Differenzierungsleistung zu den vielfältigen Untersuchungen der vergangenen Jahre vollbringen und darüber hinaus wichtige Ansatzpunkte für die bessere Gestaltung und höhere Gewichtung des Integrationsmanagements aufzeigen.[351]

---

[351] Die bisherigen Empfehlungen zu einer erfolgreichen Integrationsgestaltung sind zu undifferenziert hinsichtlich ihrer Wirkungen auf den Ressourcentransfer in den einzelnen Synergiedimensionen.

5   Gestaltungsempfehlungen für ein Integrationscontrolling

Welche Rolle der Planung, Steuerung und Kontrolle des Integrationsprozesses im Rahmen von Akquisitionen zukommt, ist Untersuchungsschwerpunkt des Kapitels 5.[352]

Hierzu werden zunächst der Controlling-Begriff und unterschiedliche Controlling-Konzeptionen vorgestellt und im Anschluss der Gegenstand des Integrations- und des Akquisitionscontrolling definiert. *(Kapitel 5.1)*

Für die Darstellung des Integrationscontrolling sind folgende gestaltungsrelevante Gesichtspunkte der Controlling-Konzeption wichtig:

❑ <u>Funktionale Gestaltungsparameter des Integrationscontrolling im Rahmen von Akquisitionen:</u> Welches sind die strategischen und operativen Aufgaben des Integrationscontrolling? *(Kapitel 5.2.1)*

❑ <u>Instrumentale Gestaltungsparameter des Integrationscontrolling im Rahmen von Akquisitionen:</u> Welche Instrumente stehen dem Controller zur Verfügung, um eine optimale Integration bzw. Akquisition zu gewährleisten? Ist eventuell die Generierung eines neuen Controlling-Instrumentariums aufbauend auf den gewonnenen Erkenntnissen der Integrationsgestaltung sinnvoll? *(Kapitel 5.2.2)*

❑ <u>Institutionale Gestaltungsparameter des Integrationscontrolling im Rahmen von Akquisitionen:</u> Wie wird ein Integrationscontrolling organisatorisch optimal verankert? Welche Gestaltungsparameter sind im Rahmen eines Integrations-Projektmanagement erfolgskritisch? *(Kapitel 5.2.3)*

Kapitel 5.3. widmet sich der Umsetzung des Integrationscontrolling im Rahmen von Akquisitionen mittels Projektmanagement und liefert anhand einer Fallstudie tiefere Einblicke in praxisrelevante Aspekte des Kommunikations-Management *(Kapitel 5.3.1)* und Risk-Management *(Kapitel 5.3.2)*.

---

[352] Vgl. die Einordnung des Kapitels 5 in den bisherigen Fortgang der Untersuchung in Abb. 41.

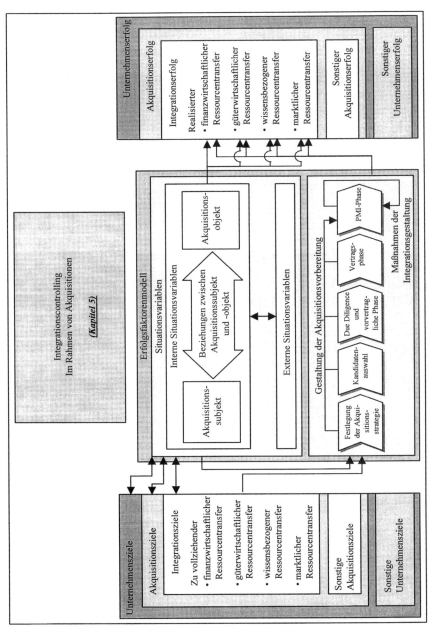

Abb. 41: Übersicht zu Kapitel 5 – Integrationscontrolling im Rahmen von Akquisitionen

5.1 Begriffliche Grundlagen des Integrations- und Akquisitionscontrolling

5.1.1 Controlling-Begriff und Controlling-System

Hinsichtlich der Entwicklung und Verwendung des Controlling-Begriffs sind Besonderheiten in zweierlei Hinsicht festzustellen:

- einerseits werden stark unterschiedliche Inhalte unter dem Begriff des Controlling zusammengefasst,

- andererseits liegt den meisten Begriffsdefinitionen eine gesamtunternehmensbezogene Controlling-Perspektive zugrunde.[353]

Definitionen des Controlling-Begriffs existieren in großer Zahl. Eine der bekanntesten Definitionen liefert Horváth.

Nach Horváth ist Controlling „[...] funktional gesehen – ein Subsystem der Führung, das Planung und Kontrolle sowie Informationsversorgung systembildend und systemkoppelnd koordiniert und so die Adaption und Koordination des Gesamtsystems unterstützt. Controlling stellt damit eine Unterstützung der Führung dar: es ermöglicht ihr, das Gesamtsystem ergebniszielorientiert an Umweltveränderungen anzupassen und die Koordinationsaufgaben hinsichtlich des operativen Systems wahrzunehmen."[354]

Wichtiger Bezugrahmen zur Beschreibung und Analyse der Controlling-Tätigkeiten ist das Controlling-System.[355] Das Controlling-System führt Planungs-, Steuerungs- und Kontrollaufgaben aus, umfasst alle Struktur- und Prozessaspekte der Controlling-Organisation und bedient sich verschiedener Controlling-Instrumente zur Realisierung der Controlling-Aufgaben.

---

[353] Vgl. Franke/Kötzle (1995), S. 7.
[354] Vgl. Horváth (1994), S. 144.
[355] Vgl. ebenda, S. 143.

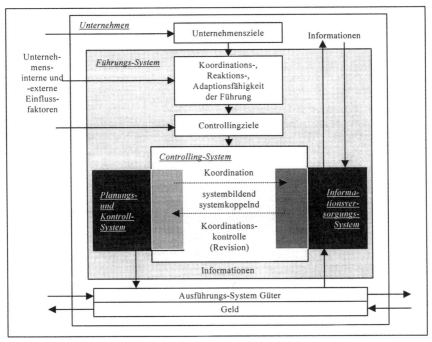

Abb. 42: Das Controlling-System[356]

Zentraler Aspekt der Controlling-Konzeption ist der Koordinationsbegriff. „Der Ausdruck Koordination bezeichnet eine bestimmte Zuordnung der Glieder eines Gefüges derart, dass eine verbindende innere Beziehung der Glieder auf das übergeordnete Ganze entsteht."[357] Man unterscheidet systembildende und systemkoppelnde Koordination:

□ Innerhalb des Controlling-Systems meint die systembildende Koordination die Bildung eines integrierten Führungs-Systems und den Aufbau eines geeigneten Planungs-, Kontroll- und Informationsversorgungs-Systems.[358]

□ Systemkoppelnde Koordination umfasst die im Rahmen der gegebenen Systemstruktur laufend vollzogenen Anpassungs- und Abstimmungsprozesse zwischen dem und innerhalb des Planungs- Kontroll- und Informationsversorgungs-System.[359]

---

[356] Vgl. Horváth (1994), S. 143.

[357] Vgl. Kosiol (1968), S. 77.

[358] Die systembildende Koordination führt zu einem Systemgefüge. Man spricht von übergeordneten *Meta-Koordination* (*Koordination im weiteren Sinne*). Vgl. Horváth (1994),

[359] Die systemkoppelnde Koordination spielt sich im bestehenden Systemgefüge ab. Sie lässt sich der Ebene der operationalen Systeme zuordnen und wird deshalb auch als *operationale Koordination* oder *Koordination im engeren Sinne* bezeichnet. Vgl. Horváth (1994), S. 126.

5.1.2   Begriff des Integrations- und Akquisitionscontrolling

Die Termini *Integrationscontrolling* und *Akquisitionscontrolling* unterscheiden sich hinsichtlich des Umfangs des Controlling-Gegenstandes. Über die Definitionen des jeweiligen Erfolgsbegriffs lassen sich die Controlling-Begriffe gegeneinander abgrenzen:

◻ *Integrationserfolg* ist *realisierter Ressourcentransfer.*
  Gegenstand des Integrationscontrolling ist somit der zu vollziehende Ressourcentransfer in der finanzwirtschaftlichen, güterwirtschaftlichen, wissensbezogenen und marktlichen Synergiedimension. Integrationscontrolling wird als Subsystem des Akquisitionscontrolling-Systems angesehen, das die Integrationsplanung und -kontrolle sowie die dazu erforderliche Informationsversorgung systembildend und systemkoppelnd koordiniert und auf diese Weise eine geordnete Integrationsgestaltung überhaupt erst ermöglicht.

◻ *Akquisitionserfolg* ist die *Steigerung des Gesamtwerts der an der Akquisition beteiligten Unternehmen* und setzt sich zusammen aus dem *Integrationserfolg* und dem *Verhandlungserfolg.*[360]
  Gegenstand des Akquisitionscontrolling ist die Unternehmenswertsteigerung der Akquisitionspartner.[361] Akquisitionscontrolling ist ein Subsystem der Führung, das die Akquisitionsplanung und -kontrolle sowie die dazu erforderliche Informationsversorgung für den entscheidungsrelevanten Personenkreis systembildend und systemkoppelnd koordiniert und auf diese Weise den gesamten Akquisitionsprozess unterstützt.[362]

---

[360]   Als Verhandlungserfolg wird die positive Verhandlungsabweichung bezeichnet, also die Differenz des Grenzpreises des Akquisitionssubjekts und des gezahlten Kaufpreises zuzüglich der Summe der Ausgaben, die für den Erwerb und die Integration des Akquisitionsobjekts bezahlt werden muss.

[361]   Eine Akquisition ist aus Sicht des Erwerbers erfolgreich, wenn sämtliche durch die Akquisition erzielten und auf den Bewertungsstichtag abgezinsten Einzahlungsüberschüsse den gezahlten Kaufpreis zuzüglich aller übrigen mit der Kaufentscheidung verbundenen Kosten übersteigen. Vgl. Baetge (1997), S. 451.

[362]   Abzugrenzen von den Begriffen des Akquisitions- und Integrationscontrolling ist der Begriff des *Beteiligungscontrolling.* Der Begriff des Beteiligungscontrolling lässt sich durch die Aufgaben des Beteiligungscontrollers charakterisieren. Nach *Volk* besteht die Arbeit des Beteiligungscontrollers aus Navigationsaufgaben und Registrationsaufgaben. Mit den Navigationsaufgaben übernimmt er Steuerungsaufgaben, insbesondere planerische und koordinierende Tätigkeiten innerhalb des Konzernmanagement. Mit den Registrationsaufgaben greift der Beteiligungscontroller nicht aktiv in die Geschicke des Beteiligungs-Unternehmens ein, sondern erfasst und verarbeitet lediglich Informationen, die er im Anschluss an die Entscheidungsträger weiterleitet. Vgl. Volk (1992), S. 311 ff., Schmidt (1989), S. 270 f. und Morgner/Schmidt (2001), S. 42.

5.2 Gestaltungsrelevante Gesichtspunkte des Integrationscontrolling

5.2.1 Funktionale Aspekte des Integrationscontrolling im Rahmen von Akquisitionen

Die funktionalen Aspekte des Integrationscontrolling beziehen sich auf die Aufgaben, die im Rahmen der Integrationsgestaltung entlang des Akquisitionsprozesses durchgeführt werden müssen, um eine erfolgreiche Integration zu gewährleisten. Sinnvoll ist eine Aufteilung der Aufgaben des Integrationscontrolling in einen *strategischen* und *operativen* Bereich.

Aufgaben des *strategischen* Integrationscontrolling sind:

- ◻ die Entwicklung von Planungs- und Kontrollverfahren für die Integrationsgestaltung, z.B. von Prozeduren zur Ablaufplanung der Integrationsgestaltung, Prozeduren zur Planung von Integrationsbedarf und Integrationspotenzial, zur Kostenabschätzung der Integrationsgestaltung oder zur Durchführungs- und Prämissenkontrolle.

- ◻ die Durchführung und Betreuung des strategischen Integrationsplanungs- und Integrationskontroll-Prozesses, d.h. die Unterstützung bei der Auswahl der Integrationsstrategie, beim Erkennen der Hauptproblemfelder der Integrationsgestaltung sowie die Sicherstellung der Anpassungsfähigkeit der Integrationsgestaltung bei der Formulierung von Meilensteinen des Integrationsprozesses.

- ◻ die Gestaltung eines Informationsversorgungs-Systems für die Planung und Kontrolle der Integrationsgestaltung, das über Art, Umfang und Zeitpunkt des geplanten und tatsächlichen Anfalls der Ressourcentransfers in den vier Synergiedimensionen aufklärt.

Aufgaben des *operativen* Integrationscontrolling sind:

- ◻ die Durchführung der Koordinationsfunktion im operativen Bereich, also die integrationsspezifische Planung eines konkreten Akquisitionsprozesses, die Inganghaltung der Planungstätigkeit und die Koordination der Teilpläne.

- ◻ die Ausgestaltung und Betreuung des Informationsversorgungs-Systems, also die tatsächliche Informationsbeschaffung und -aufbereitung aller für die Integrationsgestaltung relevanten Daten.

- ◻ die operative Kontrolle der Integrationsgestaltung, d.h. die Durchführung von Soll-Ist-, Soll-Soll- und Soll-Wird-Vergleichen bzgl. erwarteter und tatsächlich realisierter Ressourcentransfers und die Einleitung daraus abgeleiteter Gegensteuerungs-Aktivitäten.

Aus Abb. 43 wird der unterschiedliche Umfang des Aufgabenspektrums von strategischem und operativem Integrationscontrolling deutlich. Während das strategische Integrationscontrolling vor allem in denjenigen Phasen des Akquisitionsprozesses dominiert, die zeitlich vor dem Vertragsabschluss (*Closing*) liegen, ist der Zeitraum nach dem Closing insbesondere durch Aufgaben des operativen Integrationscontrolling geprägt.

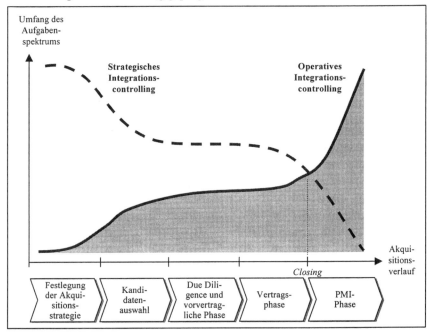

Abb. 43: Strategisches und operatives Integrationscontrolling entlang des Akquisitionsprozesses

5.2.2 Instrumentale Aspekte des Integrationscontrolling im Rahmen von Akquisitionen

Aufgaben des Integrationscontrolling in instrumentaler Sicht sind die Erstellung, Implementierung und der Einsatz eines adäquaten Instrumentariums zur Planung, Steuerung und Kontrolle der Integrationsgestaltung.[363]

Einen vielversprechenden Ansatz zur Planung, Steuerung und Kontrolle des Ressourcentransfers in den vier Synergiedimensionen stellt das Performance Measurement[364] dar, in Gestalt einer abgewandelten Form der Balanced Scorecard.[365]

Die Balanced Scorecard ist dadurch charakterisiert, dass sie nicht nur ein „[...] Werkzeug zur Leistungsmessung [...]"[366] ist, sondern vielmehr eine von Entscheidungsträgern angewandte Führungsmethode und so den Prozess der Integrationsgestaltung erfolgreich begleiten und unterstützen kann. Mittels einer akquisitions- und integrationsspezifischen Ausgestaltung der Balanced Scorecard können die im Rahmen einer Integration zu vollziehenden Ressourcentransfers in den vier Dimensionen abgebildet, mit Zielgrößen versehen und somit auch geplant, gesteuert und kontrolliert werden. Diese Anpassung der Balanced Scorecard – im weiteren Verlauf als *Integration-Dashboard* bezeichnet – knüpft an den zu realisierenden Synergiepotenzialen und Parametern der Integrationsgestaltung an.

Das *Integration-Dashboard* kann den optimalen Ressourcentransfer in den Synergiedimensionen unterstützten und als Controlling-Instrument einen Beitrag zur Realisierung des Integrationserfolges leisten.

---

[363] „Der Controller der Praxis wird häufig mit einem Werkzeugmacher verglichen. Er hat die Aufgabe, für das Management der Unternehmung die geeigneten Werkzeuge in der Gestalt von betriebswirtschaftlichen Instrumenten zur Verfügung zu stellen und dafür zu sorgen, dass die [...] Instrumente in fachgerechter Weise zur Lösung eines Problems eingesetzt werden." Horváth (1994), S. 203.

[364] Zu Problemfeldern und Ursprung des Performance Measurement siehe Anhang, S. 278 - 281.

[365] Vgl. Kaplan/Norton, 1992, S. 71 ff. und Anhang, S. 282 f., insbesondere Abb. 92.

[366] Kaplan/Norton (1992b), S. 38.

5.2.2.1   Finanzwirtschaftliche Dimension des Integration-Dashboard

Die Sicherstellung des Ressourcentransfers in der finanzwirtschaftlichen Dimension wird durch die Ermittlung relevanter Zielgrößen eingeleitet, die sich aus den erwarteten finanzwirtschaftlichen Synergiepotenzialen ableiten lassen. „Der Auswahlprozess der relevanten Zielkennzahlen veranlasst das Management, das Geschäft durchzusprechen."[367] Ein Beispiel für die Ausgestaltung des finanzwirtschaftlichen Feldes des Integration-Dashbord liefert Abb. 44.

In Abb. 44 sind neben dem ausformulierten Ziel des finanzwirtschaftlichen Ressourcentransfers, neben den konkreten Zielgrößen, Maßzahlen, periodenspezifischen Zielvorgaben und Maßnahmen der Integrationsgestaltung zusätzlich die aus der empirischen Studie in Kapitel 4 gewonnenen Erkenntnisse bzgl. der relevanten Erfolgsfaktoren zur Realisierung des Ressourcentransfers in der finanzwirtschaftlichen Dimension dargestellt.

Finanzwirtschaftlicher Ressourcentransfer

Wie müssen wir die Integration gestalten, um die erwarteten finanzwirtschaftlichen Synergiepotenziale zu realisieren?	Zielgröße	Maßzahl	Zielvorgabe für das Jahr 2001	Maßnahmen der Integrationsgestaltung
	Senkung der Kapitalkosten	• Kapitalkostenvolumen • Zinssatz	Senkung der Kapitalkosten um 10%	• Asset Management • Verbesserung der Kapitalstruktur
	Steuerminimierung	• Steuervolumen • Steuersatz	Kein Gewinnausweis im Jahr der Akquisition	• Ausnutzung von Verlustvorträgen
	Risikoreduktion	• Beta-Koeffizient • Eigenkapitalkostensatz	Senkung des Beta-Koeffizienten um 10%	• Verkauf von Unternehmensteilen, die nicht zum Kerngeschäft gehören
	...	• ...	...	• ...

Wichtigste Erfolgsfaktoren zur Realisierung des finanzwirtschaftlichen Ressourcentransfers

• Regelmäßiger Info-Austausch auf Management-Ebene • Setzen von klaren Zielvorgaben und Maßnahmenplänen	• Professionelle Vorgehensweise bei der Unternehmensanalyse • Benennung eines Integrationsverantwortlichen	• Realistische Einschätzung von Synergiepotenzialen • Realistische finanzielle Zielsetzungen

Abb. 44: Finanzwirtschaftliche Dimension eines Integration-Dashboard – Exemplarische Darstellung

Die Zielgrößen werden über die Maßzahlen und an Zeitfenster gebundene Zielvorgaben operationalisiert und in Maßnahmen der Integrationsgestaltung übertragen.

---

[367] Deyhle (1999), S. 423.

5.2.2.2 Güterwirtschaftliche Dimension des Integration-Dashboard

Der güterwirtschaftliche Ressourcentransfer stellt im Rahmen der Integration der Akquisitionspartner die naheliegendste Dimension dar. Fragt man Manager, welches die großen Herausforderungen einer Akquisition sind, erhält man üblicherweise Antworten, die sich auf die güterwirtschaftliche Integration der Organisationen beziehen – insbesondere in Bezug auf die einzelnen Elemente der unmittelbar wertschöpfenden Prozesskette, aber auch hinsichtlich mittelbarer, administrativer Prozesse. [368]

Im Vordergrund stehen Themen wie die Optimierung von Produktionsstandorten, die Neuregelung von Funktionen, Verantwortlichkeiten, die Homogenisierung von Planungs-, Informations- (EDV, Rechnungswesen, Berichtwesen) und Entgeltsystemen.

Güterwirtschaftlicher Ressourcentransfer

Wie müssen wir die Integration gestalten, um die erwarteten güterwirtschaftlichen Synergiepotenziale zu realisieren?	Ziel	Maßzahl	Zielvorgabe für das Jahr 2001	Maßnahmen der Integrationsgestaltung
	Konsolidierung des Overheads	• Gemeinkostenvolumen • Anzahl Freisetzungen	• Senkung der Gemeinkosten um 30%	• Stellenabbau • Reengineering
	Konsolidierung der Funktionen/ Prozesse	• Durchlaufzeiten • Prozess-Diagramme	• Customer-Response-Time < 2h	• Stellenabbau • Reengineering
	IT-System-Integration	• Anzahl Datensätze • Anzahl Störzeiten	• Systemausfallquote < 0,5 % • ...	• IT-Vernetzung • Schnittstellenprogrammierung
	...	• ...	• ...	• ...

Wichtigste Erfolgsfaktoren zur Realisierung des güterwirtschaftlichen Ressourcentransfers

• Regelmäßiger Info-Austausch auf Management-Ebene • Schnelle Durchführung der IG-Maßnahmen	• Installation eines schlagkräftigen Integrations-Teams • Benennung eines Integrationsverantwortlichen	• Setzen von klaren Zielvorgaben und Maßnahmenplänen • Kontinuierliche Mitarbeiterinformation

Abb. 45: Güterwirtschaftliche Dimension eines Integration-Dashboard – Exemplarische Darstellung

---

[368] Vgl. Deiser (1994), S. 426.

Durch den Rückgriff auf economies of scale lassen sich in der güterwirtschaftlichen Synergiedimension Wertschöpfungspotenziale durch Konsolidierung der Overheads[369], Prozess-Reengineering[370], Funktionsintegration oder verbessertes Facility-Management realisieren. Abb. 45 liefert ein Beispiel für die Ausgestaltung der güterwirtschaftlichen Dimension eines Integration-Dashboard.

Hinsichtlich des Integrationsumfangs und der Integrationstiefe einzelner betrieblicher Funktionen im Rahmen des güterwirtschaftlichen Ressourcentransfers existieren verschiedene Varianten. Das Spektrum reicht von einer vollständigen Funktionsintegration (bspw. im Beschaffungsbereich) über die Teilfunktionsintegration bis hin zur *Null-Integration* bspw. im Vertrieb, d.h. der Beibehaltung strikt abgegrenzter Funktionsbereiche der beiden Akquisitionspartner ohne die Intention, Prozesse oder Strukturen zu verknüpfen.

Die Teilfunktionsintegration ist – wie in Abb. 46 dargestellt – aufbauorganisatorisch mittels verschiedener Ansätze realisierbar, z.B. durch gemeinsame Arbeitsgruppen, paritätisch besetzte Projektteams, Ausschüsse, Kommissionen und Koordinationsstellen.[371] Je nach Integrationsbedarf und Integrationspotenzial ist die richtige Variante auszuwählen, um den erwünschten Ressourcentransfer optimal zu gestalten.

Die Vollfunktionsintegration fasst die jeweiligen Abteilungen der beiden Akquisitionspartner zu einer einzigen Abteilung zusammen.

---

[369] Eliminierung von Doppelarbeiten und nicht-wertschöpfenden assets und activities sowie die Zusammenfassung von Service- und Sekundärabteilungen.

[370] Prozess-Reengineering in Bereichen der Serviceprozesse, Netzbetriebsprozesse oder Vertriebsprozesse.

[371] Praxisbeispiele zur aufbau- und ablauforganisatorischen Ausgestaltung der Integrationsvarianten werden in Kapitel 5.3 geliefert.

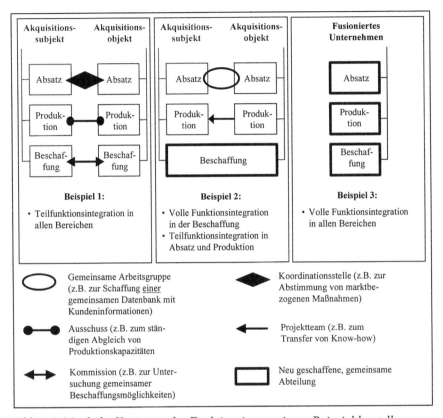

Abb. 46: Mögliche Varianten der Funktionsintegration – Beispieldarstellung

Welche spezifische Variante der Funktionsintegration im konkreten Akquisitionsfall zu bevorzugen ist, lässt sich anhand der Herleitung der Integrationsprioritäten mit Unterstützung der in Abb. 47 dargestellten Matrix auf der folgenden Seite ableiten.

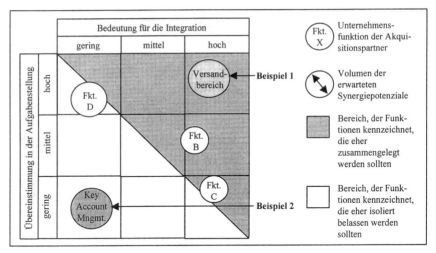

Abb. 47:Herleitung der Integrationsprioritäten auf Funktionsebene – akquisitionsspezifisches Beispiel

Die Matrixdimension der *Übereinstimmung in der Aufgabenstellung* in Abb. 47 zielt auf die Realisierbarkeit der zu erwartenden Ressourcentransfers in den vier Dimensionen ab. Indikatoren für das Ausmaß der Übereinstimmung sind bspw. Ähnlichkeit der Funktionen, der Verrichtungen oder Ähnlichkeit der Objekte, an denen die Aufgaben ausgeführt werden.

Die Matrixdimension der *Integrationsbedeutung* in Abb. 47 zielt auf das Volumen der zu erwartenden Ressourcentransfers bzw. das Ausmaß der für wahrscheinlich gehaltenen Kostensenkungspotenziale ab.

Beispiel 1 in Abb. 47 zeigt, dass die Versandbereiche der beiden Akquisitionspartner große Gemeinsamkeiten in ihren Aufgabenstellungen und ein somit hohes Kostensenkungspotenzial aufweisen. Sie sollten möglichst schnell integriert und zusammengefasst werden.

Beispiel 2 in Abb. 47 zeigt, dass das Key-Account-Management der beiden Akquisitionspartner lediglich geringe Übereinstimmungen hinsichtlich der Aufgabenstellung und ein geringes Kostensenkungspotenzial aufweisen. Sie sollten nicht integriert werden und getrennt bleiben.

5.2.2.3 Wissensbezogene Dimension des Integration-Dashboard

Die in Abb. 48 dargestellte wissensbezogene Dimension des Integration-Dashboard dient der Planung, Steuerung und Kontrolle des Know-how-Transfers in verschiedenen Bereichen, bspw. im Management-Bereich (effizientere Führungsstile und neue Steuerungsgrößen), im Organisations-Bereich (neue Anreizsysteme und neue Organisationsformen) oder im operativen Bereich (Transfer von Verfahrens-Know-how und IT-Know-how).

Wissensbezogener Ressourcentransfer

	Ziel	Maßzahl	Zielvorgabe für das Jahr 2001	Maßnahmen der Integrationsgestaltung
Wie müssen wir die Integration gestalten, um die erwarteten wissensbezogenen Synergiepotenziale zu realisieren?	Qualifizierte Mitarbeiter	• Anzahl erfahrener Mitarbeiter • Anzahl Schulungstage	• mind. 7 Schulungstage pro Mitarbeiter • ...	• Mitarbeiterpotenzialanalysen • Lernzirkel/ Workshops
	Ausreichende Anzahl Leistungsträger	• Anteil interne Besetzung von Kaderstellen • Potenzialportfolios	• 1 Meister je Schicht • Leitungsspanne < 5	• strategische Belegschaftsentwicklung
	Leistungsträger motivieren	• Mitarbeiter-Zufriedenheitsindex • Fluktuationsrate	• Fluktuationsrate < 5% • Einführung leistungsabhängiges Entgeltsystem	• Implementierung Anreizsystem • Befragungen
...	•...	•...	•...	

Wichtigste Erfolgsfaktoren zur Realisierung des wissensbezogenen Ressourcentransfers

• Installation eines schlagkräftigen Integrations-Teams
• Regelmäßiger Info-Austausch auf Management-Ebene

• Zustimmung der Leitung des Akquisitionsobjekts zum Kauf
• Vorhandene Änderungsbereitschaft beim Akquisitionsobjekt

• Benennung eines Integrationsverantwortlichen
• Vorhandene Änderungsbereitschaft beim Akquisitionssubjekt

Abb. 48: Wissensbezogene Dimension eines Integration-Dashboard – Exemplarische Darstellung

Die Dimension des wissensbezogenen Ressourcentransfers richtet sich an den Wissensträgern, den Mitarbeitern insgesamt und insbesondere an den Leistungsträgern aus. Der Mensch als „Werttreiber" gewinnt zunehmend an Bedeutung; je höher der Wert des Humankapitals im Vergleich zu dem Wert des Sachkapitals wird, umso weniger greifen die herkömmlichen Systeme. „Je höher die Personalkosten im Vergleich zu den Kapitalkosten sind, desto unsinniger sind die herkömmlichen Steuer- und Analysesysteme. Und bei postmodernen, virtuellen Dienstleistungsfirmen versagen sie komplett."[372]

---

[372] Nölting (2000), S. 156. Vgl. hierzu auch Strack/Franke/Dertnig (2000), S. 283 ff.

Besonders bei dieser Dimension gilt, dass nicht nur Planung, sondern vor allem auch Steuerung und Kontrolle unverzichtbar für den Integrationserfolg sind.[373] Abb. 49 zeigt ein Beispiel für eine Potenzialanalyse zur Stellenbesetzung, die mitarbeiterspezifisch entwickelt wird. Das *Ist-Profil* eines Mitarbeiters und Kandidaten für die betreffende Position in der Unternehmensorganisation wird mit einem vordefinierten *Soll-Profil* eines vom Management vordefinierten *optimalen* Stelleninhabers verglichen.

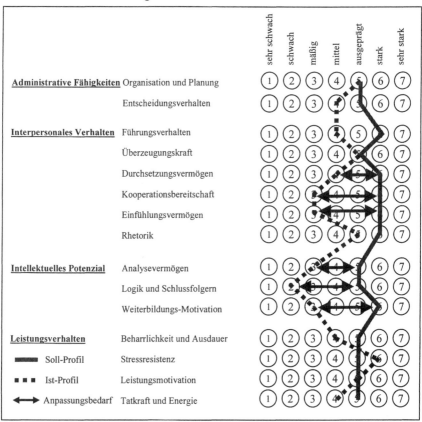

Abb. 49: Mitarbeiter-Potenzialanalyse zur Stellenbesetzung – Beispiel

---

[373] Bühner, Akitürk (2000), S. 52.

Eventuelle negative Abweichungen des Ist-Profils vom Soll-Profil weisen auf einen gewissen *Anpassungsbedarf* hin, der durch Schulungen, Mitarbeitergespräche, Förderprogramme oder Training-on-the-job oftmals ausgeglichen werden kann.

5.2.2.4   Marktliche Dimension des Integration-Dashboard

„The key thing I've learned is that acquisitions work best when the main rationale is cost reduction. You can nearly always achieve them because you can see up front what they are. You can define, measure, and capture them. But there's more risk with revenue enhancements; they're much more difficult to implement."[374]

Sicherlich sind marktliche Ressourcentransfers weniger greifbar als bspw. güterwirtschaftliche, dennoch liegt in ihnen oftmals der Schlüssel zum Akquisitions- und Integrationserfolg. Abb. 50 zeigt ein Beispiel für die Ausgestaltung der marktlichen Dimension des Integration-Dashboard.

Marktlicher Ressourcentransfer				
Wie müssen wir die Integration gestalten, um die erwarteten marktlichen Synergiepotenziale zu realisieren?	**Ziel**	**Maßzahl**	**Zielvorgabe für das Jahr 2001**	**Maßnahmen der Integrationsgestaltung**
	Erhöhte Marktmacht	• Marktanteil • Bekanntheitsgrad beim Verbraucher	• Marktanteil > 20% • ...	• Identifikation gemeinsamer Geschäftsfelder
	Optimierte Nutzung Markt-Know-how	• Absatz in neuen Märkten und mit neuen Produkten	• Umsatzanteil neue Produkte > 25% • ...	• Ableitung einer Gesamtstrategie
	Erweiterte geographische Abdeckung	• Anzahl Vertretungen im Ausland • Exportquote	• Eröffnung einer Vertriebsgesellschaft in Frankreich • Exportquote > 40%	• Produktschulungen • Implementierung eines Vertriebscontrolling
	...	•...	•...	•...

Wichtigste Erfolgsfaktoren zur Realisierung des marktlichen Ressourcentransfers		
• Installation eines schlagkräftigen Integrations-Teams • Ähnlichkeit der Produkt-Markt-Felder	• Regelmäßiger Info-Austausch auf Management-Ebene • Setzen von klaren Zielvorgaben und Maßnahmenplänen	• Vorhandene Änderungsbereitschaft beim Akquisitionsobjekt • Benennung eines Integrationsverantwortlichen

Abb. 50: Marktliche Dimension eines Integration-Dashboard – Exemplarische Darstellung

---

[374] Carey (2000), S. 147.

Die Realisierung des marktlichen Ressourcentransfers geht einher mit der verfolgten Marktstrategie der Akquisitionspartner. In Abb. 51 sind ausgehend von der isolierten Marktsicht der an der Transaktion beteiligten Unternehmen eine konsolidierte Betrachtung der integrierten Geschäftsfelder und die daraus ableitbaren, abgestimmten und zukunftsbezogenen Marktstrategien dargestellt.

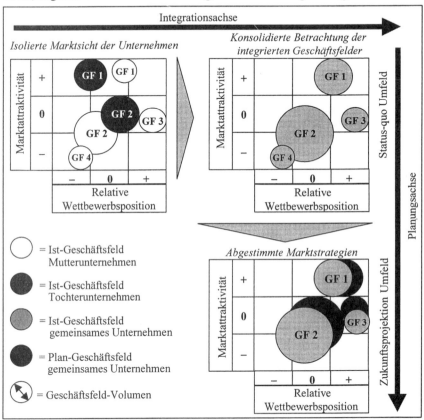

Abb. 51: Abstimmung der Marktstrategien

Gemeinsam sind Verbesserungspotenziale der aktuellen Wettbewerbspositionen aufzudecken, eine Gesamtstrategie abzuleiten und somit die strategische Marschrichtung mittels Planvorgaben der gemeinsamen Geschäftsfelder festzulegen.

Weitere Felder, in denen der marktliche Ressourcentransfer erfolgsrelevant sein kann, sind Chancen auf Zugang zu neuen Märkten, Möglichkeiten des Cross-selling von Produkten, die optimierte Nutzung der gemeinsamen Vermögens-werte wie z.B. Markennamen und die Nutzung gemeinsamer Erfahrungs- und Fähigkeitsportfolios bei Neuproduktvermarktungen.

5.2.2.5 Kulturelle Dimension des Integration-Dashboard

Kulturelle Unterschiede, d.h. Unterschiede in den Wertsystemen Einzelner, einer Gruppe oder eines gesamten Unternehmens sind von Mitarbeitern der beteiligten Unternehmen ein oft genannter Grund für das Scheitern von Fusionsvorhaben, sowohl vor als auch nach dem Abschluss.[375] Dabei fehlt in diesem Zusammen-hang häufig eine genauere Interpretation des Begriffs *Kultur*; er wird meistens sehr vage formuliert.[376]

Zwar wird Kultur im Rahmen der Integrationsgestaltung zumeist als erfolgsrele-vant und wichtig erachtet, aber es gibt auch andere Bekundungen. „I'm not so sure that culture is as important as it's made out to be. I've never seen a deal really fall apart on a culture issue – or any soft issue. Most collapse on price, one way or another, and managers just use soft issues as an excuse."[377]

Die Unterschiedlichkeit der Auffassungen zur Relevanz der Rolle der Unter-nehmenskultur bei Akquisitionen in Wissenschaft und Praxis ist bemerkenswert. Unstrittig ist, dass die kulturelle Integration als definierter Prozess dem Mana-gement zugänglich ist. Schwierigkeiten bestehen zwar in der Erfassung der Ausprägung der Unternehmenskultur bzw. der kulturellen Unterschiede zwi-schen den Akquisitionspartnern, dennoch können eben diese *intangibles* sowohl im unternehmenskulturellen[378] als auch im sozio-technischen[379] Bereich mittels Zielgrößen messbar gemacht und gemanagt werden.[380]

---

[375] O.V. (1988), S. 23.

[376] "Culture is a fuzzy term, not well understood even by those who try to shape it." Charan (2000), S. X.

[377] Carey (2000), S. 151.

[378] Laut einer Studie von Mitchell/Holmes betonen die meisten Befragten, dass die kulturelle Verschmelzung der unterschiedlichen Unternehmenskulturen der wichtigste Aspekt des PMI-Management ist. „Most [respondents, C.B.B.] stressed [...] the importance of meld-ing the different cultures [to be the most important aspect of post-acquisition manage-ment, C.B.B.]." Mitchell/Holmes (1996), S. 103. Vgl. auch Stüdlein (2000), S. 138 ff.

[379] Unter *sozio-technischer* Konsolidierung wird die positive Beeinflussung einzelner Mitar-beiter, von Beziehungen zwischen einzelnen Mitarbeitern, Gruppen, Prozessen und techni-schen Systemen der Unternehmung verstanden.

[380] Vgl. hierzu Siegel (2000), S. 5 ff. und Stenzel/Stenzel (2000), S. 28 ff.

Unter kultureller Konsolidierung ist die Integration der Unternehmenskulturen der Akquisitionspartner im Sinne von organisationalen Wertsystemen, Wahrnehmungs- und Verhaltensmustern zu verstehen.[381]

Abb. 52 zeigt die Kopplungsfunktion der kulturellen Integration zur Bewerkstelligung des Ressourcentransfers.[382]

Kulturelle Integration				
Wie müssen wir die kulturelle Integration gestalten, um Ressourcentransfers in den verschiedenen Dimensionen zu fördern?	**Ziel**	**Maßzahl**	**Zielvorgabe für das Jahr 2001**	**Maßnahmen der Integrationsgestaltung**
	Kulturelle Konsolidierung	• Divergenzen im Kulturtest	• Roadshows (2) • Job-Rotation-Programm	• Kommunikation • Akkulturationsveranstaltungen
	Sozio-technische Konsolidierung	• Fehlzeiten • Krankheitstage • Fluktuation	• Fehlzeiten -20% • Krankheitstage -25% • Fluktuation < 5% p.a.	• Implementierung Anreizsystem • Befragungen
	...	•...	•...	•...
	...	•...	•...	•...

Abb. 52: Kulturelle Integration als Kopplungsfunktion der Ressourcentransfers – Exemplarische Darstellung

Die Unternehmenskulturen der Akquisitionspartner und die Art und Weise der kulturellen Integration sind relevant für die Ressourcentransfers in den jeweiligen Dimensionen und können somit neben den vier Synergieperspektiven ebenfalls als Controlling-Objekt in dem Integration-Dashboard abgebildet werden.

Der Ressourcentransfer wird in der kulturellen Dimension geplant, gesteuert und kontrolliert. Hierbei geht es nicht um die Realisierung von *kulturellen Synergien*; der in der kulturellen Dimension realisierte Ressourcentransfer unterstützt vielmehr den Ressourcentransfer in den anderen Dimensionen.

---

[381] Vgl. Gerpott (1994), S. 4 ff., Kobi (2000), S. 255 ff., Hinterhuber (1990), S. 222 ff. und die Ausführungen im Anhang, S. 272.

[382] Die Relevanz der kulturellen Integration zur Bewerkstelligung des Ressourcentransfers in den vier Synergiedimensionen ist unbestritten und eindeutig aus den Ergebnissen der empirischen Studie in Kapitel 3 ableitbar. Die *Ähnlichkeit der Unternehmenskulturen der Akquisitionspartner* wird eindeutig als Erfolgsfaktor identifiziert. Durchschnittlicher Antwortmittelwert des Erfolgsfaktors *Ähnlichkeit der Unternehmenskulturen der beiden Akquisitionspartner* über alle vier Dimensionen (3,99).

Eine optimale kulturelle Integration impliziert jedoch nicht die vollständige Integration der Akquisitionspartner im Sinne einer kulturellen Assimilation. Je nach Art und Umfang der gegenseitigen Abhängigkeiten und des erwünschten Autonomiegrades der Partner sind unterschiedliche Intensitäten der kulturellen Integration zu wählen.[383]

Ein Beispiel für die Ausgestaltung eines Instruments zur Erfassung der kulturellen Ausgangslage und den daraus abzuleitenden Integrationsgestaltungsmaßnahmen bietet Abb. 53. Große Differenzen zwischen Akquisitionssubjekt und Akquisitionsobjekt in den jeweiligen Kulturparametern weisen auf erhöhten Integrationsbedarf hin.

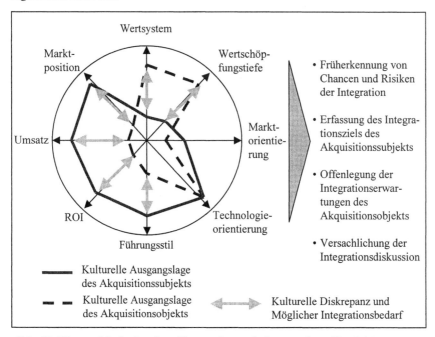

Abb. 53: Unterschiede in den Unternehmenskulturen der Akquisitionspartner und ihre Auswirkungen auf die Integrationsgestaltung – Beispiel

---

[383] Vgl. *Jung* (1993), S. 208.

5.2.2.6   Gesamtsicht des Integration-Dashboard

Vereinigt man die vier Dimensionen des Ressourcentransfers – die finanzwirtschaftliche, güterwirtschaftliche, wissensbezogene und marktliche Dimension –
mit der Dimension der kulturellen Integration, so ergibt sich das in Abb. 54 dargestellte Integration-Dashboard.

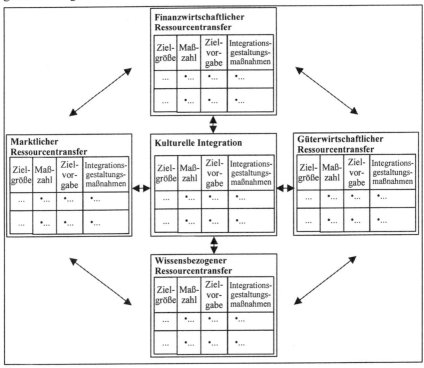

Abb. 54: Integration-Dashboard – Gesamtsicht

Das Integration-Dashboard erfasst die durch die Integration erwarteten Synergien und trägt mittels der Übersetzung in Ziel- und Maßgrößen zur Entschei-
dungs- und Handlungsfähigkeit bei. Die Ressourcentransfers können mit dem
Integration-Dashboard geplant, gesteuert und kontrolliert werden. Abweichungsanalysen geben Aufschluss über Fehlentwicklungen in den einzelnen
Ressourcentransferdimensionen und ermöglichen ein korrigierendes Eingreifen.

Unterstützend im Sinne der zu bewerkstelligenden Ressourcentransfers wirkt die kulturelle Integration als Schnittstellen- und sogar als Kopplungsfunktion. Auch sie wird im Sinne eines koordinationsorientierten Controlling-Verständnisses durch das Dashboard gestaltend begleitet.

Weitere positive Faktoren des Dashboard liegen in der gemeinsamen, abgestimmten Ausrichtung der Akquisitionspartner auf die Integrations- und Akquisitionsziele. Zudem wird eine Versachlichung der oft emotional geführten Diskussion hinsichtlich der Integration im allgemeinen und des unternehmenskulturellen Anpassungsbedarfs im besonderen erreicht.

Integrationsziele werden mit Hilfe des Integration-Dashboard sichtbar gemacht. Die Ziele können somit sowohl auf Management- als auch auf Mitarbeiterebene besser vermittelt werden. Zu beachten ist indes:

❑ Das Integration-Dashboard darf bzgl. Struktur und Inhalten nicht statisch sein; neue Erkenntnisse und Rahmenbedingungen müssen im Verlauf des Akquisitionsprozesses im Dashboard ständig aufgezeigt werden.

❑ Das Integration-Dashboard darf nicht zu einer Kennzahleninflation führen.[384]

❑ Infolge der wechselseitigen Abhängigkeiten der einzelnen Dimensionen ist die Optimierung des Gesamtsystems anzustreben, nicht die Optimierung einzelner Dimensionen des Ressourcentransfers.

Um die Dimensionen des Integration-Dashboard *mit Leben zu füllen*, bietet sich die in Abb. 55 gezeigte Stärken-Schwächen-Analyse der an der Akquisition beteiligten Unternehmen zu Beginn des Akquisitionsprozesses an.

Die Stärken-Schwächen-Analyse erfasst die Ausgangslage der Akquisitionspartner und bietet die Möglichkeit, zunächst potenzielle Synergieeffekte entlang der gesamten Wertschöpfungskette und innerhalb der verschiedenen Synergiedimensionen zu erfassen und anschließend nach einer differenzierten Analyse der jeweiligen Synergiedimension die zu realisierenden Ressourcentransfers in das Integration-Dashboard einzuordnen.[385]

---

[384]   Vgl. auch Fischer (1999), S. 260.

[385]   In Verbindung mit dem in Abb. 53 vorgestellten *Kulturtest* (vergleichende Betrachtung der Unternehmenskulturen der Akquisitionspartner) können die Felder des Integration-Dashboard *mit Leben gefüllt* werden.

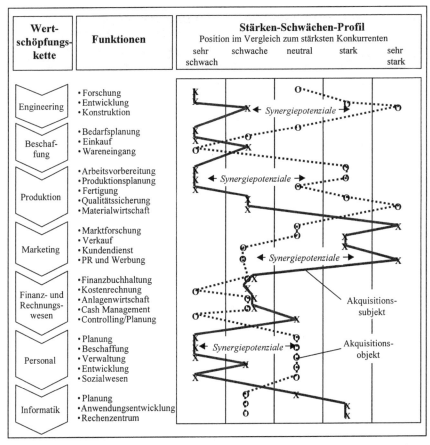

Abb. 55: Ausgestaltung des Integration-Dashboard mit Hilfe der Stärken-Schwächen-Analyse – Exemplarische Darstellung

5.2.3   Institutionale Aspekte des Integrationscontrolling im Rahmen von Akquisitionen

Die bisherigen Anregungen hinsichtlich der funktionalen und instrumentalen Aspekte des Integrationscontrolling können einen gewichtigen Beitrag zur praktischen Lösung von Integrationsproblemen leisten. Darüber hinaus sind jedoch weitere wesentliche Aspekte in einer konkreten institutionalen, organisatorischen Lösung zu verankern.

Die Beziehungen zwischen Controlling und Organisation sind wechselseitig: einerseits ist die Organisation zu planen, zu steuern und zu kontrollieren, andererseits ist das Controlling zu organisieren.[386] Hierbei sind ablauf- und aufbauorganisatorische Aspekte zu unterscheiden.

Die Ablauforganisation strukturiert Unternehmensprozesse durch Spezifikation der zeitlichen, und objekt-bezogenen räumlichen Parameter und klärt insbesondere die Fragen, wann, wo und in welcher Reihenfolge bestimmte Aktivitäten stattfinden. Die Aufbauorganisation klärt die zeit- und raum-unabhängigen Fragestellungen nach der Zuständigkeit für bestimmte Aufgaben, der Leitungskompetenz und der Gestaltung der Kommunikationsbeziehungen.

5.2.3.1 Ablauforganisatorische Aspekte des Integrationscontrolling

Drei wichtige Ausgangsfragen sind vor der Entwicklung einer sinnvollen Ablaufprozedur des Integrationscontrolling zu diskutieren und zu beantworten:

1. Welches sind die *relevanten Teilschritte* des Controlling-Prozesses während der Integrationsgestaltung?

2. Welche *zeitlichen Zyklen* sind für die Ist-Erfassung der Zielerreichung angebracht?

3. Wie wird der Integrationscontrolling-Prozess im allgemeinen und das Integration-Dashboard im besonderen *in die bestehende Planungssystematik und die Gesamtplanung eingegliedert?*[387]

---

[386] Vgl. Meller (1974), S. 260 ff.
[387] Vgl. Bodmer/Volker (2000), S. 479 f.

Teilschritte des Controlling-Prozesses der Integrationsgestaltung

Folgende Teilschritte werden für ein Controlling der Integrationsgestaltung als sinnvoll und ablaufnotwendig erachtet:[388]

1. Generierung des akquisitionsspezifischen Integration-Dashboard:

Im Rahmen der Festlegung der Performance-Zielvorgaben bei der Integrationsgestaltung ist für jede Dimension der Ressourcentransfers und für die unternehmenskulturelle Kopplungsfunktion eine Performance-Planung durchzuführen, die innerhalb der festgelegten Planungsperiode alle in der jeweiligen Perspektive definierten Maßgrößen berücksichtigt. Die Performance-Planung bezieht sich auf den festgelegten Planungsendzeitpunkt sowie auf die vorgelagerten Planungsetappen (Meilensteine).

Für schwer zu quantifizierende Maßgrößen ist, zumindest in der Einführungsphase des Integration-Dashboard, die Festlegung von positiven und negativen Planabweichungstoleranzen sinnvoll, solange noch eine gewisse Planungsunsicherheit existiert. Ansonsten sind feste Planvorgaben notwendig, will man nicht Steuerungs-, Koordinations- und Beurteilungsschwierigkeiten induzieren.

2. Ist-Erfassung und Berichterstellung

Als wichtigster Teilschritt innerhalb des Controlling-Prozesses gestaltet sich die Ist-Erfassung der zeitpunktgenauen Ausprägungen der Maßgrößen und die zeitnah vorzunehmende Aggregation der verschiedenen Maßgrößen.

Zur Planung, Erfassung und Messung der einzelnen Maßgrößen sind zum einen die bereits existierenden unternehmensinternen Informationssysteme heranzuziehen (z.B. Planungssystem, Budgetierungssystem, Kostenrechnungssystem, Zeiterfassungssysteme, Kennzahlensysteme etc.). Zum anderen sollten Möglichkeiten zur Berücksichtigung der dadurch nicht abgedeckten Maßgrößen gefunden werden. Prinzipiell sind zur Erfassung der Maßgrößenausprägungen neben dem Dashboard auch Fragebögen, Interviews, Strichlisten etc. geeignet. Die Ergebnisse der Messung werden im Dashboard dokumentiert.

---

[388]   Vgl. Eccles (1991b), S. 14 ff. und auch Gleich (1997), S. 349 ff.

3. Abweichungskontrolle und -analyse

Auf die Messung erfolgt die Abweichungskontrolle und -analyse, d.h. die Planwerte werden mit den ermittelten Istwerten für alle Maßgrößen auf allen Aggregationsstufen verglichen. Bei Planabweichungen sind Analyseaktivitäten zur Ermittlung der Abweichungsursachen durchzuführen.

4. Initiierung von Maßnahmen zur Planzielerreichung

Sind die Abweichungsursachen analysiert, werden Maßnahmen und Wege zur besseren Planzielerreichung aufgezeigt. Ist aufgrund ungünstiger Entwicklungen im Akquisitionsumfeld keine Planerreichung möglich, erfolgt aufgrund der geänderten Peripheriedaten bzw. Situationsvariablen eine Anpassung der einzelnen Vorgaben.[389]

Hervorzuheben ist die Eignung des Integration-Dashboard, die Integrationsgestaltung entlang des kompletten Akquisitionsprozesses (Planung, Steuerung und Kontrolle) zu begleiten.[390] Je nach Phase des Akquisitionsprozesses können sich die einzelnen Dimensionen der zu bewerkstelligenden Ressourcentransfers hinsichtlich der Maßgrößen oder Planvorgaben unterscheiden. Im Verlauf des Prozesses der Integrationsgestaltung nimmt die Konkretisierung, Differenzierung und Detaillierung der Maßgrößen zu.

Zeitliche Zyklen für die Messung

Planwerte für die Maßgrößen der einzelnen Dimensionen sind in Performance-Planungsrunden festzulegen, angepasst an die verfolgte Akquisitionsstrategie und Integrationsgeschwindigkeit.

Die Messung der Ist-Zustände kann entweder täglich, wöchentlich oder monatlich vorgenommen werden. Die Messperiode wird determiniert von der Relevanz des Synergieaspekts für eine erfolgreiche Integrationsgestaltung sowie von wirtschaftlichen Aspekten.[391] Für weniger wichtige Bereiche sollten eher längere Messperioden vorgesehen werden, da der Aufwand für die Teilschritte *Messung* und *Auswertung* nicht unterschätzt werden sollte. Gekoppelt an die Messung und Auswertung der ermittelten Performancezustände der Integrationsgestaltung sind zeitgleich Berichte und Abweichungsanalysen zu erstellen.

---

[389] Plananpassungen bzw. Planänderungen sollten aufgrund der Planungsdisziplin möglichst erst in der nächsten Planungsrunde durchgeführt werden.

[390] Vgl. Abb. 93 im Anhang, S. 284.

[391] Vgl. Taylor/Convey (1993), S. 22 ff.

Verknüpfung des Integrationscontrolling-Prozesses mit der Gesamtplanung

Ohne auf die gesamte Systematik der Planungs- und Kontrollrechnungen im Planungssystem des Unternehmens[392] einzugehen, soll an dieser Stelle die *Hierachiedynamik* der Planung verdeutlicht werden. Ablauforganisatorisch besteht die Wahl zwischen

☐ dem *top-down-approach* (Planung von oben nach unten),

☐ dem *bottom-up-approach* (Planung von unten nach oben) und

☐ dem *top-down-bottom-up-approach* (Gegenstromverfahren), bei dem im Dialog geplant wird.

Abb. 56 veranschaulicht einen Ansatz zur Einbindung des Integration-Dashboard in ein dreistufiges Konzernplanungs-System. Ausgehend von der 1. Ebene (Konzernebene) werden die in der Konzern-Balanced-Scorecard vereinbarten Ziele auf die jeweiligen Scorecards der 2. Ebene (Unternehmensebene) abgeleitet und mit den verantwortlichen Personen im Gegenstromverfahren vereinbart. Dieselbe Prozedur findet zwischen der 2. Ebene (Unternehmensebene) und der 3. Ebene (Projekt- oder Bereichsebene) statt. Die Rückmeldung der gemessenen Leistungswerte erfolgt umgekehrt von unten nach oben.

Der Vorteil der kombinierten Anwendung des Instrumentariums des Performance Measurement, der Balanced Scorecard und des Integration-Dashboard ist offenkundig: Die Verknüpfung der Planungsebenen kann infolge der Stimmigkeit der Zielgrößen auf allen Planungsebenen *hierarchie-aufwärts* bzw. *-abwärts* ohne Probleme erfolgen.

Eine weitere Möglichkeit der Planung, Steuerung und Kontrolle in dieser Hierarchiedynamik besteht neben der Ebenen-übergreifenden, vertikalen Controlling-Richtung in der horizontalen Koordination. Neben Performance-Vergleichen mittels der Balanced Scorecards zwischen Unternehmen oder Unternehmensbereichen werden auch Vergleiche zwischen Akquisitionsprojekten mittels des Integration-Dashboard ermöglicht.

---

[392] Vgl. Hahn (1993), S. 197.

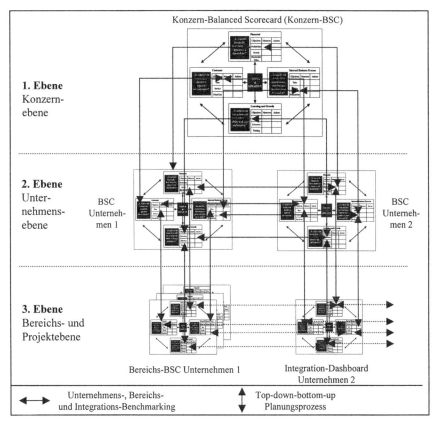

Konzern-Balanced Scorecard (Konzern-BSC)

1. Ebene
Konzern-
ebene

2. Ebene
Unter-
nehmens-
ebene

BSC
Unterneh-
men 1

BSC
Unterneh-
men 2

3. Ebene
Bereichs- und
Projektebene

Bereichs-BSC Unternehmen 1

Integration-Dashboard
Unternehmen 2

Unternehmens-, Bereichs-
und Integrations-Benchmarking

Top-down-bottom-up
Planungsprozess

Abb. 56: Hierarchiedynamik der Planung mit dem Integration-Dashboard[393]

5.2.3.2   Aufbauorganisatorische Aspekte des Integrationscontrolling

Die aufbauorganisatorischen Aspekte des Integrationscontrolling umfassen die generelle und institutionalisierte Zuordnung von Personen und Ressourcen zu den Aufgabenbereichen des Integrationscontrolling sowie die Festlegung der Kompetenzen der Träger dieser Aufgabenbereiche.

---

[393]   Vgl. Witt (2000), S. 546.

Aufbauorganisatorische Gestaltungsparameter sind insbesondere:

❑ Einordnung des Integrationscontrolling in der Unternehmenshierarchie.
Hierbei handelt es sich um die Festlegung der Stellung des Integrationscontrolling im Führungssystem. Praxisrelevant sind vor allem drei Ausprägungen der hierarchischen Einordnung:

- die Unterstellung des Integrationscontrolling direkt unter die Unternehmensleitung, vornehmlich in Form einer Stabsstelle mit dem Vorteil des
direkten *Durchgriffs* auf das Akquisitionsmanagement im Sinne einer
mittelbaren Weisungsbefugnis oder

- die hierarchische Einordnung des Integrationscontrolling unter die
Controlling-Abteilung des Akquisitionssubjekts. Je nach
Detaillierungsgrad der Organisationsstruktur ist auch eine Einordnung
unter die Abteilung des Beteiligungscontrolling möglich mit dem Vorteil
der fachlichen Autonomie und hierarchischen Unabhängigkeit vom
Akquisitionsmanagement oder

- die Einordnung des Integrationscontrolling in die Unternehmenshierarchie als Bestandteil des Akquisitions-Projektmanagement als lediglich
temporäre Organisationseinheit mit dem Vorteil der organisatorischen
Nähe und Einbindung in das Akquisitionsmanagement.

❑ Kompetenzregelung des Integrationscontrolling:
Die Kompetenzregelung definiert die Übertragung von spezifischen Rechten zur Erfüllung der notwendigen Aufgaben. Übertragene Rechte können
bspw. Informations-, Entscheidungsvorbereitungs-, Entscheidungs- oder
Anordnungsrechte sein. Wichtig in diesem Zusammenhang ist die Kongruenz zwischen übertragenen Rechten und zu erfüllenden Aufgaben. Da
die controlling-relevanten Informationen vorwiegend in den Linienabtei-
lungen der Unternehmensbereiche entstehen und nach spezifischer Aufbe-
reitung zum Teil auch gerade dort für Entscheidungsvorbereitungen benö-
tigt werden, besteht die Tendenz zur Aufteilung der Weisungsbefugnis in
ein *disziplinarisches Weisungsrecht (,,Was wird getan?")* beim Linienma-
nager und in ein *funktionales Weisungsrecht (,,Wie wird es getan?")* beim
Controller.[394]

---

[394] In Organigrammen wird das disziplinarische Weisungsrecht mit einer durchgezogenen
Linie (*stable line*), das funktionale Weisungsrecht mit einer unterbrochenen Linie (*dotted
line*) dargestellt.

❏ Binnenstruktur des Integrationscontrolling:

Aufgrund der limitierten Zeitspanne, in der die Integrations- und Akquisitionsaufgaben zu erledigen sind, bietet sich als organisatorische Binnenstruktur des Controlling-Trägers die Form eines nicht-institutionalisierten Integrationscontrolling an. Formen dieser auch *sekundär-organisatorisch* genannten Art der Institutionalisierung sind Projektgruppen, Teams oder Task-forces.[395] Abb. 57 zeigt eine Projektorganisation im Rahmen des Integrationscontrolling und verdeutlicht dabei den Umfang und die Komplexität eines beispielhaften Projektaufbaus.

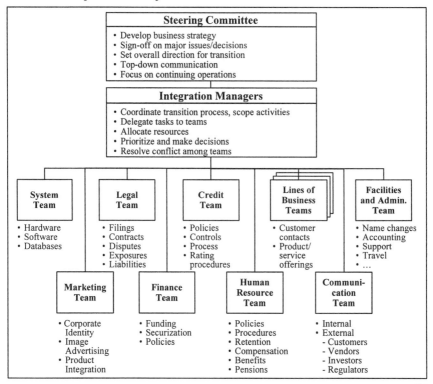

Abb. 57: Projektorganisation im Rahmen des Integrationscontrolling – Beispiel[396]

---

[395]   Neueste Ansätze des *sekundär-organisatorischen* Controlling sehen den Controlling-Träger in jedem einzelnen Mitarbeiter. Dieser Ansatz wird *evolutionäres Controlling* genannt.

[396]   A.T. Kearney (2000), S. 43.

Die zentrale Position besitzen die *Integration Manager*[397], die den Integrationsprozess steuernd, planend und kontrollierend begleiten und zwischen den funktions- bzw. aufgaben-spezifischen operativen Projektgruppen und dem Lenkungsausschuss (*Steering Committee*) koordinieren.

Die Aufgabenverteilung und die Beiträge einzelner Organisationseinheiten zu den Prozessphasen der Akquisition bzw. Integrationsgestaltung lassen sich anhand eines Funktionendiagramms in Abb. 58 beispielhaft darstellen.

Projektphasen		Unternehmensleitung	Integrationscontrolling	Projektleitung	Projektteams			Makler/Berater/Banken
Beteiligte Organe					Linienmanager	Stabsspezialisten	Finanzexperten	
Festlegung der Akquisitionsstrategie		N, A, E						N, I, D, B
Kandidatenauswahl	Voruntersuchung		D, I	O, K	D	D, I	D	
	Erstkontakt	E, D	V		V	V	V	D, V
	Targetanalyse	A	D, M, K	O, K	D	D	D	I, B
Due Diligence		K	D	O, K, I	D	D	D	B
Vertragsabschluss	Verhandlung	D	(M)	(M)	(M)		M	B
	Closing	E, D						
Post-Merger-Integration		K	P, O, I, D	K	D, O		D	B

A = Auftragserteilung	E = Entscheidung	N = Initiative	
B = Beratung	I = Informationslieferung	O = Koordination, Abstimmung	
D = Durchführung	K = Kontrolle	P = Planung	
(ausführender Vollzug)	M = Mitsprache	V = Vorschlag	

Abb. 58: Funktionendiagramm eines Akquisitionsprojektes – Beispiel[398]

Das Funktionendiagramm fasst die Teilaufgaben zusammen, die verschiedene Stellen im Hinblick auf eine Gesamtaufgabe zu erfüllen haben. Dargestellt werden die Summe der Teilaufgaben, die interne Arbeitsteilung und damit die Interdependenzen verschiedener Aufgabenträger bei der Erfüllung der Aufgaben und die Kombination der Teilaufgaben beim einzelnen Aufgabenträger.[399]

---

[397] „Much of what makes integration managers valuable is the fact that they have room to maneuver where others, more fixed in their roles in both companies, do not." Ashkenas/Francis (2000), S. 113.

[398] In Anlehnung an die Darstellung bei Reissner (1992), S. 151.

[399] Vgl. Schmidt (1983), S. 279 und Ulrich/Staerkle (1969), S. 42 f.

5.3 Fallstudie zur Umsetzung des Integrationscontrolling im Rahmen von Akquisitionen mittels Projektmanagement

Aufbauend auf den Erkenntnissen der funktionalen, instrumentalen und institutionalen Aspekte des Integrationscontrolling wird der Gedanke des Integrationscontrolling mittels des Werkzeugs des Projektmanagement im Sinne einer akquisitionsspezifischen Fallstudie verfeinert.[400] Abb. 59 zeigt einen Merger-Timetable, der verdeutlicht, dass innerhalb des Projektmanagement besonders auf die Funktion der Kommunikation und die Erstellung eines transaktionsspezifischen Risk-Management eingegangen wird.

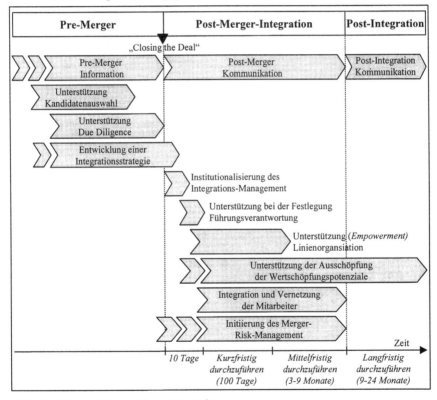

Abb. 59: Merger-Timetable – Beispiel

---

[400] Die Ausführungen hinsichtlich institutionaler Aspekte des Integrationscontrolling befassen sich ausschließlich mit der aufbau- bzw. ablaufstrukturellen Gliederung des Integrationscontrolling-Prozesses. Zu unterscheiden ist hiervon das Projektmanagement, das den gesamten Akquisitionsprozess planend, steuernd und kontrollierend begleitet und die Integrationsgestaltung flankierend mit Instrumenten bspw. des Kommunikations-Management und Risk-Management unterstützt.

5.3.1 Kommunikations-Management im Rahmen der Integrationsgestaltung

„So often the success or failure of a corporate union will hinge one simple concept: communication."[401]

Wie schon in der empirischen Studie belegt, ist Kommunikation im Rahmen der Integrationsgestaltung ein wesentlicher Erfolgsfaktor für die Realisierung der Ressourcentransfers in den einzelnen Synergiedimensionen.[402]

Schlüsselfiguren bei der Durchführung von Kommunikationsmaßnahmen sind die Vertreter der Geschäftsführung und der oberen Management-Ebenen der Akquisitionspartner, unterstützt durch die Integrations-Manager, Integrations-Projektteam-Mitglieder und externe Berater. Ihnen gilt von Beginn der Akquisition höchstes Augenmerk seitens der Shareholder und der verschiedenen Stakeholder-Gruppen. Ihre Aufgabe besteht in der Generierung eines effektiven und effizienten Kommunikations-Management, das folgende Fragenkomplexe beantwortet:

- Was ist das *Ziel* der Kommunikationsmaßnahmen? (*Kapitel 5.3.1.1*)

- Wer sind die *Kommunikationsempfänger* und was sind die jeweils spezifischen Erwartungen und Bedürfnisse? (*Kapitel 5.3.1.2*)

- Welche *Kommunikationsinhalte* sollen vermittelt werden und welche *Kommunikationsmittel* stehen dafür zur Verfügung? (*Kapitel 5.3.1.3*)

Die folgenden Unterkapitel gehen auf die genannten Fragen des Kommunikations-Management ein und vermitteln anhand von Beispielen die kommunikationsrelevanten Aspekte der Integrationsgestaltung.

---

[401] Marchetti (1997), S. 58.

[402] Der Antwortmittelwert des Erfolgsfaktors *Regelmäßiger Informations-Austausch auf Management-Ebene* ist insgesamt drittwichtigster Erfolgsfaktor, der Erfolgsfaktor der *Kontinuierlichen Mitarbeiter-Information* liegt an Ranglistenposition 9 der insgesamt 34 Erfolgsparameter. Vgl. Abb. 31, Abb. 33 und Abb. 34 in Kapitel 4.

5.3.1.1 Ziele der Kommunikationsmaßnahmen

„In fact [...] during mergers and acquisitions activity, rumor mills and the grape-vine work overtime, leading to more anxiety and, in many cases, counterproductive behaviors. Often based on fears rather than reality, these rumors can significantly exacerbate employee anxiety, tension and stress."[403]

Die Kommunikationsmaßnahmen bewirken die *Reduzierung akquisitionsbedingter Unsicherheiten und Ängste* der Bezugsgruppen und die *Förderung der Motivation*. Abb. 60 visualisiert den Verlauf der *Stresskurve* und *Motivationskurve* im Verlauf einer Akquisition.

Durch breit angelegte akquisitionsspezifische Informationspolitik, die an die verschiedenen Stakeholder-Gruppen angepasst ist, und durch Vermittlung von integrationsrelevantem Wissen kann die nötige Überzeugungsarbeit geleistet werden, um die Lücke zwischen Motivations- und Stresskurve einzudämmen bzw. sie vollständig zu schließen.

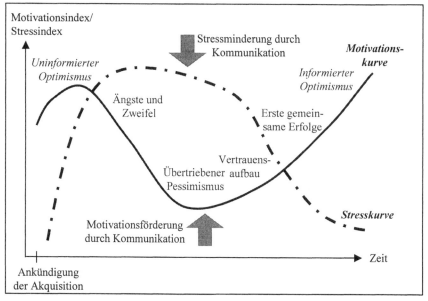

Abb. 60: Motivation und Stress der Beteiligten im Verlauf eines Mergers[404]

---

[403] Buono/Bowditch (1989), S. 257 und Schweiger/De Nisi (1991), S. 110 ff.
[404] A.T. Kearney (2000), S. 47.

5.3.1.2   Identifizierung der Kommunikationsempfänger und ihrer Erwartungen

Die Kommunikationsmaßnahmen müssen sich an die Gesamtheit der Stakeholder richten und sind auf die jeweiligen Informationsbedürfnisse der Empfängergruppen anzupassen. Abb. 61 stellt die verschiedenen Erfahrungen divergierender Stakeholdergruppen in den ersten neun Monaten nach dem Zeitpunkt des *Closing the Deal* – also die Phase der Post-Merger-Integration – zusammen.

Top management experience	Unrealisitic euphoria	Who should be the exemplars of the future?	Ignore conflict	New management team collapses into pre-merger factions
	Synergies not made tangible or measurable	Emphasise the positive, avoid considering risks	Worries about dip in business performance	Departure of key members after power struggle
	Avoid the details, stay strategic	What are the new management behaviors?	Where to focus short-term performance improvements?	New managers imposed by investors
	What assumptions are we making?	Communicate merger in top management speak	Merger turns into win/lose battle between the old organizations	
Middle/ functional management experience	Shock and worry Conservatism - no risk	Focus internally	Health problems	Pre-merger allegiances reassert themselves
		Asked to give up „non economic value" to deliver economic value of merger	Communicate merger n top management speak	Departure of staff critical to integration
	How do we learn to manage through the next 6 months?	What behaviors are being rewarded?	How can I learn to work with new colleagues?	What skills do I need to develop?
	Approached by headhunters	Who is going to fit in the new regime?	Who are the role models?	How do I balance merger and current business responsabilities?
Front line employee experience	Productivity dip	Who is going to fit in the new regime?	What behaviors are being rewarded?	When do the lay-offs start?	What skills do I need to develop?
	Will responding to pressures of globalization mean changes to the company health scheme?	Who is setting the priorities around here?	Star performance approached by competition	How can we become „us", not „us and them"?
	Who do I tell that things are going wrong at an operational level?	Continued reduction in productivity	How do I build a new informal network?	Wait and see who wins the political battle
	What do I tell customers?	What about pensions?	Activity overload means customer comes last	
Investor experience	Optimistic schedule of returns	Market rumours about „loss of control" of merger process	Pressure on organization to release immediate cost savings	Market concern about loss of top performers
	Short term drop in revenue worries		Synergy benefits scaled down	Pressure on organization to bring in outside top management
Customer experience	Alternative suppliers agressively woo us	Nobody talks to us about what it means to us	Approached by sales staff now working for alternative suppliers	Frontline service fails to match profile of unique market position
	So what?	No unique market position communicated	Take business elsewhere	Nobody seems to listen to the customer
		Dip in servic quality	Complaints not dealt with	

Abb. 61: Erfahrungen verschiedener Stakeholder in den ersten neun Monaten nach dem Closing[405]

---

[405]   A.T. Kearney (2000), S. 23.

Auf der einen Seite ist davon auszugehen, dass es für den Akquisitionserfolg von geringerer Bedeutung ist, wenn diejenigen Bezugsgruppen, die von untergeordneter Relevanz für die Akquisition sind, auf Widerspruch verzichten, bzw. das ihnen zur Verfügung stehende Sanktionspotenzial nicht einsetzen.

Auf der anderen Seite ist das Gelingen einer Akquisition von der aktiven Unterstützung der relevanten Anspruchsgruppen abhängig. Das tatsächlich vorhandene und das als erforderlich erachtete *Commitment* der einzelnen Stakeholdergruppen lässt sich in Abb. 62 als Ist- und Soll-Position beschreiben, spezifisch sowohl für das Akquisitionssubjekt als auch das Akquisitionsobjekt.

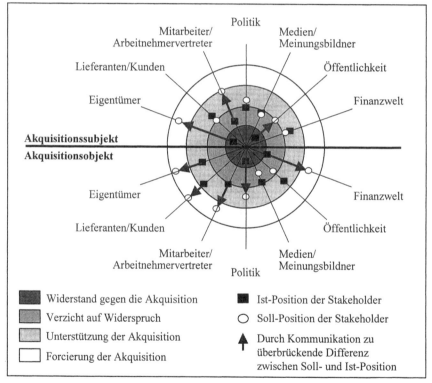

Abb. 62: Stakeholderbezogener Kommunikationsauftrag bei Akquisitionen[406]

Aufgrund der bestehenden Soll-Ist-Differenzen und der erforderlichen Kommunikation zu deren Überbrückung, ergeben sich Aufgabenfelder der Post-Merger-Kommunikation.

---

[406] Müller-Stewens/Salecker (1991), S. 105 ff.

5.3.1.3   Relevante Kommunikationsinhalte und Kommunikationsmittel

Die akquisitionsbegleitenden Kommunikationsmaßnahmen unterscheiden sich nach Art, Umfang, Zeitpunkt, Inhalt und Empfänger.[407] Im folgenden wird lediglich auf die mitarbeiterbezogenen Kommunikationsinhalte und -instrumente der Abb. 63 eingegangen. Tab. 11 liefert einen Überblick über die stakeholderbezogenen Kommunikationsinhalte und -mittel.

Nach Abschluss des Kaufvertrags müssen die Mitarbeiter umgehend über die vollzogene Transaktion unterrichtet werden, um Gerüchte und Spekulationen soweit wie möglich zu vermeiden. Dabei dürfen die Mitarbeiter die Nachricht über die Akquisition nicht aus den öffentlichen Medien erfahren, vielmehr muss die Unternehmung die Mitarbeiter persönlich informieren. Dazu eignet sich bspw. ein Ankündigungsbrief, der über Hintergründe und Motive der Akquisition informiert.

Im weiteren Verlauf sind die Mitarbeiter in regelmäßigen Abständen über Status und Vorgehen innerhalb des Akquisitionsprozesses zu informieren. Wichtige Kommunikationsinhalte von besonderem Mitarbeiterinteresse sind hierbei die Information über die geplanten Beschäftigtenzahlen und die Standorte.

Eine Möglichkeit diese Kommunikationsinhalte zu vermitteln, besteht in Mitarbeiterversammlungen für die gesamte Unternehmung, in denen auch Fragen der Mitarbeiter von der Geschäftsleitung beantwortet werden können.[408]

Im Rahmen von Managementkonferenzen erfolgt die regelmäßige Information der Führungskräfte, die Mitarbeiter können über schriftliche Kommunikationsmittel – z.B. die hauseigene Akquisitions-Zeitschrift – auf dem laufenden gehalten werden.

Schließlich können die Akquisitionspartner einen speziellen Telefonservice (*Merger- oder Akquisitions-Hot-Line*) einrichten, in dem gutinformierte Mitarbeiter die Fragen ihrer Arbeitskollegen zur bevorstehenden bzw. aktuellen Transaktion beantworten.

---

[407] Ein weiterer kommunikationsrelevanter Parameter ist die Art des Akquisitionsvollzugs. Handelt es sich bspw. um einen *friendly-takeover* sind andere Kommunikationsmaßnahmen sinnvoll und relevant als bei einer *feindlichen Übernahme*.

[408] Wo aufgrund der Größe der zusammengeführten Akquisitionspartner (z.B. mehr als 40.000 Mitarbeiter) oder aus geographischen Gründen eine Versammlung für alle Mitarbeiter nicht möglich ist, können auch Mitarbeitertreffen in kleineren Versammlungen durchgeführt werden. In größeren, weit verstreuten Unternehmen gewinnen zunehmend sogenannte *Road-Shows* Popularität. Das Top-Management besucht dabei die einzelnen regionalen Niederlassungen, präsentiert vor Ort das Übernahmeprojekt und stellt sich anschließend der Diskussion mit den Mitarbeitern.

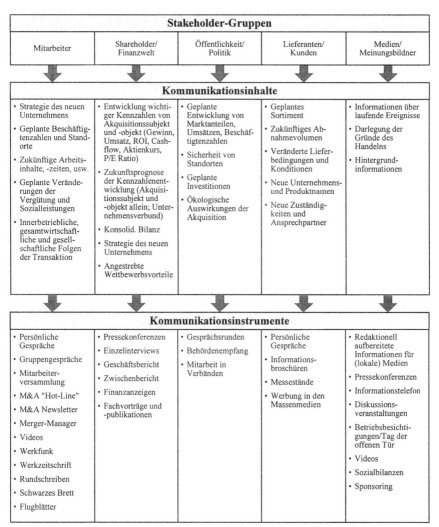

Abb. 63: Stakeholderbezogene Kommunikationsinhalte und -instrumente[409]

Der Einsatz und die Kombination der verschiedenen Kommunikationsmittel muss in einem detaillierten Kommunikationsplan – ein Beispiel liefert Abb. 64 – festgelegt werden, der genau bestimmt, *wer, wann, welche Kommunikationsinhalte* mit *welchen Kommunikationsmitteln an wen* übermittelt.

---

[409]   In Anlehnung an A.T. Kearney (2000), S. 33.

Kommuni-kations-empfänger	Kommuni-kations-inhalte	Kommuni-kations-mittel	Kommuni-kations-träger	Sta-tus	End-ter-min	2000					2001		
						KW 48	KW 49	KW 50	KW 51	KW 52	KW 01	KW 02	...
Mit-arbeiter	• Hintergründe der Akquisition	• Mitarbei-ter-Rund-brief	• Geschäfts-leitung	●	01.12. 2000	▲							
	• Organisato-rische Verän-derungen	• Informa-tionsveran-staltung	• Geschäfts-leitung	●	08.12. 2000	▲▲							
	• Informatio-nen über den Partner	• Memos	• Integra-tions-Pro-jektteam	◑	02.02 2001	■■■■■	■■	■■	■■	■			
	• Akquisitions-Fortschritt	• Videos	• Integra-tions-Pro-jektteam	○	21.12. 2001	▲		▲		▲		▲	
	• ...	• Merger-News-Letter	• ...										
		• ...											
Kunden	• Hintergründe der Akquisition	• Kunden-Rundbrief	• Geschäfts-leitung	◕	21.12. 2000	▬▬▬							
	• Veränderun-gen Kunden-beziehung	• Einzelge-spräche	• Vertriebs-leitung	○	30.03. 2001				▬▬	▬▬			
	• Neue Produkte	• Kunden-besuche/ Messen	• Vertrieb	◑	Lau-fend	■ ■ ■ ■			▬▬▬				
	• Akquisitions-Fortschritt	• Merger-News-Letter	• Integra-tions-Pro-jektteam	○	21.12. 2001				▲				
	• ...	• ...	• ...										

Abb. 64: Beispiel für einen Kommunikationsplan[410]

5.3.2   Risk-Management im Rahmen des Akquisitionsprozesses

Im Zuge einer Fusion muss ein gewisses Risiko eingegangen werden, um Wachstumspotenziale und mögliche Gewinne zu realisieren.[411] Risiko kann demnach nicht vermieden, wohl aber gemanagt werden.

Ein akquisitionsbegleitendes Risk-Management versucht zu klären, wie relevant sich einzelne Umsetzungsmaßnahmen für den Akquisitions- bzw. Integrationserfolg gestalten, wo Risiken bei der Realisierung der Maßnahmen liegen, wie diese Risiken gemanagt werden können und wie dadurch der Akquisitions- bzw. Integrationsprozess gegenüber unerwünschten Wagnissen *desensibilisiert* werden kann.

---

[410] In Anlehnung an A. T. Kearney (2000), S. 54 ff.

[411] Vgl. Habeck/Kröger/Träm (1999), S. 143.

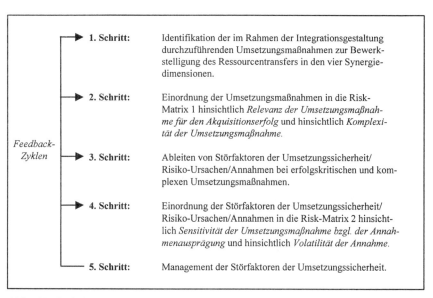

	1. Schritt:	Identifikation der im Rahmen der Integrationsgestaltung durchzuführenden Umsetzungsmaßnahmen zur Bewerkstelligung des Ressourcentransfers in den vier Synergiedimensionen.
	2. Schritt:	Einordnung der Umsetzungsmaßnahmen in die Risk-Matrix 1 hinsichtlich *Relevanz der Umsetzungsmaßnahme für den Akquisitionserfolg* und hinsichtlich *Komplexität der Umsetzungsmaßnahme.*
Feedback-Zyklen	**3. Schritt:**	Ableiten von Störfaktoren der Umsetzungssicherheit/ Risiko-Ursachen/Annahmen bei erfolgskritischen und komplexen Umsetzungsmaßnahmen.
	4. Schritt:	Einordnung der Störfaktoren der Umsetzungssicherheit/ Risiko-Ursachen/Annahmen in die Risk-Matrix 2 hinsichtlich *Sensitivität der Umsetzungsmaßnahme bzgl. der Annahmenausprägung* und hinsichtlich *Volatilität der Annahme.*
	5. Schritt:	Management der Störfaktoren der Umsetzungssicherheit.

Abb. 65: Risk-Management-Prozess

Im *ersten Schritt* des in Abb. 65 dargestellten Risk-Management-Prozesses sind die anstehenden Umsetzungsmaßnahmen im Rahmen der Integrationsgestaltung zu identifizieren, die notwendig sind, um den erwarteten Ressourcentransfer in der finanzwirtschaftlichen, güterwirtschaftlichen, wissensbezogenen und marktlichen Synergiedimension zu realisieren.

Anschließend sind in einem *zweiten Schritt* die Umsetzungsmaßnahmen der PMI-Phase in der in Abb. 66 dargestellten Risk-Matrix 1 nach zwei Gesichtspunkten zu bewerten und einzuordnen:

❑ hinsichtlich der *Relevanz der anstehenden Umsetzungsmaßnahme für den Akquisitions- bzw. Integrationserfolg* und

❑ hinsichtlich der *Realisierungskomplexität* der Maßnahme.[412]

---

[412] Für eine Maßnahme, die aus Sicht des Akquisitions- bzw. Integrationserfolgs unkritisch ist, könnte das bedeuten, dass man die Umsetzungsdurchführung der Maßnahme zeitlich erst dann realisiert, wenn erfolgskritischere Maßnahmen abgeschlossen sind. Falls die Umsetzungsschwierigkeit gering ist, könnte dies bedeuten, dass die Maßnahme mit wenig Ressourcen durchgeführt werden kann; bei hoher Komplexität wäre eine sorgfältigere Vorgehensweise nötig, ebenso wie eine bessere Ressourcenausstattung.

In der *Risk-Matrix 1* erfolgt also die *Identifikation erfolgskritischer Umsetzungsmaßnahmen* im Rahmen der Integrationsgestaltung und die *Priorisierung* der Umsetzungsmaßnahmen; *kritische* sind im Gegensatz zu *unkritischen Umsetzungsmaßnahmen* mit besonderer Sorgfalt zu behandeln.[413]

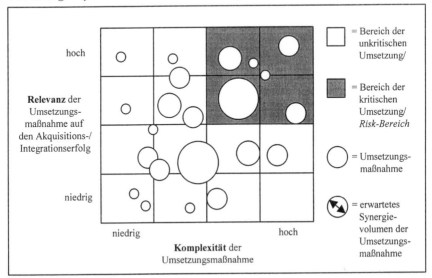

Abb. 66: Risk-Matrix 1 – Priorisierung der Umsetzungsmaßnahmen

Sind die erfolgsrelevanten, kritischen Umsetzungsmaßnahmen identifiziert, geht es um das *Erkennen der Risikotreiber*, d.h. das Lokalisieren der Risikoursachen. Im *dritten Schritt* des Risk-Management-Prozesses werden aus den kritischen Umsetzungsmaßnahmen die Risikoursachen abgeleitet. Ursachen für riskante Umsetzungsmaßnahmen können in den verschiedensten unternehmensinternen und -externen Bereichen liegen.[414] Sie beruhen zumeist auf Annahmen, die als sogenannte *Störfaktoren* die Umsetzungssicherheit gefährden und deren Risikowirkung nicht eindeutig und objektiv nachprüfbar ist. Die Auswirkungen der Störfaktoren auf die Umsetzungsmaßnahmen und die Stabilität ihrer Ausprägung sind nur sehr schwer einzuschätzen.

---

[413] Die kritischen Umsetzungsmaßnahmen befinden sich in der rechten oberen Ecke der Risk-Matrix 1 in Abb. 67. Diese kritischen Umsetzungsmaßnahmen sind gekennzeichnet durch hohe *Komplexität* und *hohe Erfolgsrelevanz* der Maßnahme.

[414] Z.B. im Bereich der Produktstrategien, der Organisation, der Distribution, der Produktion, des Einkaufs, des Marketing, des Vertriebs, der Informationssysteme, der Kunden, der Lieferanten und des rechtlichen Umfelds. Vgl. Habeck/Kröger/Träm (1999), S. 153.

Die *mit Unsicherheit behafteten* Annahmen begründen die Risiken, mit denen sich das Risk-Mangagement neben den riskanten Umsetzungsmaßnahmen ebenfalls auseinandersetzen muss.

Im *vierten Schritt* des Risk-Management-Prozesses werden anhand der Risk-Matrix 2 (siehe Abb. 67) die Annahmen, d.h. die potenziellen Störfaktoren, hinsichtlich ihrer *Volatilität* und ihres *Einflusses auf die Realisierung der Umsetzungsmaßnahmen* dargestellt und eingeordnet. Diejenigen Annahmen, die sich höchst volatil gestalten und einen immensen Einfluss auf die Realisierbarkeit der Umsetzungsmaßnahmen haben sind im Rahmen des Risk-Management besonders zu beachten.

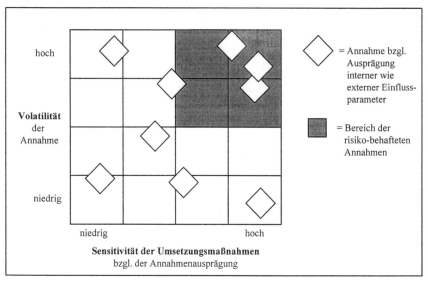

Abb. 67: Risk-Matrix 2 – Klassifizierung potenzieller Störfaktoren

Im *fünften* Schritt erfolgt das Management der Störfaktoren der Umsetzungssicherheit. Die Einrichtung von *Feedback*-Zyklen und Iterationsschleifen ermöglicht die laufende Anpassung des Risk-Management-Prozesses.

Ein Beispiel soll im folgenden die dargestellte Funktionsweise des Risk-Management-Prozesses veranschaulichen.

Beispiel: Ein zumeist wichtiger Aspekt von Risikomanagement ist das Zusammenführen der Informationstechnologie (IT), die sich nicht selten als Dreh- und Angelpunkt für das gesamte Geschäft gestaltet. Die Umsetzungsmaßnahme der IT-Integration kann sicherlich als *äußerst komplex* und bzgl. der Relevanz der Umsetzungsmaßnahme auf den Akquisitions- bzw. Integrationserfolg gewiss auch als *wesentlich* bezeichnet werden. Die Umsetzungsmaßnahme der IT-Integration wird also in den Risk-Bereich der Risk-Matrix 1 eingeordnet, worauf die Ursachen für die riskante Umsetzung der IT-Integration definiert werden können.

Ein potenzieller Störfaktor liegt bspw. in der Annahme einer nicht vorhandenen Kompatibilität der IT-Systeme der Akquisitionspartner. Die Auswirkungen einer nicht-vorhandenen Kompatibiliät auf die geplante IT-Integration wären zwar fatal, da die beiden IT-Systeme nicht integriert werden könnten, dennoch liegt dieses Risiko der nicht vorhandenen Kompatibilität nicht im Risk-Bereich der Risk-Matrix 2, denn dieser Störfaktor lässt sich bzgl. der Volatilität der Ausprägung sehr konkret eingrenzen. Mittels eines Gutachtens kann schon im voraus festgestellt werden, ob die IT-Systeme der Akquisitionspartner kompatibel sind oder nicht.[415]

Im Risk-Bereich der Risk-Matrix 2 liegt bspw. die Annahme, dass wesentliche Träger des IT-Know-hows der Akquisitionspartner aufgrund akquisitionsbedingter Schwierigkeiten den neu geschaffenen Unternehmensverbund verlassen könnten. Das eventuell vorhandene, knappe Angebot von kompetenten IT-Fachkräften auf dem Arbeitsmarkt und fusionsbedingt zeitliche Restriktionen in der IT-Umsetzung machen die Träger des IT-Know-hows zu Schlüsselfiguren der Fusionsumsetzung. Im Sinne eines proaktiven Risk-Management ist eine mögliche Abwanderung der IT-Fachkräfte als Störfaktor mit allen zur Verfügung stehenden Mitteln einzugrenzen.[416]

---

[415] Im Bedarfsfall besteht die Chance, rechtzeitig korrigierend eingreifen zu können, bspw. durch Schnittstellenprogrammierungen im Vorfeld der Transaktion etc.

[416] Möglichkeiten bestehen bspw. mittels der Einrichtung von intrinsischen und extrinsischen Anreizsystemen, z.B. Karriereförderungsprogramme, Boni und Prämien.

Der Vorteil der vorgestellten Methode des Risk-Management ist die Verlagerung des Tätigkeitsschwerpunktes von der *passiven Risikovermeidung* auf das *proaktive Risikomanagement*. Es gilt: "Hohe Umsätze und hohe Risiken sind nicht voneinander zu trennen. Wenn Sie ihre Risiken unter Kontrolle haben, brauchen Sie sich auch um Ihre Zukunft keine Sorgen zu machen."[417]

---

[417] Vgl. Habeck/Kröger/Träm (1999), S. 160.

6   Berücksichtigung der Integrationsproblematik in der Due Diligence

Kapitel 6 befasst sich mit der Fragestellung einer *pro-aktiven Integrationsgestaltung*. Hierzu werden – aufbauend auf den Erkenntnissen der empirischen Studie des Kapitels 4 – potenziell auftretende Integrationsprobleme bereits in der Due Diligence *ex-ante* berücksichtigt und können infolgedessen konsequenterweise in die Kaufpreisbetrachtungen einbezogen werden.

Kapitel 6.1 verschafft einen kurzen Überblick über die unterschiedlichen Verfahren der Unternehmensbewertung (Einzelwert-, Gesamtwert- und Kombinationsmethoden). Dabei wird insbesondere auf die verschiedenen Ausprägungen der Discounted-Cash-flow-Verfahren eingegangen.

Kapitel 6.2 widmet sich den einzelnen Komponenten des Unternehmenswertes und erläutert die Systematik der Kaufpreisermittlung. Hierzu wird das in Kapitel 2 behandelte Synergiekonzept erneut aufgegriffen, im Sinne der Kaufpreisbetrachtung verfeinert und mit den Erkenntnissen des Erfolgsfaktorenmanagement aus Kapitel 3 und Kapitel 4 verknüpft.

Kapitel 6.3 führt die gewonnenen Erkenntnisse zusammen und liefert ein Instrument zur Berücksichtigung der Integrationsproblematik potenzieller Akquisitionen auf den Unternehmenswert; die sogenannte *VALCOR-Matrix*. Die VALCOR-Matrix stellt einen integrativen Ansatz zur Unternehmensbewertung dar, der die Synergiekonzeption, das Erfolgsfaktorenmanagement und das Wertsteigerungsnetzwerk zur Unternehmensbewertung verknüpft.

Abb. 68 veranschaulicht den Fortgang der Untersuchung und die Einbindung des Kapitels 6 in die Gesamtkonzeption der vorliegenden Arbeit.

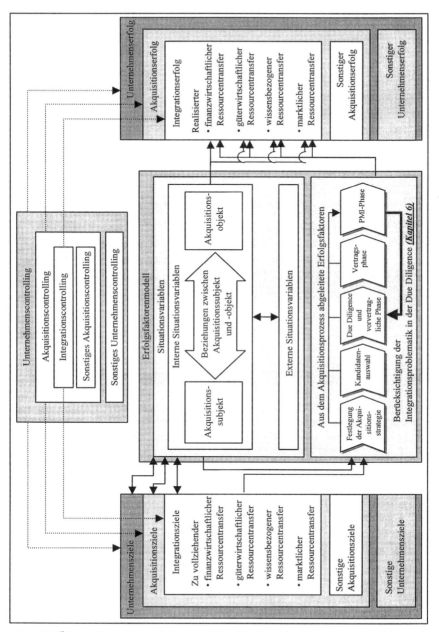

Abb. 68: Übersicht zu Kapitel 6 – Berücksichtigung der Integrationsproblematik in der Due Diligence

6.1 Verfahren der Unternehmensbewertung

Der Bewertung von Unternehmen kommt im Rahmen des Akquisitionsprozesses ein hoher Stellenwert zu, denn „[...] die Festlegung des Kaufpreises [ist] eine der wichtigsten – wenn nicht die wichtigste – Maßnahme beim Kauf eines Unternehmens oder einer Beteiligung."[418]

Zu betonen ist, dass nicht das Verfahren der Unternehmensbewertung Schwierigkeiten bereitet, sondern die Gewinnung relevanter Informationen und Prognosedaten, was vielfach Zweifel und Skepsis an der Zuverlässigkeit und Aussagekraft der ermittelten Bewertungsergebnisse bewirkt.[419]

Die derzeit in Praxis und Theorie vertretene *funktionale Bewertungslehre*[420] verneint ebenso wie die traditionelle *subjektive Bewertungslehre* die Existenz eines einzigen, objektiven und allgemeingültigen Unternehmenswertes.[421] Vielmehr geht die funktionale Bewertungslehre davon aus, dass Unternehmensbewertungen in der Wirtschaftspraxis zahlreichen verschiedenen Zwecken[422] dienen und diese unterschiedlichen Bewertungszwecke einen nicht zu vernachlässigenden Einfluss auf die Art der Bewertung, das anzuwendende Verfahren und den Umfang der einzubeziehenden Daten ausüben.

---

[418] Vgl. Hölters (1989), S. 23. Interessant erscheint die Stellungnahme des Hauptausschusses des Instituts der Wirtschaftsprüfer, die bezweifelt, dass es bei der Mehrzahl der in der Praxis durchgeführten Unternehmensbewertungen um das Finden des richtigen Kaufpreises geht, sondern vielmehr um die interessengeleitete Festsetzung desselbigen. Vgl. die Stellungnahme 2/1983 des Hauptausschusses des Instituts der Wirtschaftsprüfer, kurz: IIFA 2/1983 in· Die Wirtschaftsprüfung (1983), S. 549 ff.

[419] Im Anhang, S. 252 findet sich in Tab. 12 eine kurze Darstellung der verschiedenen Entwicklungsphasen innerhalb der Bewertungslehre.

[420] Die Entwicklung der *funktionalen Bewertungslehre* geht insbesondere auf maßgebliche Arbeiten von Busse von Colbe, Sieben und Matschke zurück.

[421] „Wert spiegelt immer die Erwartungen der (potenziellen) Anteilseigner hinsichtlich der zukünftigen Erträge wider. Diese Erwartungen werden hauptsächlich von zwei Faktoren geprägt: von der Einschätzung der wirtschaftlichen Rahmenlage und von der Fähigkeit des Unternehmens, in diesem Umfeld Erträge zu erzielen. Dies bedeutet, dass der Wert prinzipiell eine subjektive Größe ist und sich im Zeitablauf ändert. Den objektiven, dauerhaft gültigen Wert gibt es nicht, weder für Unternehmen, noch für andere materielle oder immaterielle Dinge." Lewis (1995), S. 28.

[422] „Jede Bewertung hat einen Bewertungsanlass und einen damit verbundenen Bewertungszweck. Anlass und Zweck beeinflussen Art und Weise der Bewertung. Bewertungsanlässe können sein: Kauf, Verkauf, Aufnahme oder Auszahlung eines Gesellschafters. [...] Jeder dieser Anlässe bestimmt den Bewertungszweck: Ermittlung von Grenzpreisen, fairen Einigungspreisen oder Entschädigungspreisen." Fischer (1996), S. 57.

Die funktionale Bewertungslehre geht von mehreren typischen Zwecksetzungen von Bewertungen aus, die in Tab.11 zusammengefasst sind:

Bewertungszweck: Ermittlung von ...	Inhalte
... Entscheidungswerten	Die Bewertung soll für einen potenziellen Käufer/Verkäufer den Grenzpreis ermitteln, d.h. die für den Käufer bzw. Verkäufer jeweils relevante Grenze der Konzessionsbereitschaft (Für den Käufer die Preisobergrenze (POG), für den Verkäufer die Preisuntergrenze (PUG)).
	Die Preise geben nicht an, zu welchem Wert das Unternehmen tatsächlich gekauft bzw. verkauft werden soll, sondern lediglich den Entscheidungswert, bis zu dem der Käufer/Verkäufer *bereit ist, zu gehen.*
	Eine besondere Ausprägung des Entscheidungswertes stellt der Ansatz des Liquidationswerts dar, der nicht von einer Unternehmensfortführung ausgeht, sondern die Zerschlagung (Liquidation) des Unternehmens voraussetzt. Die einzelnen Vermögensgegenstände werden mit den im Rahmen der Auflösung des Unternehmens erwarteten Verwertungserlösen bewertet.
... Marktwerten	Unter dem Marktwert einer Unternehmung ist der Unternehmenswert aus Sicht des Kapitalmarktes, d.h. aus Sicht der auf dem Kapitalmarkt agierenden Eigen- und Fremdkapitalgeber zu verstehen.
	Der Marktwert eines Unternehmens entspricht – vergleichbar dem Marktwert eines Wertpapiers – dem Barwert aller zukünftigen Zahlungen, die Eigen- und Fremdkapitalgeber des Unternehmens erwarten können.[423] Marktwertbestimmende Größen sind die erwarteten Zahlungsströme bzw. Cash-flows einerseits und Renditeforderungen der am Kapitalmarkt operierenden Kapitalgeber andererseits.
... Schiedswerten	Hier dient die Unternehmensbewertung zur Vermittlung zwischen den divergierenden Interessen von Parteien, um eine Einigung über die Konditionen der Transaktion herbeizuführen oder zu erleichtern (Vermittlungs-, Schieds-, Konfliktlösungsfunktion)
	Der im Rahmen dieser Zwecksetzung ermittelte Unternehmenswert kann als Schiedswert/Arbitriumwert bezeichnet werden.
... Argumentationswerten	Durch die Unternehmenswertermittlung sollen einer an der Akquisition beteiligten Partei Argumente für Verhandlungen (Kauf/Verkauf des Unternehmens) verschafft werden.
... Buch- und Bilanzwerten	Unter Zugrundelegung von Wertkonventionen (z.B. handelsrechtliche Normen) werden Informationen über die Ertragskraft ermittelt (z.B. Bilanzwert der Unternehmung).
... Steuerbemessungsgrundlagen	Die Unternehmensbewertung dient hier zur Ermittlung von Bemessungsgrundlagen für die Steuerfestsetzung (z.B. Ertragsteuer ...).

Tab. 11: Bewertungszwecke in der funktionalen Unternehmensbewertungslehre[424]

---

[423] „Der Wert des Unternehmens wird unter der Voraussetzung ausschließlich finanzieller Ziele grundsätzlich durch seine Eigenschaft bestimmt, Einnahmenüberschüsse zu erwirtschaften. Alle Bewertungsüberlegungen lassen sich theoretisch aus der Investitionsrechnung ableiten. Der Barwert der zukünftigen Überschüsse der Einnahmen über die Ausgaben bildet theoretisch den richtigen Wert des Unternehmens." Stellungnahme 2/1983 des Hauptausschusses des Instituts der Wirtschaftsprüfer, kurz HFA 2/1983.

[424] Vgl. Mandl/Rabel (1997), S. 15-24.

Einzelne Bewertungsverfahren können mehreren Ziele dienen, da sich die Bewertungszwecke nicht trennscharf und überschneidungsfrei abgrenzen lassen. Bspw. erfolgt die Ermittlung von Entscheidungswerten oft auf Basis marktorientierter Betrachtungen, was einer Verknüpfung der beiden Bewertungszwecke *Entscheidungswert-* und *Marktwertermittlung* gleichkommt.

Ziel der folgenden Ausführungen ist eine Systematisierung der bedeutendsten Methoden sowie eine kurze Beschreibung der wesentlichen Charakteristika der einzelnen Verfahren der Unternehmensbewertung, da sowohl die Bewertungspraxis als auch die betriebswirtschaftliche Literatur zur Thematik der Unternehmensbewertung eine äußerst breite Methodenvielfalt kennt.

Ein Überblick über die Bewertungsverfahren ist in Abb. 69 dargestellt.

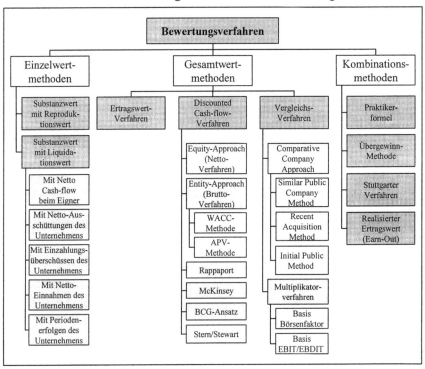

Abb. 69: Überblick über die Verfahren der Unternehmensbewertung[425]

---

[425] Vgl. Mandl/Rabel (1997), S. 30 und Schierenbeck (1989), S. 368. In den folgenden Ausführungen wird nicht auf jedes einzelne Bewertungsverfahren detailliert eingegangen. Vielmehr wird auszugsweise auf ausgewählte Verfahren eingegangen und deren Besonderheiten herausgestellt.

6.1.1 Einzelwertmethoden

Bei den Einzelwertmethoden wird der Wert der einzelnen Teile, die dem Unternehmen dienen und in dessen wirtschaftlichen Eigentum stehen, addiert und die einzeln zu bewertenden Verbindlichkeiten und Verpflichtungen davon in Abzug gebracht. Es bleibt offen, welcher Wertansatz für die einzelnen Positionen zu wählen ist: der Substanz- oder Reproduktionswert, der Einzelveräußerungswert oder der Liquidationswert.[426]

Bei der Einzelwertmethode mit Substanzwerten werden die Kosten ermittelt, die bei der Reproduktion des Unternehmens anfallen würden, deshalb wird der Substanzwert oftmals auch als Reproduktionswert bezeichnet. Der Reproduktionswert geht vom Going-Concern-Prinzip[427] aus. Er entspricht den aktuellen Anschaffungs- und Herstellungskosten.[428] Es lassen sich zwei Kategorien des Reproduktionswerts unterscheiden:[429]

Unter dem *Vollreproduktionswert eines Unternehmens* versteht man den Betrag, der aufgewendet werden müsste, um das Unternehmen vollständig *nachzubauen* im Sinne eines Unternehmens mit gleichwertigem Ertragspotenzial, d.h. inklusive der Aufwendungen für bspw. Organisation, Ausbildung der Mitarbeiter, Know-how-Entwicklung oder Aufbau einer Vertriebsstruktur.

Unter dem Begriff des Substanzwerts wird der *Teilreproduktionswert* verstanden. Er entspricht der Summe der Zeit- und Wiederbeschaffungswerte der bilanzierungsfähigen Vermögensteile zum Bewertungszeitpunkt, abzüglich der entsprechend der Nutzungsdauer eintretenden Wertminderung der abnutzbaren Vermögensgegenstände und der Schulden des Unternehmens. Der Substanzwert umfasst nur den Wert der selbständig verkehrsfähigen Gegenstände, also in erster Linie das bilanzierungsfähige Anlage- und Umlaufvermögen. Im Gegensatz zum Vollreproduktionswert nicht erfasst wird das, was man allgemein als *Geschäftswert* oder *Goodwill*[430] bezeichnet.

---

[426] Vgl. Fischer (1996), S. 85.

[427] „Der Going-Concern-Grundsatz im Rahmen der Bewertung besagt, dass bei der Bewertung von der Fortführung der Unternehmenstätigkeit auszugehen ist (§ 252 Abs. 1 Nr. 2 HGB)." Heinhold (1987), S. 160. Vgl. hierzu auch Schildbach (1995), S. 122 f.

[428] Vgl. Fischer (1996), S. 101 f.

[429] Vgl. Moxter (1983), S. 41 – 63.

[430] „Goodwill ist der Betrag, den ein Käufer bei der Übernahme einer Unternehmung als Ganzes unter Berücksichtigung künftiger Ertragserwartungen über den Wert der einzelnen Vermögensgegenstände nach Abzug der Schulden hinaus zu zahlen bereit ist." Gablers Wirtschaftslexikon (2000), S. 1109. Goodwill ist also ein „[...] immaterielles Wirtschaftsgut, welches den Wert der bestehenden Organisation einer Unternehmung, deren Ansehen, Kundenstamm usw. darstellt. Der Goodwill ist insoweit bilanzierungsfähig, wie er entgeltlich erworben wurde." Coenenberg (1997), S. 839.

Auch der Einzelveräußerungswert unterstellt das Going-Concern-Prinzip, basiert aber auf der Annahme, dass lediglich einzelne Anlagen, Gebäude oder Teilbereiche veräußert werden, ohne dass es zur einer Gesamtauflösung kommt. Als Grundlage werden Wiederbeschaffungswerte angesetzt.

Der Liquidationswert setzt eine Auflösung des Unternehmens voraus. Bei seiner Berechnung werden die Verbindlichkeiten und sonstigen Verpflichtungen vom Verkaufserlös abgezogen und der Differenzbetrag auf den Barwert abgezinst. Der Liquidationswert definiert die absolute Preisuntergrenze als potenziellen Marktpreis bei einer Unternehmenszerschlagung.

Ein großer Nachteil des in der Theorie überwiegend kritisch betrachteten Substanzwertverfahren ist die nicht vorhandene Zukunftsbezogenheit sowie die mangelnde Möglichkeit der Einbeziehung nicht bilanzierungsfähiger Werte wie Humankapital, Image, Marke, Kundenbeziehungen etc.[431]

Beispielrechnung 1 stellt die Vorgehensweise des Substanzwertverfahren auf Grundlage fiktiver Bilanzdaten eines Beispielunternehmens vor.[432]

Vermögenswerte laut Bilanz		1.413.000 €
Aufwertung Grundstücke	78.500 €	
Aufwertung Maschinen	31.400 €	
Forderungsrisiko	./. 62.800 €	
Abwertung Vorräte	./. 31.400 €	
Brutto-Substanzwert		1.428.700 €
Schulden laut Bilanz		./. 471.700 €
Bildung Pensionsrückstellungen	./. 15.700 €	
Rückstellungen aus drohenden Verlusten	./. 31.400 €	
Bildung latenter Steuern	./. 23.550 €	
Netto-Substanzwert		**887.050 €**

Beispielrechnung 1: Ermittlung des Substanzwerts

---

[431] Vgl. Jung (1983), S. 180 ff.
[432] Die im folgenden zu den unterschiedlichen Bewertungsverfahren durchgeführten Beispielrechnungen beruhen alle auf identischen Daten eines fiktiven Beispielunternehmens. Dadurch wird eine Vergleichbarkeit der Verfahrensergebnisse gewährleistet und ein Eindruck für die Unterschiedlichkeit der jeweiligen Unternehmenswerte vermittelt.

6.1.2 Gesamtwertmethoden

Innerhalb der Gesamtwertmethoden wird zwischen den Verfahrenstypen *Ertragswertverfahren*, *Discounted-Cash-flow-Verfahren* und *Vergleichsverfahren* unterschieden.

Allen hier zuzuordnenden Bewertungsverfahren ist gemeinsam, dass sie das Unternehmen als Gesamtheit betrachten und die Bewertung auf zukünftige Erträge ausgerichtet ist, im Gegensatz zu den Einzelwertmethoden, bei denen die Vermögens- und Schuldenpositionen einzeln erfasst, bewertet und aufsummiert werden. Das physische Unternehmen wird bei den Gesamtwertmethoden nicht mehr *reproduziert*, sondern ausschließlich über die *zukünftige Ertragskraft* beurteilt.

6.1.2.1 Ertragswertverfahren

Bei den Ertragswertverfahren wird der Unternehmenswert durch Diskontierung der in Zukunft aus dem Unternehmen erwarteten *Erträge* ermittelt.[433] Der Unternehmenswert berechnet sich als Barwert der Zukunftserträge des Unternehmens. Der Diskontierungssatz[434] wird dabei aus der besten alternativen Kapitalanlage abgeleitet.

Zur Ermittlung des Unternehmenswerts wird zum Barwert der künftigen Erträge des Unternehmens der Barwert der erwarteten Liquidationserlöse aus einer Veräußerung des *nicht betriebsnotwendigen Vermögens (NBV)* addiert. Für den Fall, dass man die *Lebensdauer (T)* als endlich ansieht, wird am Ende der Lebenszeit ein Liquidationswert angesetzt, der für die Unternehmenswertermittlung wie die einzelnen Zukunftserträge auf den Betrachtungszeitpunkt abdiskontiert wird.

Der Unternehmenswert bestimmt sich nach dem Ertragswertverfahren[435] wie folgt:

$$\text{Unternehmenswert}_{\text{Auf Basis Ertragswert}} = \sum_{t=1}^{T} \left[\frac{\text{Ertrag}_t}{(1+i)^t} \right] + \text{NBV}_t + \frac{\text{Liquidationswert}}{(1+i)^T}$$

Dabei gilt:			
t	= Periode	NBV	= Nicht betriebsnotwendiges Vermögen
i	= Diskontierungssatz	T	= Lebensdauer

Formel I: Unternehmenswert nach dem Ertragswertverfahren

---

[433] Vgl. Fischer (1996), S. 108.

[434] Ebenfalls geläufig sind die Bezeichnungen *Kalkulationszinsfuß* und *Kapitalisierungszinssatz*.

[435] Genauere Ausführungen hinsichtlich verschiedener Ertragsbegriffe und tiefergehende Einblicke in das Ertragswertverfahren finden sich im Anhang, S. 288 f.

In Literatur und Praxis existieren unterschiedliche Ertragsbegriffe, die in ihrer Grundkonzeption ein unterschiedliches Ausmaß an Prognoseaufwand zur Folge haben. Bei der Nutzung des Ertragsbegriffs der *künftigen NCF beim (potenziellen) Eigner* ist dieser Prognoseaufwand am höchsten, bei der Heranziehung der *künftigen Periodenerfolge des Unternehmens* am geringsten. Niedrigerer Prognoseaufwand bedeutet dabei stets auch geringere Genauigkeit der Bewertung und umgekehrt. Beispielrechnung 2 veranschaulicht das Ertragswertverfahren auf Grundlage von Periodenerfolgen.

---

1. Referenzergebnis als Kombination

		Periodenerfolg	Gewichtung	
Ist	1999	202.530 €	2	405.060 €
Ist	2000	158.570 €	1	158.570 €
Plan	2001	222.600 €	4	890.400 €
Plan	2002	267.140 €	3	801.420 €
Plan	2003	369.430 €	2	738.860 €
Plan	2004	453.580 €	1	453.580 €
Plan	2005	464.550 €	1	464.550 €
			14	**3.912.440 €**

$$\text{Referenzergebnis:} \quad \frac{3.912.440\ €}{14} = 279.460\ €$$

2. Kaufmännische Ertragswertermittlung - pauschale Methode

$$\text{Ertragswert} = \frac{\text{Referenzergebnis}}{\text{Kalkulationszinsfuß}} = \frac{279.460\ € * 100}{12,5} = \underline{\underline{2.235.680\ €}}$$

Beispielrechnung 2: Ermittlung des Ertragswerts auf Grundlage von Periodenerfolgen[436]

Die obige Rechnung wird vereinfachend nach der kaufmännischen Kapitalisierungsformel vorgenommen, die von einer unbegrenzten Planungsdauer ausgeht.

Sowohl in der Bewertungspraxis als auch in der Literatur wird das Ertragswertverfahren oft irrtümlicherweise gleichgesetzt mit einer Heranziehung von Periodenerfolgen[437] zur Messung von Zukunftserträgen.[438]

---

[436] „Bei der pauschalen Methode geht man von den Ergebnissen der Vergangenheit und der Gegenwart aus, wobei der Durchschnitt dieser Ergebnisse als nachhaltiger Zukunftsertrag unterstellt wird. [...] [Bei der analytischen Methode] werden die zukünftigen Ergebnisse aus einer Planrechnung entnommen, die für die zukünftigen Jahre erstellt wird." Fischer (1996), S. 110.

[437] Periodenerfolg als Gewinn oder Verlust auf Basis einer Ertrags- und Aufwandsrechnung.

[438] Vgl. Mandl/Rabel (1997), S. 36.

Hiermit verbunden sind Schwächen der buchhalterischen Größe des Periodener-folgs als Ertragsbegriff, die zurückzuführen sind auf die Fülle der damit verbun-denen Bewertungsvereinfachungen. Weiterer Kritikpunkt – der auch für die an-deren Ertragswerte gilt – ist die fehlende Fundierung des Diskontierungsfaktors.

6.1.2.2 Discounted-Cash-flow-Verfahren

Wie bei der Ermittlung des Ertragswerts im Rahmen der Gesamtwertmethodik ersichtlich wird, besteht ein wesentliches Problem einer solchen Unternehmens-bewertung in der fehlenden Fundierung des Diskontierungsfaktors.

Die kapitalmarkt-theoretische Forschungsrichtung der Finanzwissenschaft wid-met sich dieser Problematik. Die *Discounted-Cash-flow-Methode* (*DCF-Methode*) kann als eine Verfeinerung der Ertragswertermittlung durch die theo-retische Aufarbeitung des Diskontierungsfaktors angesehen werden.[439] Die bis Mitte der 80er Jahre noch unbekannte angelsächsische Methodik[440] erlebte An-fang der 90er Jahre ihren Durchbruch und stellt einen der wesentlichen Aspekte der aktuellen *Shareholder-Value-Diskussion* dar.

Die DCF-Verfahren bauen in aller Regel einheitlich auf der Ermittlung der po-tenziell verfügbaren Cash-flows des Unternehmens auf und gehen diesbezüglich von einer Vollausschüttungsfiktion aus. Erfolgt die Bewertung aus dem Blick-winkel des Akquisitionssubjekts, werden grundsätzlich auch realisierbare Syn-ergien einbezogen.[441]

Je nach Definition bewertungsrelevanter Cash-flows und je nach Art der ange-wandten Diskontierungssätze sind mehrere DCF-Verfahren zu unterscheiden:

- ❑ Netto-Verfahren *(equity-Approach)*
- ❑ Brutto-Verfahren *(entity-Approach)* und hier die *WACC-* und die *APV-Methode*
- ❑ Ansatz von *Rappaport*
- ❑ Ansatz von *Copeland/Koller/Murrin* (McKinsey)
- ❑ Ansatz der *Boston Consulting Group*
- ❑ Ansatz von *Stern/Stewart*

Von den genannten Verfahren werden im folgenden aus praxisrelevanten Ge-sichtspunkten allerdings nur die ersten drei Verfahren näher erläutert werden, insbesondere der am weitesten verbreitete und sicherlich bekannteste Ansatz von Rappaport.

---

[439] Bei den *DCF-Methoden* werden ausschließlich Zahlungsströme berücksichtigt, buchhal-terische Größen wie Periodenerfolg werden nicht einbezogen.

[440] Vgl. Coenenberg/Sautter (1992), S. 207.

[441] Vgl. Kapitel 6.3.

Die allen DCF-Verfahren gemeinsame, grundsätzliche Vorgehensweise lässt sich anhand der Abb. 70 darstellen.

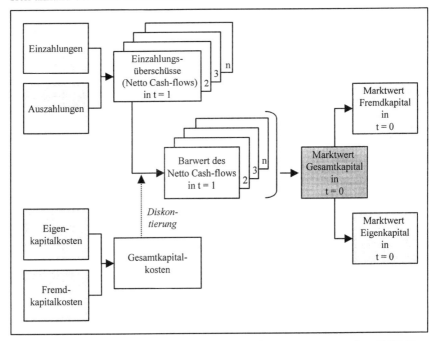

Abb. 70: Grundprinzip der Unternehmenswertbestimmung mit den DCF-Verfahren[442]

Der Cash-flow stellt als Differenz zwischen Einzahlungen und Auszahlungen die zentrale Steuerungsgröße der DCF-Verfahren dar. Allerdings existieren hinsichtlich des Cash-flows unterschiedliche Definitionen, die sich in Herkunft und Verwendung des Cash-flow-Begriffs deutlich voneinander abgrenzen.

Abb. 71 liefert einen exemplarischen Überblick über unterschiedliche Definitionen von Cash-flow-Begriffen.

---

[442] Vgl. Bühner (1994), S. 12.

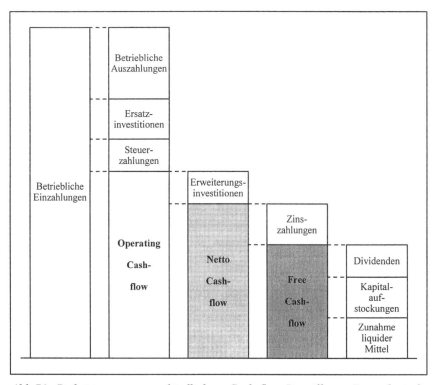

Abb.71: Definitionen unterschiedlicher Cash-flow-Begriffe – Exemplarische Aufstellung

Prinzipiell lassen sich die DCF-Methoden in zwei unterschiedliche Verfahrensansätze aufteilen. Das Netto-Verfahren, das nur auf die Eigenkapitalkosten eingeht und das Brutto-Verfahren, das die Gesamtkapitalkosten berücksichtigt, also auch die Kosten des Fremdkapitals.[443]

Netto-Verfahren (*equity approach*)

Beim Netto-Verfahren entsprechen die zu diskontierenden Cash-flows den vom Unternehmen erwirtschafteten Einzahlungsüberschüssen, die allein den Eigenkapitalgebern zur Verfügung stehen und als *flow to equity* (FTE) bezeichnet werden. Wird aus Sicht eines akquirierenden Unternehmens von den externen Synergien abgesehen, die im Einzahlungsüberschuss des Unternehmens nicht enthalten sind, wohl aber im FTE, besteht daher Identität zwischen dem equity-Approach und dem Ertragswertverfahren auf Grundlage der Einzahlungsüberschüsse des Unternehmens.

---

[443] Vgl. Copeland/Koller/Murrin (1994), S. 131 f.

Im Gegensatz zu den FCF sind bei der Prognose des FTE auch die künftigen Fremdkapitalzinsen einschließlich der daraus resultierenden Steuerwirkung sowie die Veränderung des Fremdkapitalbestandes zu berücksichtigen. Zwischen FCF und FTE besteht somit der in Formel II dargestellte Zusammenhang:

	Free Cash-flow (FCF)
−	Fremdkapitalzinsen
+	Unternehmenssteuerersparnis aus Fremdkapitalzinsen
+	Aufnahme von verzinslichem Fremdkapital
−	Tilgung von verzinslichem Fremdkapital
=	**Flow to Equity (FTE)**

Formel II: Zusammenhang zwischen Free Cash-flow und Flow to Equity.

Da der FTE allein den Eigenkapitalgebern zusteht, wird er nur mit der geforderten *Eigenkapitalrendite r(EK)* diskontiert, die wiederum auf der Grundlage kapitalmarkt-theoretischer Modelle bestimmt wird. Im Gegensatz zum Brutto-Verfahren kommt aber kein *Mischzinsfuß* bzw. *gewogener Kapitalkostensatz* zur Anwendung. Bei der Anwendung des Netto-Verfahrens gilt die Formel III.

Barwert der FTE + Marktwert des NBV = Shareholder Value (Marktwert des Eigenkapitals)

Formel III: Shareholder Value bei der Anwendung des Netto-Verfahrens

Brutto-Verfahren und Netto-Verfahren führen zum selben Ergebnis, wenn identische Annahmen über das zukünftige Finanzierungsverhalten getroffen werden.

Brutto-Verfahren (*entity approach*)

Als bewertungsrelevanter Unternehmensertrag wird bei den Brutto-Verfahren die Summe der den Eigen- und Fremdkapitalgebern eines Unternehmens zur Verfügung stehenden Zahlungsüberschüsse herangezogen. Bei den Brutto-Verfahren sind zwei Varianten in der Diskussion; zum einen werden zur Diskontierung die *gewogenen durchschnittlichen Kapitalkosten*[444] herangezogen, zum anderen ein *angepasster Barwert*[445]. Um die angestrebte Finanzierungsneutralität der Cash-flow-Größe zu erreichen, werden die Unternehmenssteuern ohne Berücksichtigung der steuerlichen Abzugsfähigkeit der Fremdkapitalzinsen ermittelt und Cash-flow-mindernd einbezogen.

---

[444] Sogenannte *weighted average cost of capital (WACC)*.
[445] Sogenannter *adjusted present value (APV)*.

Die Steuerersparnis aus den künftigen Fremdkapitalzinsen wird erst durch eine entsprechende Verminderung des Diskontierungssatzes berücksichtigt. Die geschilderte Vorgehensweise soll sicherstellen, dass der ermittelte Free Cash-flow den vom Unternehmen erwirtschafteten Einzahlungsüberschuss vor Berücksichtigung der Außenfinanzierungsmaßnahmen (und der daraus resultierenden Unternehmenssteuerwirkungen) durch die Eigen- und Fremdkapitalgeber des Unternehmens repräsentiert. Es erfolgt faktisch eine Trennung des Unternehmens in einen Leistungsbereich – für den der Cash-flow prognostiziert wird – und einen Finanzbereich, der die Maßnahmen der Außenfinanzierung durch Eigen- und Fremdkapitalgeber umfasst.

Relevante Größe für die Unternehmenswertermittlung wird somit der Free Cash-flow (FCF) [446]. Für die Ermittlung des FCF gilt die Formel IV[447]:

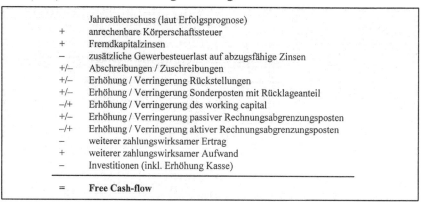

	Jahresüberschuss (laut Erfolgsprognose)
+	anrechenbare Körperschaftssteuer
+	Fremdkapitalzinsen
–	zusätzliche Gewerbesteuerlast auf abzugsfähige Zinsen
+/–	Abschreibungen / Zuschreibungen
+/–	Erhöhung / Verringerung Rückstellungen
+/–	Erhöhung / Verringerung Sonderposten mit Rücklageanteil
–/+	Erhöhung / Verringerung des working capital
+/–	Erhöhung / Verringerung passiver Rechnungsabgrenzungsposten
–/+	Erhöhung / Verringerung aktiver Rechnungsabgrenzungsposten
–	weiterer zahlungswirksamer Ertrag
+	weiterer zahlungswirksamer Aufwand
–	Investitionen (inkl. Erhöhung Kasse)
=	**Free Cash-flow**

Formel IV: Ermittlung des Free Cash-flow

Da die prognostizierten FCF somit zur Bedienung der Eigen- und Fremdkapitalgeber des Unternehmens zur Verfügung stehen, werden sie mit einem Mischzinsfuß in Form eines gewogenen Kapitalkostensatzes (WACC) diskontiert. Dabei wird ein in Zukunft konstanter Verschuldungsgrad auf Marktwertbasis unterstellt, der in der Regel durch Festlegung einer Zielkapitalstruktur vorgegeben wird. Der gewogene Kapitalkostensatz soll den gewichteten Durchschnittskosten von Eigen- und Fremdkapital entsprechen.

---

[446] Vgl. Ballwieser (1998), S. 86.

[447] Im Rahmen der FCF-Berechnung gilt für das *working capital* folgende Berechnung:
working capital = Vorräte + Forderungen + geleistete Anzahlungen – Verbindlichkeiten aus Lieferungen und Leistungen – erhaltene Anzahlungen

Für die praktische Berechnung des gewogenen Kapitalkostensatzes wird Formel V empfohlen:

$$c^{WACC} = r(EK)_u * \frac{EK}{GK} + r(FK)*(1-s)*\frac{FK}{GK}$$

Dabei gilt:

c^{WACC} =	gewogener Kapitalkostensatz	s =	Ertragssteuersatz auf Unternehmensebene
$r(FK)$ =	Renditeforderung der Fremd- kapitalgeber (*Fremdkapitalkosten*)	$r(EK)_u$ =	Renditeforderung der Eigenkapitalge- ber für das unverschuldete Unternehmen
EK =	Marktwert des Eigenkapitals	FK =	Marktwert des verzinslichen Fremd- kapitals

Formel V: Ermittlung des gewogenen Kapitalkostensatzes

Die Summe aus dem durch Anwendung des WACC errechneten Barwert der FCF und dem Marktwert des nicht betriebsnotwendigen Vermögens[448] ergibt den Marktwert des Gesamtkapitals. Wird davon der Marktwert des Fremdkapitals abgezogen, erhält man den Marktwert des Eigenkapitals (Shareholder Value).

Nach der *Adjusted Present Value Methode (APV)* ist der Unternehmenswert gleich dem Marktwert des Eigenkapitals, welcher sich aus der Summe des Marktwertes des Unternehmens bei fiktiver reiner Eigenfinanzierung und des Wertes der unternehmenssteuerlichen Vorteile aus anteiliger Fremdfinanzierung abzüglich des Marktwertes des Fremdkapitals ergibt.[449] Hierzu wird zunächst der Marktwert des Gesamtkapitals unter der Annahme der vollständigen Eigenfinanzierung des Unternehmens ermittelt. Zu diesem Zweck werden die prognostizierten FCF, die den Cash-flows bei vollständiger Eigenfinanzierung entsprechen, mit der Renditeforderung der Eigenkapitalgeber für das unverschuldete Unternehmen $r(EK)_u$ diskontiert.[450] Die Summe aus dem so ermittelten Barwert der FCF und dem Marktwert des nicht betriebsnotwendigen Vermögens wird als *Marktwert des unverschuldeten Unternehmens* bezeichnet.

---

[448] Der Marktwert des nicht betriebsnotwendigen Vermögens (NBV) ist wie bei den Ertragswertverfahren gesondert zu bestimmen.

[449] Vgl. Brealey/Myers (1991), S. 458-460.

[450] Ist lediglich die Renditeforderung für das verschuldete Unternehmen $r(EK)_v$ bekannt, muss $r(EK)_u$ daraus unter bestimmten Annahmen abgeleitet werden.

Die Auswirkungen einer Fremdfinanzierung werden erst in einem zweiten Schritt berücksichtigt. Dabei führt die steuerliche Abzugsfähigkeit der Fremdkapitalzinsen zu einer Erhöhung des Marktwertes des Gesamtkapitals in Form des sogenannten *Tax Shield*[451]. Die Marktwerterhöhung errechnet sich als Barwert der Steuerersparnis aus den Fremdkapitalzinsen. Die Summe aus Marktwert des unverschuldeten Unternehmens und Marktwerterhöhung aus der Fremdfinanzierung ergibt den Marktwert des Gesamtkapitals für das verschuldete Unternehmen. Wird davon der Marktwert des Fremdkapitals abgezogen, erhält man wiederum den Marktwert des Eigenkapitals (Shareholder Value).

Seit den 80er Jahren haben sich unterschiedliche Ansätze der Discounted-Cashflow-Methoden zur Unternehmenswertermittlung insbesondere im Rahmen der Shareholder-Value-Diskussion etabliert[452], von denen ergänzend zu Brutto- und Netto-Verfahren im folgenden der Ansatz von *Rappaport* vorgestellt werden soll.

Ansatz von *Rappaport*

"Das grundlegende Ziel einer Akquisition ist dasselbe wie bei jeder anderen Investition im Rahmen der Gesamtstrategie eines Unternehmens: den Wert zu steigern."[453]

Der Ansatz Rappaports bewertet dieses Ziel mit einem ökonomisch fundierten und einheitlichen Messverfahren und erlaubt auf diese Weise dem Management, mit einer auf dem Shareholder-Value-Ansatz basierenden Wertsteigerungsanalyse jene Strategien und Maßnahmen – in diesem Sinne auch Akquisitionen – zu verfolgen, die zu einer Steigerung des Eigentümerwertes führen.[454]

Von Bedeutung ist, dass die Bewertungskonzeption des Shareholder Value nicht in Verbindung mit transaktionsbezogenen Bewertungsanlässen entwickelt wurde, sondern aufbauend auf dem grundlegenden Werk von Rappaport[455] die Grundlage einer neuen Strategiebeurteilung und Strategiebewertung für das Management schaffen will.

---

[451] Beim *APV-Verfahren* wirken sich Änderungen der Kapitalstruktur des zu bewertenden Unternehmens nicht auf die Höhe des Diskontierungssatzes r $(EK)_u$, sondern lediglich auf die Höhe des *Tax Shield* aus.

[452] Diese Verfahren wurden zu einem großen Teil von einzelnen Unternehmensberatungsfirmen entwickelt, wie z.B. von *McKinsey* oder der *Boston Consulting Group*. Vgl. dazu Copeland/Koller/Murrin (1994), Lewis (1995), Stewart (1991).

[453] Vgl. Rappaport (1999), S. 164.

[454] Vgl. Herter (1994), S. 13; Dirrigl (1994), S. 409 ff.

[455] Vgl. Rappaport (1986).

Kernpunkt des Ansatzes ist die Fragestellung, mittels welcher Komponenten der Shareholder Value einer Unternehmung beeinflusst werden kann.

Der Ansatz Rappaports basiert auf der Kapitalwertmethode, bei der bei einem positiven Kapitalwert einer Investition davon ausgegangen wird, dass die Barwertsumme (*Net Present Value*) der FCF größer Null ist und damit einen Beitrag zur Wertschaffung bzw. zum Unternehmenswert erwirtschaftet. Die Barwertsumme wird durch die von Rappaport so bezeichneten *Value Driver*[456] bestimmt.

Der Unternehmenswert setzt sich aus folgenden Grundkomponenten zusammen:[457]

□ dem *Gegenwartswert der betrieblichen Cash-flows* während der Prognoseperiode,

□ dem *Residualwert*, der den Gegenwartswert eines Geschäftes für den Zeitraum nach der Prognoseperiode repräsentiert,

□ dem *Gegenwartswert der börsenfähigen Wertpapiere und anderer Investitionen*, die sich liquidieren lassen, für den eigentlichen Geschäftsbetrieb jedoch unwesentlich sind.[458]

Es gilt die Formel VI:

Marktwert Gesamtkapital = Marktwert Eigenkapital *(Shareholder Value)* + Marktwert Fremdkapital

$$\text{Marktwert Gesamtkapital} = \left[\sum_{t=1}^{T} \frac{FCF_t}{(1+c^{WACC})^t} \right] + \frac{RV}{(1+c^{WACC})^T} + NBV_t$$

Dabei gilt:

FCF	= Free Cash-flow	c^{WACC} =	gewogener Kapitalkostensatz
RV	= Residual Value	T =	Planungsdauer
NBV	= Nicht betriebsnotwendiges Vermögen	t =	Periode

Formel VI: Marktwert des Gesamtkapitals

---

[456] Nach Rappaport sind folgende Größen *Value Driver*: die *Wachstumsrate des Umsatzes*, die *betriebliche Gewinnmarge*, der *Gewinnsteuersatz*, die *Investitionen in Umlauf- und Anlagevermögen*, die *Kapitalkosten* und die *Länge der Prognoseperiode*.

[457] Vgl. Rappaport (1995), S. 53 f.

[458] Sogenanntes *nicht betriebsnotwendiges Vermögen (NBV)*.

Vereinfacht ausgedrückt entspricht der finanzielle Wert einer Unternehmung der Summe der auf den Bewertungszeitpunkt abgezinsten künftigen Einnahmen und Ausgaben oder Geldflüsse.[459] In der Praxis beinhalten die erwarteten Geldflüsse sowohl die Geldflüsse, die innerhalb des zeitlich begrenzten Planungshorizonts anfallen, als auch eine wirtschaftlich vertretbare Annahme für jene Geldflüsse, die außerhalb des Prognosezeitraums anfallen, den Endwert oder Residual Value. Ergänzt werden diese Geldflüsse noch durch die Komponente des *Nicht betriebsnotwendigen Vermögens*, dessen potenzieller Verkauf einen weiteren Beitrag zum Cash-flow beiträgt.

Eine besondere Bedeutung bei der Unternehmenswertberechnung kommt dem für die Kapitalgeber frei verfügbaren *Free Cash-flow (FCF)* zu, dessen Berechnung in Formel VII dargestellt ist:

$$FCF_t = NOPAT_t - NI_t^{WC} - NI_t^{AV}$$

Dabei gilt:

NOPAT = Net Operating Profit After Taxes	t	= Periode
NI_t^{AV} = Nettoinvestitionen ins Anlagevermögen	NI_t^{WC}	= Nettoinvestitionen ins Umlaufvermögen

Formel VII: Berechnung des Free Cash-flow

Ansatzpunkte zur Gestaltung des für die Kapitalgeber frei verfügbaren FCF lassen sich anhand einer Aufschlüsselung der FCF-Berechnungsformel auf die Ebene der Werttreiber darstellen.[460] Werttreiber[461] sind Komponenten des Free Cash-flow, die durch typische strategische Entscheidungen unmittelbar beeinflusst werden und über die Aussagen getroffen werden können, wie sich die geplanten Maßnahmen auf den Unternehmenswert auswirken.

Über die Wertgeneratoren wird es also ermöglicht, einen Bezug zwischen strategischen Handlungsoptionen und dem Unternehmenswert herzustellen. Dies ist deshalb von entscheidender Bedeutung, weil vom Management der Einfluss geplanter Aktivitäten auf Größen wie Umsatz, Investitionsrate oder Kosten relativ sicher prognostiziert werden kann, hingegen die Auswirkungen auf den Unternehmenswert nicht unmittelbar ableitbar, sondern erst über eine mehrperiodische Verdichtung der resultierenden Zahlungsströme zu ermitteln sind.

---

[459] Hinsichtlich der Funktionen des Kapitalisierungszinsfußes und bzgl. der Bedeutung des gewogenen Kapitalkostensatzes, vgl. Herter (1994), S. 41 ff.

[460] Eine detaillierte und umfassende Beschreibung der einzelnen Werttreiber findet sich bspw. bei Herter (1994), S. 39 ff.

[461] Man spricht auch von *Wertgeneratoren* oder *Value-Driver*.

Dabei gilt die Formel VIII:

$$FCF_t = U_{t-1} * (1 + w_U) * r_U * (1 - s) - U_{t-1} * w_U * n_{WC} - U_{t-1} * w_U * n_{AV}$$

Dabei gilt:

U	= Umsatz	EBIT	= Earnings before interests and taxes
ΔU	= Umsatzveränderung	t	= Periode

Dabei gelten folgende Werttreiber:

1.) Umsatzrentabilität : $r_U = \dfrac{EBIT}{U}$

5.) Ertragssteuersatz auf : s
Unternehmensebene

2.) Nettoinvestitionsrate in : $n_{WC} = \dfrac{NI^{WC}}{\Delta U}$
das Working Capital

6.) Gewogene : c^{WACC}
Kapitalkosten

3.) Nettoinvestitionsrate in : $n_{AV} = \dfrac{NI^{AV}}{\Delta U}$
das Anlagevermögen

7.) Länge der Detailpro- : T
gnoseperiode/
Planungshorizont

4.) Wachstumsrate des : $w_U = \dfrac{U_t - U_{t-1}}{U_{t-1}}$
Umsatzes

Formel VIII: Berechnung des Free Cash-Flow auf Grundlage der Werttreiber

Ab dem Planungshorizont T erbringen zusätzliche Investitionen nur mehr eine Rendite, die den gewogenen Kapitalkosten enstpricht, d.h. der Kapitalwert der durch diese Investitionen verursachten Cash-flows ist damit Null und kann bei der Ermittlung des Marktwerts des Gesamtkapitals/Unternehmenswerts unberücksichtigt bleiben.

Auf dieser Grundlage geht Rappaport für die Zeit nach dem Planungshorizont von einem (nominell) konstanten Free Cash-flow (FCF) aus, den er als *Perpetuity CF (PCF)* bezeichnet.[462] Der PCF entspricht dabei dem *Net Operating Profit After Taxes (NOPAT)* der letzten Detailprognoseperiode. Der Barwert der konstanten PCF nach dem Planungshorizont wird von Rappaport als *Residual Value (RV)* bezeichnet.

---

[462] Vgl. Rappaport (1999), S. 40 f.

Es gilt die Formel IX:

$$RV = \frac{PCF}{c^{WACC}} = \frac{PCF}{r\,(EK) * \dfrac{EK}{GK} + r\,(FK) * (1-s) * \dfrac{FK}{GK}}$$

Dabei gilt:				
RV	= Residual Value	GK	=	Marktwert des Gesamtkapitals
PCF	= Perpetuity Cash-flow	s	=	Ertragssteuersatz auf Unternehmensebene
c^{WACC}	= gewogener Kapitalkostensatz	r (FK)	=	Renditeforderung der Fremdkapitalgeber („Fremdkapitalkosten")
EK	= Marktwert des Eigenkapitals			
FK	= Marktwert des verzinslichen Fremdkapitals	r (EK)	=	Renditeforderung der Eigenkapitalgeber („Eigenkapitalkosten")

Formel IX: Berechnung des Residual Value

Die Bewertungspraxis argumentiert beim Perpetuity CF mit der Annahme einer ewigen Rente auf der Basis des im letzten Prognosejahr erzielten Erfolgs

Der gewogene Kapitalkostensatz c^{WACC} stellt die vom Investor erwartete Mindestrendite für das Investitionsvorhaben dar. Investitionen mit einer Rendite über dem Kapitalkostensatz sind demnach wertschaffend, während Investitionen mit einer Rendite unterhalb der Kapitalkosten wertvernichtend sind.

Die Ermittlung der Fremdkapitalkosten ist aufgrund der marktlichen Vorgaben der Kreditaufnahme nicht allzu schwer zu vollziehen; relevanter Fremdkapitalkostensatz ist jene Verzinsung, die derzeit von den Kreditgebern verlangt wird.[463]

---

[463] Da die Fremdkapitalzinsen steuerlich abzugsfähig sind, entspricht die Rendite, die auf das Fremdkapital gezahlt wird, den Fremdkapitalkosten nach Steuern; aus pragmatischen Gründen wird derzeit oftmals von einem pauschalen Fremdkapitalzinssatz zwischen 6% und 8% ausgegangen, vgl. Böhm (2000), S. 303.

Die Bestimmung der Eigenkapitalkosten gestaltet sich weitaus schwieriger. Theoretisches Rahmenkonzept zur Ableitung der Renditeforderung der Eigenkapitalgeber – als Maßstab für die Eigenkapitalkosten des Unternehmens – bildet das *Capital Asset Pricing Model (CAPM)*.[464] In dem Mitte der 60er Jahre in der Kapitalmarkttheorie von William Sharpe (1964), John Lintner und Jack Treynor (1965) entwickelten Modell wird unter Annahme der Risikoaversion der Akteure die Beziehung zwischen Ertrag und Risiko analysierbar.[465]

Die Eigenkapitalkosten werden ermittelt anhand des sicheren Zinses und der Risikoprämie des Eigenkapitals. Diese Risikoprämie korrespondiert in kompetitiven Märkten mit einem *Sensitivitätsmaß Beta (β)* und ist die mit Beta multiplizierte Differenz aus der erwarteten Marktrendite und dem risikofreien Zinssatz.[466]

Es gilt folgende Formel:

$$\text{Eigenkapitalkosten } r\,(EK) = r_f + \beta_i * (r_m - r_f) \quad , \text{mit } \beta_i = \frac{\sigma_{im}}{\sigma_m^2}$$

Dabei gilt:

r_f	= risikoloser Zins	σ_{im}	=	Kovarianz von i und m
r_m	= Marktrendite	σ_m^2	=	Varianz des Marktertrags
β	= Sensitivitätsmaß Beta	$r\,(EK)$	=	Renditeforderung der Eigenkapital- geber (*Eigenkapitalkosten*)
i	= neue Investition			

Formel X: Berechnung der Eigenkapitalkosten

Der unternehmensspezifische Risikofaktor β beschreibt bei börsennotierten Unternehmen die Schwankungen der Unternehmensaktie im Vergleich zum Marktindex[467], wird täglich aktualisiert und bewegt sich normalerweise in einem Bereich zwischen (0,5) und (2,0), wobei der Markt selbst per Definition den Faktor (1,0) besitzt. Bei nicht börsennotierten Unternehmen wird der Beta-Faktor von vergleichbaren börsennotierten Unternehmen abgeleitet, bzw. das Risiko bzgl. des jeweiligen Geschäftsfelds geschätzt.

---

[464] Vgl. Hauser (1999), S. 401 f.

[465] Detailliertere Ausführungen bzgl. der Annahmen des CAPM vgl. Copeland/Weston (1988), S. 193 f.

[466] Der Zinssatz einer risikofreien Anlage richtet sich bspw. nach der Verzinsung von Bundesschatzbriefen, z.B. 7%, die Differenz zwischen Marktrendite und risikolosem Zins wird derzeit in Deutschland bei ca. 5 % angegeben. Vgl. Berens/Brauner (1998), S. 162.

[467] Bspw. DAX, MDAX oder SDAX.

Rappaports Ansatz ist insbesondere aufgrund der Verwendung der Value Driver äußerst praktikabel, da diese „[...] die griffige Aufspaltung der zu bestimmenden Cash-flows in jahresabschluss-bezogene Kennzahlen [...]"[468] vornehmen. Zudem erlaubt die Beschränkung auf eine überschaubare Anzahl der Value Driver übersichtliche Sensitivitätsanalysen.

Die Annahme der ewigen Rente stellt jedoch eine Komplexitätsreduktion dar, die auch angesichts einiger Erweiterungen, wie bspw. den konstanten Wachstumsraten von betrieblichen Cash-flows, insbesondere aufgrund der nicht unerheblichen Anteile des Restwerts am Gesamtwert, problematisch bleibt.

Es ergibt für die Unternehmensbewertung folgende Beispielrechung:

1. Formel

$$\text{Barwert} = \left[\sum_{t=1}^{5} \frac{FCF_t}{(1 + c^{WACC})^t} \right] + \frac{RV}{(1 + c^{WACC})^5}$$

FCF	= Free Cash-flow (DM)
c^{WACC}	= Kapitalkostensatz (12,5%)
RV	= Residualwert
t	= Planungsperiode 1 bis n

$$c^{WACC} = r(EK) * \frac{EK}{GK} + r(FK) * \frac{FK}{GK}$$

r (EK)	= Eigenkapitalkosten
r (FK)	= Fremdkapitalkosten
FK/GK	= Fremdkapitalanteil
EK/GK	= Eigenkapitalanteil

Keine Berücksichtigung von Steuern!

2. Unternehmenswertermittlung

Periode	Cash flow	Diskont-Faktor	Barwert	Kumulierter Barwert
1	114.610 €	0,8889	101.880 €	101.880 €
2	131.880 €	0,7901	104.200 €	206.080 €
3	147.580 €	0,7023	103.650 €	309.730 €
4	164.850 €	0,6243	102.920 €	412.650 €
5	183.690 €	0,5549	101.930 €	514.580 €
Restwert 5	3.140.000 €	0,5549	1.742.370 €	2.256.970 €
+ Nicht betriebsnotwendiges Vermögen				97.970 €
= Brutto-Unternehmenswert				2.354.940 €
./. Verzinsliche Verbindlichkeiten				314.000 €
= **Unternehmenswert**				**2.040.940 €**

Beispielrechnung 3: Ermittlung des Unternehmenswerts auf Grundlage des DCF-Verfahrens

---

[468] Bühner (1994), S. 37.

6.1.2.3   Vergleichs-Verfahren

Vergleichs-Verfahren leiten den Wert eines zu bewertenden Unternehmens aus Börsenkurswerten oder anderen realisierten Marktpreisen vergleichbarer Unternehmen ab und werden deshalb auch als *marktorientierte* Bewertungsverfahren bezeichnet. Sie sind vor allem in den USA verbreitet und werden dort unter dem sogenannten *market approach* subsumiert, der im Unterschied zum *income approach* (entspricht der Konzeption der Ertragswert- bzw. DCF-Verfahren) und zum *cost approach* (entspricht konzeptionell dem Substanzwertverfahren) gesehen wird.

Die hohe praktische Bedeutung der Vergleichsverfahren in den USA hängt unmittelbar zusammen mit der großen Anzahl der dort stattfindenden Unternehmenstransaktionen und der Fülle des für den Bewerter bzw. potenziellen Käufer zugänglichen Datenmaterials.[469] Datenbanken und andere Informationsquellen stellen Daten über frühere Unternehmenstransaktionen zur Verfügung und ermöglichen etwa die Erhebung verschiedenster Informationen über Unternehmen, die bspw. in derselben Branche tätig sind, eine vergleichbare Größe oder eine ähnliche Marktposition haben. [470] Im Rahmen der Vergleichs-Verfahren wird das so verfügbare Datenmaterial umfassend ausgewertet und bildet die Grundlage der Wertfindung für das zu bewertende Unternehmen. Die Vergleichs-Verfahren sind damit Ausdruck eines hohen Vertrauens in das Funktionieren der Marktmechanismen.

Die in der Praxis gebräuchlichen Vergleichs-Verfahren sind der *Comparative Company Approach (CCA)* und die *Multiplikatormethode*.[471]

---

[469]   So besteht in den USA eine im Vergleich zu Deutschland weitaus größere Marktbreite und Markttransparenz des Kapitalmarktes mit 13.000 gegenüber 800 gehandelten Titeln. Vgl. Klein/Jonas (1998), S.159.

[470]   In Deutschland sind Informationen lediglich in einigen wenigen Quellen und Datenbanken wie *GENIOS* und *Datastar* sowie Zeitungen wie M&A Review und Handelsblatt abgelegt.

[471]   Tiefergehende Ausführungen zu den Vergleichs-Verfahren finden sich im Anhang, S. 290-293.

Die Beispielrechnung 4 veranschaulicht die Ermittlung des Unternehmenswertes auf Basis des Börsenfaktors:

---

1. Formel

Unternehmenswert	=	Referenzergebnis (nach Steuern) * Börsenfaktor
Börsenfaktor	=	$\dfrac{\text{Börsenkurs}}{\text{Gewinn pro Aktie}}$

2. Unternehmenswertermittlung

Referenzergebnis (nach Steuern)	:	158.570 €
Börsenkurs pro Aktie	:	250 €
Gewinn pro Aktie pro Jahr	:	18 €
Börsenfaktor (KGV)	:	14

Unternehmenswert   = 158.570 € * 14   = **2.219.980 €**

Beispielrechnung 4: Unternehmenswertermittlung auf Basis des Börsenfaktors

6.1.3 Kombinationsmethoden

Kombinationsmethoden sind Mischverfahren aus Gesamtbewertungs- und Einzelbewertungsverfahren. Es wird versucht, sowohl Elemente der Gesamtbewertungs- als auch der Einzelbewertungskonzeption in der Bewertung durch Ermittlung eines Mischwertes zu berücksichtigen. Die Kombinationsmethoden lassen sich differenzieren in:

❏ die *Praktikerformel*[472],

❏ die *Übergewinnmethode*,

❏ das *Stuttgarter Verfahren* und

❏ das *Earn out-Verfahren*.[473]

Alle diese Methoden ermitteln den Unternehmenswert auf der Basis von Einzel- und Gesamtbewertung.[474]

---

[472] Die Praktikerformel wird auch *Mittelwertverfahren* oder *Berliner Verfahren* oder *Schweizer Verfahren* genannt. Vgl. Fischer (1996), S. 119.

[473] In Anlehnung an die *Praktikerformel*. Das *Earn out-Verfahren* wird auch als Methode des *realisierten Ertragswertes* bezeichnet.

[474] An dieser Stelle wird beispielhaft ausschließlich auf die Praktikerformel eingegangen. Die anderen Verfahren finden sich samt Beispielrechnung im Anhang.

Die Praktikerformel ermittelt den Unternehmenswert aus dem Teilreproduktionswert und dem Ertragswert. Damit wird angenommen, dass sowohl eine Einzelbewertung als auch eine Gesamtbewertung durchgeführt werden muss. In der Praxis sind unterschiedliche Spielarten zu finden, die in der folgenden Beispielrechnung durch Formelbeispiele angedeutet werden sollen.

Mit der Konzeption der Praktikerformel soll der oftmals deutlichen Diskrepanz zwischen Substanzwert und Ertragswert entgegen gewirkt werden. Dies kann z.B. bei einem Unternehmen mit hoher Ertragskraft und in Relation dazu geringem Substanzwert ebenso relevant werden, wie bei einem Unternehmen, das charakterisiert ist durch einen hohen Substanzwert mit geringem Ertragswert.

In der Praxis findet die nicht zu Unrecht als Kennzahl bezeichnete Praktikerformel vielfältige Anwendung und wird auch in der Rechtsprechung als Schiedswert eingesetzt. Kritikpunkte dieses Verfahrens sind neben den Einwänden gegenüber Substanz- und Ertragswert vor allem auch die Wahl des Mittlungsverhältnisses.

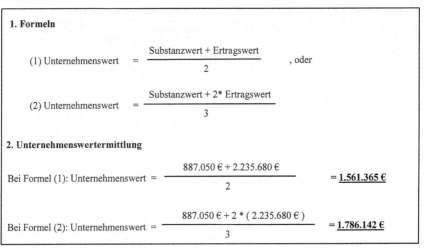

1. Formeln

(1) Unternehmenswert $= \dfrac{\text{Substanzwert} + \text{Ertragswert}}{2}$, oder

(2) Unternehmenswert $= \dfrac{\text{Substanzwert} + 2* \text{Ertragswert}}{3}$

2. Unternehmenswertermittlung

Bei Formel (1): Unternehmenswert $= \dfrac{887.050\ € + 2.235.680\ €}{2} = \underline{\mathbf{1.561.365\ €}}$

Bei Formel (2): Unternehmenswert $= \dfrac{887.050\ € + 2 * (\ 2.235.680\ €\ )}{3} = \underline{\mathbf{1.786.142\ €}}$

Beispielrechnung 5: Unternehmenswertermittlung nach der Praktikerformel

6.1.4 Ergebnisübersicht der Methoden zur Unternehmensbewertung

Die stark vereinfachten Beispielrechnungen können die Komplexität von Unternehmensbewertungen sicherlich nicht lückenlos abbilden, dennoch wird anhand der verschiedenen Verfahren und Formen deutlich, dass die Unternehmenswerte extrem stark divergieren können, je nach angewandter Methode.

Bei Transaktionen werden in der Regel mehrere Verfahren angewendet und auf ihre Abweichungen analysiert. Es ist ratsam, Szenariorechnungen durch Variation einzelner Faktoren durchzuführen.

Eine zusammenfassende Darstellung der unterschiedlichen Ergebnisse der Beispielrechnungen liefert folgende Übersicht.

	Methode	Unternehmenswert
Beispielrechnung 1:	Substanzwertverfahren	887.050 €
Beispielrechnung 2:	Ertragswertverfahren	2.235.680 €
Beispielrechnung 3:	DCF-Verfahren	2.040.940 €
Beispielrechnung 4:	Börsenfaktor	2.219.980 €
Beispielrechnung 5:	Praktikerformel (SW : EW = 1 : 1) (SW : EW = 1 : 2)	1.561.365 € 1.786.142 €
Beispielrechnung 6:	EBIT / EBDIT – Faktor	1.695.000 €
Beispielrechnung 7:	Übergewinnverfahren U.E.C.	1.487.167 €
Beispielrechnung 8:	Stuttgarter Verfahren	1.143.188 €

Abb. 72: Übersicht über die durchgeführten Beispielrechnungen[475]

Es verwundert nicht, wenn anhand der aufgezeigten Differenzen des Unternehmenswertes bei potenziellen Käufern und Verkäufern unterschiedliche Auffassungen hinsichtlich des zu wählenden Verfahrensansatzes bestehen. Dieser Interessenskonflikt lässt sich bspw. anhand der Synergiebetrachtungen festmachen: plädiert ein Verkäufer logischerweise für die Einbeziehung der aus der Akquisition zu erwartenden Synergien in den Verkaufspreis, so wird der potenzieller Käufer keineswegs daran interessiert sein, diese Synergien im Kaufpreis zu berücksichtigen.

---

[475] Die Beispielrechnungen 6, 7 und 8 befinden sich im Anhang, S. 293 ff.

Ein Kritikpunkt an sämtlichen traditionellen, oben genannten Verfahren der Unternehmensbewertung ist das Fehlen strategischer Aspekte.

Die bei strategisch motivierten Akquisitionen tatsächlich bezahlten (hohen) Kaufpreise sind mit den herkömmlichen Verfahren der Unternehmensbewertung nicht erklärbar.[476] Um hier einen *wahren*, der Realität entsprechenden Kaufpreis zu ermitteln, bedarf es einer *strategischen Unternehmensbewertung*.[477] Die Bewertung des zu akquirierenden Unternehmens hat also unter Berücksichtigung der strategischen Zielsetzung des kaufenden Unternehmens zu erfolgen.

Eine Werterhöhung gegenüber dem *stand-alone-Wert* kann lediglich auf zwei Effekte zurückzuführen sein[478]:

❑ werterhöhende Effekte durch *Restrukturierungsmaßnahmen* und

❑ werterhöhende Effekte durch *Synergieeffekte*.

Die Summe der werterhöhenden Effekte aus allen erzielbaren Nutzenpotenzialen ergibt den sogenannten *strategischen Zuschlag*, der zum *betriebswirtschaftlichen Unternehmenswert* hinzuaddiert werden muss.[479]

Fraglich ist, inwieweit diese Effekte quantifizierbar sind bzw. inwieweit sie in der Integrationsrealität tatsächlich umgesetzt werden können. Unter der Annahme, dass einerseits unter strategischen Gesichtspunkten und andererseits unter Aspekten der Realisierbarkeit von Restrukturierungsmaßnahmen bzw. Synergieeffekten auch andere als finanzielle Themenkomplexe für die Unternehmensbewertung von Bedeutung sind, verweist Ballwieser auf den Ansatz zur Unternehmensbewertung bei Mehrfachzielsetzung, respektive auf ein multikritierielles Bewertungssystem, das neben den quantifizierbaren auch qualitative Komponenten berücksichtigt.[480]

---

[476] Einen neuen Ansatz der Unternehmensbewertung stellt die *Kundenertragsanalyse* dar *(Client Contribution Approach)*, die insbesondere zur Bewertung von jungen Unternehmen in der Gründungs- und Wachstumsphase beitragen kann. Der Wert des Unternehmens errechnet sich dabei aus dem addierten Wert seiner Kunden. Vgl. Häcker (2000), S. 48 f. Die Telefongesellschaft KPN zahlte bspw. im Dezember 1999 bei der Fusion umgerechnet US $ 3.400 für jeden Teilnehmer des deutschen Mobilfunknetzes E-Plus. Mannesmann bewertete einen Teilnehmer mit US $ 6.900, der Telekom war im Juli 2000 jeder Kunde eines US-Mobilfunk-Betreibers US $ 20.000 wert.

[477] Vgl. Dirrigl (1994), S. 412 ff.

[478] Vgl. Coenenberg/Sautter (1988), S. 694.

[479] Vgl. Valcárcel (1992), S. 591.

[480] Vgl. Ballwieser (1993), S. 173.

6.2 Komponenten des Unternehmenswertes bei Akquisitionen

6.2.1 Unterscheidung in universelle und spezifische Synergiepotenziale

Hohe Kaufpreise für Unternehmungen werden häufig mit der Erschließung von Synergiepotenzialen gerechtfertigt. Die in Tab. 6 des Kapitels 2.4.2 aufgeführten Arten von Synergiepotenzialen können entweder unabhängig von spezifischen Kenntnissen und Fähigkeiten des Akquisitionssubjekts *von jedermann* realisiert werden oder aber Kompetenzen erfordern, die nur *ein bestimmtes potenzielles Akquisitionssubjekt* bzw. lediglich eine begrenzte Anzahl von Bietern aufweist. Diese Systematisierung der Synergiearten nach Ursprung und Realisierbarkeit ist in Abb. 73 dargestellt.

	Realisierbarkeit der Synergien	
	universell	spezifisch
marktliche Synergien	IV	VIII
wissensbezogene Synergien	III	VII
güterwirtschaftliche Synergien	II	VI
finanzwirtschaftliche Synergien	I	V

*(linke Spalte: **Synergiedimensionen**)*

Abb. 73: Systematisierung der Synergiearten nach Ursprung und Realisierbar-keit[481]

Es wird zwischen *universellen* und *spezifischen* Synergiearten unterschieden.

Universelle Synergien sind losgelöst von spezifischen Charakteristika des Akquisitionssubjekts grundsätzlich realisierbar. Universelle Synergien treten beispielsweise auf bei der *Reduktion der Kapitalbeschaffungskosten* (*Synergiebereich I* in Abb. 73), bei den meisten *economies of scale in der Produktion* (*Synergiebereich II*), beim *Know-how-Transfer* eines Fertigungsverfahrens (*Synergiebereich III*) oder beim Erwerb eines Markennamens (*Synergiebereich IV*).

---

481 In Anlehnung an Scharlemann (1996), S. 27.

Spezifische Synergiearten setzen z.B. bestimmte finanzwirtschaftliche Sachlagen beim Akquisitionssubjekt voraus, wie Verlustvorträge (*Synergiebereich V*), spezifische Geschäftsprozess-Strukturen (*Synergiebereich VI*) oder bestimmtes Know-how (*Synergiebereich VII*) bzw. im Vertriebsbereich und Marktauftritt spezifische Produktstrukturen, die bspw. ein Cross-Selling zwischen den Akquisitionspartnern erst ermöglichen (*Synergiebereich VIII*). Diese Überlegungen haben Auswirkungen auf die Bewertung eines Akquisitionsobjektes aus Sicht des Akquisitionssubjektes.

Ein potenzielles Akquisitionssubjekt hat die Wahl, in seine Angebotspreisbestimmung nur diejenigen – universellen – Synergien einzubeziehen, die auch andere potenzielle Erwerber realisieren können und spezifische Synergien außer Acht zu lassen. Wertsteigerungen, die ein potenzielles Akquisitionssubjekt nur aufgrund seiner spezifischen Voraussetzungen bzw. Fähigkeiten erlangt, kommen im Fall der ausschließlichen Berücksichtigung universeller Synergien im Angebotspreis auch nur dem Akquisitionssubjekt zugute, da sie nicht durch einen erhöhten Kaufpreis an Anteilseigner des Akquisitionsobjekts übertragen werden.

Geht man von der Existenz universeller und spezifischer Synergieeffekte aus und akzeptiert man die Vorstellung, dass das Akquisitionssubjekt zumindest einen Teil dieser zukünftig erwarteten Wertsteigerungspotenziale an die veräußernde Partei weitergibt, dann hängt der Wert eines Unternehmens aus Sicht des Akquisitionssubjekts von folgenden Faktoren ab:

1.) *stand-alone-Wert des Akquisitionsobjekts*, der sich in Abhängigkeit vom gewählten Unternehmensbewertungsverfahrens ergibt, jedoch zumeist als objektiver Ertragswert des zu kaufenden Unternehmens die Preisuntergrenze (PUG) des Verkäufers (Akquisitionsobjekts) darstellt.

2.) *universeller Synergiewert*, der die erwarteten universellen Synergien in der finanzwirtschaftlichen, güterwirtschaftlichen, wissensbezogenen und marktlichen Dimensionen repräsentiert.[482]

---

[482] Teilmenge des universellen Synergiewerts ist auch der sogenannte *Restrukturierungswert*, der wertsteigernde Faktoren im Rahmen von *Reengineering-Tätigkeiten* mitberücksichtigt, deren Realisierung nicht ausschließlich mit der bevorstehenden Akquisition verbunden sind. Unter den Restrukturierungswert fallen auch bspw. Verkäufe nicht betriebsnotwendiger Vermögensteile, andere Maßnahmen eines wertsteigernden Asset-Managements, sowie die Überprüfung der Notwendigkeit bestimmter vorhandener Passivpositionen.

3.) *spezifischer Synergiewert*, der entsprechend der vier Synergiedimensionen den Wertanteil der spezifischen Synergien darstellt.[483]

Abb. 74 zeigt die Wertgrenzen eines Akquisitionsobjektes in Abhängigkeit von universellen und spezifischen Synergien.

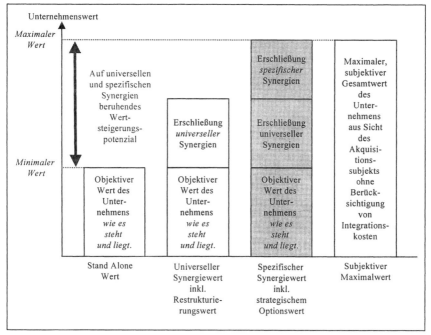

Abb. 74: Wertgrenzen eines Akquisitionsobjektes[484]

Ordnet man nicht akquisitionsbedingte Wertsteigerungen im Rahmen von Restrukturierungsmaßnahmen dem Bereich der universellen Synergien zu und den strategischen Optionswert dem Bereich der spezifischen Synergien, gilt für das potenzielle Akquisitionssubjekt die mathematische Ungleichung in Formel XI als Kaufpreisentscheidung.

---

[483] Als Teilmenge des spezifischen Synergiewertes kann auch der *strategischen Optionswert* betrachtet werden, der schon vor erfolgter Akquisition wertsteigernde Potenziale im Sinne strategischer Optionen im Unternehmenswert mitberücksichtigt. Relevant ist die Bewertung solcher Handlungsalternativen bei Unternehmen mit hohen F&E-Kapazitäten, die Optionen für potenziell profitable Projekte beinhalten. Beispiele sind im Pharmazie- und Biotechnologiebereich zu finden. Vgl. Ernst (2000), S. 48 ff. Die Optionen umfassen bspw. die Aussichten, neue Produkte zu entwickeln oder über das akquirierte Unternehmen in neue Märkte einzudringen. Vgl. Sieben/Diedrich (1990), S. 794 ff., Hommel (1999), S. 22 ff. und Amram/Kulatilaka (1999), S. 95 ff.

[484] In Anlehnung an die Ausführungen bei Coenenberg/Jakoby (2000), S. 196.

$$V_{SA} + \sum_{t=1}^{n} \frac{S_{ut}}{(1+r)^t} + \sum_{t=1}^{n} \frac{S_{st}}{(1+r)^t} - P \overset{!}{>} 0$$

Dabei gilt:

V_{SA} = Stand-Alone-Wert		r =	Diskontierungssatz
S_{ut} = Free Cash-flow der universellen Synergieeffekte		P =	Preis des Akquisitionsobjekts
S_{st} = Free Cash-flow der spezifischen Synergieeffekte		t =	Periode

Formel XI: Berechnung des Grenzpreises für die Kaufentscheidung des Akquisitionssubjekts

Ist die Summe aus *Stand-Alone-Wert* zuzüglich der abgezinsten Gegenwartswerte der universellen und spezifischen Synergien abzüglich des geleisteten Kaufpreises für das Akquisitionsobjekt größer Null, lohnt der Kauf für das Akquisitionssubjekt und ist wertschöpfend.

Anzumerken ist die Tatsache, dass spezifische Synergiepotenziale allenfalls eine Art *Reservoir* darstellen können, auf das bei einem intensiven Angebotsprozess *(Bid-Prozess)* mit vielen Mitbewerbern zurückgegriffen werden kann. Es ist zu erwarten, dass mit zunehmender Wettbewerbsintensität im Bid-Prozess vermehrt neben den universellen auch spezifische Synergieeffekte bereits in der maximalen Konzessionsbereitschaft des Akquisitionssubjekts enthalten sind – wie in Abb. 75 dargestellt.

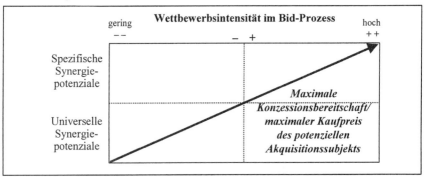

Abb. 75: Widerspiegelung von Synergien im Kaufpreis in Abhängigkeit von der Wettbewerbsintensität auf dem Markt für Unternehmensakquisitionen[485]

---

[485]   Vgl. hierzu Aiello/Watkins (2000), S. 105.

6.2.2 Prognose und Realisierung von Synergien – der Synergieerwartungswert

„The key thing I've learned is that acquisitions work best when the main rationale is cost reduction. You can nearly always achieve them because you can see up front what they are. You can define, measure, and capture them. But there's more risk with revenue enhancements; they're much more difficult to implement."[486]

Da bei zukunftsbezogenen Entscheidungen meist viele für die Entscheidungsfindung wichtige Größen unbekannt bzw. unsicher sind, können lediglich Erwartungswerte über die unbekannten Größen herangezogen werden. Grundsätzlich sind zwei verschiedene *Entscheidungssituationen* zu unterscheiden:

◻ solche, in denen zumindest subjektive Wahrscheinlichkeiten vorliegen *(Risiko)*, und

◻ solche, in denen dies nicht der Fall ist *(Unsicherheit)*, weil die Informationsbasis zu ungesichert ist.

Im folgenden wird eine Methodik zur Bestimmung von Synergieerwartungswerten vorgestellt. Diese Methodik ermöglicht den Entscheidungsträgern, in Abhängigkeit von der jeweils spezifischen Akquisitionssituation und aufbauend auf dem Kenntnisstand der empirischen Studie des Kapitels 3 subjektive Erwartungswerte für die Realisierung der Ressourcentransfers in den jeweiligen Synergiedimensionen zu ermitteln. Formel XII erfasst die Bestimmung des Synergieerwartungswertes der einzelnen Dimensionen.

$$E(S_i) = \left[\sum_{t=1}^{n} \frac{S_{it}}{(1+r)^t} \right] * w_i$$

Dabei gilt:

$E(S_i)$ = Synergieerwartungswert	r =	Diskontierungssatz
S_{it} = Free Cash-flow des Synergieeffekts i	t =	Periode
w_i = Wahrscheinlichkeit für die Freisetzung des Synergieeffekts		

Formel XII: Ermittlung der Synergieerwartungswerte[487]

---

[486] Vgl. Carey (2000), S. 147.
[487] Grundlage der Erwartungswertbestimmung ist eine heuristische Vorgehensweise.

Der Ansatz zur Ermittlung der akquisitionsspezifischen Synergieerwartungswerte setzt in Abb. 76 die aus den Fragen 5 und 6 der empirischen Studie abgeleiteten Ausprägungen der *Beeinflussbarkeit des Ressourcentransfers in den einzelnen Synergiedimensionen* in Zusammenhang mit den *jeweiligen Erfolgsfaktoren*.

Auf der x-Achse in Abb. 76 finden sich die einzelnen Erfolgsfaktoren der drei definierten *Erfolgsfaktorenfelder* der empirischen Studie – *unternehmensinterne Situationsvariablen, Maßnahmen der Integrationsgestaltung* und *Akquisitionsvorbereitung*.

Die y-Achse in Abb. 76 spiegelt den von den Fragebogenteilnehmern erwarteten Einfluss der jeweiligen Erfolgsfaktoren – gemessen durch die Antwortmittelwert – auf die Realisierung des Ressourcentransfers in der betreffenden Synergiedimension wider.[488]

Die Antwortmittelwerte werden an dieser Stelle treffender als *Resource-Impact-Values (RIV)* bezeichnet, da sie Auskunft über das *Ausmaß (Value)* der *Beeinflussung (Impact)* verschiedener Erfolgsfaktorenausprägungen auf den *Ressourcentransfer (Resource)* in den vier Synergiedimensionen geben.

Die *RIVs* bewegen sich in der Spanne zwischen *(2,00)* und *(5,00)*.[489]

Für die Klassifizierung der RIVs werden Interpretationsgrenzen festgelegt, die den Grad der Beeinflussbarkeit durch die Erfolgsfaktoren abbilden.

- RIV-Wertebereich *(2,00)* bis < *(2,30)* : sehr starke negative Beeinflussbarkeit
- RIV-Wertebereich *(2,30)* bis < *(2,60)* : starke negative Beeinflussbarkeit
- RIV-Wertebereich *(2,60)* bis < *(2,90)* : spürbare negative Beeinflussbarkeit
- RIV-Wertebereich *(2,90)* bis < *(3,20)* : geringe negative Beeinflussbarkeit
- RIV-Wertebereich *(3,20)* bis < *(3,80)* : keine Beeinflussbarkeit
- RIV-Wertebereich *(3,80)* bis < *(4,10)* : geringe positive Beeinflussbarkeit
- RIV-Wertebereich *(4,10)* bis < *(4,40)* : spürbare positive Beeinflussbarkeit
- RIV-Wertebereich *(4,40)* bis < *(4,70)* : starke positive Beeinflussbarkeit
- RIV-Wertebereich *(4,70)* bis *(5,00)* : sehr starke positive Beeinflussbarkeit

---

[488] Entsprechend der empirischen Studie und der Gestaltung der Fragen 5 und 6 steht der Antwortmittelwert *(5,0)* für eine *stark positive Beeinflussung*, *(4,0)* für eine *positive Beeinflussung*, *(3,0)* für *keine Beeinflussung*, *(2,0)* für eine *negative Beeinflussung* und der Antwortmittelwert *(1,0)* für eine *stark negative Beeinflussung* des Ressourcentransfers durch den (Erfolgs-)Faktor. Vgl. Abb. 32, Abb. 33, Abb. 35 und Abb. 36.

[489] Deshalb wurde auf eine Skalierung von (1,0) bis (5,0) gemäß der wählbaren Antwortmittelwerte in Abb. 76 verzichtet und die Skala auf den Wertebereich (2,0) bis (5,0) beschränkt.

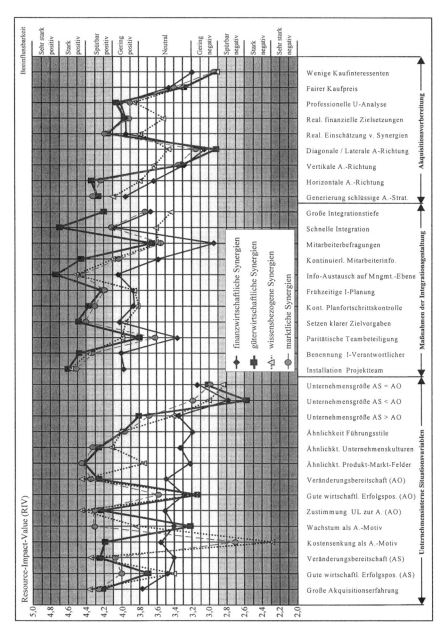

Abb. 76: Beeinflussbarkeit der Synergiedimensionen mittels Erfolgsfaktoren-management – der Resource-Impact-Value (RIV)

Liegt bspw. ein RIV eines Erfolgsfaktors für eine bestimmte Synergiedimension im Intervall (3,20) bis < (3,80) hat die fallspezifische, akquisitionsbedingte Ausprägung annahmegemäß keinerlei Auswirkungen auf den Prozess des Ressourcentransfers in dieser Synergiedimension.

Im Falle des Faktors *Fairer Kaufpreis* des Erfolgsfaktorenfeldes der *Akquisitionsvorbereitung* liegt der RIV für alle Synergiedimensionen im Intervall (3,20) bis < (3,80), d.h. die *Höhe des Kaufpreises hat keinerlei Einfluss auf den* Ressourcentransfer zwischen den Akquisitionspartnern, weder in positiver noch in negativer Weise und auch unabhängig von der Synergiedimension.[490]

Ein weiteres Beispiel liefert der Faktor *Kostensenkung als Akquisitionsmotiv.* Wird eine Akquisition mit dem Ziel durchgeführt, Kosten einzusparen, beeinflusst dieses Motiv den Ressourcentransfer in der *finanzwirtschaftlichen Synergiedimension* nicht (neutraler Faktor), wohl aber in den anderen Dimensionen. Der Ressourcentransfer in der *güterwirtschaftlichen Synergiedimension* wird durch das Akquisitionsmotiv der Kostensenkung *spürbar positiv beeinflusst,* im Gegensatz dazu der *spürbar negative Einfluss* des Motivs auf den Ressourcentransfer in der *marktlichen Dimension.* Einen *sehr stark negativen Einfluss* hat eine Akquisition mit dem Ziel Kosten zu senken auf den Ressourcentransfer in der *wissensbezogenen Synergiedimension.*[491]

Durchweg positiven Einfluss auf den Ressourcentransfer in allen Synergiedimensionen hat der (Erfolgs-)Faktor *Installation eines Projekt-Teams.* Lediglich das Ausmaß der positiven Wirkung dieses Erfolgsfaktors auf den Ressourcentransfer in den vier Dimensionen weist Unterschiede auf.

Liegt der RIV eines Erfolgsfaktors außerhalb des Intervalls des Bereichs (3,20) bis < (3,80), so folgt daraus, dass der Ressourcentransfer durch die fallspezifische Ausprägung der Akquisition beeinflusst wird, d.h. im negativen Fall gehemmt bzw. unterbunden und im positiven Fall unterstützt wird.

---

[490] Bei dieser Konstellation (RIV im Intervall (3,20) bis < (3,80)) wird im weiteren Verlauf von einem *Neutralen Faktor* gesprochen.

[491] Vgl. auch Abb. 31, Abb. 33 und Abb. 34. RIVs im Wertebereich < (2,60) können als *Misserfolgsfaktoren* angesehen werden; RIVs im Wertebereich > (4,40) sind dementsprechend *Erfolgsfaktoren.*

Im *RIV-Grid* der Abb. 77 sind die einzelnen Erfolgsfaktoren und die dazu-gehörenden RIVs synergiespezifisch zugeordnet.[492]

Erfolgsfaktoren	Synergiedimensionen			
	Finanzwirt-schaftlich	Güterwirt-schaftlich	Wissens-bezogen	Marktlich
Große Akquisitionserfahrung	3,77	4,21	4,36	4,26
Gute wirtschaftlich Erfolgsposition (AS)	3,47	3,70	3,40	4,00
Veränderungsbereitschaft (AS)	3,40	4,25	4,34	4,08
Akquisitionsmotiv Kostensenkung	3,55	4,17	*(2,28)*	*(2,75)*
Akquisitionsmotiv Wachstum	3,40	3,21	3,81	4,30
Zustimmung der UL zur Akquisition (AO)	3,51	4,23	4,45	4,28
Gute wirtschaftliche Erfolgsposition (AO)	3,28	*(3,13)*	*(3,15)*	3,57
Veränderungsbereitschaft (AO)	3,49	4,25	4,43	4,34
Ähnlichkeit Produkt-Markt-Felder	3,21	4,42	3,74	4,47
Ähnlichkeit Unternehmenskulturen	3,32	4,26	4,09	4,32
Ähnlichkeit Führungsstile	*(3,19)*	3,96	3,98	3,94
Unternehmensgröße AS > AO	3,34	3,81	3,40	3,68
Unternehmensgröße AS < AO	*(2,79)*	*(2,57)*	*(2,98)*	*(3,19)*
Unternehmensgröße AS = AO	*(3,13)*	*(3,02)*	*(2,85)*	*(2,98)*
Installation eines schlagkräftigen Projektteams	3,94	4,60	4,55	4,51
Benennung eines Integrationsverantwortlichen	4,00	4,47	4,36	4,34
Paritätische Teambeteiligung AS / AO	3,36	3,79	3,98	3,62
Setzen klarer Zielvorgaben / Maßnahmenpläne	4,02	4,47	3,96	4,40
Kontinuierliche Planfortschrittskontrolle	3,87	4,38	3,81	4,30
Frühzeitige Integrationsplanung	3,87	4,21	3,87	4,17
Regelm. Info-Austausch auf Mngmt.-Ebene	4,04	4,74	4,51	4,43
Kontinuierliche Mitarbeiterinformation	3,58	4,45	4,09	4,04
Durchführung von Mitarbeiterbefragungen	*(2,94)*	3,64	3,57	3,53
Schnelle Durchführung der IG-Maßnahmen	4,08	4,70	3,60	4,09
Vollständige Integration aller Bereiche	3,66	4,19	3,42	3,72
Generierung schlüssige Akquisitions-Strategie	3,94	4,26	4,08	4,32
Horizontale Akquisitionsrichtung	3,62	4,34	3,77	4,23
Vertikale Akquisitionsrichtung	3,28	3,32	3,62	3,32
Diagonale / laterale Akquisitionsrichtung	*(3,04)*	*(2,91)*	3,45	*(3,15)*
Real. Einschätzung von Synergiepotenzialen	3,94	4,15	3,79	4,19
Realistische finanzielle Zielsetzungen	3,94	3,94	3,51	3,91
Professionelle Unternehmensanalyse	4,00	4,06	3,85	3,91
Fairer Kaufpreis	3,45	3,28	3,30	3,40
Geringe Anzahl von Kaufinteressenten	*(3,19)*	*(2,91)*	*(2,89)*	*(2,92)*

☐ Keine Beeinflussbarkeit   ☐ Geringe Beeinflussbarkeit   ▨ Spürbare Beeinflussbarkeit

■ Starke Beeinflussbarkeit   ■ Sehr starke Beeinflussbarkeit

(1,00) Negative Beeinflussbarkeit   5,00 Positive Beeinflussbarkeit

Abb. 77: RIV-Grid – Zuordnung der synergiespezifischen RIVs zu den Erfolgs-faktoren

---

[492] Vgl. hierzu auch die Abb. 31, Abb. 33 und Abb. 34.

Bei der Festlegung der erwarteten Synergiepotenziale wird zumeist von einer *optimal* durchgeführten Akquisition und Integrationsgestaltung ausgegangen, bei der mittels des zu bewerkstelligenden Ressourcentransfers in den vier Synergiedimensionen alle erwarteten Synergie*potenziale* in tatsächliche Synergie*effekte* umgewandelt werden und somit zu einer Wertsteigerung bei den Akquisitionspartnern führen.[493]

Eine Beeinflussung des erwarteten Ressourcentransfers ist also ausschließlich im Sinne einer *Behinderung* bzw. in der extremsten Ausprägung *völligen Unterbindung* des Ressourcentransfers zu verstehen. In die gleiche Richtung argumentieren vermehrt auch Verfasser der aktuellen Fachliteratur zur Akquisitions- und Bewertungsthematik. Etliche Autoren warnen bei Akquisitionsvorhaben vor einer überzogenen Einschätzung der erwarteten Synergiepotenziale und befürworten eine Korrektur der maximalen Konzessionsbereitschaft des Akquisitionssubjekts bei der Angebotspreisabgabe für das Akquisitionsobjektes *nach unten*.[494]

Über das Ausmaß des notwendigen *Korrekturumfangs* für die erwarteten Synergiepotenziale sind in der Fachliteratur keine quantitativen Aussagen zu finden. Es besteht jedoch die Möglichkeit, aufgrund der in Kapitel 3 gewonnenen Erkenntnisse bzgl. Erfolgsfaktoren und deren Einfluss auf die Realisierung des Ressourcentransfers in den vier Synergiedimensionen, den in Formel XIII dargestellten Zusammenhang der Einflussfaktoren auf den Wahrscheinlichkeitswert für den Ressourcentransfer herzustellen:

$$w_{sd,x}^{ef} = f\left(EF\,[\,SIT_x, MIG_x, MAM_x\,]\,, RIV_{sd}^{ef}\right)$$

Dabei gilt:

w	= Wahrscheinlichkeitswert für Ressourcentransfer	x	= fallspezifische Ausprägung
EF	= Ausprägungsgrad Erfolgsfaktor	ef	= erfolgsfaktorbezogen
SIT	= Situationsvariable	sd	= synergiedimensionsbezogen
MIG	= Maßnahme der Integrationsgestaltung	f	= Funktion
MAM	= Maßnahme des Akquisitionsmanagement	RIV	= Resource-Impact-Value

Formel XIII: Ermittlung des Wahrscheinlichkeitswertes des Ressourcentransfers

---

[493] Vgl. Kapitel 2.4.1, S. 41.
[494] Vgl. Klingebiel (2000), S. 565 und Ghemawat/Ghadar (2001), S. 38.

Die Wahrscheinlichkeitswerte für den Ressourcentransfer in den einzelnen Synergiedimensionen sind nach Formel XIII abhängig von dem spezifischen Akquisitionsvorhaben – vorliegende Situationsvariablen, durchgeführte Maßnahmen der Integrationsgestaltung und Maßnahmen des Akquisitionsmanagement – und dem RIV des jeweiligen Erfolgsfaktors auf den Ressourcentransfer.

Im folgenden wird die Vorgehensweise zur Ermittlung akquisitionsfallspezifischer Wahrscheinlichkeitswerte für den Ressourcentransfer in den vier Synergiedimensionen anhand zweier Fallstudien exemplarisch dargestellt.

6.2.2.1 Ermittlung des Wahrscheinlichkeitswertes für den Ressourcentransfer – Fallbeispiel 1

Ein *wirtschaftlich gesundes Unternehmen* mit *großer Akquisitionserfahrung* kauft ein *kleineres, finanziell angeschlagenes Unternehmen derselben Branche und Wertschöpfungsstufe*. Vorrangiges *Akquisitionsmotiv* ist die Erreichung der *ehrgeizigen Wachstumsziele* im europäischen Markt.

Das Akquisitionssubjekt verfügt über *erfahrene* und *kompetente Mitarbeiter*, die schon mehrere Akquisitions- und Integrationsprojekte durchführten und auch *diese Akquisition hinsichtlich Projektmanagement, Zielvorgaben, Maßnahmenplänen und finanziellen Zielsetzungen präzise vorbereitet* haben.

Einzig und allein *eine detaillierte Unternehmensanalyse des Akquisitionsobjekts geriet* infolge der zeitlichen Restriktionen im Bid-Prozess *ins Hintertreffen*.

Das *Integrationsprojekt* soll *unter Führung eines bewährten Projektleiters* vollzogen werden. Aufgrund positiver Erfahrungen aus vorangegangenen Projekten wird das *Projektteam ausschließlich aus Mitarbeitern des Akquisitionssubjekts rekrutiert*, da ansonsten mit zu hohem Abstimmungsaufwand gerechnet wird.

Während des *straff geplanten Integrationsprozesses* ist eine *umfassende Information* der Mitarbeiter der betroffenen Bereiche durch ein ausgefeiltes *Kommunikationsmanagement* garantiert.

Fraglich erscheint dem Leiter des Integrationsprojektes, ob sich die durch eine *zentrale, strikt hierarchische Organisationsstruktur* und einen *autoritären Führungsstil* geprägten *Mitarbeiter des Akquisitionsobjekts* in die neuen, *teamorientierten Strukturen* einfinden können. Er ist jedoch zuversichtlich, da die Mitarbeiter des Akquisitionsobjekts infolge der vollzogenen Übernahme *sehr motiviert* sind und *lernen wollen*.

Die *frühere Unternehmensleitung scheint mit der neuen Situation weniger glücklich* zu sein und sieht ihr Unternehmen als *unter-Wert-verkauft* an, hält aber bis dato still.

In Abstimmungsrunden zwischen Projektteam und *Steering-Committee*[495] werden unter Berücksichtigung des RIV-Grid folgende Annahmen hinsichtlich der Quantifizierung der Auswirkungen akquisitionsspezifischer Erfolgsfaktorenausprägungen auf den Ressourcentransfer vereinbart:[496]

❑ $/(3,5) - RIV_{sd}/ > 1,2$[497] : bis zu *100%* des Ressourcentransfers werden bei ungünstiger Ausprägung des jeweiligen Erfolgsfaktors verhindert. Der Ressourcentransfer wird durch akquisitionsfallspezifische Ausprägungen der Erfolgsfaktoren komplett unterbunden.

❑ $1,2 > /(3,5) - RIV_{sd}/ > 0,9$: bis zu *75%* des Ressourcentransfers werden bei ungünstiger Ausprägung des jeweiligen Erfolgsfaktors verhindert.

❑ $0,9 > /(3,5) - RIV_{sd}/ > 0,6$: bis zu *50%* des Ressourcentransfers werden bei ungünstiger Ausprägung des jeweiligen Erfolgsfaktors verhindert.

❑ $0,6 > /(3,5) - RIV_{sd}/ > 0,3$: bis zu *25%* des Ressourcentransfers können akquisitionsfallspezifisch verhindert werden.

❑ $/(3,5) - RIV_{sd}/ < 0,3$: der Ressourcentransfer wird wie erwartet vollzogen. Die realisierten Synergieeffekte entsprechen den erwarteten Synergiepotenzialen.

---

[495] Vgl. Kapitel 5.2.3, S. 158 ff.

[496] In Formel XIV wird auch vom *Quantifizierungsfaktor QF* gesprochen.

[497] Der mathematisch als *Betragsgröße* formulierte Term verkörpert sowohl den RIV-Bereich der *sehr stark positiven Beeinflussbarkeit* ((4,70) bis (5,00)), als auch den RIV-Bereich der *sehr stark negativen Beeinflussbarkeit* ((2,00) bis (2,30)). Die beiden Bereiche sind sehr stark beeinflussbar hinsichtlich akquisitionsfallspezifischer Ausprägungen. Bei entsprechender Erfolgsfaktorenkonstellation erscheint eine vollständige Unterbindung des erwarteten Ressourcentransfers möglich.

Weiterhin nimmt das Projektteam in Abstimmung mit dem *Steering Committee* folgende Einteilung vor, die im spezifischen Akquisitionsfall *Ausprägungen von Erfolgsfaktoren* (Situationsvariablen, Maßnahmen der Integrationsgestaltung und Maßnahmen des Akquisitionsmanagement) wie folgt gruppiert:

● : Erfolgsfaktor *sehr stark ausgeprägt*
Die entsprechenden Situationsvariablen sind sehr stark ausgeprägt, die Maßnahmen der Integrationsgestaltung und des Akquisitionsmanagement sind *ohne Einschränkung durchführbar,* was einen uneingeschränkten Vollzug des Ressourcentransfers bewirkt.

◑ : Erfolgsfaktor *stark ausgeprägt*
Die entsprechenden Situationsvariablen sind stark ausgeprägt, die Maßnahmen der Integrationsgestaltung und des Akquisitionsmanagement sind nicht vollständig, sondern lediglich *weitestgehend durchführbar,* was annahmegemäß zu einer *25%-igen* Reduktion des *beeinflussbaren Anteils der erwarteten Synergiepotenziale* führt.

◑ : Erfolgsfaktor ist *spürbar ausgeprägt*
Die entsprechenden Situationsvariablen sind spürbar ausgeprägt, die Maßnahmen der Integrationsgestaltung und des Akquisitionsmanagement sind nur *eingeschränkt durchführbar,* was annahmegemäß zu einer *50%-igen* Reduktion des *beeinflussbaren Anteils der erwarteten Synergiepotenziale* führt.

◑ : Erfolgsfaktor ist *schwach ausgeprägt*
Die entsprechenden Situationsvariablen sind schwach ausgeprägt, die Maßnahmen der Integrationsgestaltung und des Akquisitionsmanagement sind nur *schwer durchführbar,* was annahmegemäß zu einer *75%-igen* Reduktion des *beeinflussbaren Anteils der erwarteten Synergiepotenziale* führt.

○ : *Erfolgsfaktor ist nicht ausgeprägt*
Die entsprechenden Situationsvariablen sind nicht ausgeprägt, die Maßnahmen der Integrationsgestaltung und des Akquisitionsmanagement *sind nicht durchführbar,* was annahmegemäß zu einer *kompletten Nicht-Realisierung* des *beeinflussbaren Anteils der erwarteten Synergiepotenziale* führt.

Im spezifischen Akquisitionsfall werden in Abb. 78 die durch das RIV-Grid vorgegebenen RIVs mit den fallspezifischen Ausprägungen der Erfolgsfaktoren verknüpft und Wahrscheinlichkeitswerte generiert.

Erfolgsfaktoren	Fall-spezifische Ausprägung	Synergiedimensionen			
		Finanzwirt-schaftlich	Güterwirt-schaftlich	Wissens-bezogen	Marktlich
Große Akquisitionserfahrung	●	1	1	1	1
Gute wirtschaftlich Erfolgsposition (AS)	●	1	1	1	1
Veränderungsbereitschaft (AS)	◑	1	0,75	0,75	0,875
Akquisitionsmotiv Kostensenkung	◑	1	0,75	0,50	0,75
Akquisitionsmotiv Wachstum	●	1	1	1	1
Zustimmung der UL zur Akquisition (AO)	◑	1	0,75	0,625	0,75
Gute wirtschaftliche Erfolgsposition (AO)	○	1	1	1	1
Veränderungsbereitschaft (AO)	◕	1	0,875	0,875	0,875
Ähnlichkeit Produkt-Markt-Felder	●	1	1	1	1
Ähnlichkeit Unternehmenskulturen	◔	1	0,625	0,8125	0,625
Ähnlichkeit Führungsstile	○	0,75	0,75	0,75	0,75
Unternehmensgröße AS > AO	●	1	1	1	1
Unternehmensgröße AS < AO	○	—	—	—	—
Unternehmensgröße AS = AO	○	—	—	—	—
Installation eines schlagkräftigen Projektteams	◕	0,9375	0,8125	0,8125	0,8125
Benennung eines Integrationsverantwortlichen	◕	0,9375	0,8125	0,875	0,875
Paritätische Teambeteiligung AS / AO	○	1	1	0,75	1
Setzen klarer Zielvorgaben / Maßnahmenpläne	●	1	1	1	1
Kontinuierliche Planfortschrittskontrolle	◑	0,875	0,75	0,875	0,75
Frühzeitige Integrationsplanung	◑	0,875	0,75	0,875	0,75
Regelm. Info-Austausch auf Mngmt.-Ebene	◑	0,875	0,50	0,625	0,625
Kontinuierliche Mitarbeiterinformation	◕	1	0,8125	0,9375	0,9375
Durchführung von Mitarbeiterbefragungen	○	1	1	1	1
Schnelle Durchführung der IG-Maßnahmen	◑	0,875	0,50	1	0,875
Vollständige Integration aller Bereiche	◑	1	0,75	1	1
Generierung schlüssige Akquisitions-Strategie	◑	0,875	0,75	0,875	0,75
Horizontale Akquisitionsrichtung	●	1	1	1	1
Vertikale Akquisitionsrichtung	○	-	-	-	-
Diagonale / laterale Akquisitionsrichtung	○	-	-	-	-
Real. Einschätzung von Synergiepotenzialen	◕	0,9375	0,875	1	0,9375
Realistische finanzielle Zielsetzungen	◕	0,9375	0,9375	1	0,9375
Professionelle Unternehmensanalyse	◔	0,8125	0,8125	0,8125	0,8125
Fairer Kaufpreis	○	1	1	1	1
Geringe Anzahl von Kaufinteressenten	◑	0,875	0,875	0,75	0,875
Aggregierter Wahrscheinlichkeitswert		**0,96**	**0,81**	**0,90**	**0,89**

☐ Keine Beeinflussbarkeit	(0%)	●	Sehr stark ausgeprägt	(0%)
☐ Geringe Beeinflussbarkeit	(25%)	◕	Stark ausgeprägt	(25%)
☐ Spürbare Beeinflussbarkeit	(50%)	◑	Spürbar ausgeprägt	(50%)
☐ Starke Beeinflussbarkeit	(75%)	◔	Gering ausgeprägt	(75%)
☐ Sehr starke Beeinflussbarkeit	(100%)	○	Nicht ausgeprägt	(100%)

Abb. 78: RIV-Grid mit Wahrscheinlichkeitswerten – Fallbeispiel 1

Für die Berechnung der Einzelwerte gilt der in Formel XIV dargestellte Algorithmus.

$$w_{sd,x}^{ef} = EF\ [\ SIT_x, MIG_x, MAM_x\ ]\ *\ QF\ \left[\ RIV_{sd}^{ef}\ \right]$$

Dabei gilt:

w	= Wahrscheinlichkeitswert für Ressourcentransfer	x	= fallspezifische Ausprägung
EF	= Ausprägungsgrad Erfolgsfaktor	ef	= erfolgsfaktorbezogen
SIT	= Situationsvariable	sd	= synergiedimensionsbezogen
MIG	= Maßnahme der Integrationsgestaltung	QF	= Quantifizierungsfaktor
MAM	= Maßnahme des Akquisitionsmanagement	RIV	= Resource-Impact-Value

Formel XIV: Algorithmus zur Bestimmung der Wahrscheinlichkeiten der Zellenwerte – spezifische Annahmen des Fallbeispiels 1[498]

Die ermittelten Zellenwerte werden je Erfolgsfaktorenkomplex zusammengefasst und anschließend zu einem akquisitionsfall-spezifischen Wahrscheinlichkeitswert je Synergiedimension nach Formel XV verdichtet.

$$W_{sd,x} = \frac{1}{34} * \sum_{n=1}^{34} w_{sd,x}^{ef}$$

Dabei gilt:

W	= Aggregierter Wahrscheinlichkeitswert	x	= fallspezifische Ausprägung
w	= Wahrscheinlichkeitswert für Ressourcentransfer	ef	= erfolgsfaktorbezogen
sd	= synergiedimensionsbezogen	n	= Anzahl Erfolgsfaktoren

Formel XV: Verdichtung der Zellenwerte zu einem Wahrscheinlichkeitswert je Synergiedimension – spezifische Annahmen des Fallbeispiels 1

---

[498] Der Zellenwert des Erfolgsfaktors *Grosse Akquisitionserfahrung* für die *finanzwirtschaftliche Synergiedimension* in Abb. 78 ermittelt sich wie folgt: *Fallspezifische Ausprägung des Erfolgsfaktors* = ●, d.h. annahmegemäß, dass keine Beeinträchtigung des Ressourcentransfers stattfindet. Zudem ist der Quantifizierungsfaktor des genannten Zellenfeldes im RIV-Grid gekennzeichnet durch *keine Beeinflussbarkeit* (vgl. Abb. 77). Als Zellenwert der Wahrscheinlichkeit ergibt sich also: (1,00 – 0,00 * 0,00 = 1,00). Der Zellenwert des Erfolgsfaktors *Zustimmung der Unternehmensleitung des Akquisitionsobjekts zur Akquisition* für die *wissensbezogene Synergiedimension* in Abb. 78 ermittelt sich wie folgt: *Fallspezifische Ausprägung des Erfolgsfaktors* = ◗, d.h. annahmegemäß, dass eine bis zu 50%-ige Reduktion des beeinflussbaren Anteils der erwarteten Synergiepotenziale auftreten kann. Zudem ist der Quantifizierungsfaktor des genannten Zellenfeldes im RIV-Grid gekennzeichnet durch *starke Beeinflussbarkeit* (vgl. Abb. 77). Als Zellenwert der Wahrscheinlichkeit ergibt sich also: (1,00 – 0,50*0,75 = 0,625).

Entsprechend der im RIV-Grid berechneten Wahrscheinlichkeitswerte werden die erwarteten Synergie*potenziale vom Projektteam und dem Steering Committee in gemeinsamer Übereinstimmung* nach unten korrigiert. Am stärksten werden die Einschätzungen der Synergiepotenziale in der *güterwirtschaftlichen* Dimension mit insgesamt ca. 20%, am wenigsten stark in der *finanzwirtschaftlichen Synergiedimension* mit ca. 5% eingeschränkt, entsprechend den Ergebnissen aus Abb. 78 und den darin ermittelten aggregierten Wahrscheinlichkeitswerten je Synergiedimension.

6.2.2.2   Ermittlung des Wahrscheinlichkeitswertes für den Ressourcentransfer – Fallbeispiel 2

Ein Unternehmen, das in jüngster Zeit empfindliche *Umsatzeinbußen und Marktanteilsverluste* einstecken musste, fusioniert in einem *Merger of equals* mit einem *in der Wertschöpfungsstufe vorgelagerten Unternehmen,* hauptsächlich um *Kostendegressionseffekte im Sinne von economies of scale* zu erwirtschaften.

Die *eigene Akquisitionserfahrung ist eher gering,* bis dato wurde ausschließlich internes Wachstum praktiziert.

Ebenfalls *gering ist die Veränderungsbereitschaft der Mitarbeiter beim Akquisitionssubjekt,* zumal auch beim *Akquisitionsobjekt sowohl auf Unternehmensleitungs- als auch auf Mitarbeiterebene Widerstände gegen den Merger offenkundig* sind.

Man erhofft sich auf beiden Seiten *sehr viel von der Fusion* und glaubt durch *ein behutsames und langsames Vorgehen im Integrationsprozess* die Kritiker beschwichtigen zu können. Auch sollen *vorerst nur diejenigen Bereiche integriert werden, die schnellen Integrationserfolg versprechen.*

Es wurde *noch kein Haupt-Verantwortlicher für die Durchführung des Integrationsprojekts gefunden,* denn vor dem als *Schleudersitz titulierten Posten scheuen sich die bisherigen Leistungsträger der beiden Organisationen.*

Zu *viele Rahmenbedingungen des Mergers sind noch im Unklaren* und auch *die Unternehmenskulturen der beiden Unternehmen* scheinen *nicht reibungsfrei* zu harmonieren.

Das akquisitionsfall-spezifische RIV-Grid des Fallbeispiels 2 ist in Abb. 79 dargestellt, die Annahmen hinsichtlich der Ausprägungen von Erfolgsfaktoren und der Quantifizierungsfaktoren des RIV-Grid entsprechen dem Fallbeispiel 1.

Erfolgsfaktoren	Fallspezifische Ausprägung	Synergiedimensionen			
		Finanzwirtschaftlich	Güterwirtschaftlich	Wissensbezogen	Marktlich
Große Akquisitionserfahrung	O	1	0,50	0,50	0,50
Gute wirtschaftlich Erfolgsposition (AS)	◑	1	1	1	0,8125
Veränderungsbereitschaft (AS)	O	1	0,50	0,50	0,8125
Akquisitionsmotiv Kostensenkung	◐	1	0,875	0,25	0,625
Akquisitionsmotiv Wachstum	◑	1	1	0,8125	0,625
Zustimmung der UL zur Akquisition (AO)	O	1	0,50	0,25	0,50
Gute wirtschaftliche Erfolgsposition (AO)	◔	1	0,875	0,875	1
Veränderungsbereitschaft (AO)	O	1	0,50	0,50	0,50
Ähnlichkeit Produkt-Markt-Felder	◔	1	0,625	1	0,625
Ähnlichkeit Unternehmenskulturen	◔	1	0,75	0,9375	0,75
Ähnlichkeit Führungsstile	◔	0,875	0,875	0,875	0,875
Unternehmensgröße AS > AO	O	-	-	-	-
Unternehmensgröße AS < AO	O	-	-	-	-
Unternehmensgröße AS = AO	●	0,75	0,25	0,75	0,75
Installation eines schlagkräftigen Projektteams	◑	0,8125	0,4375	0,4375	0,4375
Benennung eines Integrationsverantwortlichen	◑	0,8125	0,4375	0,625	0,625
Paritätische Teambeteiligung AS / AO	◔	1	1	0,875	1
Setzen klarer Zielvorgaben / Maßnahmenpläne	◔	0,875	0,625	0,9125	0,625
Kontinuierliche Planfortschrittskontrolle	◑	0,8125	0,625	0,8125	0,625
Frühzeitige Integrationsplanung	O	0,75	0,50	0,75	0,50
Regelm. Info-Austausch auf Mngmt.-Ebene	◔	0,875	0,50	0,625	0,625
Kontinuierliche Mitarbeiterinformation	◑	1	0,4375	0,8125	0,8125
Durchführung von Mitarbeiterbefragungen	O	1	1	1	1
Schnelle Durchführung der IG-Maßnahmen	O	0,75	0,00	1	0,75
Vollständige Integration aller Bereiche	◑	1	0,625	1	1
Generierung schlüssige Akquisitions-Strategie	◑	0,8125	0,625	0,8125	0,625
Horizontale Akquisitionsrichtung	O	-	-	-	-
Vertikale Akquisitionsrichtung	●	1	1	1	1
Diagonale / laterale Akquisitionsrichtung	O	-	-	-	-
Real. Einschätzung von Synergiepotenzialen	◑	0,8125	0,625	1	0,8125
Realistische finanzielle Zielsetzungen	◑	0,8125	0,8125	1	0,8125
Professionelle Unternehmensanalyse	◑	0,8125	0,8125	0,8125	0,8125
Fairer Kaufpreis	●	1	1	1	1
Geringe Anzahl von Kaufinteressenten	●	0,75	0,75	0,50	0,75
Aggregierter Wahrscheinlichkeitswert		**0,89**	**0,62**	**0,80**	**0,75**

Keine Beeinflussbarkeit (0%)   ● Sehr stark ausgeprägt (0%)

Geringe Beeinflussbarkeit (25%)   ◐ Stark ausgeprägt (25%)

Spürbare Beeinflussbarkeit (50%)   ◔ Spürbar ausgeprägt (50%)

Starke Beeinflussbarkeit (75%)   ◑ Gering ausgeprägt (75%)

Sehr starke Beeinflussbarkeit (100%)   O Nicht ausgeprägt (100%)

Abb. 79: RIV-Grid mit Wahrscheinlichkeiten – Fallbeispiel 2

Die Synergiepotenzialwerte reduzieren sich in Fallbeispiel 2 beträchtlich.[499] Mit ca. 40% Synergieeinbußen ist in der güterwirtschaftlichen Dimension zu rechen, gefolgt von Einbußen in Höhe von 25% bzw. 20% in der marktlichen- und wissensbezogenen Dimension. Einzig und allein die finanzwirtschaftliche Dimension kommt mit Einbußen von lediglich ca. 10% relativ *ungeschoren* davon.

6.2.3   Sachlogische Kosten des Ressourcentransfers

Aus betriebswirtschaftlicher Sicht lassen sich bei der Betrachtung von Akquisitionskosten bzw. von Kosten des akquisitionsbedingten Ressourcentransfers zwei Perspektiven unterscheiden, die im folgenden näher betrachtet werden:

- ❑ der *unmittelbar mit der Akquisition in Verbindung stehende*, in der Regel ohne größere Probleme *in Geldeinheiten bewertbare Werteverzehr* und

- ❑ die *durch die Akquisition induzierten Komplexitätskosten.*[500]

6.2.3.1   Unmittelbare Kosten der Akquisition

Als wesentlichste Kosten einer Akquisition führt *Rätsch* folgende Kostenkategorien an: „[...] Kosten der Haupt- bzw. Gesellschafterversammlungen, Notariats- und Eintragungskosten, Kosten der Kapitalerhöhung und des Aktientausches, Prüfungskosten für Verschmelzungs- und Umwandlungslizenzen sowie Gutachterkosten für die Ermittlung von Umtauschverhältnissen oder Abfindungsbeträgen."[501]

Im Gegensatz zu *Rätsch*, der insbesondere unmittelbare Akquisitionskosten bis zum formalen Eigentümerübergang hervorhebt, betonen *Dhaliwal/Sunder* primär die Kosten nach der Vertragsunterzeichnung: „[...] there are costs of adjustment. Assets, employees, and so forth may have to be released, rearranged, transferred or retained. New procedures may have to be implemented and a new organization designed after the merger. Managers, too, may also have to be retained. The cost of reorganizing the [acquired and acquiring, C.B.B.] companies can be nontrivial."[502]

---

[499] Vgl. hierzu auch Eisenhardt/Galunic (2000), S. 91: „The truth is, for most corporations, the 1+1 = 3 arithmetic of cross-business synergies does not add up."

[500] Der vom Käufer für das Kaufobjekt zu entrichtende Preis stellt zweifelsfrei eine wesentliche Determinante der Akquisitionskosten dar, wird aber an dieser Stelle nicht in die Kostenkategorie des Ressourcentransfers eingeordnet, einerseits weil er mit Abschluss des Akquisitionsvertrages vertraglich fixiert ist und andererseits, weil er durch Maßnahmen der Integrationsgestaltung im nachhinein nicht verändert werden kann.

[501] Rätsch (1976), S. 671.

[502] Dhaliwal/Sunder (1988), S.172.

Ob diejenigen unmittelbaren Kosten der Akquisition im Betrachtungsmittelpunkt stehen, die *vor* oder die *nach* der Vertragsunterzeichnung anfallen, ist von untergeordneter Bedeutung für die Bestimmung des Unternehmenswerts. Wesentlich ist vielmehr, dass die direkt im Zusammenhang mit der Transaktion stehenden Ressourcentransferkosten[503] in der betrieblichen Praxis weitestgehend in der Unternehmensbewertungsphase berücksichtigt werden, vor allem infolge ihrer relativ sicheren Quantifizierbarkeit in Geldeinheiten.[504]

6.2.3.2 Akquisitionsbedingte Komplexitätskosten

Weniger einfach monetär zu quantifizieren sind die akquisitionsbedingt induzierten Komplexitätskosten. Man unterscheidet in[505]:

□ *Koordinationskosten*

Koordinationskosten sind im weitesten Sinne Abstimmungskosten zwischen Akquisitionssubjekt und Akquisitionsobjekt, bspw. Kosten für die Vernetzung der IT-Systeme, Kosten für Koordinationsgremien, Lenkungsausschüsse, etc.

□ *Kompromisskosten*

Kompromisskosten sind Kosten, die bedingt sind durch eine eingeschränkte Entscheidungsfreiheit von vorher unabhängigen Unternehmen, bspw. Opportunitätskosten durch sub-optimale Ressourcenallokation. *Porter* illustriert den Begriff folgendermaßen: „Eine Verkauftruppe, die Erzeugnisse zweier Unternehmensbereiche vertreibt, wird ihre Arbeit so organisieren müssen, dass weder der Vertrieb des einen noch des anderen Produktes aus Sicht der Schwestergesellschaften optimal ist."[506]

□ *Kontrollkosten*

Akquisitionen vergrößern den Umfang und zumeist auch die Verschiedenartigkeit der direkten sowie indirekten Geschäftsprozesse. Zur Bewältigung dieses erweiterten Kontrollumfangs muss zusätzliches „[...] administratives Personal hauptsächlich in Zentralstäben und Zentralabteilungen aufgebaut [werden]."[507]

---

503 Z.B. bedingt durch Restrukturierungen in Verbindung mit Entlassungen, Sozialplänen, Vorruhestandsregelungen, Versetzungen, Trainingsprogramme etc.

504 Bspw. wurden die Kosten der Integration des EDV-Herstellers Nixdorf in den Siemens-Konzern auf DM 100 Mio bzw. DM 2.000 pro Mitarbeiter geschätzt, vgl. Buchwald/Hennes (1991), S. 153.

505 Vgl. Klemm (1990), S. 71-73, Vizjak (1990), S. 89 f., Haspeslagh/Jemison (1991), S. 30.

506 Vgl. Porter (1987b), S. 44.

507 Vgl. Bühner (1990c), S. 81.

6.2.4 Dyssynergien – erweitertes Verständnis von Ressourcentransferkosten aus Mitarbeiter- und Marktsicht

„After all, mergers invariably create changes that disrupt routine and destroy value."[508] Insbesondere aus Mitarbeitersicht gestaltet sich eine Akquisition als belastend. Im Schrifttum wird auf die Erkenntnisse der Stresstheorie zurückgegriffen, um die *Wertvernichtungspotenziale* von Akquisitionen aus Mitarbeitersicht zu erklären.[509] Akquisitionen stellen aus stress-theoretischer Sicht Ereignisse im Sinne von Stressoren dar, die

- bestehende *Mitarbeiter-Umwelt-Passungsgefüge* nicht nur kurzzeitig stören;

- bei einem hohen Anteil der betroffenen Mitarbeiter zu persönlich als bedeutsam empfundenen *Spannungs- und Ungleichgewichtszuständen* führen;

- über ein problemlos zu bewältigendes Normalmaß hinausgehende *Anpassungsanforderungen* an die Mitarbeiter stellen, die sich in unterschiedlichen Verhaltensreaktionen niederschlagen.[510]

Ursprung dieser *psychologischen Kosten* der Mitarbeiter sind akquisitionsbedingte Veränderungen des Status-quo in den Unternehmen, die im Schrifttum unterschieden werden in:

- *direkte, unmittelbare Veränderungen* und

- *indirekte Veränderungen*.[511]

Beispiele für direkte Veränderungen sind Entlassungen, Personalabbau, Versetzung von Mitarbeitern, neue Organisationsstrukturen oder Zusammenfassung von Organisationseinheiten. Die weniger sichtbaren, eher unauffälligen indirekten Veränderungen, die auf den Mitarbeiter wirken sind bspw. „[...] disregard for accustomed organizational norms, rejection of standard policies, alternations in decision making techniques, and strains in interpersonal relations."[512]

---

[508] Vgl. Ivancevich/Schweiger/Power (1987), S. 26.
[509] Vgl. z.B. Marks (1991), S. 60 f., Cartwright/Cooper (1992), S. 44-48, Schweiger/Walsh (1990), S. 48 f.
[510] Vgl. Gerpott (1993), S. 106.
[511] Vgl. Marks (1981), S. 95-99 und Marks/Mirvis (1983), S. 54-60.
[512] Vgl. Marks (1981), S. 95.

Akquisitionsbedingte Veränderungen, seien sie nun direkter oder indirekter Art, führen bei den betroffenen Mitarbeitern zu Unsicherheitsempfindungen[513] insbesondere in folgenden Bereichen[514]:

❑ Fortbestand des Arbeitsverhältnisses,

❑ Zukünftiger Arbeitsort (regionale Mobilität),

❑ Notwendige fachliche Anforderungen (fachliche Mobilität),

❑ Entgelt,

❑ Karriereentwicklungen (einschließlich sozialer Status und arbeitsbezogene Handlungsspielräume) und

❑ interpersonelle Beziehungen zu Kollegen und Vorgesetzten im Arbeitsumfeld.

Auf die Unsicherheitsempfindungen reagieren die betroffenen Personen mit einer Vielzahl von psychologischen und verhaltensorientierten Anpassungsreaktionen.

❑ *Psychologische Anpassungsreaktionen* spielen sich in den Bereichen der Arbeitszufriedenheit, der Identifikation mit dem Unternehmen, dem Misstrauen gegenüber dem Management, dem persönlichen Spannungsempfinden und der Risikobereitschaft ab.

❑ *Verhaltensorientierte Anpassungsreaktionen* sind bspw. die Suche nach persönlich relevanten Informationen, die Weitergabe sachlich relevanter Informationen an andere Mitarbeiter des Unternehmens, der persönliche Arbeitseinsatz, der sich bspw. widerspiegelt in unterschiedlicher Arbeitsproduktivität oder *Absentismus* und die Fluktuation.

Wie sich diese Anpassungsreaktionen im individuellen Fall gestalten, hängt davon ab, ob der betroffene Mitarbeiter die Akquisition als Chance oder Bedrohung für die Erreichung seiner persönlichen Ziele ansieht.[515]

---

[513] Die ereignis-induzierten Unsicherheiten sind beim Akquisitionsobjekt zumeist größer als beim Akquisitionssubjekt, vgl. Ivancevich/Stewart (1989), S. 143: „Relatively speaking, far greater change occurs and more management positions are affected in the acquired than in the parent company."

[514] Vgl. Kaufmann (1990), S. 315.

[515] Vgl. die *personal risk analysis* von Marks (1982), S. 41.

Unter Berufung auf die stress-theoretisch ausgerichtete Akquisitionsliteratur kann davon ausgegangen werden, dass „[…] ohne besondere Interventionen seitens des Management der Bedrohungscharakter von Akquisitionen im Mittel stärker zur Geltung kommt als sein Chancencharakter."[516]

Akquisitionen resultieren also häufig in *psychologischen Kosten* bei den Mitarbeitern, denn "[…they] destroy non-economic value for those who are asked to create economic value after the transaction is made."[517] Diese akquisitionsinduzierten Widerstände bei den Mitarbeitern sind schwer identifizierbar und noch schwerer quantifizierbar, können aber als sogenannte *hidden costs* eine nicht unwesentliche Rolle im Akquisitionsprozess spielen.

Im übertragenen Sinne gilt für die Kunden dasselbe wie für den einzelnen Mitarbeiter. Kunden können akquisitionsbedingte Veränderungen ebenfalls als Bedrohungspotenzial empfinden und auch die Anpassungsreaktionen sind vergleichbar. Im Bereich der psychologischen Anpassungsreaktionen können aus Kundensicht bspw. höhere Qualitätsanforderungen an das fusionierte Unternehmen gestellt werden (verschärfte Wareneingangskontrolle, engere Toleranzen, Neu-Auditierung etc.). Die Suche eines Zweitlieferanten bzw. akquisitionsbedingte Kundenabwanderungen sind weitere Beispiele für verhaltensorientierte Anpassungsreaktionen des Marktes.

Problematisch erscheint die Quantifizierung dieser mitarbeiter- und marktbezogenen Dyssynergien in monetären Größen und deren entsprechende Berücksichtigung in der Due Diligence. Es existieren aber anwendungsreife Verfahren, die Aufschluss über die maximal vertretbaren Kosten z.B. von Kommunikationsmaßnahmen zur Integrationsgestaltung geben.[518]

---

[516] Vgl. Gerpott (1993), S. 111 f.
[517] Vgl. Haspesglagh/Jemison (1987), S. 55.
[518] Vgl. hierzu detailliert Schweiger/De Nisi (1991), S. 123.

6.2.5   Systematik der Kaufpreisbestimmung

Die Systematik der Kaufpreisbestimmung und die damit verbundene unterschiedliche Berücksichtigung universeller und spezifischer Synergien ist in
Abb. 80 dargestellt.[519]

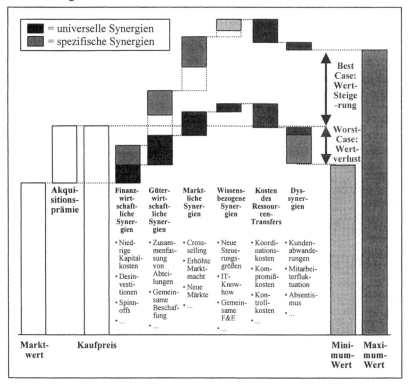

Abb. 80: Stufenmodell der subjektiven Kaufpreisbestimmung

---

[519]   Vgl. hierzu auch Eccles/Lanes/Wilson (1999), S. 140; „In today's market, the purchase
price of an acquisition will nearly always be higher than the intrinsic value of the target
company [Intrinsic value = Net Present Value of expected future Cash-flows completely
independent of any acquisition, C.B.B.]. An acquirer needs to be sure that there are
enough cost savings and revenue generators (synergy value) to justify the premium [...]."

Für den Käufer relevant ist letzten Endes das Netto-Wertsteigerungspotenzial einer Akquisition nach Abzug sämtlicher erwarteter Kosten und Dyssynergien, denn "[...] the criteria for success in the case of acquisition should be the same as that for any other investment which a company makes: it should make a net addition to the wealth of the company owners."[520]

Es ist zu analysieren „[...inwieweit] die Vorteile aus Synergieeffekten [...] die Komplexitätskosten, die dadurch entstehen, dass bestimmte Funktionen für mehrere Geschäftseinheiten gemeinsam vollzogen werden, übersteigen."[521]. Somit sind bei der Preisgrenzenbestimmung nicht nur die Zukunftserfolge des Akquisitionsobjekts isoliert zu betrachten,[522] sondern zusätzlich die Verbund- bzw. Synergiepotenziale zu berücksichtigen.

Ein potenzieller Käufer muss sich die Frage stellen, inwieweit das Akquisitionsobjekt seine gesamten Zukunftserfolge beeinflussen wird.[523] Um diese Synergieeffekte erfassen zu können, muss die Preisobergrenze um die aus den Synergien resultierenden Mehrgewinne erhöht werden.

Im Gegensatz zu Abb. 74 in Kapitel 6.2.1 erfolgt an dieser Stelle eine differenziertere Betrachtung der universellen und spezifischen Synergiedimensionen. Es fällt auf, dass der Wert des Akquisitionsobjekts für das Akquisitionssubjekt sehr stark von der jeweiligen Realisierung der universellen und spezifischen Synergiepotenziale abhängt. Eine Berücksichtigung der unterschiedlichen Synergieerwartungswerte ist unter diesem Aspekt unabdingbar.

Mit Hilfe der Vorüberlegungen in den Formeln XII und XIII und unter zusätzlicher Berücksichtigung der Unternehmenswertkomponenten der *Kosten des Ressourcentransfers (K_{RT})*und der *Dyssynergien (DS)* gilt für das potenzielle Akquisitionssubjekt die folgende Ungleichung der Formel XVI als Kaufkriterium.

---

[520] Vgl. Bamberger (1994), S. 95.

[521] Vgl. Sautter (1989), S. 236.

[522] Vgl. die Ausführungen zu den verschiedenen Unternehmensbewertungsverfahren, insbesondere die in Kapitel 6.1 ausführlich dargestellten Ertragswert- und DCF-Verfahren.

[523] Gemäß der gewählten Synergiedefinition können diese Verbundeffekte sowohl beim Akquisitionsobjekt als auch beim Akquisitionssubjekt auftreten. Vgl. Kapitel 2.4.1.

$$V_{SA} + \left[\sum_{t=1}^{n} \frac{S_{finanz\,u\,t}}{(1+r)^t} * w_{finanz} + \sum_{t=1}^{n} \frac{S_{finanz\,s\,t}}{(1+r)^t} * w_{finanz} \right]$$

$$+ \left[\sum_{t=1}^{n} \frac{S_{güter\,u\,t}}{(1+r)^t} * w_{güter} + \sum_{t=1}^{n} \frac{S_{güter\,s\,t}}{(1+r)^t} * w_{güter} \right]$$

$$+ \left[\sum_{t=1}^{n} \frac{S_{wissen\,u\,t}}{(1+r)^t} * w_{wissen} + \sum_{t=1}^{n} \frac{S_{wissen\,s\,t}}{(1+r)^t} * w_{wissen} \right]$$

$$+ \left[\sum_{t=1}^{n} \frac{S_{markt\,u\,t}}{(1+r)^t} * w_{markt} + \sum_{t=1}^{n} \frac{S_{markt\,s\,t}}{(1+r)^t} * w_{markt} \right]$$

$$- \sum_{t=1}^{n} \frac{K_{RT\,t}}{(1+q)^t} - \sum_{t=1}^{n} \frac{DS_t}{(1+q)^t} * w_{DS} - P > 0 \;!$$

Dabei gilt:

K_{RT} =	Kosten des Ressourcentransfers	r =	Diskontierungssatz Soll
DS =	Dyssynergien	q =	Diskontierungssatz Haben
V_{SA} =	Stand-Alone-Vermögenswert	P =	Angebotspreis
$S_{i\,t}$ =	Free Cash-flow des Synergieeffekts i	t =	Periode
w_i =	Wahrscheinlichkeit für die Freisetzung des Synergieeffekts		

Formel XVI: Kaufkriterium des Akquisitionssubjekts unter Berücksichtigung der Synergieerwartungswerte

Was das Akquisitionssubjekt aber letztendlich für das Akquisitionsobjekt tatsächlich bezahlt, ist vom Verhandlungsergebnis bei der Kaufvertragsgestaltung abhängig.

Fest steht, dass den Kaufpreisverhandlungen meist unterschiedliche Preisvorstellungen von Akquisitionssubjekt und Akquisitionsobjekt zugrunde liegen.

❑ Das potenzielle Akquisitionssubjekt ermittelt seine aus der subjektiven Unternehmensbewertung unter Berücksichtigung der wertsteigernden Faktoren abgeleitete Preisobergrenze (POG), als relevante Grenze der Konzessionsbereitschaft.

❑ Der Akquisitionsobjekt ermittelt eine Preisuntergrenze (PUG) aus seiner subjektiven Bewertung.

Eine Akquisition kommt nur dann zustande, wenn gilt: *PUG < POG.*

Je größer die positive Differenz der POG des Akquisitionssubjekts und der PUG des Akquisitionsobjekts (POG – PUG), desto größer ist der in Abb. 81 dargestellte Verhandlungsspielraum der beiden Verhandlungsparteien und desto wahrscheinlicher ein positives Verhandlungsergebnis.

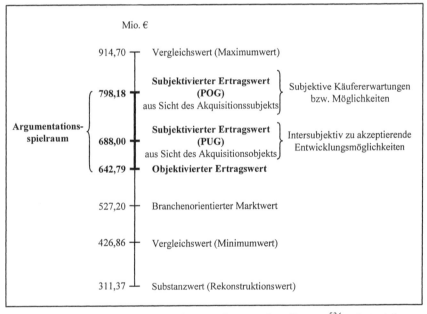

Abb. 81: Verhandlungsspielraum bei Kaufpreisverhandlungen[524] – Beispiel

---

[524] Vgl. Coenenberg/Jakoby (2000), S. 199.

Es wird deutlich, dass aufgrund unterschiedlicher Bewertungsverfahren diverse Unternehmenswerte errechenbar sind. Der Verhandlungsspielraum im oben genannten Beispiel ergibt sich zwischen dem objektivierten (642,79 Mio. €) und dem subjektivierten Ertragswert aus Käufersicht (798,18 Mio. €).

Kritisch anzumerken bleibt aber die Tatsache, dass der erzielbare Kaufpreis zusätzlich von anderen Faktoren als der oftmals von Gutachtern durchgeführten Unternehmensbewertung abhängt, z.B. von der der Struktur des Verkaufsprozesses und der Verhandlungstaktik.[525]

6.3 Berücksichtigung der Integrationsproblematik in der Unternehmenswertermittlung mittels Wertsteigerungsnetzwerk und VALCOR-Matrix

In Kapitel 6.1 wurden die verschiedenen finanziellen Bewertungsverfahren und insbesondere die DCF-Verfahren und der Shareholder-Value-Ansatz behandelt. Im folgenden wird zunächst auf das klassische Wertsteigerungsnetzwerk eingegangen (Kapitel 6.3.1) bevor in Kapitel 6.3.2 ein Instrument vorgestellt wird – die VALCOR-Matrix –, welches die Entscheidungsträger unterstützt, potenzielle Integrationsprobleme bereits in der Unternehmenswertermittlung zu berücksichtigen.

6.3.1 Wertsteigerungsnetzwerk

Das in Abb. 82 dargestellte Wertsteigerungsnetzwerk verdeutlicht das Zusammenwirken von *Führungsentscheidungen* (in Bereichen des *Operating,* des *Asset-Management* und der *Finanzierung)* und *Werttreibern.* Ausserdem werden die aus dem Zusammenwirken resultierenden Auswirkungen auf die einzelnen *Bewertungskomponenten* und deren Verdichtung auf die *Zielgröße* des *Marktwertes des Eigenkapitals* dargestellt, der *Shareholder Value.*

---

[525] Die kritischsten Stimmen bzgl. Bewertungsgutachten meinen: „[...] Keinen Käufer interessiert wirklich, zu welchem Bewertungsergebnis der Gutachter des Verkäufers gekommen ist. Bewertungsgutachten sind [...] überflüssig." Vgl. Thiede (2000), S. 8.

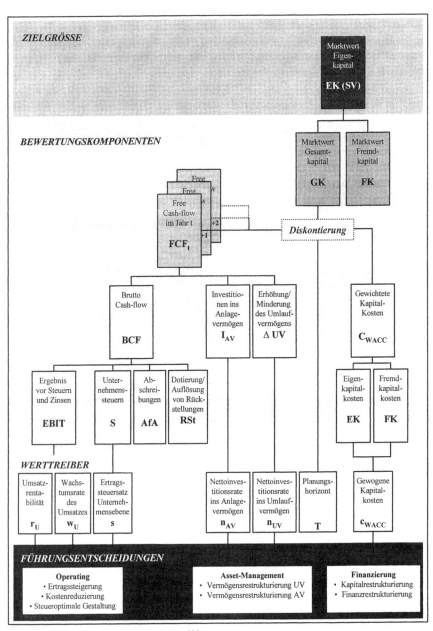

Abb. 82: Wertsteigerungsnetzwerk[526]

---

[526] In Anlehnung an Rappaport (1986), S. 76.

Der *Brutto Cash-flow* entspricht dem *Betriebserfolg zuzüglich unbarem Aufwand*[527] *abzüglich unbarem Ertrag*[528] und Unternehmenssteuern, wobei der Betriebserfolg mit dem *operativen Ergebnis vor Zinsen und Steuern*, den *Earnings Before Interest and Tax (EBIT)* identisch ist.

Bei den *Investitionen* und *Desinvestitionen* des Nettoumlaufvermögens handelt es sich um die Veränderung des *Working Capital Fund*, die in enger Verbindung mit dem Umsatzwachstum steht. Das Working Capital Fund beinhaltet die *nicht-liquiden, betriebsnotwendigen Teile des Umlaufvermögens* und die *Teile der kurzfristigen Verbindlichkeiten, die mit dem Güterkreislauf verbunden* sind.

Die *Investitionen* und *Desinvestitionen des Anlagevermögens* folgen strategischen Stoßrichtungen. Oft gibt es keine eigentlichen Ersatzinvestitionen, nicht immer stehen Erweiterungsinvestitionen in direkter Proportion zum Umsatzwachstum.

Bei der Komponente der *Ertragssteuern* sind die *erwarteten, tatsächlich zu bezahlenden Steuern* zu berücksichtigen.

Die Bestimmung *des Prognosehorizontes* fällt nur dem Theoretiker leicht. Der Prognosehorizont entspricht dem *Planungshorizont* bzw. der *Lebensdauer der Unternehmensstrategie*. Aus Erfahrung variiert der Prognosehorizont je nach Industriezweig, Technologie oder Marktposition. Der Praktiker wird analytisch Jahr für Jahr aneinander reihen, solange er sich in der Beurteilung noch einigermaßen sicher fühlt. In der Regel liegt der Prognosezeitpunkt zwischen 5 und 10 Jahren.

Der *Diskontierungssatz*[529] bezweckt, die zukünftigen Cash-flows und den *Endwert (Residual Value)* auf den Betrachtungszeitpunkt abzuzinsen und mit konkurrierenden Investitionen vergleichbar zu machen. Die Bewertungspraxis versucht diesen Vergleich durch die Ermittlung der Kapitalkosten herbeizuführen.

---

[527] Bspw. Abschreibungen.

[528] Bspw. Auflösung von Rückstellungen.

[529] Der Diskontierungssatz oder die geforderte Mindestrendite entspricht jener Rendite, die ein Investor aus den Anlagealternativen gleicher Risikoklasse erwarten kann.

Der *gewogene Kapitalkostensatz einer Unternehmung (c$_{WACC}$)*[530] entspricht den gewichteten Durchschnittskosten ihres Fremd- und Eigenkapitals. Die Kapitalkosten werden durch drei Parameter bestimmt:

□ die Kapitalstruktur (Finanzierungsverhältnis),

□ die Kosten des Fremdkapitals nach Steuern und

□ die Kosten des Eigenkapitals.

Keine besonderen Schwierigkeiten bereitet die Bestimmung der *Fremdkapitalkosten*, denn diese richten sich nach *Marktpreisen* und sind von den Kreditgebern vorgegeben.

Viel schwieriger und gänzlich anders gestaltet sich die Bestimmung des *Eigenkapitalkostensatzes.*[531]

Zusammenfassend lässt sich bzgl. der Kapitalkostenbetrachtung festhalten:

□ jede Akquisition erfordert eine *gesonderte Risikoeinschätzung*,

□ eine Akquisition wird normalerweise (langfristig) mit *Fremd- und Eigenkapital finanziert* und

□ *Mehrwerte* werden *nur* geschaffen, wenn es gelingt, *Erträge zu erzielen, die die Kapitalkosten übersteigen.*

Von Shareholder Value-Analyse wird deshalb gesprochen, weil sich das Analyseverfahren, das sich der bekannten Methode der *Discounted Cash-flows* aus der dynamischen Investitionsrechnung bedient, auf die Beurteilung und die Optimierung des Aktionärsnutzens ausrichtet. Ohne Zweifel ist dieses Bewertungsverfahren das theoretisch korrekteste Verfahren, aber in punkto Verständlichkeit und Anwendung nicht das einfachste.

---

[530] Vgl. Formel V des Kapitels 5.1.2.2, S. 194.

[531] Vgl. die Ausführungen von Rappaport (1987), S. 173 ff. und Formel X des Kapitels 5.1.2.2, S. 200.

Folgende Eigenschaften der Wertsteigerungsanalyse beschreiben die Vorteile, die es zu einem unentbehrlichen Instrument der Unternehmensbewertung machen:

- Die Wertsteigerungsanalyse verwendet alle *relevanten Geldflüsse*, d.h. Einnahmen und Ausgaben im Gegensatz zu den durch Rechnungslegungsvorschriften und Rechnungslegungsgrundsätzen beeinflussten periodizierten Größen anderer Verfahren.

- Das Verfahren ist *zukunftsorientiert* und befasst sich mit künftigen Ereignissen. Es trägt dem Zeitwert des Geldes Rechnung (Diskontierung), so dass keine *Cut-Off-Problematik* entsteht[532], und berücksichtigt das *Risiko*.

- Das Verfahren ist *prozess- und ergebnisorientiert*. Es können Preisbetrachtungen (z.B. Maximalpreis-Betrachtungen) angestellt werden und Aussagen zu den zu realisierenden Geldflüssen getätigt werden, um bestimmte Preise zu rechtfertigen.

- Mittels Sensitivitätsanalysen können *alternative Szenarien* hinsichtlich ihrer Auswirkungen auf den Unternehmenswert *zuverlässig beurteilt* werden.

- Das Verfahren erschließt die *relevanten Einflussfaktoren*, die maßgebliche Wirkung auf den Unternehmenswert haben.

Als Nachteile des Verfahrens der Wertsteigerungsanalyse sind zu nennen:[533]

- Die *Ermittlung einiger Inputgrößen* des Modells ist hinsichtlich der Datenvollständigkeit, -sicherheit und -transparenz *problematisch*.

- Die *Verwendung eines einheitlichen Kapitalisierungszinssatzes* kann in einem heterogenen Umfeld die Ergebnisse verzerren.

- Die Grundlage des Modells ist eine *eindimensionale Zielkonzeption*, die zu Gunsten der Eigentümerinteressen die Ziele der restlichen Stakeholder vernachlässigt.

---

[532] Vgl. Bamberger (1994), S. 94.
[533] Vgl. Lammerskitten/Langenbach/Wertz (1997), S. 227 ff.

6.3.2 VALCOR-Matrix

Durch Variation der Werttreiber kann mit Hilfe von Sensitivitätsanalysen festgestellt werden, welches die kritischen Treiber, d.h. die Parameter mit der größten Sensitivität hinsichtlich des Unternehmenswertes sind. Zugleich können *Aktivitäten* ermittelt werden, die diese kritischen Werttreiber beeinflussen und sich
somit besonders wertvoll für das Unternehmen und effektiv für das Ziel der Unternehmenswertsteigerung erweisen.

Eine Möglichkeit zur Systematisierung der Aktivitäten, die kritische Werttreiber
beeinflussen, stellen die *Nutzenpotenziale* dar. Ein *Nutzenpotenzial* ist „[...] eine
in der Umwelt, im Markt oder in der Unternehmung selbst latent oder effektiv
vorhandene Konstellation, die durch Aktivitäten der Unternehmung zum Vorteil
aller Bezugsgruppen und der Unternehmung selbst erschlossen werden kann."[534]
Beispiele für Nutzenpotenziale sind das Kostensenkungspotenzial, das Restruk-
turierungspotenzial, das Standortpotenzial oder das Beschaffungspotenzial.

Nutzenpotenziale können sowohl in internen als auch in externen Unternehmensbereichen existieren. Die Vielzahl der möglichen Nutzenpotenziale lässt
eine standardisierte und lückenlose Aufzählung nicht zu, vielmehr müssen Nutzenpotenziale jeweils unternehmensindividuell festgelegt werden.[535]

Die Verknüpfung der *Nutzenpotenziale* mit den *Werttreibern* führt zur *VAL-
COR-Matrix*[536] *(„VALue is CORe").* In dieser Matrix lassen sich definierte Nutzenpotenziale und Werttreiber eintragen und im Anschluss mögliche *Aktivitäten
zur Realisierung dieser Nutzenpotenziale* identifizieren. Ein Beispiel für eine
solche VALCOR-Matrix ist in Abb. 83 dargestellt.[537]

---

[534] Vgl. Pümpin (1989), S. 47.
[535] Vgl. Pümpin (1990), S. 27 ff.
[536] Vgl. Weber (1991), S. 226.
[537] Problematisch ist die *Abgrenzung der einzelnen Nutzenpotenzialarten untereinander* und
die *überschneidungsfreie Zuordnung einzelner Aktivitäten auf die Wertgeneratoren* bzw.
Nutzenpotenziale. Bspw. lassen sich Akquisitionen im Sinne von Unternehmensaktivitäten sowohl zu *mehreren Nutzenpotenzialarten,* als auch zu mehreren *Werttreibern* zuordnen. Eine differenzierte Betrachtungsweise ist somit erforderlich.

Wertgenerator / Nutzenpotenziale	Umsatzwachstum	Umsatzrentabilität	Investitionen ins Anlagevermögen	Investitionen in das working capital	Gewerbe- u. Vermögenssteuer	Fremdkapitalkosten
Marktpotenzial	• Neue Produkte • Mix-Verbesserung • Neue Angebotsformen • Angebotsverbund	• Preispolitik • Rabattpolitik • Absatzförderung • Sortiments-Mix	• Flächenanalyse • Sell-and-lease-back • Schließung der Aussenlager	• Factoring • Aktives Kreditmanagement • Skonti		• Leverage
Beschaffungspotenzial	• Rückwärtsintegration	• Zentralisierung des Einkaufs • Recycling • Rückwärtsintegration • Global Sourc.	• JIT • Hochregallager	• JIT • ABC-Analyse	• Zentrale Einkaufsgesellschaft	• Ausnutzung Bonitätspotenzial
Übernahme- und Restrukturierungspotenzial	• Auslandsakquisitionen • Diversifikation	• Abbau Overhead • Synergien	• Verkauf nicht betriebsnotwendiger Teile • Werkszusammenlegung	• Werkszusammenlegung	• Standortverlagerung • Rechtsformänderung • Internat.Gruppenstruktur	• Leveraged buyout
Humanpotenzial	• Incentives • Personalverlagerung • Neuer Verkäufertyp	• Flexible Arbeitsformen • Öffnungszeiten • Schulung • Quality-Circles	• Aufbau Schulungszentrum • Outsourcing Weiterbildung		• Steuerberater	
Informations-/ Logistikpotenzial	• Kundenbindung/Services • Neue Zahlungssysteme	• Gemeinkostenwertanalyse • Automatisierung	• Fremdvergabe Logistikfunktionen	• JIT, Kanban • Netting Systeme	• Computergestütze Steuerplanung	• Investor Relationship
Produktionspotenzial	• Flexibilität • Lieferbereitschaft	• Econ. of scale • Lernkurve • Baukastensysteme	• Mehrschichtbetrieb • Zusammenlegung	• Verwendung Gleichteile • Wertzuwachskurve	• Produktion im Ausland	
usw.						

Abb. 83: Klassische VALCOR-Matrix[538]

Durch die Berücksichtigung der unterschiedlichen Dimensionen von Ressourcentransfers kann eine *Anpassung der VALCOR-Matrix auf akquisitionsspezifische Anforderungen* erfolgen. Die klassischen Nutzenpotenziale werden durch die *akquisitionsrelevanten Synergiepotenziale* der finanzwirtschaftlichen, güterwirtschaftlichen, wissensbezogenen und marktlichen Dimension ersetzt.

---

[538] Vgl. Weber (1991), S. 226, Gomez/Ganz (1992), S. 49, Pümpin (1991b), S. 81.

Aufbauend auf den Überlegungen von *Gomez/Weber*, die Nutzenpotenziale mit Wertgeneratoren verknüpfen um Geschäftsfeldstrategien zu finden[539], werden die akquisitionsrelevanten Synergiepotenziale mit den Wertgeneratoren verknüpft und somit die Auswirkungen der Akquisition auf den Shareholder Value abgeleitet.

Abb. 84 zeigt schematisch den logischen Zusammenhang der angestellten Überlegungen und den Aufbau der akquisitionsspezifischen VALCOR-Matrix. Den Unterbau der VALCOR-Matrix stellt das ebenfalls akquisitionsspezifische RIV-Grid mit den dort bestimmbaren Synergieerwartungswerten dar.[540]

Ausgehend vom RIV-Grid werden die von den Akquisitionspartnern erwarteten Synergiepotenziale in der VALCOR-Matrix mit den jeweiligen RIVs verknüpft und gemäß der in Kapitel 6.2.2 geschilderten Vorgehensweise mit Synergieerwartungswerten belegt.[541]

Diese *akquisitionsspezifisch bewerteten* Synergiepotenziale werden mit den Werttreibern des Wertsteigerungsnetzwerks in Verbindung gebracht und die Auswirkungen auf den Shareholder Value untersucht. Die akquisitionsspezifisch bewerteten Synergiepotenziale wirken sich unterschiedlich auf die Palette der Wertgeneratoren aus, denn nicht jeder Wertgenerator ist in gleicher Weise beeinflussbar.

---

[539] Vgl. Gomez/Weber (1989), S.53f., Weber (1991), S. 226.
[540] Vgl. Kapitel 6.2.
[541] Die akquisitionsspezifische VALCOR-Matrix ist Bindeglied zwischen dem akquisitionsspezifischen RIV-Grid und dem unternehmensverbund-spezifischen Wertsteigerungsnetzwerk. Anschaulich kann die Wirkungsweise der akquisitionsspezifischen VALCOR-Matrix auch als *Kupplungs-Funktion* zwischen RIV-Grid und Wertsteigerungsnetzwerk bezeichnet werden.

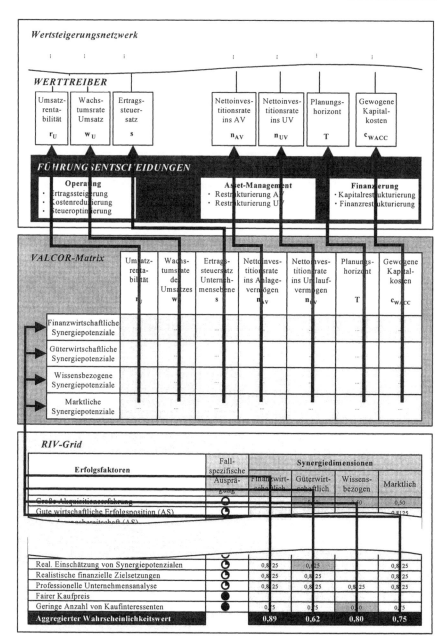

Abb. 84: Akquisitionsspezifische VALCOR-Matrix im Verbund mit RIV-Grid und Wertsteigerungsnetzwerk

Es darf nicht unerwähnt bleiben, dass die akquisitionsspezifische VALCOR-Matrix ebenso wie die klassische VALCOR-Matrix *Lücken* aufweist, d.h. Felder, in denen keine Möglichkeit besteht, eine Verbindung zwischen *Synergiepotenzial* und *Wertgenerator* herzustellen.

Ein Beispiel für die Ausgestaltung eines Matrixfeldes der akquisitionsspezifischen VALCOR-Matrix liefert Abb. 85. Dargestellt ist die Dimension des *finanzwirtschaftlichen Ressourcentransfers* und hier insbesondere die Akquisitionswirkungen auf den gewogenen Kapitalkostensatz c_{WACC}.

	Vor der Transaktion		Nach der Transaktion
	Unternehmen A	**Unternehmen B**	**Unternehmen C (A+B)**
FCF in n+1	$FCF_A = 2.000 €$	$FCF_B = 1.000 €$	$FCF_C = 3.000 €$
Beta-Koeffizient ß	$ß_A = 2,0$	$ß_A = 0,75$	$ß_C \approx 1,306$
EK-Kosten nach CAPM r (EK)	$r(EK)_A = 30 \%$	$r(EK)_B = 17,5 \%$	$r(EK)_C \approx 23 \% - Risiko$ $\approx 23 \% - 2 \%$ $\approx 21 \%$
Wachstumsrate der Cashflows g $_{CF}$	$g_{CFA} = 5 \%$	$g_{CFB} = 5 \%$	$g_{CFC} = 5 \%$
Wert des EK (SV)	$FCF_A /(r(EK)_A - w_{UA})$ $= 8.000 €$	$FCF_B /(r(EK)_B - w_{UB})$ $= 10.000 €$	$FCF_C /(r(EK)_C - w_{UC})$ $\approx 18.680 €$
Synergie-potenzialwert			$18.680 € -$ $(10.000 € + 8.000 €)$ $= 680 €$
In Due Diligence be-rücksichtigte Synergie	Aggregierter Wahrscheinlichkeitswert der finanzwirtschaftlichen Synergiedimension: **0,89**		$680 € * 0,89 \approx 605 €$

Abb. 85: Auswirkungen der Akquisition auf die Werttreiber am Beispiel eines Matrix-Feldes der VALCOR-Matrix

Im folgenden wird das Beispiel der Abb. 85 genauer erläutert. Es können Synergiepotenziale auftreten, wenn die Eigenkapitalkosten durch die Transaktion unter die gewichteten Durchschnittskosten von Akquisitionssubjekt und Akquisitionsobjekt gesenkt werden.[542] Unter ansonsten gleichen Bedingungen wirkt sich diese Veränderung unternehmenswertsteigernd aus.

---

[542] Auf diese Art und Weise wird bspw. die Zahl möglicher Investitionsprojekte größer als die Summe der Investitionsprojekte, die für die unabhängigen Einzelunternehmen realisierbar gewesen wären. Vgl. Scharlemann (1996), S. 198 ff.

Zur quantitativen Erfassung der Synergiepotenziale muss eine vierstufige Analyse durchgeführt werden:[543]

❑ Getrennte Bewertung der Akquisitionspartner hinsichtlich der erwarteten Cash-flows, bspw. mit dem *Equity-Approach* der *DCF-Verfahren*.

❑ Analyse der Auswirkungen der Akquisition auf den *Beta-Faktor (β)* und auf die Wachstumsrate der erwarteten Cash-flows.

❑ Gemeinsame Bewertung der Akquisitionspartner unter Zugrundelegung des aggregierten Beta-Faktors[544] und der Wachstumsrate des Cash-flows.

❑ Ermittlung der Synergiewirkung der Akquisition als Differenz zwischen dem Wert des Unternehmensverbundes und der in Schritt 1 ermittelten Summe der einzelnen Unternehmenswerte.

Der errechnete Synergiepotenzialwert (680 €) ist mit dem akquisitionsspezifischen RIV zu verknüpfen (in diesem Beispielfall mit dem RIV der *finanzwirtschaftlichen Synergiedimension* [0,89] aus Fallbeispiel 1). Resultierende ist der Synergiewert, der in der Due Diligence berücksichtigt werden muss, im Beispiel der Wert 605 €.

Zu vermeiden sind Doppelerfassungen von Synergiepotenzialen und die daraus resultierenden Effekte auf den Shareholder Value. Hilfreich erscheint hierbei die Auflistung der Synergiepotenziale in einem *Synergiepotenzialbudget*, in dem neben den positiven *Synergien* auch *Dyssynergien* (z.B. Integrationskosten) aufgelistet werden.

Eine weitere Schwierigkeit stellt die Quantifizierung der Synergiepotenziale dar, insbesondere derjenigen Synergiepotenziale, die auf den wissensbezogenen und marktlichen Ressourcentransfer zurückzuführen sind. Es muss versucht werden, auch diese Dimensionen ausreichend in der Shareholder Value-Berechnung zu berücksichtigen.

---

[543] Eine weitaus detailliertere Beschreibung einer vergleichbaren Vorgehensweise findet sich bei Scharlemann (1996), S. 200 ff. und in Kapitel 5.1.2.2, S. 189 ff.
[544] Für die Ableitung von β_C vgl. Scharlemann (1996), S. 204.

7 Zusammenfassung und Ergebnis der Arbeit

Der Wert der Firmen-Übernahmen in Deutschland ist im Jahr 2000 auf € 479 Milliarden gestiegen. Ein Zuwachs von 140 Prozent gegenüber dem Vorjahr, zurückzuführen in erster Linie auf Mega-Deals wie Mannesmann/Vodafone und Voicestream/Telekom. Insgesamt gab es im Jahr 2000 1.972 Fusionen mit deutscher Beteiligung, 127 mehr als im Vorjahr.[546] Gleichzeitig ist festzustellen, dass die meisten Firmenübernahmen ihre hoch gesteckten Ziele nicht erreichen und über die Hälfte aller Transaktionen den Unternehmenswert des neu entstandenen Verbundes nicht steigern konnten.

Ausgehend von dieser in *Kapitel 1* ausführlich erläuterten Problemstellung war es die in *Kapitel 2* geschilderte Zielsetzung der vorliegenden Arbeit, ein Erfolgsfaktorenkonzept für die gezielte Gestaltung des Prozesses der Integrationsgestaltung im Rahmen von Akquisitionen zu entwickeln, das Erfordernisse der Unternehmenspraxis berücksichtigt und wissenschaftlichen Anforderungen genügt (*Kapitel 3* und *Kapitel 4*).

Erkenntnisse zur Erreichung des Untersuchungsziels lieferte eine empirische Untersuchung in Form einer schriftlichen Befragung.[547] Es wurden 89 Akquisitionsexperten aus unterschiedlichen Funktionalitäten und Branchen befragt.

Der in der Untersuchung eingesetzte Fragebogen gliederte sich in folgende Frageblöcke:

1.) Fragen hinsichtlich der *Erfolgsrelevanz einzelner Phasen des Akquisitionsprozesses* für das Gelingen der Akquisition.

2.) Fragen hinsichtlich der *Bedeutung einzelner Akquisitionsmotive*.

3.) Fragen hinsichtlich *angewandter Konzepte und Maßstäbe zur Messung von Akquisitionserfolg*.

4.) Fragen hinsichtlich der *Art und Wichtigkeit der in der Due Diligence* von Akquisitionen *berücksichtigten Wertkomponenten*.

5.) Fragen hinsichtlich der *Auswirkungen spezifischer Faktoren auf die Realisierung von Synergiepotenzialen* in der finanzwirtschaftlichen, güterwirtschaftlichen, wissensbezogenen und marktlichen Synergiedimension.

---

[546] Vgl. Kapitel 1, Abb. 1.
[547] Vgl. Kapitel 3 und 4.

Die Auswertungen wurden mit dem Programmpaket *MINITAB Release 13 Statistical Software* durchgeführt. Die Untersuchung gliederte sich in zwei Hauptschritte:

1. Im ersten Schritt wurden die Antworten zu den Fragen über die gesamte Stichprobe hinweg *undifferenziert analysiert*, um generelle Erkenntnisse über die Unternehmensbewertungspraxis und Einschätzungen über Erfolgsfaktoren von Akquisitionen zu erhalten. Die wesentlichen Ergebnisse lauten:

□ *Erfolgskritischste Phase des Akquisitionsprozesses* ist die *Integrationsphase*, gefolgt von der Strategiephase und der Due Diligence.

□ *Die wichtigsten Motive für Akquisitionen* sind die *Erzielung von* Synergien im allgemeinen und von *marktlichen und güterwirtschaftlichen Synergien* im besonderen.

□ *Wichtigstes Ziel* von Akquisitionen ist die *Steigerung des Unternehmenswertes* der *Akquisitionspartner*.

□ Unternehmen orientieren sich bei der *Beurteilung des Akquisitionserfolgs bevorzugt an quantitativ-objektiven Erfolgsgrößen*, insbesondere an *Cash-flow-orientierten Kennzahlen*.

□ *Güterwirtschaftlichen* und *marktlichen Synergien* werden in der *Due Diligence am meisten Bedeutung* beigemessen, am meisten berücksichtigt aber werden *güter- und finanzwirtschaftliche Synergiepotenziale* – entgegen der Einschätzung hinsichtlich Relevanz.

□ *Dieselben Erfolgsfaktoren* können sich *stark unterschiedlich auf die zu realisierenden Ressourcentransfers* in den verschiedenen Synergiedimensionen *auswirken*.

□ *Maßnahmen der Integrationsgestaltung fördern den Ressourcentransfer* am intensivsten, weitestgehend unabhängig von der Synergiedimension.

□ *Finanzwirtschaftliche Ressourcentransfers sind* mittels Erfolgsfaktoren *am wenigsten beeinflussbar*, andere Synergiedimensionen zeigen stärkere Wirkungen.

2. Im zweiten Schritt der empirischen Untersuchung wurden die Antworten bran*chenspezifisch* ausgewertet. Die wesentlichen Ergebnisse lauten:

❑ Hinsichtlich der *Relevanz einzelner Phasen des Akquisitionsprozesses* bestehen *kaum branchenspezifische Unterschiede* in der Beurteilung.

❑ *Akquisitionsmotive,* die *auf Marktwirkungen* abzielen, stehen bei Branchen der *neuen Ökonomie* (Neue Technologien, Dienstleistungen etc.) im Vordergrund.

❑ *Akquisitionsmotive,* die auf *Unternehmenswertsteigerung durch Restrukturierungsmaßnahmen beruhen, also auf Kostenwirkungen abzielen,* stehen bei Branchen der *alten Ökonomie* (Handel, Maschinenbau etc.) im Vordergrund.

❑ *Wissensbezogene und marktliche Synergiepotenziale* werden insbesondere von Unternehmen der *neuen Ökonomie* als besonders relevant bei der Unternehmenswertermittlung erachtet.

❑ *Finanz- und güterwirtschaftliche Synergiepotenziale* werden insbesondere von Unternehmen der *alten Ökonomie* als besonders relevant bei der Unternehmenswertermittlung erachtet.

In Kapitel 5 wurden auf der Grundlage der angestellten Überlegungen hinsichtlich Erfolgsfaktoren und Unternehmensbewertung *Gestaltungsempfehlungen für Planung, Steuerung und Kontrolle von Akquisitionen* abgeleitet und in einem *Integrationscontrolling operationalisiert.* Untersuchungsschwerpunkt waren insbesondere *funktionale, instrumentale und institutionale Aspekte* des Integrationscontrolling.

Zur Unterstützung des Prozesses der Integrationsgestaltung wurde das *Integration-Dashboard* entwickelt. Das *Integration Dashboard* unterstützt die Planung, Steuerung und Kontrolle *des Ressourcentransfers* in der finanzwirtschaftlichen, güterwirtschaftlichen, wissensbezogenen und marktlichen Dimensionen und liefert zudem Anhaltspunkte zum *Management unternehmenskultureller Aspekte zwischen den Akquisitionspartnern.*

Das Kapitel schließt mit vertiefenden Analysen zur Thematik des *Kommunikations- und Risk-Management* im Rahmen von Akquisitionen und schildert exemplarisch eine Fallstudie zur Umsetzung des Integrationscontrolling.

Kapitel 6 widmete sich der *proaktiven Integrationsgestaltung.* Hierzu wurde aufbauend auf den Erkenntnissen der empirischen Studie, der Shareholder-Value-Analyse und des Wertsteigerungsnetzwerks ein Verfahren zur Unternehmensbewertung entwickelt, das die Integrationsproblematik bereits in der Due Diligence ex-ante berücksichtigt und in die Kaufpreisbetrachtungen einfließen lässt.

Zentraler Punkt des Bewertungsverfahrens ist die *akquisitionsspezifische VALCOR-Matrix,* die fallspezifische Erfolgsfaktorenausprägungen mit den Werttreibern des Wertsteigerungsnetzwerks verknüpft.

Der Anspruch der vorliegenden Arbeit liegt darin, insofern zum wissenschaftlichen Fortschritt beizutragen, als sie über akquisitionsspezifische Einzelfallbetrachtungen und zusammenhangslose Aufzählungen von Erfolgsfaktoren – wie sie bisher zu diesem Thema üblicherweise angestellt wurden – hinausgeht und ein empirisch fundiertes Erfolgsfaktorenmodell der Integrationsgestaltung im Rahmen von Akquisitionen bereitstellt.

Aus dem Erfolgsfaktorenmodell können empirisch fundierte Aussagen abgeleitet werden, die über eine reine Beschreibung hinausgehen und Erklärungen zur Fragestellung der Integrationsgestaltung liefern. *Wissenschaftlicher Erkenntnisfortschritt* und *Nutzbarmachung der Forschungsergebnisse für die Unternehmenspraxis* gehen somit Hand in Hand, indem *Ursache-Wirkungs-Beziehungen* in *Ziel-Mittel-Aussagen* transformiert wurden.[548]

---

[548]   Vgl. Chmielewicz (1979), S. 11 f.

Literaturverzeichnis:

Abbel, Derek F.   (1980): Defining the Business: The Starting Point of
                                 Strategic Planning, Engewood Cliffs 1980

Aiello, Robert, J./   (2000): The Fine Art of Friendly Acquisitions, in:
Watkins, Michael D.   HBR, 78, 2000, 11-12, S. 101-107

Alberts, W. W./   (1984): Value Based Strategic Investment Planning,
McTaggart, J. M.   in: Interfaces, 14, 1984, 1, S. 138-151

American Management   (1969): Management Guides to Mergers & Acquisi-
Association (Hrsg.)   tions, New York 1969

Amram, Martha/   (1999): Disciplined Decisions: Aligning Strategy with
Kulatilaka, Nalin   the Financial Markets, in: HBR, 77, 1999, 1,
                                 S. 95-104

Ansoff, Harry I.   (1965): Corporate Strategy, New York et al. 1965

Ashkenas, Ronald N./   (2000): Integrations Managers: Special Leaders for Spe-
Francis, Suzanne C.   cial Times, in: HBR, 78, 2000, 6, S. 108-116

A.T. Kearney (Hrsg.)   (1997): Global PMI Survey – Final Report (Internal
                                 Document)

A.T. Kearney (Hrsg.)   (1999): Executive Agenda III – Ideas and Interpreta-
                                 tion for Business Leaders, First Quarter, Chi-
                                 cago 1999

A.T. Kearney (Hrsg.)   (2000): Mergers and Acquisitions Guidelines (Internal
                                 Document)

Atteslander, Peter   (1995): Methoden der empirischen Sozialforschung,
                                 8. überarbeitete Auflage, Berlin, New York
                                 1995

Baetge, Jörg   (1997): Akquisitionscontrolling: Wie ist der Erfolg
                                     einer Akquisition zu ermitteln?, in: Claussen,
                                     Carsten P./Hahn, Oswald/Kraus, Willy
                                     (Hrsg.): Umbruch und Wandel: Herausforde-
                                     rungen zur Jahrhundertwende, Festschrift für
                                     Prof. Dr. Carl Zimmerer zum 70. Geburtstag,
                                     München, Wien 1997, S. 448-468

Ballwieser, Wolfgang   (1993): Methoden der Unternehmensbewertung, in:
                                     Gebhardt, Günther/Gerke, Wolfgang/Steiner,
                                     Manfred (Hrsg.): Handbuch des Finanzmana-
                                     gements, München 1993, S. 151-176

Ballwieser, Wolfgang   (1998): Unternehmensbewertung mit Discounted-
                                     Cash-Flow-Verfahren, in: Die Wirtschaftsprü-
                                     fung, 51, 1998, 3, S. 81-92

Bamberg, Günter/   (1989): Statistik, 6., überarbeitete Auflage, Wien 1989
Baur, Franz

Bamberger, Burkhard   (1994): Der Erfolg von Unternehmensakquisitionen in
                                     Deutschland: Eine theoretische und empiri-
                                     sche Untersuchung, Bergisch-Gladbach, Köln
                                     1994

Bamberger, Burkhard   (1997): Erfolgreiche Übernahmen sind kein Zufall, in:
                                     M&A Review, 8, 1997, 9, S. 370-375

Bark, Cyrus   (1997): Verwaltungseinheiten selbständig organisieren
                                     – Chancen und Risiken einer Selbstorganisa-
                                     tion in der Verwaltung, in: Horvath & Partner
                                     (Hrsg.): Neues Verwaltungsmanagement:
                                     Grundlagen, Methoden und Anwendungsbei-
                                     spiele, Stuttgart 1997, C. 3.6, S. 1-18

Bark, Cyrus/   (1997): „Performance Measurement" – ein Konzept
Gleich Ronald/   zur rentabilitätsorientierten Bewertung von
Waller, Hansjörg   Arbeitssystemen bei der Mercedes-Benz AG,
                                     in: FB/IE, 46, 1997, 1, S. 24-31

Beisel, Wilhelm/   (1996): Der Unternehmenskauf, München 1996
Klumpp Hans-H.

Benölken, Heinz (1995): Erfolgsfaktoren des Fusions-Managements in Versicherungsunternehmen, in: Versicherungswirtschaft, 1995, 22, S. 1555-1559

Benston, George J. (1980): Conglomerate Mergers, Causes, Consequences and Remedies, Washington D.C. 1980

Berens, Wolfgang/ (1999): Due Diligence bei Unternehmensakquisitionen, Stuttgart 1999
Brauner, Hans U. (Hrsg.)

Berens, Wolfgang/ (1999): Unternehmensakquisitionen, in: Berens, Wolfgang/Brauner, Hans U. (Hrsg.): Due Diligence bei Unternehmensakquisitionen, Stuttgart 1999, S. 21-65
Mertes, Martin/
Strauch, Joachim

Berens, Wolfgang/ (1999): Herkunft und Inhalt des Begriffes Due Diligence, in: Berens, Wolfgang/Brauner Hans U. (Hrsg.): Due Diligence bei Unternehmensakquisitionen, Stuttgart 1999, S. 3-19
Strauch, Joachim

Blex, W./Marchal, G. (1990): Risiken im Akquisitionsprozeß – Ein Überblick, in: BfuP, 42, 1990, 2, S. 85 - 103

Bleicher, Knut (1992): Integriertes Management, in: Gablers Wirtschaftslexikon, Band F-K, 13. Auflage, Wiesbaden 1992, S. 1646-1648

Bodmer, Christian/ (2000): Erfolgsfaktoren bei der Implementierung einer Balanced Scorecard: Ergebnisse einer internationalen Studie, in: Controlling, 12, 2000, 10, S. 477-484
Völker, Rainer

Böhm, Bernhard (2000): Praxisorientierte Methoden der Unternehmensbewertung, in: controller magazin, 25, 2000, 4, S. 301-305

Brealey, Richard A./ (1991): Principles of Corporate Finance, 4th Edition, New York et al. 1991
Myers, Stewart C.

Bressmer, Claus/ Moser, Anton C./ Sertl, Walter	(1989): Vorbereitung und Abwicklung der Übernahme von Unternehmen, Stuttgart 1989
Brigham, E. F./ Gapenski, L. C.	(1988): Financial Management: Theory and Practice, 5th Edition, Chicago 1988
Brockhoff, Klaus	(1990): Stärken und Schwächen industrieller Forschung und Entwicklung: Umfrageergebnisse aus der Bundesrepublik Deutschland, Stuttgart 1990
Bronder, Christoph/ Pritzl, Rudolf	(1992a): Ein konzeptioneller Ansatz zur Gestaltung und Entwicklung strategischer Allianzen, in: Bronder, Christoph/Pritzl, Rudolf (Hrsg.): Wegweiser für Strategische Allianzen, Frankfurt 1992, S. 17-44
Bronder, Christoph/ Pritzl, Rudolf (Hrsg.)	(1992b): Wegweiser für Strategische Allianzen, Frankfurt 1992
Brown, D. Michael/ Laverik, Stuart	(1994): Measuring Corporate Performance, in: Long Range Planning, 27, 1994, 4, S. 89-98
Bruppacher, Peter R.	(1990): Unternehmensverkauf als strategischer Erfolgsfaktor, in: Siegwart, Hans (Hrsg.): Mergers & Acquisitions, Stuttgart/Basel 1990, S. 267-282
Buchwald, Horst/ Hennes, Markus	(1991): Null Synergien, in: Wirtschaftswoche, 45, 1991, 38, S. 153-156
Bühner, Rolf	(1990a): Erfolg von Unternehmenszusammenschlüssen in der Bundesrepublik Deutschland, Stuttgart 1990
Bühner, Rolf	(1990b): Gestaltungsmöglichkeiten und rechtliche Aspekte einer Management-Holding, in: ZfO, 59, 1990, 5; S. 299-308.

Bühner, Rolf	(1990c): Das Management-Wert-Konzept: Strategien zur Schaffung von mehr Wert im Unternehmen, Stuttgart 1990
Bühner, Rolf	(1990d): Der Jahresabschlußerfolg von Unternehmenszusammenschlüssen, in: ZfB 1990, S. 1275-1294
Bühner, Rolf (Hrsg.)	(1994a): Der Shareholder-Value-Report, Landsberg/ Lech 1994
Bühner, Rolf	(1994b): Unternehmerische Führung mit Shareholder Value, in: Bühner R. (Hrsg.): Der Shareholder-Value-Report, Landsberg/Lech 1994, S. 9-75
Bühner, Rolf/ Akitürk, Deniz	(2000): Die Mitarbeiter mit einer Scorecard führen: Das neue Werkzeug Führungs-Scorecard er laubt es dem Management, die Mitarbeiter zu motivieren und zielgerecht einzusetzen, in: Harvard Business Manager, 22, 2000, 4, S. 44-53
Bühner, Rolf/ Weinberger, Hans-J.	(1991): Cash-Flow und Shareholder Value, in: BFuP, 43, 1991, 3, S. 187-208
Büschgen, Hans E. (Hrsg.)	(1976): Handwörterbuch der Finanzwirtschaft, Stuttgart 1976
Buono, Anthony F./ Bowditch, James L./ Lewis, J.W.	(1985): When Cultures Collide: The Anatomy of a Merger, in: Human Relations, 38, 1985, S. 477-500
Buono, Anthony F./ Bowditch, James L.	(1989): The Human Side of Mergers and Acquisitions, San Francicso 1989
Busse von Colbe, Walther	(1957): Der Zukunftserfolg, Wiesbaden 1957

Busse von Colbe,   (1992): Unternehmensakquisition und Unternehmens-
Walther/ Coenenberg,   bewertung – Grundlagen und Fallstudien,
Adolf G. (Hrsg.)   USW Schriften für Führungskräfte, Stuttgart
                                 1992

Busse von Colbe,   (2000): Betriebswirtschaft für Führungskräfte: Eine
Walther et al. (Hrsg.)   Einführung in wirtschaftliches Denken und
                                 Handeln für Ingenieure, Naturwissenschaftler,
                                 Juristen und Geisteswissenschaftler, Stuttgart
                                 2000

Carey, Dennis   (2000): A CEO Roundtable on Making Mergers Suc-
                                 ceed, in: HBR, 78, 2000, 3, S. 145-154

Cartwright, Sue/   (1992): Mergers & Acquisitions: The Human Factor,
Cooper, Cary L.   Oxford, 1992

Chakrabarti, Alok K.   (1990): Organizational Factors in Post-Acquisition
                                 Performance, in: IEEE Transactions on Engi-
                                 neering Management, 1990, EM-37, S. 259-
                                 268

Chakrabarti, Alok K./   (1987): Technology, Innovation and Performance in
Souder, William E.   Corporate Mergers: A Managerial Evaluation,
                                 in: Technovation, 1987, 6, S. 103-114

Charan, Ram   (2000): Action, Urgency, Excellence – Seizing Lead-
                                 ership in the Digital Economy, Texas 2000

Chatterjee, S.   (1990): The Gains to Acquiring Firms: The Related-
                                 ness Principle Revisited, San Francisco 1990

Chatterjee, S./   (1992): Cultural Differences and Shareholder Value
Lubatkin Michael/   in Related Mergers: Linking Equity and Human
Schweiger David/   Capital, in: SMJ, 13, 1992, S. 319-334
Weber, Y.

Chmielewicz, Klaus   (1979): Forschungskonzeptionen der Wirtschaftswis-
                                 senschaften, 2. Auflage, Stuttgart 1979

Clark, Peter J.   (1991): Beyond the Deal: Optimizing Merger and
                                 Acquisition value, New York 1991

Claussen, Carsten P./ (1997): Umbruch und Wandel: Herausforderungen zur
Hahn, Oswald/ Jahrhundertwende, Festschrift für Prof. Dr.
Kraus Willy (Hrsg.) Carl Zimmerer zum 70. Geburtstag, München,
Wien 1997

Clemente, Mark N./ (1998): Winning at Mergers and Acquisitions: the
Greenspan, David S. Guide to Market-Focused Planning and Integration, New York 1998

Clever, Holger (1993): Fusionen erfolgreich gestalten - Prozeß eines
erfolgreichen Post-Merger-Management, in:
Frank, Gert-M./Stein, Ingo (Hrsg.): Management von Unternehmensakquisitionen, Stuttgart 1993, S. 121-132.

Coase, Ronald H. (1937): The Nature of the Firm, in: Economica, 1937,
S. 386-405

Coenenberg, Adolf G./ (1988): Strategische und finanzielle Bewertung von Un-
Sautter, Michael T. ternehmensakquisitionen, in: DBW, 48, 1988,
6, S. 691-710

Coenenberg, Adolf G./ (1992): Strategische und finanzielle Bewertung von Un-
Sautter, Michael T. ternehmensakquisitionen, in: Busse von Colbe, Walther/Coenenberg, Adolf G. (Hrsg.):
Unternehmensakquisition und Unternehmensbewertung – Grundlagen und Fallstudien,
USW Schriften für Führungskräfte, Stuttgart
1992, S. 189-216

Coenenberg, Adolf G./ (2000): Akquisition und Unternehmensbewertung, in:
Jakoby, Stephan Busse von Colbe, Walther et al. (Hrsg.): Betriebswirtschaft für Führungskräfte: Eine Einführung in wirtschaftliches Denken und Han-
deln für Ingenieure, Naturwissenschaftler, Ju-
risten und Geisteswissenschaftler, Stuttgart
2000, S. 177-206

Coffee, J.C./ (1988): Knights, Raiders and Targets: The Impact of
Lowenstein, L./ the Hostile Takeover, New York, Oxford 1988
Rose-Ackerman, Susan

Coley, S. C./   (1988): The Hunt for Value, in: McKinsey Quarterly,
Reinton, S. E.   1988, 1, S. 29-34

Cooley, P. L./   (1988): Business Financial Management, Chicago
Roden, P. F.   1988

Copeland, Tom/   (1994): Valuation, 2. Auflage, New York et al. 1994
Koller, Tim/
Murrin, Jack

Copeland, Tom/   (1988): Financial Theory and Corporate Policy, 3rd
Weston, Fred J.   Edition, Menlo Park 1988

Datta, D. K.   (1991): Organizational Fit and Acquisition Perform-
                              ance: Effects of Post-Acquisition Integration,
                              in: SMJ, 12, 1991, S. 281-297

Datta, D. K./   (1992): Factors Influencing Wealth Creation From
Pincher G./   Mergers and Acquisitions: A Meta-Analysis,
Narayanan, V. K.   in: SMJ, 13, 1992, S. 67-84

Davis, Richard E.   (1968): Compatibility in corporate marriages, in:
                              HBR, 46, 1968, 4, S. 86-93

Deiser, Roland   (1994): Post-Merger-Management als strategisch-
                              organisatorischer Lernprozeß – eine Fallstu-
                              die, in: M&A Review, 5, 1994, 10, S. 425-432

Deyhle, Albrecht   (1999): Schon immer Balanced Scorecard? – Control-
                              ler's ausgewogenes Steuerungs-Cockpit, in:
                              Controller Magazin, 24, 1999, 6, S. 423-430

Dhaliwal, D./ Sunder, S. (1988): Mergers, Acquisitions, and Takeovers: Wealth
                              Effects on Various Economic Agents, in:
                              Libecap, Gary (Hrsg.): Corporate Reorganiza-
                              tion through Mergers, Acquisitions, and Lev-
                              eraged Buyouts, Advances in the Study of En-
                              trepreneurship, Innovation, and Economic
                              Growth, Supplement 1, Greenwich 1988,
                              S. 169-190

Dhavale, Dileep G. (1996): Problems with Existing Manufacturing Performance Measures, in: Journal of Cost Management, 9, 1995, 4, S. 50-55

Dichtl, Erwin/ (1987): Vahlens Großes Wirtschaftslexikon, München
Issing, Otmar (Hrsg.) 1987

Dirrigl, Hans (1994): Konzepte, Anwendungsbereiche und Grenzen einer strategischen Unternehmensbewertung, in: BfuP 46, 1994, 5, S. 409 - 432

Dornis, P. (1982): Akquisitionspolitik: in: Rädler, A. J./Pöllath, R. (Hrsg.): Handbuch der Unternehmensakquisition, Frankfurt am Main 1982, S. 39-94

Ebers, M. (1992): Situative Organisationstheorie, in: Frese, E. (Hrsg.): HWO: Handwörterbuch der Organisation, 3. Auflage, Stuttgart 1992, Sp. 1817-1838

Eccles, Robert C. (1991a): The Performance Measurement Manifesto, in: HBR, 69, 1991, 1, S. 131-137

Eccles, Robert C. (1991b): Wider das Primat der Zahlen – die neuen Steuerungsgrößen, in: Harvard Manager, 13, 1991, 4, S. 14-22

Eccles, Robert C./ (1999): Are You Paying Too Much For That Acquisi-
Lanes Kersten L./ tion? – The key is knowing what your top
Wilson, Thomas C price is – and having the discipline to stick to it, in: HBR, 77, 1999, 4, S. 136-146

Eckbo, Bjoern Espen (1983): Horizontal Mergers, Collusions, and Stockholder Wealth, in: JFE 1983, 11, S. 241-274

Eisenhardt, Kathleen/ (2000): Coevolving - At Last a Way to Make Syner-
Galunic, D. Charles gies Work, in: HBR, 78, 2000, 1, S. 91-101

Ernst, Dietmar (2000): Realoptionen: Eine reale Option für einen alternativen Bewertungsansatz, in: Finance, 2000, 11, S. 48-50

Fickert, Reiner/ Meyer, Conrad (Hrsg.)	(1995):	Management Accounting im Dienstleistungsbereich, Bern et al. 1995
Fickert, Reiner/ Schedler, B.	(1995):	Trends im Management Accounting für Service-Unternehmen, in: Fickert, Reiner/Meyer, Conrad (Hrsg.): Management Accounting im Dienstleistungsbereich, Bern et al. 1995, S. 392-416
Fischer, Helmut	(1996):	Bewertung beim Unternehmens- und Beteiligungskauf, in: Hölters, Wolfgang (Hrsg.): Handbuch des Unternehmens- und Beteiligungskaufs, 4. völlig überarbeitet und erweiterte Auflage, Köln 1996
Fischer, Oliver	(1999):	Alles auf eine Karte: Unternehmenssteuerung: Mit ihrem Buch über die ‚Balanced Scorecard' haben die amerikanischen Wissenschaftler Robert Kaplan und David Norton einen Bestseller gelandet, in: Manager Magazin, 29, 1999, 10, S. 257-265
Fowler, K. L./ Schmidt, D. R.	(1989):	Determinants of Tender Offer Post-Acquisition Financial Performance, in: SMJ, 10, 1989, 3, S. 339-350
Frank, Gert-M./ Stein, Ingo (Hrsg.)	(1993):	Management von Unternehmensakquisitionen, Stuttgart 1993
Franke, Reimund/ Alfred Kötzle (Hrsg.)	(1995):	Controlling der Unternehmensbereiche: Zielorientierte Steuerung betrieblicher Funktionen, Frankfurt am Main 1995
Friedrichs, Jürgen	(1990):	Methoden empirischer Sozialforschung, 14. Auflage, Opladen 1990
Fritz, W.	(1990):	Marketing – ein Schlüsselfaktor des Unternehmenserfolges? Eine kritische Analyse vor dem Hintergrund der empirischen Erfolgsfaktorenforschung, in: Marketing ZFP, 12, 1990, 2, S. 91-110

Funk, Joachim   (1995): Aspekte der Unternehmensbewertung in der Praxis, in: zfbf, 47, 1995, 5, S. 491-514

Gabler Verlag (Hrsg.)   (1988): Gabler Wirtschafts-Lexikon, 12. Auflage, Wiesbaden 1988

Galpin, Timothy J./   (1997): Merger Integration: The Ultimate Change
Robinson, Donald E.   Management Challenge, in: M&A Europe, 1997, 1-2, S. 24-28

Geanuracos, J./   (1995): Performance Measurement: The New Agenda:
Meiklejohn, I.   Using Non-financial Indicators to Improve Profitabiltiy, London 1995

Gebhardt, Günther/   (1993): Handbuch des Finanzmanagements,
Gerke, Wolfgang/   München 1993
Steiner, Manfred (Hrsg.)

Gerpott, Torsten J.   (1989): Ökonomische Spurenelemente in der Personalwirtschaftslehre: Ansätze zur Bestimmung ökonomischer Erfolgswirkungen von Personalauswahlverfahren, in: ZfB, 59, 1989, 8, S. 888-912

Gerpott, Torsten J.   (1993): Integrationsgestaltung und Erfolg von Unternehmensakquisitionen, Stuttgart 1993

Gerpott, Torsten J.   (1994): Abschied von der Spitze: Eine empirische Studie zur Höhe und zu Determinanten der Ausscheidensquote von Top Managern akquirierter deutscher Unternehmen, in: zfbf, 46, 1994, 1, S. 4-31

Gerpott, Torsten J./   (1994): Integrationsgestaltungsgeschwindigkeit nach
Schreiber, Kerstin   Unternehmensakquisitionen – Revolutionäre Veränderung oder evolutionäre Anpassung?, in: Die Unternehmung, 1994, 2, S. 99-116

Ghemawat, Pankaj/   (2000): The Dubious Logic of Global Megamergers,
Ghadar, Fariborz   in: HBR, 78, 2000, 4, S. 65-72

Ghemawat, Pankaj/   (2001): Globale Megafusionen – ökonomisch nur selten
Ghadar, Fariborz   zwingend geboten, in: HBM, 2001, 1, S. 32-41

Gimpel-Iske, E.   (1973): Untersuchung zur Vorteilhaftigkeit von Un-
                               ternehmenszusammenschlüssen, Bonn 1973

Gleich, Ronald   (1997): Stichwort: Performance Measurement, in:
                               DBW, 57, 1997, 1, S. 114-117

Gleich, Ronald   (1997b): Performance Measurement im Controlling, in:
                               Gleich, Ronald/Seidenschwarz, Werner (Hrsg.):
                               Die Kunst des Controlling, München 1997,
                               S.343-365

Gleich, Ronald/   (1997): Die Kunst des Controlling, München 1997
Seidenschwarz, Werner

Gösche, Axel   (1993): Unternehmensbewertung und Preisbestim-
                               mung, in: Frank, Gert M./Stein, Ingo (Hrsg.):
                               Management von Unternehmensakquisitionen,
                               Stuttgart 1993, S. 179-186

Goldstein, A. S.   (1983): The Complete Guide to Buying and Selling a
                               Business, New York, Chichester, Brisbane,
                               Toronto, Singapore 1983

Gomez, Peter   (1989): Wertsteigerung durch Akquisition, in: Die Un-
                               ternehmung, 43, 1989, 6, S. 441-452

Gomez, Peter/   (1989): Akquisitionsstrategie: Wertsteigerung durch
Weber, Bruno   Übernahme von Unternehmungen, Stuttgart
                               1989

Gomez, Peter/   (1992): Diversifikation mit Konzept – den Unterneh-
Ganz, Matthias   menswert steigern, in: HM 14, 1992, 1, S. 44-54

Goold, Michael/   (1999): Synergien suchen – um jeden Preis? Eine
Campbell, Andrew   gesunde Portion Skeptizismus hilft Managern,
                               echte Chancen von Trugbildern zu unterschei-
                               den, in: Harvard Business Manager, 21, 1999,
                               2, S. 65-77

Grabner-Kräuter, Sonja (1993): Diskussionsansätze zur Erforschung von Erfolgsfaktoren, in: JfB, 1993, 6, S. 278-300

Grochla, Erwin/ (1976): Handwörterbuch der Betriebswirtschaft, 4.
Wittmann, Waldemar Auflage, Stuttgart 1976
(Hrsg.)

Grüter, Hans (1991): Unternehmensakquisitionen: Bausteine eines Integrationsmanagements, Bern 1991

Gut-Villa, Cornelia (1995): Bei M&A: alle Mitarbeiter früh einbeziehen, in: io Management Zeitschrift 64, 1995, 1/2, S. 78-81

Habeck, Max/ (1999): Wi(e)der das Fusionsfieber – Die sieben
Kröger, Fritz/ Schlüsselfaktoren erfolgreicher Fusionen, Wies-
Träm, Michael baden 1999

Häcker, Joachim (2001): Der Kunde als Recheneinheit: Klassische Bewertungsverfahren taugen nicht für junge Unternehmen in einem dynamischen Umfeld, in: Finance, 2001, 2, S. 48-50

Hafermalz, Otto (1976): Schriftliche Befragung, Möglichkeiten und Grenzen, Wiesbaden 1976

Hahn, Dietger (1993): PuK – Planungs- und Kontrollrechnung, Wiesbaden 1993

Hanssmann, Friedrich (1988): Wertorientiertes strategisches Management - eine Revolution?, in: Strategische Planung, 4, 1988, 4, S. 1-10

Haspeslagh, Philippe C./ (1987): Acquisitions - Myths and Reality, in: SMR, 28,
Jemison, David B. 1987, 2, S. 53-58

Haspeslagh, Philippe C./ (1991a): Managing Acquisitions: Creating Value
Jemison, David B. through Corporate Renewal, New York 1991

Haspeslagh, Philippe C./ (1991b): Postmerger Integration: The Crucial Early
Jemison, David B. Steps, in: M&A Europe, 1991, 5-6, S. 47-57

Hase, Stefan (1996): Integration akquirierter Unternehmen: Planung, Konzeption, Bewertung und Kontrolle, Berlin 1996

Hauser, Martin (1999): Wertorientierte Betriebswirtschaft, in: Controller Magazin, 24, 1999, 5, S. 398 - 404

Hawkins, M. D. (1988): Using Human Resource Data to Select Merger/Acquisition Candidates, in: Niehaus, R.J./Price, K. F. (Hrsg.) Creating the Competitive Edge Through Human Resource Applications, New York, S. 203-212

Heinen, Edmund (Hrsg.) (1991): Industriebetriebslehre – Entscheidungen im Industriebetrieb, 9. Auflage, Wiesbaden

Heinrich, Wilfried (1999): Fusionsfieber mit Risiken – Gigantismus bis ins Grab, in: IT Services, 1999, 1-2, S. 20-26

Helbling, Carl (1993): Unternehmensbewertung und Steuern, 7. Auflage, Düsseldorf 1993

Herter, Ronald (1991): Wertsteigerungsanalyse, in: Controlling 3, 1991, 6, S. 336 f.

Herter, Ronald (1994): Unternehmenswertorientiertes Management, München 1994

Hetzer, Jonas/ Nölting, Andreas (2000): Gefährliche Spirale – Fusionitis und kein Ende, in: Manager Magazin, 30, 2000, 03, S. 77-91

Hinterhuber, Hans H. (1990): Wettbewerbsstrategie, 2., völlig neubearbeitete Auflage, Berlin, New York 1990

Hölters, Wolfgang (Hrsg.) (1989): Handbuch des Unternehmens- und Beteiligungskaufs, 2. Auflage, Köln 1989

Hölters, Wolfgang (1996): Der Unternehmens- und Beteiligungskauf – Bedeutung, Grundfragen und Abwicklung, in: Hölters, Wolfgang (Hrsg.): Handbuch des Unternehmens- und Beteiligungskaufs, 4. völlig überarbeitete und erweiterte Auflage, Köln 1996, S. 1-57

Hölters, Wolfgang (Hrsg.) (1996): Handbuch des Unternehmens- und Beteiligungskaufs, 4. völlig überarbeite und erweiterte Auflage, Köln 1996

Hoffecker, John./ Goldenberg, Charles (1994): Using the Balanced Scorecard to Develop Company-Wide Performance Measures, in: Journal of Cost Management, 8, 1994, 3, S. 5-17

Holzapfel, Hans-J.:/ Pöllath, Reinhard (1994): Unternehmenskauf in Recht und Praxis – Rechtliche und steuerliche Aspekte, 7. Auflage, Köln 1994

Hommel, Ulrich (1999): Der Realoptionenansatz: Das neue Standardverfahren der Investitionsrechnung, in: M&A Review, 10, 1999, 1, S. 22-26

Horváth & Partner (Hrsg.) (1997): Neues Verwaltungsmanagement: Grundlagen, Methoden und Anwendungsbeispiele, Stuttgart 1997

Horváth, Péter (Hrsg.) (1991): Synergien durch Schnittstellen-Controlling, Stuttgart 1991

Horváth, Péter (1994): Controlling, 5. überarbeitete Auflage, München 1994

Horváth, Péter/ Gleich, Ronald/ Voggenreiter, Dietmar (1996): Controlling umsetzen, Stuttgart 1996

Houlder, Vanessa (1997): The Secret of Living Happily Ever After: A post-merger business depends on the calibre of its management, in: FT, May 26, 1997, S. 14

Hronec, Steven M. (1993): Vital Signs: Using quality, time and cost performance measures to chart your company's future, New York 1993

Huemer, Friedrich (1991): Mergers&Acquisitions: strategische und finanzielle Analyse von Unternehmensübernahmen, Frankfurt am Main et al. 1991

Humpert, Franz W.	(1985): Unternehmensakquisition – Erfahrungen beim Kauf von Unternehmen, in: DBW 45, 1985, 1, S. 30-41
Hunt, J. W./ Lees, S./ Grumbar, J./ Vivian, P.	(1987): Acquisitions – The Human Factor, London 1987
Hunt, J. W.	(1990): Changing Pattern of Acquisition Behavior in Takeovers and the Consequences for Acquisition Processes, in: SMJ, 11, 1990, S. 69-77
Ivancevich, John M./ Schweiger, D./ Power, F.R.	(1987): Strategies for Managing Human Resources During mergers and acquisitions, in: HRP, 10, 1987, 1, S. 19-35
Ivancevich, John M./ Stewart, K. A.	(1989): Appraising Management Talent in Acquired Organizations: A four-tiered recommendation, in: HRP, 10, 1989, 1, S. 141-154
Jamin, Wolfgang	(1998): Tax Due Diligence / Steuerliche Aspekte, Vortragspapier anlässlich der Konferenz „Praxisfragen des Unternehmenskaufs" des Institute for International Research in Offenbach, 16.6.1998, S. 1-31.
Jansen, Stephan A.	(1998): Mergers & Acquisitions – Unternehmensakquisitionen und -kooperationen, Wiesbaden 1998
Jansen, Stephan A.	(2000): Post Merger Management in Deutschland (II) – Einzelergebnisse einer empirischen Untersuchung, in: M&A Review, 2000, 10, S. 388-392
Janssen, Jürgen/ Laatz, Wilfried	(1994): Statistische Datenanalyse mit SPSS für Windows, Heidelberg 1994
Jemison, D. B./ Sitkin, S. B.	(1986): Corporate Acquisitions: A Process Perspective, in: AMR, 1986, 11, S. 145-163

Jemison, D. B. (1988): Value Creation and Acquisition Integration: The Role of Strategic Capability Transfer, in: Libecap, Gary (Hrsg.): Corporate Reorganization through Mergers, Acquisitions and Leveraged Buyouts, Advances in the Study of Entrepreneurship, Innovation, and Economic Growth, Supplement 1, Greenwich 1988, S. 191-218

Jensen, Michael C. (1986a): The Takeover Controversy: Analysis and Evidence, in: Midland Corporate Finance Journal, 1986, 4, S. 5-32

Jensen, Michael C. (1986b): Agency Cost of Free Cash Flow, Corporate Finance, and Takeover, in: AER, 1986, 76, S. 323-329

Jensen, Michael C./ Ruback, Richard (1983): The Market of Corporate Control - The Scientific Evidence, in: JFE, 1983, S. 5-50

Jensen, S. (2000): Handlungsbedarf: KarstadtQuelle AG: Die Fusion von Warenhaus und Versandgeschäft hat keine Probleme gelöst, aber viele neue geschaffen, in: Manager Magazin 2000, 6, S. 90-101

Jung, Helga (1993): Erfolgsfaktoren von Unternehmensakquisitionen, Stuttgart 1993

Jung, Willi (1983): Praxis des Unternehmenskaufs - Eine systematische Darstellung der Planung und Durchführung einer Akquisition, Stuttgart 1983

Kaplan, Robert S. (1984): Yesterday's Accounting Undermines Production, in: HBR, 62, 1984, 3, S. 95-101

Kaplan, Robert S. (1995): Das neue Rollenverständnis für den Controller, in: Controlling, 8, 1996, 3/4, S. 60-70

Kaplan, Robert S./ Norton, David P. (1992a): In Search of Excellence – der Maßstab muß neu definiert werden, in: Harvard Manager, 14, 1992, 4, S. 37-46

Kaplan, Robert S./ Norton, David P.	(1992b):	The Balanced Scorecard – Measures that Drive Performance, in: HBR, 72, 1992, 1/2, S. 71-79
Kaplan, Robert S./ Norton, David P.	(1993):	Putting the Balanced Scorecard to Work, in: HBR, 73, 1993, 9/10, S. 134-147
Kaplan, Robert S./ Norton, David P.	(1996):	The Balanced Scorecard. Translating Strategy into Action, Boston 1996
Kaplan, Robert S./ Norton, David P.	(2001):	Wie Sie die Geschäftsstrategie den Mitarbeitern verständlich machen, in: HBM, 2001, 2, S. 60-70
Kappler, Ekkehard/ Rehkugler, Heinz	(1991):	„Konstitutive Entscheidungen" und „Kapitalwirtschaft", in: Heinen, Edmund (Hrsg.): Industriebetriebslehre – Entscheidungen im Industriebetrieb, 9. Auflage, Wiesbaden 1991, S. 205-217
Kaufmann, T.	(1990):	Kauf und Verkauf von Unternehmungen: Eine Analyse qualitativer Erfolgsfaktoren, St. Gallen 1990
Kenis, Patrick / Schneider, Volker (Hrsg.)	(1996):	Organisation und Netzwerk: Institutionelle Steuerung in Wirtschaft und Politik, Frankfurt, 1996, S. 213-271
Kiechel III, W.	(1988):	Corporate Strategy for the 1990s, in: Fortune 29 1988, 2, S. 16-21
Kirchner, Martin	(1991):	Strategisches Akquisitionsmanagement im Konzern, Wiesbaden 1991
Kirchner, Jörg	(1998):	Rechtliche Due Diligence – Ziele, Bestandteile und Umsetzung, Vortragspapier anläßlich der Konferenz „Praxisfragen des Unternehmenskaufs" des Institute for International Research in Offenbach, 16.6.1998, S. 1-22.
Kirsch, W.	(1971):	Entscheidungsprozesse: Entscheidungen in Organisationen, Wiesbaden 1971

Kitching, J.   (1967): Why Do Mergers Miscarry?, in: HBR, 45, 1967, 6 S. 84-101

Kitching, J.   (1973): Acquisitions in Europe: Causes of Corporate Success and Failures, Genf 1973

Klein, Klaus-Günter/   (1998): Due Diligence und Unternehmensbewertung, in:
Jonas, Martin   Berens, Wolfgang/Brauner, Hans U. (Hrsg.): Due Diligence bei Unternehmensakquisitionen, Stuttgart 1998, S. 155-169

Klemm, Michael   (1990): Die Nutzung synergetischer Potentiale als Ziele des strategischen Managements unter besonderer Berücksichtigung von Konzernen, Bergisch-Gladbach 1990

Klingebiel, Peter   (2000): Identifizierung und Quantifizierung von Werttreibern als Voraussetzung für ein erfolgreiches Wertmanagement, in: Controller Magazin, 25, 2000, 6, S. 565-568

Kobi, Jean-Marcel   (2000): Die Mitarbeiterdimension in der Balanced Scorecard, in: Controller Magazin, 25, 2000, 3, S. 255-257

König, Thomas/   (2000): Zusatznutzen durch erweiterte Umwelt-Due-
Fink, Peter   Diligence – über die Altlastenproblematik hinaus, in: M&A Review, 11, 2000, 6, S. 220-224

Kosiol, Erich   (1968): Einführung in die Betriebswirtschaftslehre, Wiesbaden 1968

Kreikebaum, Hartmut   (1998): Organisationsmanagement internationaler Unternehmen: Grundlagen und neue Strukturen, Wiesbaden 1998

Krieg, W.   (1985): Management- und Unternehmensentwicklung – Bausteine eines integrierten Ansatzes, in: Probst, Gilbert J. B./ Siegwart, Hans (Hrsg.): Integriertes Management, Bern, Stuttgart 1985, S. 261-277

Kröger, Fritz/ (1999): Wachsen wie die Sieger – Die Erfolgsstrategien
Träm Michael/ europäischer Spitzenunternehmen, Wiesbaden
Vandenbosch, Marianne 1999

Kromrey, Helmut (1995): Empirische Sozialforschung - Modelle der
Datenerhebung und Auswertung, 7. Auflage,
Opladen 1995

Küting, Karlheinz (1981): Zur Bedeutung und Analyse von Verbundeffekten im Rahmen der Unternehmensbewer-
tung, in: BfuP, 33, 1981, S. 175-189

Kusewitt, J. B. (1985): An Exploratory Study of Strategic Acquisition
Factors Relating to Performance, in: SMJ, 8,
1985, S. 151-169

Laatz, Wilfried (1993): Empirische Methoden – Ein Lehrbuch für So-
zialwissenschaftler, Thun und Frankfurt a. M.
1993

Lammerskitten, Mark/ (1997): Operationalisierungsprobleme des Sharehol-
Langenbach, Wilm/ der-Value-Ansatzes, in: ZfP, 11, 1997, 8,
Wertz, Boris S. 221-242

Leoprechting, Gunter (2000): Commercial Due Diligence, in: Transaktion &
Freiherr von Finanzierung, 2000, 09, S. 78-79

Lewis, Thomas G. (1995): Steigerung des Unternehmenswertes: Total-
Value-Management, 2. Auflage, Landsberg/
Lech 1995

Libecap, Gary (Hrsg.) (1988): Corporate Reorganization through Mergers,
Acquisitions, and Leveraged Buyouts, Ad-
vances in the Study of Entrepreneurship, Innovation, and Economic Growth, Supplement
1, Greenwich 1988

Lingnau, Volker (1995): Kritischer Rationalismus und Betriebswirtschaftslehre, in: WiSt, 24, 1995, 3, S. 124-147

List, Stephan	(1987): Die Bewertung der GmbH – Eine theoretische Analyse der körperschaftssteuerlichen Probleme, Frankfurt am Main 1987
Lloyd, B.	(1997): Creating Value Through Acquisitions, Demergers, Buyouts and Alliances, Oxford, New York, Tokio 1997
Lubatkin, Michael	(1983): Mergers and the Performance of the Acquiring Firms, in: AMR, 8, 1983, 2, S. 218-225
Lubatkin, Michael/ Shrieves, Roland E.	(1986): Towards Reconciliation of Market Performance Measures to Strategic Management Research, in: AMR, 11, 1986, 3, S. 497-512
MacDonald, Tim/ Träm, Michael	(1999): Megamergers: A New Era for Merger Integration, in: A.T. Kearney (Hrsg.): Executive Agenda III, Chicago 1999, S. 19-33
Major, T.	(2000): First the Deal – and Now the Doubts, in: Financial Times Europe, 17.03.2000, S. V
Mandl, Alex	(2000): Lessons from Master Acquirers – A CEO Roundtable on Making Mergers Succeed, in: HBR, 78, 2000, 3, S. 145-154
Mandl, Gerwald/ Rabel Klaus	(1997): Unternehmensbewertung – Eine praxisorientierte Einführung, Wien 1997
Marchetti, Michele	(1997): The Honeymoon's Over, in: Sales & Marketing Management, 1997, 6, S. 54-59
Markowitz, Harry M.	(1952): Portfolio Selection, in: JoF, 1952, 7, S. 77-91
Marks, Michell L.	(1981): Organizational and Individual Response to Corporate Acquisition Impact, Arbor 1981
Marks, Michell L.	(1982): Merging Human Resources: A Review of Current Research, in: M&A, 17, 1982, 2, S. 38-44
Marks, Michell L.	(1991): Merger Management HR's way, in: Human Resource Magazine, 36, 1991, 5, S. 60-66

Marks, Michell L./   (1983): Corporate Acquisition: Models of Organiza-
Mirvis, Philip   tional and Individual Response, Boston 1983

Maskell, Brian   (1989): Performance Measures of World Class Manufacturing, in: Management Accounting, 71,
1989, 5, S. 3-32

Matschke, Manfred J.   (1993): Unternehmensbewertung, in: Lück (Hrsg.):
Lexikon der Betriebswirtschaft, 5. Auflage,
Landsberg/Lech 1993, S. 1240-1241

Maul, Karl-Heinz   (1992): Offene Probleme der Bewertung von Unternehmen durch Wirtschaftsprüfer, in: DB,
1992, S. 1253-1259

McLean, R. J.   (1986): How to Make Acquisitions Work, in:
McKinsey Quarterly, 1986, 3, S. 14-23

McTaggart, James M.   (1988): The Ultimate Takeover Defense: Closing the
Value Gap, in: Planning Review 16, 1988,
1/2, S. 27-32

Meeks, Gerald   (1977): Disappointing Marriage: A Study of the Gains
from Merger, London 1977

Meller, F.   (1974): Die permanente Organisationsplanung als
Voraussetzung einer flexiblen Aufbaustruktur,
in: ZfbF, 26, 1974, S. 260-270

Mellerowicz, Konrad   (1952): Der Wert der Unternehmung als Ganzes, Es-
sen 1952

Mintzberg, Henry   (1983): Power in and around Organizations, Engle-
wood Cliffs 1983

Mitchell, W.   (1999): Alliances: Achieving Long-Term Value and
Short-Term Goals, in: Financial Times
Europe, 18.10.1999, S. 6-7

Mitchell, David/   (1996): Making Acquisitions Work: Learning from
Holmes, Garrick   Companies' Successes and Failures, London
1996

Möller, Wolf-Peter   (1983): Der Erfolg von Unternehmenszusammen-
                                     schlüssen: Eine empirische Untersuchung,
                                     München 1983

Moxter, Adolf   (1983): Grundsätze ordnungsmäßiger Unternehmens-
                                     bewertung, 2. Auflage, Wiesbaden 1983

Müller-Stevens, Günter   (2000): Wann endet der Wahn?, in: Manager Maga-
                                     zin, 30, 2000, 3, S. 84

Müller-Stevens, Günter/   (1991): Kommunikation – Schlüsselkompetenz im Ak-
Salecker, Jürgen   quisitionsprozeß, in: Absatzwirtschaft, 34,
                                     1991, 10, S. 104-113

Nagel, Frank   (2000): Keine Auktion wie jede andere - Mit der ferti-
                                     gen Due Diligence den Verkauf vorbereiten
                                     und den Preis sichern, in: Transak-
                                     tion&Finanzierung, 2000, 09, S. 76-77.

Neely, A./   (1995): Performance Measurement System Design, in:
Gregory, M./   International journal of operations & produc-
Platts, M.   tion management, 15, 1995, 4, S. 80-116

Neubauer, Werner   (1994): Statistische Methoden, Ausgewählte Kapitel
                                     für Wirtschaftswissenschaftler, München 1994

Neukirchen, H./   (2000): Breites Kreuz - Bayer AG: Vorstandschef
Wilhelm, W.   Manfred Schneider will sich dem Diktat der
                                     Finanzprofis nicht beugen. Doch wie lange
                                     hält er dem Druck noch stand?, in: Manager
                                     Magazin, 30, 2000, 3, S. 109-118

Nölting, Andreas   (2000): Werttreiber Mensch: Shareholder Value: In
                                     der neuen Ökonomie verliert das Kapital seine
                                     Bedeutung als wichtigster Werthebel der Ak-
                                     tienkurse. Nun stehen plötzlich die Mitarbeiter
                                     auf der Gewinnerseite des Aktionärskapita-
                                     lismus, in: Manager Magazin, 30, 2000, 4,
                                     S. 154-165

Nolte, W.   (1992): Käufe gründlich prüfen, in: Frankfurter All-
                                     gemeine Zeitung, 1992, 99, S. B18

o.V.   (1998): Die Pharma-Großfusion scheitert wegen un-
                                     terschiedlicher Kulturen: American Home
                                     Products und Monsanto finden nicht zusam-
                                     men, in: Handelsblatt, 1998, 239, S. 23

o.V.   (1999): Bilanzwahlrecht bei Fusionen kippt, in:
                                     Handelsblatt, 1999, 129, S. 14

o.V.   (2000): „Gebrannte Kinder" - Deutsche Bank: Nach
                                     der geplatzten Verlobung mit der Dresdner
                                     Bank sind der Branchenprimus und sein Spre-
                                     cher unter Druck geraten, in: Manager Maga-
                                     zin, 30, 2000, 5, S. 10-15

o.V.   (2001): Wieder mehr Fusionen, in: Welt am Sonntag,
                                     2001, 2, S. 47

Ordelheide, Dieter/   (1991): Betriebswirtschaftslehre und Ökonomische
Rudolph, Bernd   Theorie, Stuttgart 1991
Büsselmann, Elke (Hrsg.)

Pausenberger,   (1975): Fusion, in: Grochla, E./Wittmann, W. (Hrsg.):
Ehrenfried   HWB: Handwörterbuch der Betriebswirt-
                                    schaft, 4. Auflage, Stuttgart 1975, Sp. 1603-
                                    1614

Pausenberger,   (1989a): Akquisitionsplanung, in: Szypersky, N.
Ehrenfried   (Hrsg.): Handwörterbuch der Planung, Stutt-
                                    gart 1989, S. 18-26

Pausenberger,   (1989b):Zur Systematik von Unternehmenszusammen-
Ehrenfried   schlüssen, in: WiSt, 18, 1989, 11, S. 621-626

Pausenberger,   (1993): Unternehmenszusammenschlüsse, in: Hand-
Ehrenfried   wörterbuch der Betriebswirtschaftslehre, 5.
                                    Auflage 1993, Sp. 4436 – 4448

Petersen, Jens   (2000): Probleme und Potenziale der Erfolgsmessung
                                    von Unternehmenszusammenschlüssen, in:
                                    M&A-Review, 11, 2000, 12, S. 470-475

Picot, Arnold/ Reichwald, Ralf/ Wigand Rolf T. (1996): Die grenzenlose Unternehmung – Information, Organisation und Management, 2. Auflage, Wiesbaden 1996

Picot, Arnold/ Freudenberg, Heino/ Gassner Winfried (1999): Die neue Organisation – ganz nach Maß geschneidert: Reorganisiert wird ständig, doch viele Projekte scheitern. Oft liegt es daran, dass unentbehrliche Mitarbeiter nicht sinnvoll einbezogen werden, in: Harvard Business Manager, 21, 1999, 5, S. 46-58

Picot, Gerhard (Hrsg.) (1998): Unternehmenskauf und Restrukturierung, München 1998

Popper, Karl R. (1994): Logik der Forschung, 10. Auflage, Tübingen 1994

Porter, Michael E. (1985): Competitive Advantage: Creating and Sustaining Superior Performance, New York 1985

Porter, Michael E. (1986): Wettbewerbsvorteile, Frankfurt am Main 1986

Porter, Michael E. (1987a): From Competitive Advantage to Corporate Strategy, in: HBR, 65, 1987, 3, S. 43-59

Porter, Michael E. (1987b): Diversifikation – Konzerne ohne Konzept, in: Harvard Manager, 9, 1987, 4, S. 30-49

Porter, Michael E. (1990): The Competitive Advantage of Nations, New York 1990

Porter, Michael E. (1991): Towards a Dynamic Theory of Strategy, in: SMJ, 12, 1991, 1, S. 95-117

Porter, Michael E. (1992): Wettbewerbsstrategie – Methoden zur Analyse von Branchen und Konkurrenten, 7. Auflage, Frankfurt am Main 1992

Porter, Michael E. (1996a): Wettbewerbsvorteile – Spitzenleistungen erreichen und behaupten, 4. Auflage, Frankfurt am Main, 1996

| Porter, Michael E. | (1996b): What is Strategy?, in: HBR, 74, 1996, 6, S. 61-78 |

Poser, Günter   (1990): Unternehmensbefragungen und ihre Verwendung, in: WISU, 19, 1990, 7, S. 432-438

Powell, Walter W.   (1996): Weder Markt noch Hierarchie: Netzwerkartige Organisationsformen, in: Kenis, Patrick/ Schneider, Volker (Hrsg.): Organisation und Netzwerk: Institutionelle Steuerung in Wirtschaft und Politik, Frankfurt, 1996, S. 213-271

Prahalad, Coimbatore/   (1990): The Core Competence of the Corporation, in:
Hamel Garry   HBR, 68, 1990, 3, S. 79-91

Prahalad, Coimbatore/   (1995): Competing for the Future, Boston, 1995
Hamel Garry

Prillmann, Martin   (1996): Management der Variantenvielfalt – Ein Beitrag zur handlungsorientierten Erfolgsfaktorenforschung im Rahmen einer empirischen Studie in der Elektronikindustrie, Frankfurt am Main 1996

Pümpin, Cuno   (1983): Management strategischer Erfolgspositionen, Bern 1983

Pümpin, Cuno   (1989): Das Dynamik-Prinzip: Zukunftsorientierung für Unternehmer und Manager, Düsseldorf 1989

Pümpin, Cuno   (1991a): Dynamische Unternehmensführung und strategisches Controlling, in: Horváth, Péter (Hrsg.): Synergien durch Schnittstellen-Controlling, Stuttgart 1991, S. 25-49

Pümpin, Cuno   (1991b): Dynamische Strategien – ein Erfahrungsbericht, in: io Management Zeitschrift, 60, 1991, 6, S. 79-81

Rädler, Albert/   (1982): Handbuch der Unternehmensakquisition, Frank-
Pöllath, Reinhard (Hrsg.)   furt am Main 1982

Rätsch, Herbert   (1976): Fusion, in: Büschgen, Hans E. (Hrsg.), Hand-
                                 wörterbuch der Finanzwirtschaft, Stuttgart
                                 1976, S. 665-674

Rappaport, Alfred   (1981): Selecting Strategies That Create Shareholder
                                 Value, in: HBR, 59, 1981, 3, S. 139-149

Rappaport, Alfred   (1986): Creating Shareholder Value, New York et al.
                                 1986

Rappaport, Alfred   (1987): Discounted Cash Flow Valuation, The Merg-
                                 ers and Acquisition Handbook, New York
                                 1987

Rappaport, Alfred   (1995): Shareholder Value - Wertsteigerungen als
                                 Maßstab für die Unternehmensführung, Stutt-
                                 gart 1995

Rappaport, Alfred   (1999): Shareholder Value: Ein Handbuch für Mana-
                                 ger und Investoren, 2., vollständig überarbei-
                                 tete und aktualisierte Auflage, Stuttgart 1999

Reiss, Michael   (1992): Mit Blut, Schweiß und Tränen zum schlanken
                                 Unternehmen, in: Lean Production, 6, 1992, 2,
                                 S. 137-173

Reißner, Stefan   (1992): Synergiemanagement und Akquisitionserfolg,
                                 Wiesbaden 1992

Reißner, Stefan   (1994): Strategien der Unternehmensakquisition –
                                 Empirische Relevanz, Synergiepotenziale und
                                 erfolgskritische Managementaufgaben, Teil I
                                 und Teil II, in: M&A Review, 5, 1994, 4, S.
                                 153-157 und M&A Review 5, 1994, 6, S. 261-
                                 266

Rock, Hermann   (2000): Checkliste Share Deal, in: M&A Review, 11,
                                 2000, 4, S. 145-149

Roll, Richard   (1986): The Hybris Hypothesis of Corporate Take-
                                 overs, in: JoB, 59, 1986, S. 197-216

Roll, Richard   (1988): Empirical Evidence on Takeover Activity and
                                 Shareholder Wealth, in: Coffee, J. C./ Lowen-
                                 stein,   L./Rose-Ackerman,   Susan   (Hrsg.):
                                 Knights, Raiders and Targets: The Impact of
                                 the Hostile Takeover, New York, Oxford
                                 1988, S. 241-252

Ropella, Wolfgang   (1989): Synergie als strategisches Ziel der Unterneh-
                                 mung, Berlin 1989

Rose, K. H.   (1995): A Performance Measurement Model, in: Qual-
                                 ity Progress, (1995), 2, S. 63-66

Rowland, K.M./   (1990): Research in Personnel and Human Resource
Ferris, G.R. (Hrsg.)   Management, Vol. 8, Greenwich, 1990

Ruhnke, Klaus   (2000): Bezugsrahmen für die Evaluation von Unter-
                                 nehmen (II), in: M&A Review, 11, 2000, 11,
                                 S. 425-430

Rumpf, Bernd-Michael/   (1998): Kritische Erfolgsfaktoren von Post-Merger-
Neumann, Petra   Integrationen, in: M&A Review, 9, 1998, 2,
                                 S. 57-61

Salter, M.S./   (1988): Corporate Takeovers: Financial Boom or
Weinhold, W. A.   Organizational Bust?, in: Coffee, J. C./Lowen-
                                 stein, L./Rose-Ackerman, S. (Hrsg.): Knights,
                                 Raiders and Targets: The Impact of the Hos-
                                 tile Takeover, New York, Oxford 1988,
                                 S. 135-149

Sautter, Michael T.   (1989): Strategische Analyse von Unternehmensak-
                                 quisitionen: Entwurf und Bewertung von Ak-
                                 quisitionsstrategien, Frankfurt 1989

Scharlemann, Ulrich   (1996): Finanzwirtschaftliche Synergiepotentiale von Mergers und Acquisitons: Analyse und Bewertung nicht güterwirtschaftlicher Wertsteigerungseffekte von Unternehmenstransaktionen, Zürich 1996

Scheiter, Diethard   (1989): Die Integration akquirierter Unternehmen, St. Gallen 1989

Schierenbeck, Henner   (1989): Grundzüge der Betriebswirtschaftslehre, 10. völlig überarbeitete und erweiterte Auflage, München, Wien 1989

Schlittgen, Rainer   (1993): Einführung in die Statistik, Analyse und Modellierung von Daten, 4. überarbeitete und erweiterte Auflage, München, Wien 1993

Schmalenbach, Eugen   (1917): Die Werte und Unternehmungen in der
                       (1918) Schätzungstechnik, in: ZfhF 1917/18, S. 1-20

Schmidt, Andreas   (1989): Beteiligungscontrolling: Wie man seine Tochtergesellschaften organisatorisch in den Griff bekommt, in: Controlling, 1, 1989, 5, S. 270-275

Schmidt, G.   (1983): Methode und Techniken der Organisation, 5. Auflage, Gießen 1983

Schmidt, R. B.   (1977): Wirtschaftslehre der Unternehmung: Grundlagen und Zielsetzungen, 2. überarbeitete Auflage, Stuttgart 1977

Scholz, Christian   (1992): Effektivität und Effizienz, in: HWO: Handwörterbuch der Organisation, 1992, Sp. 533-552

Schwaninger, Markus   (1990): Wege zu einem integralen Management, in: Harvard Manager, 12, 1990, 1, S. 42-52

Schweiger, David M./ (1990): Mergers and Acquisitions: An Interdisciplinary
Walsh, James. P. View, in: Rowland, K.M./Ferris, G.R. (Hrsg.):
Research in Personnel and Human Resource
Management, Vol. 8, Greenwich, 1990,
S. 41-107

Schweiger, David M./ (1991): Communication with Employees Following a
De Nisi, Angelo S. Merger: A longitudinal field experiment, in:
AMJ, 34, 1991, 1, S. 110-135

Segler, Kai (1986): Basisstrategien im internationalen Marketing,
Frankfurt am Main 1986

Semler, Franz-Jörg (1996): Der Unternehmens- und Beteiligungskaufver-
trag, in: Hölters, Wolfgang (Hrsg.): Handbuch
des Unternehmens- und Beteiligungskaufs, 4.
völlig überarbeitete und erweiterte Auflage,
Köln 1996, S. 475-565

Seth, A. (1990a) Value Creation in Acquisitions: A
Reexamination of performance issues, in:
SMJ, 11, 1990, 1, S. 99-115

Seth, A. (1990b): Sources of Value Creation in Acquisitions: An
Empirical Investigation, in: SMJ, 11, 1990, 4,
S. 431-446

Sieben, Günter (1963): Der Substanzwert der Unternehmung, Wiesbaden 1963

Sieben, Günter/ (1990): Aspekte der Wertfindung bei strategisch moti-
Diedrich, R. vierten Unternehmensakquisitionen, in: ZfbF,
42, 1990, 9, S. 794-809

Siegel, Gary (2000): Measuring Intangibles and Improving Performance with Behavioral Accounting, in:
JCM, 2000, 7-8, S. 5-12

Siegwart, Hans (Hrsg.) (1990): Mergers & Acquisitions, Stuttgart, Basel 1990

Souder, William. E./ (1984): Acquisitions: Do They Really Work Out?, in:
Chakrabarti, Alok K. Interfaces, 14, 1984, 4, S. 41-47

Staehle, W. H.	(1985):	Management, 2. Auflage, München 1985
Staehle, W. H.	(1989):	Management: Eine verhaltenswissenschaftliche Perspektive, 4. Auflage, München 1989
Stehr, Christoph	(2000):	Vier Hochzeiten und ein Todesfall, in: Handelsblatt, 7.4.2000, S. 14
Steinöcker, Reinhard	(1993):	Akquisitionscontrolling – Strategische Planung von Firmenübernahmen. Konzeption – Transaktion – Integration, Berlin et al. 1993
Stenzel, Catherine/ Stenzel, Joe	(2000):	Measuring the Intangible: A Conversation with David Ulrich, in: JCM, 2000, 7/8, S. 28-34
Stewart III, Bennet G.	(1991):	The Quest for Value – The EVA Management Guide, London 1991
Stillman, R. S.	(1983):	Examining Antitrust Policy towards Horizontal Mergers, in: JFE, 1, 1983, 4, S. 225-240
Storck, Joachim	(1993):	Mergers & Acquisitions: Marktentwicklung und bankpolitische Konsequenzen, Wiesbaden 1993
Strack, Rainer/ Franke, Jutta/ Dertnig, Stephan	(2000):	Workonomics: Der Faktor Mensch im Wertmanagement, in: zfo, 69, 2000, 5, S. 283-288
Stüdlein, Yvonne	(2000):	Interkulturelle Post-Merger-Integration: Die Kunst, zu einem erfolgreichen Ganzen zusammenzuwachsen, in: M&A Review, 11, 2000, 4, S. 138-142
Süverkrüp, C.	(1991):	Ziele und Erfolg internationalen technologischen Wissenstransfers durch Unternehmensakquisitionen: Eine empirische Untersuchung am Beispiel deutsch-amerikanischer und amerikanisch-deutscher Akquisitionen, Kiel 1991

Taylor, L./ Convey, Steven

(1993): Making Performance Measurements Meaningful to the Performers, in: Canadian Manager, 8, 1993, 3, S. 22-24

Thiede, Wolfgang W.

(2000): Verkauft in 23 Zügen: Die Veräußerung eines Unternehmens darf nicht übers Knie gebrochen werden, in: Transaktion & Finanzierung, 2000, 9, S. 6-8

Thoma, Wolfgang

(1998): Management von M&A-Projekten, Vortragspapier anlässlich der Konferenz „Praxisfragen des Unternehmenskaufs" des Institute for International Research in Offenbach, 16.06. 1998, S. 1-35

Träm, Michael

(1999): „Gut für Arbeitsplätze" – Über die heilsame Wirkung von Shareholder Value, in: Wirtschaftswoche, 53, 1999, 49, S. 24

Trauth, Franz

(2000): Nach der Fusion: Die Toppositionen richtig besetzen, in: HBM, 2000, 4, S. 77-88

Trautwein, F.

(1990): Merger Motives and Merger Prescriptions, in: SMJ, 11, 1990, 2, S. 283-295

Ulrich, H./Staerkle, R.

(1969): Verbesserungen der Organisationsstruktur von Unternehmungen, Bern 1969

Valcárcel, S.

(1992): Ermittlung und Beurteilung des „strategischen Zuschlags" als Brücke zwischen Unternehmenswert und Marktpreis, in: DB, 1992, S. 589-595

Venohr, Bernd

(1988): „Marktgesetze" und strategische Unternehmensführung. Eine kritische Analyse des PIMS-Programms, Wiesbaden 1988

Vizjak, Andrej

(1990): Wachstumspotentiale durch Strategische Partnerschaften: Bausteine einer Theorie der externen Synergie, München 1990

Volk, Gerrit
(1992): Beteiligungscontrolling, in: zfo, 1992, 5, S. 311-314

Wächter, Hartmut
(1990): Personalwirtschaftliche Voraussetzungen und Folgen von Unternehmenszusammenschlüssen, in: BfuP, 42, 1990, 2, S. 114-128

Walsh, James P.
(1988): Top Management Turnover Following Merger and Acquisitions, in: SMJ, 9, 1989, S. 173-183

Walsh, James P./ Seward, James K.
(1990): On the Efficiency of Internal and External Corporate Control Mechanisms, in: AMR, 15, 1990, S. 421-458

Wanninger, Norbert
(2000): Liquidität gezielt steuern, in: Transaktion & Finanzierung, 2000, 11, S. 46-47

Weber, Bruno
(1990): Unternehmensbewertung heißt heute Wertsteigerungsanalyse, in: io Management Zeitschrift, 59, 1990, 11, S. 31-35

Weber, Bruno
(1991): Beurteilung von Akquisitionen auf der Grundlage des Shareholder Value, in: BfuP, 43, 1991, 3, S. 221-232

Welge Martin K.
(1976): Synergie, in: Grochla, Erwin/Wittmann, W. (Hrsg.): Handwörterbuch der Betriebswirtschaft, 4. Auflage, Stuttgart 1976, Sp. 3800-3810

Welge, Martin, K.
(1985): Unternehmensführung: Organisation, Stuttgart 1985

Weston, J. F.
(1969): Principles of Postmerger Integration, in: American Management Association (Hrsg.): Management Guides to Mergers & Acquisitions, New York 1969, S. 241-245

Wiedeking, Wendelin
(2000): Gefährliche Spirale – Fusionitis und kein Ende, in: Manager Magazin, 30, 2000, 3, S. 77-91

Williamson, Oliver, E.   (1985): The Economic Institutions of Capitalism, New
                                   York et. al. 1985

Williamson, Oliver, E.   (1991): Comparative Economic Organization, in: Or-
                                   delheide, Dieter et al. (Hrsg.): Betriebswirt-
                                   schaftlehre und Ökonomische Theorie, Stutt-
                                   gart 1991

Witt, Frank-Jürgen   (2000): Funktions-BSCs, in: Controller Magazin, 25,
                                   2000, 6, S. 546-554

Witte, Eberhard (Hrsg.)   (1981): Der praktische Nutzen empirischer Forschung,
                                   Tübingen 1981

Wöhe, Günter   (1993): Einführung in die Allgemeine Betriebswirt-
                                   schaftslehre, 18. Auflage, München 1993

Wollnik, M.   (1980): Einflußgrößen der Organisation, in: Grochla,
                                   E. (Hrsg.): HWO: Handwörterbuch der Orga-
                                   nisation, 2. Auflage, Stuttgart 1980, Sp. 592-
                                   613

Zehnder, E.   (1987): Acquisitions - The Human Factor?, London
                                   1987

Zimmermann, Gebhard/ (2000): Erfahrungen der Unternehmenspraxis mit der
Jöhnk, Thorsten   Balanced Scorecard: Ein empirisches Schlag-
                                   licht, in: Controlling, 12, 2000, 12, S. 601-606

Anhang

Anhang 1: Das Mahnschreiben der Dresdner Bank[549]

Persönlich/Vertraulich   29. März 2000
An den
Vorstand der
Deutschen Bank AG

Sehr geehrte Herren,

die Entwicklung der von unseren beiden Häusern angestrebten Fusion erfüllt uns in den letzten Tagen mit hoher Sorge. Unsere Grundsatzvereinbarung über die Verschmelzung regelt in ausgewogener Weise die Interessen beider Häuser, und zwar partnerschaftlich. In den vergangenen Tagen mehren sich jedoch die Anzeichen aus Ihrem Haus dafür, dass der partnerschaftliche Geist, ohne den die Fusion nicht erfolgreich sein kann, nicht gelebt wird.

Besonders kritisch ist die Entwicklung im Rahmen der Integration der Investment Banking Aktivitäten unserer beiden Häuser. In der Pressekonferenz am 9. März hat Herr Dr. Breuer ausdrücklich erklärt, dass ein Verkauf unserer Investment Banking Division Dresdner Kleinwort Benson nicht zur Debatte stehe. Eine Woche später ist im Rahmen einer Veranstaltung in London indessen gegenüber der Presse erklärt worden, für die Zukunft von Dresdner Kleinwort Benson stehen alle Optionen offen. Diese Änderung hat sowohl zu einer großen Unruhe bei unseren führenden Mitarbeitern geführt als auch in der Öffentlichkeit die Reputation unserer Investment Banking Division erheblich geschädigt. Sie haben, erstmals am 14. März, den Verkauf unserer Investment Banking-Sparte vorgeschlagen und ihn in der letzten Sitzung des Integrationsausschusses eingefordert.

Wir sind weiterhin der Auffassung, dass alle Business Lines im Investment Banking nicht nur integrationsfähig sind, ... sondern auch integriert gehören, um unserem gemeinsamen ... Anspruch, eine europäische Spitzenposition im Investment Banking zu erreichen, gerecht zu werden und die errechneten Synergien zu heben. Dies setzt allerdings grundsätzlichen Integrationswillen voraus ...

---

[549] Vgl. o.V. (2000), S. 15

Gleichwohl haben wir Ihrem Wunsche entsprechend untersucht, ob ein Verkauf unserer Investment Banking Division in ihrer Gesamtheit oder in Teilen sinnvoll ist. Wir kommen aus mehreren Gründen zu dem Ergebnis, dass ein Verkauf, auch per Termin zum Jahresende hin, nicht durchführbar ist, nicht im Interesse der Dresdner Bank liegt und nicht dem Geiste der Grundsatzvereinbarung entspricht.

....

Am Rande der Sitzung der Sitzung des Integrationsausschusses am vergangenen Dienstag hat Herr Dr. Ackermann gegenüber Kollegen sinngemäß erklärt, es müsse im Ergebnis zu einer „Übernahme" unserer Bank durch Ihr Haus kommen. Sie werden Verständnis dafür haben, dass uns diese Äußerung hochgradig irritiert. Er liegt auf der Hand, dass diese Sicht mit der Grundsatzvereinbarung völlig unvereinbar ist. Wir haben zur Kenntnis genommen, dass Herr Dr. Breuer im Anschluss an die Vorstandssitzung Ihres Hauses am 28. März erklärt hat, dass die Aussage von Herrn Dr. Ackermann nicht seiner und nicht der Auffassung der übrigen Vorstandsmitglieder der Deutschen Bank entspricht. Gleichwohl werden Sie Verständnis für unsere Bitte haben, uns im Hinblick auf die bevorstehenden Pressekonferenzen bis zum 05.04.2000 schriftlich zu bestätigen, dass die Grundsatzvereinbarung ... weiterhin auch für Sie verbindlich ist und Sie die in diesem Brief zum Ausdruck gebrachten Auffassungen teilen.

Wir würden es bedauern, wenn der von unseren beiden Häusern gewollte und in der Welt eng verfolgte Schritt zur partnerschaftlichen Verschmelzung unserer beiden Häuser scheitern würde. In Erwartung Ihrer Antwort verbleiben wir

Mit freundlichen Grüßen

Dresdner Bank AG

Walter   Dr. Müller

Anhang 2: Wirkungen der Kommunikationsmaßnahmen auf die Mitarbeiter

Über einen Zeitraum von fünf Monaten wurde in einer Längsschnittstudie bei einer Fusion von zwei großen US-amerikanischen Produktionsunternehmen analysiert, wie sich ein Kommunikationsprogramm auf verschiedene Kriterien auswirkt, die den Integrationserfolg in quantifizierter Weise über Reaktionen von 168 betroffenen Mitarbeitern widerspiegeln.

Das Kommunikationsprogramm wurde dabei nur in einer Betriebsstätte bei einem der beiden Akquisitionspartnern eingesetzt und nicht in einem anderen Betrieb, der als *Kontrollgruppe* fungierte. Die Ergebnisse zeigen, dass eine Akquisition bei mangelhafter Information der betroffenen Mitarbeiter als Stressor wirkt, der zu deutlich negativen Reaktionen bei den Mitarbeitern führt, bspw. der Rückgang der individuellen Leistung, der Arbeitszufriedenheit oder der Identifikation mit dem Unternehmen.

Durch ein drei Wochen nach der offiziellen Fusionsankündigung und vor dem formalen Vollzug der Fusion initiiertes Kommunikationsprogramm konnten die negativen Effekte der Akquisition jedoch signifikant reduziert werden.[550]

Ausgewählte Ergebnisse der Studie sind in Abb. 86 dargestellt.

---

[550] Vgl. hierzu ausführlicher Schweiger/De Nisi (1991).

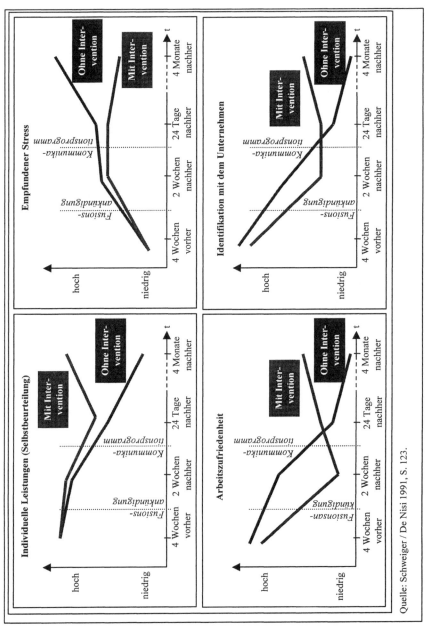

Abb 86:   Wirkungen einer detaillierten Informationspolitik auf die Mitarbeiter des
Akquisitionsobjektes

Anhang 3: Entwicklungsphasen der Unternehmensbewertungslehre

Kriterien	Phasen		
	1. Phase	2. Phase	3. Phase
Zeitraum	Bis 1959	1960 - 1970	Ab 1971
Ansätze der Unternehmensbewertungslehre	Objektive Unternehmensbewertungslehre	Subjektive Unternehmensbewertungslehre	Funktionale Unternehmensbewertungslehre
Grundverständnis des Unternehmenswertes	Es existiert ein Unternehmenswert, der für jedermann gültig ist. Orientierung primär an vergangenen und gegenwärtigen Verhältnissen.	Der Unternehmenswert ist der Wert des Unternehmens für einen bestimmten Käufer bzw. Verkäufer, d.h. für ein ganz bestimmtes Bewertungssubjekt. Der Unternehmenswert kennzeichnet die Grenze der Konzessionsbereitschaft.	Unternehmensbewertungen dienen in der Praxis unterschiedlichen Zwecksetzungen (Funktionen), die maßgeblichen Einfluss auf die Anlage der Bewertung, das gewählte Bewertungsverfahren und damit auch auf das Bewertungsergebnis haben.
Bewertungskriterien	Substanzwert	Substanz- und Ertragswert	Ertragswert
Vertreter	Schmalenbach; Mellerowicz	Busse von Colbe; Sieben, Moxter, Maschke	

Tab. 12: Drei-Phasen-Schema der Entwicklung der Unternehmensbewertung[551]

---

[551] In Anlehnung an List (1987), S. 21; siehe auch Schmalenbach (1917/1918), S. 1-20; Mellerowicz (1952); Busse v. Colbe (1957); Sieben (1963); Moxter (1983); Matschke (1993), S. 1240 f.

Anhang 4: Grobstruktur einer allgemeinen wirtschaftlichen Due Diligence-Checkliste[552]

I. Produktprogramm / Forschung und Entwicklung / Vertrieb

1. Welche Produktgruppen innerhalb des Produktbereichs lassen sich unterscheiden?
2. Welche Prozentsätze tragen die Produktbereiche zum Gesamtumsatz bei?
3. Welche Prozentsätze tragen die jeweiligen Produktaltersgruppen zum Gesamtumsatz bei?
4. Bestehen Substitutionsmöglichkeiten und wie sehen die Weiterentwicklungschancen aus?
5. Wie ist die Verteilung der Entwicklungskosten der vergangenen Geschäftsjahre?
6. Welche Innovationen stehen vor der Marktfähigkeit und welche mittelfristigen Umsatzziele haben sie?
7. Bestehen F&E-Kooperationen mit anderen Unternehmen und Universitäten?
8. Wie ist der Aufbau der Vertriebsorganisation und welche Vertriebskanäle werden genutzt?
9. Welche Instrumente des Marketing-Mixes werden in welcher Ausprägung verwendet?
10. Welche Instrumente des Marketing-Mixes werden von Wettbewerbern in welcher Ausprägung verwendet?
11. Wie ist die Schnittstelle Produktentwicklung, Service, Marketing und Vertrieb organisiert?

II. Technik

1. Welche technische Ausstattung liegt vor (Maschinen, Betriebsausstattung, Flächen und Gebäude)?
2. Wie hoch ist die Fertigungstiefe und wie ist das Kapazitätsmanagement geregelt?
3. Welche Standardisierungsgrade/Variantenanzahl liegen vor, wie hoch ist die Teileanzahl?
4. Existieren Plattform- oder Modulkonzepte?
5. Welche technische Daten und Statistiken liegen vor (Maschinenstillstandszeiten, Schwundmengen, Produktivitätskennzahlen, Ausschusszahlen)
6. Wie ist das Qualitätsmanagement organisiert (Ausschussquoten, Vorschlagswesen)?

III. Organisatorische Grundlagen / Informationsverarbeitung

1. Wie ist der organisatorische Aufbau (Organigramm, Zweckentsprechung, Akzeptanz)?
2. Wie ist die Regelung der Verantwortungsbereiche (funktional, divisional, Matrix, Stellenbeschreibungen, Verantwortungsübernahme, Kompetenz- und Vertretungsregelungen)?
3. Wie funktioniert das Informationsmanagement (horizontal, top-down, bottom-up, Vertraulichkeit)?
4. Welche Hard- und Software wird eingesetzt und wie hoch sind Investitionsbedarfe (bei Harmonisierung)?
5. Wie sehen Entscheidungs- und Kommunikationsprozesse aus?
6. Wie sieht die Zusammensetzung des Personalstandes aus (nach Geschlecht, Funktionen, Vergütungen)?
7. Besteht ein Betriebsrat (Zusammensetzung, Streiks, Aussperrungen)?
8. Welche sozialen Einrichtungen bestehen (Kantine, Unterstützungskasse, Mitarbeiterverpflegung, Urlaub, Sport, Freizeit sowie die Auswirkungen auf die Finanz-, Ertrags- und Vermögenslage)?
9. Werden die organisatorischen Grundlagen durch einen Inhaber- oder Gesellschafterwechsel beeinträchtigt?

---

[552] Vgl. Jansen (1998), S. 215 f.

IV. Markt und Wettbewerb

1. Wie ist die Marktsituation (Marktanteile, Änderung der Wettbewerbssituation, Umsatzanteil mit neuen Kunden und Produkten und in neuen Märkten, Differenzierungsmerkmale, Image)?
2. Wie hat sich die Umsatz- und die Eigenkapitalrendite sowie der Auftragsbestand und der Auftragseingang entwickelt?
3. Wie setzt sich der Kundenstamm zusammen (Abhängigkeiten, Gefährdung der Kundenbeziehungen, Währungsrisiko)?
4. Wie setzt sich der Lieferantenstamm zusammen (Abhängigkeiten, Importanteil, Währungsrisiko, Substitutionsmöglichkeiten, Outsourcingüberlegungen, Potenzial zur Reduzierung der Lieferantenanzahl, Systemlösungen)?
5. Wie ist das Sortiment zusammengesetzt (Produkte, Dienstleistungen, Umsätze, Rohertrag, Deckungsbeitrag pro Produkt etc.)?
6. Wie ist die Standortwahl zu beurteilen (Kunden, Lieferanten, Wettbewerb, Personal, Kosten, Umweltschutz, Infrastruktur)?
7. Wie sehen die gegenwärtigen und zukünftigen Wert- und Kostentreiber aus?

V. Rechnungswesen / Unternehmensplanung

1. Besteht ein modernes Rechnungswesen und Investitionsrechnungssystem, das an die Ansprüche des Unternehmens angepasst ist?
2. Besteht eine interne Kontrolle, ein internes Controlling und eine interne Revision?
3. Erfolgt eine zeitnahe Aufstellung des Jahresabschlusses und wer nimmt die Prüfung vor?
4. Welche Angaben enthält der Anhang (§§ 284-288 HGB) und der Lagebericht (§ 289 HGB)?
5. Liegen Planungsrechnungen vor (vergangene Jahresplanungen, mittel- und langfristige Planungen für die Geschäftsbereiche mit Umsatz, Kosten, F&E, Personal, Cash-flow, Gewinn und Gewinnverwendung, ggfs. produkt-, betriebs-, sparten-, teilkonzernbezogen)?
6. Besteht ein Liquiditätsplan im Rahmen der Finanzplanung (Reserven, Fakturierung, Kontoauszug, Kreditlinien) sowie ein effizientes Cash-Management?
7. Bestehen mittelfristige Investitionsplanungen, Cash-flow-Analysen, Planbilanzen und wie ist die Prognoseverlässlichkeit?

VI. Auswertung der Bilanz in Verbindung mit dem Anhang und Lagebericht

AKTIVSEITE

1. Geschäfts- und Firmenwert
2. Geleistete Anzahlungen (Gewinn- und Verlusterwartungen für die schwebenden Geschäfte)
3. Sachanlagevermögen (Ab- und Zugänge der letzten 10 Jahre, Anlagespiegel)
4. Grundstücke, grundstücksgleiche Rechte (Bauzeichnungen, Grundpfandrechte, Sanierungsbedarf)
5. Anlageverzeichnisse oder Anlagekarteien für technische Anlagen und Maschinen
6. Finanzanlagevermögen (Anteile an verbundenen Unternehmen, Beteiligungen und Ausleihungen an solche Unternehmen und Konsequenzen auf die Ertragslage des zu bewertenden Unternehmens)
7. Vorratsvermögen (Inventurunterlagen, Rohertragszahlen und Umschlagshäufigkeit, Lagerdauer, Verwendbarkeit, Bewertungsgrundsätze zur Aufdeckung von stillen Reserven)
8. Forderungen aus Lieferungen und Leistungen (Zahlungsmoral, brachenbedingte Besonderheiten)
9. Forderungen an verbundene Unternehmen (im Anhang Angabepflicht, Auswirkung auf Liquiditäts-, Ertrags- und Vermögenssituation)
10. Wertberichtigungen (Informationen über Forderungsausfälle der Vergangenheit und latentes Ausfallrisiko)
11. Geldkonten und Wechselobligo (Liquiditätsaussage, Kontokorrentlinien, Sicherheiten, Wechselproteste)

PASSIVSEITE

1. Kapital- und Gewinnrücklagen (im Fünf-Jahres-Überblick Aussage über Rücklagepolitik)
2. Verwendbares Eigenkapital (i. S. v. §§ 29, 30 KStG, Ausschüttungen aus der Auflösung von Rücklagen im Hinblick auf steuerliches Ent- und Belastung)
3. Sonderposten mit Rücklageanteil (§ 273 HGB, Ertragssteuern bei Auflösung berücksichtigen)
4. Rückstellungen (Pensionsverpflichtungen, Wahlrecht zur Bildung allgemeiner Aufwandsrückstellungen)
5. Rückstellungen für ungewisse Verbindlichkeiten (Risikoprüfung, Korrektur aus Handelsbilanz)
6. Rückstellungen für drohende Verluste (Verlusterwartungen vs. Gewinnerwartungen, Gegenkontrakte)
7. Rückstellungen für im Geschäftsjahr unterlassene Aufwendungen für Instandhaltung (Auskunft über Erhaltungszustand der Anlagen)
8. Rückstellungen für Abraumbeseitigung
9. Rückstellungen für Gewährleistungen
10. Neuzusagen von Pensionen (ab 1.1.1987 Rückstellungsgebot, davor Wahlrecht; bei Personengesellschaften wichtig, da keine Informationspflicht)
11. Verbindlichkeiten (Verbindlichkeitenspiegel, Über- und Untererfüllung der Tilgungsverpflichtungen)
12. Erhaltene Anzahlungen und Teilabrechnungen
13. Verbindlichkeiten gegenüber verbundenen Unternehmen bzw. bei Beteiligungsverhältnis
14. Sonstige Verbindlichkeiten (Sozialpläne, Steuerverbindlichkeiten)
15. Haftungsverhältnisse (Bilanzrichtlinien-Gesetz entweder bilanzierungspflichtig oder unter der Bilanz bzw. im Anhang, problematisch bei Personengesellschaften)

VII. Auswertung der GuV in Verbindung mit dem Anhang und Lagebericht

1. Umsatzkostenverfahren nach weitest möglicher Aufteilung (Betriebsbereiche, Produkte, Sparten etc.)
2. Bestandveränderungen von fertigen und halbfertigen Erzeugnissen (Auflösung stiller Reserven)
3. Entwicklung der Aufwendungen für Roh-, Hilfs- und Betriebsstoffe sowie für bezogene Waren
4. Entwicklung der Personalaufwendungen (Nebenkosten, Vergütungen der Gesellschaftsorganmitglieder)
5. Abschreibungen (ergänzend zum Anlagespiegel, Normal- und Sonderabschreibungen)
6. Sonstige betriebliche Aufwendungen und Erträge (Regelmäßigkeit prüfen)
7. Erträge aus Beteiligungen, Wertpapiere und Ausleihungen des Finanzanlagevermögens
8. Prüfung aller Aufwandsarten über die Wirksamkeit für die zukünftige Ertragskraft (Vorleistungen, F&E, Ausbildungs-, Werbe-, Umstellungs- und Erweiterungskosten)

Anhang 5: Grobstruktur einer rechtlichen Due Diligence-Checkliste[553]

I. Gesellschaftsrechtliche Prüfung des Kaufobjekts

1. Anteilstruktur (Gesellschafterliste, Grundstücksurkunde und Urkunden über Kapitalerhöhungen)
2. Einbezahlung des Stammkapitals / Grundkapitals (für rückständige Leistungen ist nach § 16 GmbHG auch der Erwerber haftbar)
3. Kapitalerhöhung (Problem der verdeckten Sacheinlage und der Bareinlagepflicht)
4. Keine Belastungen der Geschäftsanteile
5. Verfügungsbeschränkungen
6. Beherrschungs- und Gewinnabführungsverträge

II. Vermögen des Kaufobjekts

1. Unbewegliche Sachanlagevermögen (beglaubigte Grundbuchauszüge und Bestellungsurkunden)
2. Bewegliche Sachanlagevermögen (Sicherungsrechte, Beteiligungen an anderen Unternehmen und sonstige Vermögensgegenstände)
3. Forderungen
4. Gewerbliche Schutzrechte

III. Vertragliche Beziehungen des Kaufobjekts

1. Beraterverträge
2. Bürgschaften, Garantieverpflichtungen
3. Miet-, Pacht- und Leasingverträge
4. Vertriebsverträge (Handelsvertreter etc.)
5. Versicherungsverträge (Liste der Verträge mit Deckungssummen, Prämien etc. und mit sämtlichen nicht versicherten Risiken)
6. Unternehmenskaufverträge (Liste der Käufe und Beteiligungen der letzten fünf Jahre)
7. Lieferantenverträge (Liste der 20 größten Lieferanten)
8. Rahmenverträge mit Lieferanten und Kunden
9. Kooperationsverträge

IV. Arbeitsrechtliche Situation

1. Anzahl der übernommenen Arbeitnehmer (Liste der Beschäftigten)
2. Betriebsvereinbarungen (Interessenausgleich, Sozialplan)
3. Tarifverträge (Dienstverträge der Vorstände und Geschäftsführer und Mitarbeitern mit Gehältern von mehr als DM 150.000, Standardarbeitsverträge)
4. Historie der Beziehungen zur Arbeitnehmerschaft (Streiks und Betriebsstillegungen)
5. Prüfberichte der Sozialversicherungsbehörden

---

[553] Vgl. Jansen (1998), S. 217 f. und Kirchner (1998), S. 15-17

V. Rechtsstreitigkeiten

1. Anhängige und drohende Rechtsstreitigkeiten
2. Produkthaftung
3. Einschränkende Unterlassungserklärungen und gerichtliche sowie außergerichtliche Vergleiche

VI. Genehmigungen und Zuschüsse

1. Gewerbeanmeldung
2. Baugenehmigungen / Bebauungspläne
3. Immissionsrechtliche Genehmigungen
4. Wasserrechtliche, rundfunkrechtliche und telekommunikationsrechtliche Genehmigungen
5. Investitionszuschüsse und -zulagen

Anhang 6: Grobstruktur einer steuerlichen Due Diligence-Checkliste[554]

I. Handelsregisterauszüge und Grundbuchauszüge

II. Satzungen und Gesellschaftsverträge

III. Übersicht aller Steuersubjekte

1. Beteiligungsverhältnisse
2. Gesellschaftsrechtliche Struktur
3. Betriebsstätten

IV. Verträge

1. Verträge mit verbundenen Unternehmen
2. Gewinnabführungs- und Beherrschungsverträge
3. Darlehensverträge
4. Konzernumlageverträge
5. Management- / Serviceverträge
6. Leasingverträge
7. Gesellschafter - / Geschäftsführerverträge

V. Jahresabschlüsse

1. Bilanzen / GuV
2. Berechnungen der Steuerrückstellungen
3. Dividendenbeschlüsse und Ausschüttungsverhalten

VI. Steuerbescheide bzgl. Ergänzungs- und Sonderbilanzen

VII. Steuererklärungen

1. Kopien einschließlich Umsatz- und Lohnsteuer
2. Kopien der Steuervorauszahlungsbescheide
3. Informationen / Schriftverkehr zur Abgabe der Erklärungen

VIII. Besondere steuerliche Sachverhalte

1. Eigenkapitalgliederung (§ 47 KStG)
2. Bescheide über die gesonderte Feststellung von Verlustvorträgen
3. Auflagen der Finanzbehörden
4. Mindestbehaltefristen
5. Übersicht über die in Anspruch genommenen Vergünstigungen
6. Teilwertabschreibungen wegen möglichem Wertaufholungsgebot
7. Schätzung der stillen Reserven
8. Einheitswerte, Bedarfswerte

---

[554] Vgl. Jamin (1998), S. 30-31

IX. Betriebsprüfung

1. Betriebsprüfungsberichte
2. Übersicht bzgl. offener (angekündigter) Punkte aus der vorhergehenden für die folgende Betriebsprüfung
3. Übersicht über mögliche Effekte aus Betriebsprüfungen bei der Gesellschaft

X. Rechtsbehelfe

1. Übersicht über anhängige Rechtsbehelfe
2. Klageverfahren im steuerlichen Bereich sowie Angaben zum Status

XI. Verbindliche Auskünfte / Anrufauskünfte

1. Kopien der beantragten verbindlichen Auskünfte
2. Kopien zu Reaktionen der Finanzbehörden
3. Kopien des sonstigen Schriftverkehrs in Zusammenhang mit den verbindlichen Auskünften / Anrufauskünften
4. Informationen zur Positionierung der Gesellschaft in Abweichung zu einer verbindlichen Auskunft
5. Kopien der Anfragen der Finanzbehörden außerhalb einer Betriebsprüfung

Anhang 7: Grobstruktur einer Umwelt Due Diligence-Checkliste[555]

I. Allgemeine Informationen

1. Eigene Produkte
2. Produktionsverfahren
3. Eingesetzte Rohstoffe

II. Wassergefährdung

1. Lagertanks/ Lagerstellen für Fässer
2. Rohrleitungsanlagen
3. Umschlagsplätze für wassergefährdende Flüssigkeiten
4. Kopien der behördlichen Genehmigungen, Abnahmeprotokolle, Prüfberichte des TÜV, Verfügungen

III. Abwasser / Abwasserrechtliche Genehmigungen

1. Sanitärwasser (Menge und Lokalisierung der Ableitung)
2. Betriebsabwasser (Menge und Lokalisierung der Ableitung)
3. Regenwasser (Menge und Lokalisierung der Ableitung)
4. Mischabwasser (Menge und Lokalisierung der Ableitung)
5. Kopien der wasserrechtlichen Erlaubnisse und Bewilligungen, Abwassereinleitungsgenehmigungen

IV. Abfall und Sondermüll

1. Hausmüll
2. Überwachungsbedürftiger Abfall
3. Besonders überwachungsbedürftiger Abfall
4. Kopien der abfallrechtlichen Genehmigungen

V. Grundwasser und Boden

1. Liste der Entsorgung, Ablagerung, Verarbeitung und Produktion von umweltgefährdenden Stoffen auf dem eigenen Betriebsgelände
2. Untersuchungsberichte bzgl. Grundwasser und Boden

VI. Immissionen (Lärm / Luft)

1. Verzeichnis der nach dem Bundes-Immissionsschutzgesetz genehmigungsbed. Anlagen
2. Genehmigungspflichtige Störfallverordnung
3. Kopien der behördlichen Genehmigungen und der Messergebnisse

VII. Arbeitsschutz und Umgang mit von Gefahrenstoffen

1. Verwendete oder produzierte Gefahrenstoffe
2. Asbest
3. Kopien der letzten drei Überprüfungsberichte des Gewerbeaufsichtsamtes und des Besichtigungsberichtes der letzten Betriebsbesichtigung der Berufsgenossenschaft

---

[555] Vgl. Jansen (1998), S. 219.

Anhang 8: Checkliste Share Deal[556]

I. Vertragliche Grundlagen

1. Parteien (genaue Bezeichnung des Käufers und Verkäufers, Beachtung eines eventuellen Wettbewerbsverbots)
2. Kaufgegenstand (Beteiligungsverhältnisse in Bezug auf die unmittelbar zu erwerbende Gesellschaft und in bezug auf direkte und indirekte Tochter- und Enkelgesellschaften)
3. Kauf, Stichtag (rechtliche und / oder wirtschaftliche Folgen am Stichtag)
4. Dingliche Übertragung
5. Gewinnberechtigung
6. Zustimmungen

II. Kaufpreis, Zahlungsmodalitäten, Sicherheit

1. Kaufpreis (fester Kaufpreis oder variabler Kaufpreis, Anpassungsmechanismen)
2. Fälligkeit des Kaufpreises (bei Vertragsunterzeichnung, in mehreren Raten)
3. Zinsen

III. Gewährleistung

1. Einleitung (selbständiges Garantieversprechen, Stichtag)
2. Garantiekatalog
   - keine Verfügungsbeschränkungen
   - keine weiteren Zustimmungserfordernisse
   - Inhaberschaft, keine Rechte Dritter
   - Gesellschaftsrechtliche Verhältnisse (rechtswirksame Gründung, gesellschaftsrechtliche Vereinbarungen, Stammkapital / Grundkapital)
   - Richtigkeit und Vollständigkeit der Abschlussangaben (Aktiva, Passiva)
   - ordnungsgemäßer Geschäftsverlauf, Rechtmäßigkeit des Betriebs
   - Mitarbeiter
   - gewerbliche Schutzrechte
   - Bankkonten
   - Verträge (Allgemein, Lieferanten, Sonstige)
   - Euro-Fähigkeit
   - Gewährleistung, Produkthaftung
   - Versicherungen
   - öffentlich-rechtliche Abgaben, öffentliche Zuschüsse
   - Altlastung, Umwelthaftung
   - Rechtsstreitigkeiten, behördliche Verfahren
3. Rechtsfolgen / Konsequenzen für den Verkäufer, wenn Garantien unzutreffend sind
   - Mindestbetrag (floor)
   - Höchstbetrag (cap)
   - offengelegte Umstände (disclosure)
   - Exklusivität der vertraglichen Regelung
4. Verjährung (Frist)
5. Sicherheit
6. Gesamtschuldnerische Haftung

---

[556] Vgl. Rock (2000), S. 145-148.

IV. Sonstige Verpflichtungen der Parteien

1. Freistellungen
2. Aufhebung diverser Verträge
3. Put-Option des Veräusserers, Call-Option des Erwerbers
4. Wettbewerbsverbot (Veräusserer unterwirft sich i.d.R. einem örtlich, zeitlich und sachlich begrenzten sowie strafbewehrten Wettbewerbsverbot)
5. Überleitung (Kundeninformation)
6. Vertraulichkeit

V. Rücktritt (Closing-Bedingungen)

1. Zustimmung des Bundeskartellamts
2. Nichtkündigung eines wichtigen Vertrags durch einen Dritten
3. Rücktrittsfrist
4. Rücktrittsrecht

VI. Allgemeine Bedingungen

1. Keine Nebenvereinbarungen
2. Schiedsklausel
3. Schriftform
4. Salvatorische Klausel
5. Kostentragungspflicht

Anhang 9: Unterscheidung der Integrationstypen nach Wertkettenrelationen

Anhand des Verwandtschaftsgrades der Wertkettenelemente der Akquisitionspartner lassen sich drei unterschiedliche Formen von Wertkettenrelationen ableiten:

❑ Bei der *Y-Akquisition* versucht das Akquisitionssubjekt ein Akquisitionsobjekt mit einer möglichst übereinstimmenden Wertschöpfungskette zu finden, mit dem Ziel, durch Zusammenlegung der Wertschöpfungsaktivitäten Synergiepotenziale zu realisieren.[557] Porter beschreibt diesen Ansatz der Integration einzelner Wertschöpfungsglieder zweier Akquisitionspartner zur Verstärkung der Wettbewerbsposition als horizontale Strategie.[558]

❑ Bei der *X-Akquisition* ist weniger die Zusammenlegung von Wertkettenelementen im Betrachtungsfokus des Akquisitionssubjekts, als vielmehr deren Verknüpfung. Die Wertschöpfungsketten von Akquisitionssubjekt und Akquisitionsobjekt haben auch nach der Akquisition jede für sich weiterhin Bestand und operieren autonom.

❑ Bei der Stoßrichtung der *H-Akquisition* strebt das Akquisitionssubjekt keine Verbindung der Wertkettenelemente des Akquisitionsobjekts mit den eigenen Aktivitäten an, ein Ressourcentransfer findet nicht statt, Maßnahmen der Integrationsgestaltung sind für diese Art der Wertkettenrelation nicht relevant.[559]

Die unterschiedlichen Wertkettenrelationen sind in Abb. 87 dargestellt.

---

[557] Überwiegend von Bedeutung sind bei der Y-Akquisition Kostenvorteile im Bereich der economies of scale.

[558] Vgl. Porter (1985), S. 317; vgl. hierzu auch die Marktdurchdringungsstrategie nach Ansoff (1965). Diese Art der Wertkettenrelation stellt hohe Anforderungen an die Integrationsgestaltung, da die einzelnen Wertkettenelemente miteinander verknüpft bzw. aufeinander abgestimmt werden müssen, um einen reibungslosen Ressourcentransfer zu gewährleisten.

[559] Ansoff bezeichnet diese Art der Wertkettenrelation als konglomerate Diversifikation.

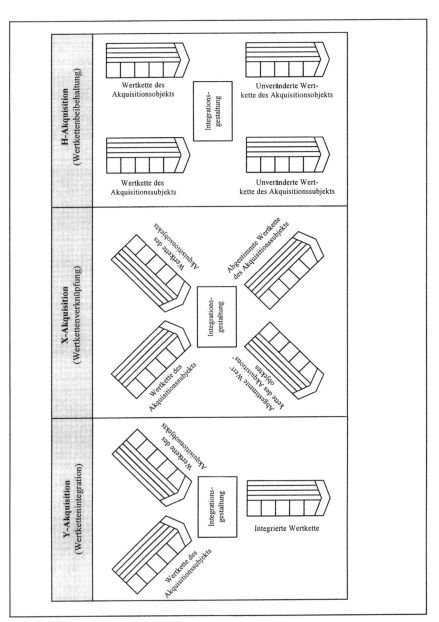

Abb. 87: Arten von Wertkettenrelationen[560]

---

[560] Vgl. Reißner (1992), S. 32 ff.

Anhang 10: Porters Kräftefeld des Wettbewerbs – die *Five Forces*

Die Entscheidung, ob eine bestimmte Branche als attraktiv oder eher unattraktiv anzusehen ist, kann aufgrund der fünf Triebkräfte des Wettbewerbs abgeschätzt werden.

1. Marktmacht und Verhandlungsstärke der Lieferanten

2. Markmacht und Verhandlungsstärke der Endabnehmer

3. Bedrohung durch potenzielle neue Konkurrenten

4. Rivalität unter den bestehenden Wettbewerbern

5. Bedrohung durch Substitutprodukte und -dienstleistungen

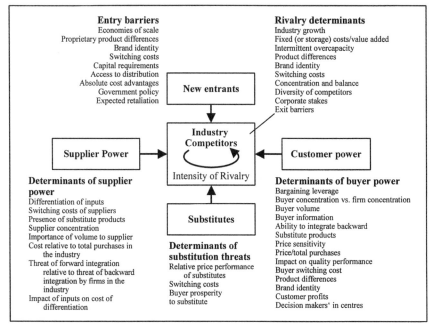

Abb. 88: Kräftefeld des Wettbewerbs[561]

---

[561] Vgl. Porter (1992), S. 26.

Anhang 11: Wettbewerbsstrategien nach Porter

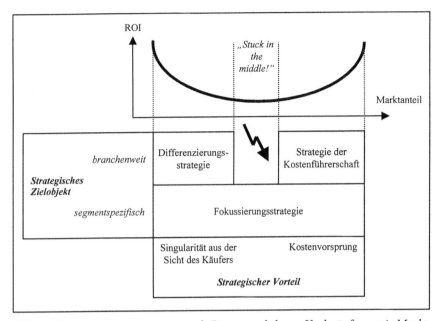

Abb. 89: *Wettbewerbsstrategien nach Porter und deren Verknüpfung mit Markt-*
anteil und Rentabilität

Anhang 12: Verbindungen zwischen Wertschöpfungsketten nach Porter

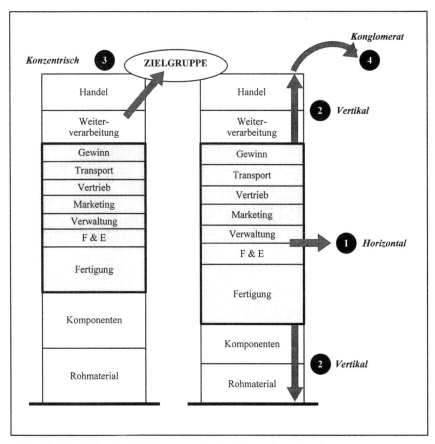

Abb. 90: Mögliche Verbindungen zwischen Wertschöpfungsketten

Anhang 13: Akquisitionsmotive

Akquisitionsmotive	Barnat-Wong (1992)	Benston (1980)	Bühner (1990)	Böhmer (1989)	Firth (1980)	Green (1990)	Huemer (1990)	Hughes/Mueller (1980)	Sautter (1989)	Seth (1990)	Trautwein (1990)	Weston (1987)
Austausch des Managements	Disziplinarische Motive	Eigentümer Motive	reale Motive								Effizienz-theorie	Effizienz-theorie
Synergien/Größenordnungsvorteile	Wirtschaftl. Motive	Eigentümer Motive	reale Motive	Wert-steigernd	Gewinn-maximierung	Unternehmenskontrolle	Neoklassische Hypothese	„real changes"	Finanz-strategisch	Wert-steigernd	Effizienz-theorie	Marktmacht-theorie
Coinsurance		Eigentümer Motive	reale Motive			Synergien	Neoklassische Hypothese		Leistungs-wirtschaftl	Wert-steigernd		
Risikovorteile/Diversifikation		Eigentümer Motive		Wert-steigernd				„real changes"	Finanz-strategisch	Wert-steigernd		
Kauf knapper Ressourcen		Eigentümer Motive										
Marktvorteile/Monopolrenten	Wirtschaftl. Motive	Eigentümer Motive	reale Motive	Wert-steigernd	Gewinn-maximierung		Monopol-Hypothese	„real changes"	Finanz-strategisch	Wert-steigernd	Monopol-theorie	Marktmacht-theorie
Verbesserung der strateg. Position									Strategische Positionierung			
Bilanzpolitik									Finanz-strategisch			
Steuervorteile	Wirtschaftl. Motive		reale Motive	Wert-steigernd		Steuerliche Gründe	Steuerhypothese	„real changes"	Finanz-strategisch			Steuer-theorie
Verringerung der Kapitalkosten			spekulative Motive	Wert-steigernd				Spekulative Motive	Finanz-strategisch			
Unterbewertet/Ineffizienz						Marktineffizienz	Info-hypothese		Finanz-strategisch		Bewertungs-theorie	Informations-theorie
Räubertheorie											Räuber-theorie	
Beschaffungsrisiko der Manager												Agentur-theorie
Einkommensmax. der Manager	Manager Motive	Manager Motive	Management Motive	Nicht wertsteigernd	Max. Managernutzen	Manager Motive	Managertheorien	Manager Motive		Nicht wertsteigernd		
Prestigestreben		Manager Motive	Management Motive	Nicht wertsteigernd	Max. Managernutzen		Managertheorien			Nicht wertsteigernd		
Selbstüberschätzung/Hybris-Hypothese	Manager Motive	Manager Motive	Management Motive		Max. Manager Nutzen							
Free CashFlow Theorie von Jensen											Prozess-theorie	
Prozesstheorie									Finanz-strategisch		Prozess-theorie	

Quelle: Bamberger 1993: Unternehmensakquisitionen, S. 61

Abb. 91: Akquisitionsmotive

Anhang 14: Wesentliche Elemente eines Letter of Intent[562]

- Genaue Definition des Transaktionsobjektes,

- Namen der Vertragspartner,

- Transaktionsform (share deal, asset deal etc.),

- Absichtserklärung der Parteien, unter welchen Voraussetzungen die Verhandlungs- und Transaktionsphase ablaufen soll,

- Verpflichtungen des Verkäufers, dem Käufer auf Basis des Letter of Intent eine Due Diligence zu ermöglichen,

- Verpflichtung des Verkäufers, in einer bestimmten Zeitspanne mit anderen Kaufinteressenten keine Verhandlungen zu führen (*Exklusivitätsvereinbarung*) bzw. Bestimmung über die Möglichkeit von Verhandlungen mit anderen Kaufinteressenten,

- Vertraulichkeitserklärung,

- Eventuell: Vereinbarung einer Feasibility Study oder eines gemeinsamen „*joint business plan*",

- Bestimmung über Außerkrafttreten des Letter of Intent bei Nichteinhalten einer bestimmten Frist bzw. wenn keine einvernehmliche Verlängerung erfolgt,

- Vorbehalt bei eventuell erforderlichen Zustimmungen bestimmter Gesellschaftsorgane,

- Auf Wunsch: Ausschluss von Bindungs- und Haftungswirkungen bei Scheitern der Verhandlungen.

---

[562] Vgl. Steinöcker (1993), S. 101

Anhang 15: Beispiel für die Formulierung eines Confidentiality Agreement[563]

This Confidentiality Agreement is made by and between _____
and _____

The parties may consider it beneficial to exchange information including, but not limited to, technical data, patented designs, trade secrets, specifications, customers, processes, plant facilities, business policies and organization (hereinafter „information") which the disclosing party considers confidential or proprietary. In order to protect the confidentiality of such information, the parties agree as follows:

1. If the information is provided in tangible form, the disclosure party shall clearly mark the information as confidential or proprietary.

2. If the information is provided orally, it will be considered proprietary and confidential if the disclosing party clearly states that it is proprietary.

3. The receiving party shall treat the information as follows:

   a. The receiving party shall restrict disclosure of the information to those employees or corporate officers with a need to know.

   b. The receiving party shall use the information only for the purpose of evaluation, and shall not obtain any rights by license or otherwise in or to the information as a result of disclosure hereunder.

   c. Each person to whom the receiving party disclosure any details of the information shall, before disclosure takes place, be advised that such information is confidential and that it may not be disclosed or used other then for the purpose of evaluation.

   d. The receiving party shall use all reasonable efforts, including efforts fully commensurate with those employed by the receiving party for the protection of its own confidential information, to protect the information disclosed by the other party under this agreement.

4. The receiving party, upon request of the disclosing party and within seven days of such request, shall return all documents and tangible items of information received from the disclosing party and shall certify in a written instruments signed by an officer that all facsimiles have been destroyed.

5. This agreement shall be effective on the date designated above and shall continue terminated in writing by either party. The obligation to protect the confidentiality of information received prior to such termination shall survive the termination on the agreement, for a period of two years.

---

[563] Darstellung nach einem Muster

Anhang 16: Wesentliche Elemente eines Memorandum of Understanding[564]

- **Parteien des Vertrages:** Verpflichtungen, die den Parteien und Dritten durch den Vertrag auferlegt werden.

- **Präambel:** Beschreibung der Transaktion einschließlich des Kaufobjektes,

- **Definition des Kaufgegenstandes:** Beschreibung der Aktien bzw. Geschäftsanteile, Abtretung des Gewinnbezugsrechts,

- **Kaufpreis:** Höhe, Währung, Wechselkurs- und Kaufpreisanpassungen (z.B. wegen Dividendenverrechnung und Eigenkapitalgarantie),

- **Closing Accounts:** Rechnungslegung nach HGB, International Accounting Standards (IAS) oder Generally Accepted Accounting Principles (GAPP); Einbezug von Wirtschaftsprüfern bei Bilanz bzw. Review sowie Schlichtung in offenen und strittigen Punkten,

- **Gewährleistungen:** Uneingeschränkte Übertragbarkeit; Auflistung von Beteiligungen, Fertigungsstätten: Bilanz- und Eigenkapitalgarantie; Grundstücke (keine Sanierungen); keine anhängigen oder drohenden Gerichtsverfahren,

- **Freistellungen von Risiken** aus Steuern, Zöllen, Sozialversicherungen und anderen öffentlichen Abgaben; Produkthaftung für vor dem Closing gefertigte Produkte; nicht voll dotierte Pensionsrückstellungen; Bodenkontamination und ähnliche Risiken,

- **Voraussetzungen der Transaktion:** Zustimmung der Kartellbehörden; Gewährleistungen vom Verkäufer,

- **Closing:** Festlegung des Termins; Festlegung des Verfahrens für den Fall, dass die Kartellbehörden nicht oder noch nicht zugestimmt haben,

- **Verfahren bei Vorliegen von Gewährleistungsansprüchen und Verjährung:** Wahlrecht zwischen Wiederherstellung oder Kaufpreisminderung; Verfahren zur Abwicklung von Gewährleistungsansprüchen und Steuernachzahlungen; Verjährungsfristen und ggf. Verlängerungen,

- **Wettbewerbsbeschränkende Geheimhaltung:** Wettbewerbsbeschränkung des Verkäufers; Geheimhaltung von Geschäftsgeheimnissen.

---

[564] Vgl. Thoma (1998), S. 31-35

Anhang 17: Akkulturierungsformen bei Akquisitionen

Aus Sicht der Akquisitionspartner werden vier verschiedene Arten der Akkulturation unterschieden:

Integration
Bei dieser Akkulturierungsform wird das Akquisitionsobjekt zwar strukturell eingegliedert, die verhaltensbestimmenden, kulturellen Wertvorstellungen werden jedoch beibehalten, so dass die kulturelle Identität beider Akquisitionspartner weitgehend erhalten bleibt.
Integration funktioniert nur, wenn das Akquisitionssubjekt die kulturelle Unabhängigkeit zulässt. Auf längere Sicht wandeln sich die Kulturen der Akquisitionspartner in ausgeglichener Weise.

Assimilation
Die Assimilation stellt einen eingleisigen Prozess dar. Hier nimmt das Akquisitionsobjekt freiwillig die Kultur des Akquisitionssubjekts an. Diese Akkulturierungsform findet dann statt, wenn das Akquisitionsobjekt in der Vergangenheit eher erfolglos agiert hat und diese Tatsache sowohl vom Management, als auch von den Mitarbeitern auf mangelnde Eignung von Organisationssystem, Strategie und zugrundeliegender Kultur zurückgeführt wird.

Separation
Hier werden Organisation, Systeme und zugrundeliegende Kultur beim Akquisitionsobjekt völlig beibehalten. Dies wird grundsätzlich von beiden Seiten nur dann möglich, wenn finanzielle Akquisitionsziele vorherrschen.

Dekulturation
Bei dieser Akkulturierungsform erwirbt das Akquisitionsobjekt neue, kulturbestimmende Werthaltungen, jedoch unabhängig von denen des Akquisitionssubjekts. Dies tritt auf, wenn es seine bisherige Kultur nicht mehr als erhaltungswürdig empfindet, andererseits aber nicht vom Akquisitionssubjekt absorbiert werden will.

Anhang 18: Fragebogen:

Frage 1: Welches ist die Ihrer Meinung nach kritischste Phase im Akquisitionsprozess für das Gelingen eines Unternehmenskaufes?	sehr kritisch				völlig unkritisch
	1	2	3	4	5
	(bitte jeweils ankreuzen)				
Strategiephase	1	2	3	4	5
Kandidaten-Suchphase	1	2	3	4	5
Bewertungsphase/Due Diligence	1	2	3	4	5
Verhandlungsphase/Contracting	1	2	3	4	5
Integrationsphase	1	2	3	4	5
Controllingphase	1	2	3	4	5
sonstige, und zwar:	1	2	3	4	5

Frage 2: Welche Bedeutung messen Sie den genannten Motiven für Unternehmenskäufe zu?	sehr wichtig				völlig unwichtig
	1	2	3	4	5
	(bitte jeweils ankreuzen)				
Allgemeine Motive für Akquisitionen					
Erhöhung der Unternehmensgröße	1	2	3	4	5
Erhöhung der Wachstumsrate	1	2	3	4	5
Erzielung von Synergien	1	2	3	4	5
und davon insbesondere im					
im finanzwirtschaftlichen Bereich (Steuerliche Synergien,...)	1	2	3	4	5
im güterwirtschaftlichen Bereich (economies of scale)	1	2	3	4	5
im Bereich des Wissenstransfers (Know-How-Transfer,...)	1	2	3	4	5
im Bereich der marktlichen Synergien (Cross-Selling-Effekte,...)	1	2	3	4	5
Kapazitätserweiterung	1	2	3	4	5
Risikodiversifikation	1	2	3	4	5
Erzielung von Marktmacht	1	2	3	4	5
Investition überschüssiger Mittel	1	2	3	4	5
Erhöhung des Verschuldungsgrades	1	2	3	4	5
Ausnutzen von Zulagen, Zuschüssen etc.	1	2	3	4	5
Spezifische Motive für Akquisitionen					
Zeitvorteil durch Akquisition z.B. in der Forschung und Entwicklung	1	2	3	4	5
Kritische Ressourcen sind am Arbeitsmarkt nicht verfügbar	1	2	3	4	5
Wettbewerbsorientierte Motive ("...dem Wettbewerb zuvorkommen")	1	2	3	4	5
Preisgünstiger Kauf	1	2	3	4	5
Erzielen einer Wertsteigerung beim Akquisitions-Objekt	1	2	3	4	5
und davon insbesondere durch					
Austausch des Managements	1	2	3	4	5
Zuführung von Know-how	1	2	3	4	5
Zuführung finanzieller Ressourcen	1	2	3	4	5
Restrukturierung	1	2	3	4	5
gemeinsame Wahrnehmung von Aktivitäten	1	2	3	4	5
Abwehr eines Übernahmeangebots und Gegenangebot	1	2	3	4	5
Rein finanzielles Anlageinteresse (Portfolioinvestment)	1	2	3	4	5
Sonstige Motive für Akquisitionen					
Persönliche Motive einzelner Entscheidungsträger	1	2	3	4	5
Zufällige Kaufgelegenheit	1	2	3	4	5
Sonstige, und zwar:	1	2	3	4	5

Frage 3:
Der Erfolg von Unternehmenskäufen kann anhand unterschiedlicher Kriterien gemessen werden. Wie wichtig sind die folgenden Beurteilungskriterien im Rahmen Ihrer persönlichen Urteilsfindung hinsichtlich des Erfolgs von Unternehmenskäufen?

	sehr wichtig				völlig unwichtig
	1	2	3	4	5
	(bitte jeweils ankreuzen)				

Erfolgskonzept

Quantitativ-objektiver Erfolg

Umsatzwachstum	1	2	3	4	5
Wachstum des operativen Ergebnisses	1	2	3	4	5
Wachstum des Cash-Flow	1	2	3	4	5
Gewinnwachstum	1	2	3	4	5
Steigerung des Gesamtkapitalrendite	1	2	3	4	5
Steigerung der Eigenkapitalrendite	1	2	3	4	5
Steigerung der Umsatzrendite	1	2	3	4	5
Sonstige, und zwar:	1	2	3	4	5

Qualitativ-subjektiver Erfolg

Erfolg aus Management-Sicht	1	2	3	4	5
Erfolg aus Mitarbeitersicht	1	2	3	4	5
Erfolg aus Sicht interner Akquisitionsexperten	1	2	3	4	5
Erfolg aus Sicht externer Berater					

Maßstäbe der Erfolgsmessung

Zielerreichungsgrad der im Akquisitionsvorfeld gesetzten Ziele bzgl.

der Positionierung innerhalb des Marktes	1	2	3	4	5
des Marktanteils	1	2	3	4	5
der Erzielung von Synergien	1	2	3	4	5
der Risikosituation	1	2	3	4	5
sonstige, und zwar:	1	2	3	4	5

Vergleichsbetrachtungen

Vergleich bspw. finanzieller Kennzahlen zu Vorjahreswerten	1	2	3	4	5
Vergleich bspw. finanzieller Kennzahlen zum Branchendurchschnitt	1	2	3	4	5
Vergleich mit Best-Practise-Unternehmen (Benchmarks)	1	2	3	4	5
Vergleich bspw. finanzieller Kennzahlen zu den Planwerten	1	2	3	4	5

Zeitraum der Erfassung des Akquisitionserfolges

Wieviel Jahre nach der Übernahme kann frühestens ein Urteil bzgl. Akquisitionserfolg abgegeben werden?

_____ Jahre

Frage 4:

Inwieweit werden folgende Größen/Wertschöp-fungspotentiale bei der Unternehmenswerter-mittlung berücksichtigt und wie schätzen Sie die Wichtigkeit ihrer Berücksichtigung ein?	berücksichtigt		sehr wichtig				völlig unwichtig
	ja	nein	1	2	3	4	5
	(bitte jeweils ankreuzen)		(bitte jeweils ankreuzen)				
Finanzwirtschaftliche Synergiepotentiale	ja	nein	1	2	3	4	5
und davon insbes. folgende Kategorien							
Steuerliche Synergien	ja	nein	1	2	3	4	5
Reduktion der Kapitalbeschaffungskosten	ja	nein	1	2	3	4	5
Risikoreduktion	ja	nein	1	2	3	4	5
Besseres Management des Umlaufvermögens	ja	nein	1	2	3	4	5
Sonstige, und zwar:	ja	nein	1	2	3	4	5
Güterwirtschaftliche Synergiepotentiale	ja	nein	1	2	3	4	5
und davon insbes. folgende Kategorien							
Synergiepotentiale in Forschung & Entwicklung	ja	nein	1	2	3	4	5
Synergiepotentiale im Bereich der Verwaltung	ja	nein	1	2	3	4	5
Synergiepotentiale in der Produktion	ja	nein	1	2	3	4	5
Größeneffekte in der Beschaffung	ja	nein	1	2	3	4	5
Größeneffekte in der Logistik	ja	nein	1	2	3	4	5
Synergiepotentiale im Vertrieb/im Marketing	ja	nein	1	2	3	4	5
Sonstige, und zwar:	ja	nein	1	2	3	4	5
Wissens-bezogene Synergiepotentiale	ja	nein	1	2	3	4	5
und davon insbes. folgende Kategorien							
Know-how im Management-Bereich	ja	nein	1	2	3	4	5
Organisatorisches Know-how	ja	nein	1	2	3	4	5
Strategisches Know-how	ja	nein	1	2	3	4	5
Operatives Know-how (Spez. Verfahren, etc.)	ja	nein	1	2	3	4	5
Systemtechnisches Know-how (IT, etc.)	ja	nein	1	2	3	4	5
Sonstige, und zwar:	ja	nein	1	2	3	4	5
Marktliche Synergiepotentiale	ja	nein	1	2	3	4	5
und davon insbes. folgende Kategorien							
Economies of scope bzgl. Produktprogramm	ja	nein	1	2	3	4	5
Gemeinsamer Marktauftritt	ja	nein	1	2	3	4	5
Gemeinsame Nutzung von Vertriebskanälen	ja	nein	1	2	3	4	5
Cross-Selling-Effekte	ja	nein	1	2	3	4	5
Sonstige und zwar:	ja	nein	1	2	3	4	5
Integrationskosten	ja	nein	1	2	3	4	5
und davon insbes. folgende Kategorien							
Kosten des Integrations-Projektmanagement	ja	nein	1	2	3	4	5
Psychologische Kosten bei den Mitarbeitern	ja	nein	1	2	3	4	5
Transaktionskosten (Anbahnungskosten, etc.)	ja	nein	1	2	3	4	5
Sonstige, und zwar:	ja	nein	1	2	3	4	5
Wertvernichtungspotentiale/Dyssynergien	ja	nein	1	2	3	4	5
und davon insbes. folgende Kategorien							
Marktanteilsverlust durch Kundenabwanderung	ja	nein	1	2	3	4	5
Erhöhte Mitarbeiterfluktuation	ja	nein	1	2	3	4	5
Absentismus	ja	nein	1	2	3	4	5
Sonstige, und zwar:	ja	nein	1	2	3	4	5

Frage 5: Wie beurteilen Sie die Auswirkungen folgender Faktoren auf die Realisierung von ...	...finanzwirtschaftl.[1] Synergiepotentialen	...güterwirtschaftl.[2] Synergiepotentialen
[1] z.B. steuerl. Synergien, reduzierte Kapitalbeschaffungskosten, Risikoreduktion, besseres Management des Umlaufvermögens, etc. [2] z.B. economies of scale in der Produktion, Beschaffung, Logistik, gemeinsame Forschung, Administration, etc.	posi- keine nega- tive tive Beeinflussung 1 2 3 4 5 (bitte jeweils ankreuzen)	posi- keine nega- tive tive Beeinflussung 1 2 3 4 5 (bitte jeweils ankreuzen)

Unternehmens-interne Situationsvariablen

Akquisitions-Subjekt (A-S)/Erwerbendes Unternehmen

	fin.	güter.
Große Akquisitionserfahrung	1 2 3 4 5	1 2 3 4 5
Gute wirtschaftl. Erfolgsposition zum Akquisitionszeitpunkt	1 2 3 4 5	1 2 3 4 5
Vorhandene Bereitschaft zur Veränderung	1 2 3 4 5	1 2 3 4 5
Kostensenkung als Motiv für die Akquisition	1 2 3 4 5	1 2 3 4 5
Wachstum als Motiv für die Akquisition	1 2 3 4 5	1 2 3 4 5

Akquisitions-Objekt (A-O)/Zielobjekt des Unternehmenskaufs

	fin.	güter.
Zustimmung der Unternehmensleitung zur Akquisition	1 2 3 4 5	1 2 3 4 5
Gute wirtschaftl. Erfolgsposition zum Akquisitionszeitpunkt	1 2 3 4 5	1 2 3 4 5
Vorhandene Bereitschaft zur Veränderung	1 2 3 4 5	1 2 3 4 5

Beziehungen zwischen A-S und A-O

	fin.	güter.
Ähnlichkeit der Produkt-Markt-Felder	1 2 3 4 5	1 2 3 4 5
Ähnlichkeit der Unternehmenskulturen	1 2 3 4 5	1 2 3 4 5
Ähnlichkeit der Führungsstile	1 2 3 4 5	1 2 3 4 5
Unternehmensgröße des A-S > Unternehmensgröße des A-O	1 2 3 4 5	1 2 3 4 5
Unternehmensgröße des A-S = Unternehmensgröße des A-O	1 2 3 4 5	1 2 3 4 5
Unternehmensgröße des A-S < Unternehmensgröße des A-O	1 2 3 4 5	1 2 3 4 5

Maßnahmen der Integrationsgestaltung

Projekt-Management der Integrationsgestaltung (IG)

	fin.	güter.
Installation eines schlagkräftigen Integrations-Projektteams	1 2 3 4 5	1 2 3 4 5
Benennung eines Integrationsverantwortlichen	1 2 3 4 5	1 2 3 4 5
Paritätische Team-Beteiligung von Mitarbeitern des A-S und A-O	1 2 3 4 5	1 2 3 4 5

Integrations-Controlling-System

	fin.	güter.
Setzen von klaren Zielvorgaben und Maßnahmenplänen	1 2 3 4 5	1 2 3 4 5
Kontinuierliche Planfortschrittskontrolle	1 2 3 4 5	1 2 3 4 5
Frühzeitige Integrationsplanung	1 2 3 4 5	1 2 3 4 5

Kommunikation

	fin.	güter.
Regelmäßiger Informations-Austausch auf Management-Ebene	1 2 3 4 5	1 2 3 4 5
Kontinuierliche Information der Mitarbeiter	1 2 3 4 5	1 2 3 4 5
Durchführung von Mitarbeiterbefragungen	1 2 3 4 5	1 2 3 4 5

Integrationsgeschwindigkeit

	fin.	güter.
Schnelle Durchführung der Integrationsgestaltungsmaßnahmen	1 2 3 4 5	1 2 3 4 5

Integrationstiefe

	fin.	güter.
Vollständige Integration aller Bereiche	1 2 3 4 5	1 2 3 4 5

Gestaltung der Akquisitionsvorbereitung

Vision und Strategie

	fin.	güter.
Generierung einer schlüssigen Akquisitionsstrategie	1 2 3 4 5	1 2 3 4 5
Horizontale Akquisitionsrichtung (z.B. Kauf eines Wettbewerbers)	1 2 3 4 5	1 2 3 4 5
Vertikale Akquisition (z.B. Kauf eines Lieferanten)	1 2 3 4 5	1 2 3 4 5
Laterale/Diagonale Akquisition	1 2 3 4 5	1 2 3 4 5

Akquisitionsmanagement

	fin.	güter.
Realistische Einschätzung von Synergiepotentialen	1 2 3 4 5	1 2 3 4 5
Realistische finanzielle Zielsetzungen	1 2 3 4 5	1 2 3 4 5
Professionelle Vorgehensweise bei der Unternehmensanalyse	1 2 3 4 5	1 2 3 4 5
Fairer Kaufpreis	1 2 3 4 5	1 2 3 4 5
Geringe Anzahl der Kauf-Interessenten/Mitbieter um das A-O	1 2 3 4 5	1 2 3 4 5

Frage 6:

Wie beurteilen Sie die Auswirkungen folgender Faktoren auf die Realisierung von ...	...wissensbezogenen[3] Synergiepotentialen	...marktlichen[4] Synergiepotentialen
[3] z.B. Know-how-Transfer im Management-Bereich, im operativen Bereich, im Bereich der Forschung&Entwicklung [4] z.B. Synergieffekte durch gemeinsamen Marktauftritt, Cross-Selling gemeinsame Nutzung von Vertriebswegen	posi- keine nega- tive tive Beeinflussung 1 2 3 4 5 (bitte jeweils ankreuzen)	posi- keine nega- tive tive Beeinflussung 1 2 3 4 5 (bitte jeweils ankreuzen)

Unternehmens-interne Situationsvariablen

Akquisitions-Subjekt (A-S)

	wissensbezogen	marktlich
Große Akquisitionserfahrung des Erwerbers	1 2 3 4 5	1 2 3 4 5
Gute wirtschaftl. Erfolgsposition zum Akquisitionszeitpunkt	1 2 3 4 5	1 2 3 4 5
Vorhandene Bereitschaft zur Veränderung beim A-S	1 2 3 4 5	1 2 3 4 5
Kostensenkung als Motiv für die Akquisition	1 2 3 4 5	1 2 3 4 5
Wachstum als Motiv für die Akquisition	1 2 3 4 5	1 2 3 4 5

Akquisitions-Objekt (A-O)

Zustimmung der Unternehmensleitung des A-O zur Akquisition	1 2 3 4 5	1 2 3 4 5
Gute wirtschaftl. Erfolgsposition zum Akquisitionszeitpunkt	1 2 3 4 5	1 2 3 4 5
Vorhandene Bereitschaft zur Veränderung beim A-O	1 2 3 4 5	1 2 3 4 5

Beziehungen zwischen A-S und A-O

Ähnlichkeit der Produkt-Markt-Felder	1 2 3 4 5	1 2 3 4 5
Ähnlichkeit der Unternehmenskulturen	1 2 3 4 5	1 2 3 4 5
Ähnlichkeit der Führungsstile	1 2 3 4 5	1 2 3 4 5
Unternehmensgröße des A-S > Unternehmensgröße des A-O	1 2 3 4 5	1 2 3 4 5
Unternehmensgröße des A-S < Unternehmensgröße des A-O	1 2 3 4 5	1 2 3 4 5
Unternehmensgröße des A-S = Unternehmensgröße des A-O	1 2 3 4 5	1 2 3 4 5

Maßnahmen der Integrationsgestaltung

Projekt-Management der Integrationsgestaltung (IG)

Installation eines schlagkräftigen Integrations-Projektteams	1 2 3 4 5	1 2 3 4 5
Benennung eines Integrationsverantwortlichen	1 2 3 4 5	1 2 3 4 5
Paritätische Team-Beteiligung von Mitarbeitern des A-S und A-O	1 2 3 4 5	1 2 3 4 5

Integrations-Controlling-System

Setzen von klaren Zielvorgaben und Maßnahmenplänen	1 2 3 4 5	1 2 3 4 5
Kontinuierliche Planfortschrittskontrolle	1 2 3 4 5	1 2 3 4 5
Frühzeitige Integrationsplanung	1 2 3 4 5	1 2 3 4 5

Kommunikation

Regelmäßiger Informations-Austausch auf Management-Ebene	1 2 3 4 5	1 2 3 4 5
Kontinuierliche Information der Mitarbeiter	1 2 3 4 5	1 2 3 4 5
Durchführung von Mitarbeiterbefragungen	1 2 3 4 5	1 2 3 4 5

Integrationsgeschwindigkeit

Schnelle Durchführung der Integrationsgestaltungsmaßnahmen	1 2 3 4 5	1 2 3 4 5

Integrationstiefe

Vollständige Integration aller Bereiche	1 2 3 4 5	1 2 3 4 5

Gestaltung der Akquisitionsvorbereitung

Vision und Strategie

Generierung einer schlüssigen Akquisitionsstrategie	1 2 3 4 5	1 2 3 4 5
Horizontale Akquisitionsrichtung (z.B. Kauf eines Wettbewerbers)	1 2 3 4 5	1 2 3 4 5
Vertikale Akquisition (z.B. Kauf eines Lieferanten)	1 2 3 4 5	1 2 3 4 5
Laterale/Diagonale Akquisition	1 2 3 4 5	1 2 3 4 5

Akquisitionsmanagement

Realistische Einschätzung von Synergiepotentialen	1 2 3 4 5	1 2 3 4 5
Realistische finanzielle Zielsetzungen	1 2 3 4 5	1 2 3 4 5
Professionelle Vorgehensweise bei der Unternehmensanalyse	1 2 3 4 5	1 2 3 4 5
Fairer Kaufpreis	1 2 3 4 5	1 2 3 4 5
Geringe Anzahl der Kauf-Interessenten/Mitbieter um das A-O	1 2 3 4 5	1 2 3 4 5

Anhang 19: Traditionelles Performance Measurement

Die Ursachen der schnellen Verbreitung des Performance Measurement waren und sind die Mängel der traditionell Anwendung findenden Maßgrößen zur Planung, Steuerung und Kontrolle von Unternehmensbereichen bzw. Unternehmensprozessen oder auch gesamten Unternehmen, die sich folgendermaßen gestalten:

❑ Monodimensionalität: Monodimensionale, meist finanzielle Leistungsmaßgrößen führen zu mangelhafter Unterstützung bei der Entscheidungsfindung. „Financial measurements fail to provide information that is useful for decision making."[565] „They are incomplete and inadequate means of understanding current or future corporate performance."[566]

❑ Nicht vorhandener Strategiebezug: Dhavale spricht von fehlender Hilfestellung durch Entkopplung der Maßzahlen von der Unternehmensstrategie. Es existiert „[...] no linkage between performance measures and strategic objectives."[567]

❑ Manipulationsmöglichkeit: Herkömmliche Leistungsmaßgrößen unterstützen dysfunktionale Verhaltensweisen, „[...] Manager [werden, C.B.B.] zur Reduzierung von Abweichungen statt zu kontinuierlichen Verbesserungen angehalten."[568]

❑ Marktferne: Fehlender Marktanschluss führt zu einem Engpass bei kunden- und wettbewerbsgerechten Informationen.

❑ Anzahl der Maßgrößen: Überflutung oder Mangel an Maßgrößen führt zu sub-optimaler Planung und Steuerung.

❑ Planungsunsicherheit: infolge fehlender Aktualität und Änderungsdynamik der gelieferten Daten ist eine sichere Planung nicht möglich: „Instead of yesterdays performance measuring yesterdays decisions, what is needed are measures that provide today's decisions which will benefit tomorrow's performance."[569]

❑ Aggregationsgrad der Maßgrößen: die gewählten Maßzahlen sind zu stark verdichtet, nicht über Hierarchieebenen transparent und nur eingeschränkt prozessorientiert.[570]

---

[565] Dhavale (1996), S. 50. Vgl. auch Kaplan (1984), S. 95 ff.
[566] Geanuracos/Meiklejohn (1995), S. 4.
[567] Dhavale (1996), S. 51.
[568] Horváth/Gleich/Voggenreiter (1996), S. 4. Hierzu auch Eccles (1991), S. 15.
[569] Brown/Laverik (1994), S. 96.
[570] Vgl. Maskell (1989), S. 23.

❏ Interpretation der Maßgrößen: aus der Anwendungs- und Umsetzungskomplexität der Maßgrößensysteme resultieren Schwierigkeiten hinsichtlich Interpretation und Verständnis der Maßgrößen.[571]

❏ Einbindung in das Planungs- und Budgetierungssystem: die Maßgrößen sind zumeist nicht in das unternehmensweite Planungs- und Budgetierungssystem eingebunden.

Überlegungen zur konzeptionellen Weiterentwicklung bestehender Planungs-, Steuerungs- und Kontrollsysteme setzen an diesen offenkundigen Schwachstellen an. Im Vordergrund steht die Entwicklung eines Instruments zur Messung unternehmerischer Leistung, eines Performance Measurement, denn „People behave as they are measured, and a company's performance measures reflect its real goals versus its image goals."[572] Diese Äußerung Hronecs unterstreicht die Notwendigkeit eines angepassten unternehmens-spezifischen Instruments zur Planung, Steuerung und Kontrolle.

---

[571] Vgl. Taylor/Convey (1993), S. 22 ff.
[572] Hronec (1993), S. V.

Anhang 20: Definition und Ziele des Performance Measurement

Obwohl seit einigen Jahren, besonders in den englischsprachigen Ländern über neue Leistungsmessungssysteme unter dem Begriff *Performance Measurement* bzw. *Performance Measurement Systems* diskutiert wird[573], gibt es nur wenige einheitliche und klare Definitionen.

- Neely et al. bezeichnen Performance Measurement als „[...] process of quantifying the efficiency and effectiveness of action."[574] Das Performance Measurement System verkörpert eine Ansammlung zusammengefasster Maßgrößen, die Effektivität und Effizienz quantifizieren sollen.

- Eine ähnliche Auffassung vertritt Reiss, der die *Performanz* als das Ergebnis des Zusammenspiels zwischen Effektivität („Richtige Dinge tun") und Effizienz („Dinge richtig tun") versteht.[575]

- Hronec verwendet nicht die Zielspezifizierungen Effizienz und Effektivität, dennoch argumentiert er in eine ähnliche Richtung. Er sieht in Performance Measures *vital signs*, die messen, wie gut Aktivitäten in einem Prozess – oder der Prozessoutput selbst – zur Verwirklichung eines spezifischen Unternehmensziels beitragen.[576]

- Zusätzlich zur Aufgabe der Quantifizierung spricht Rose hinsichtlich des Performance Measurement ergänzend von einem Auswertungsprozess der *Performance*, d.h. dem Vergleich der Ergebnisse mit den gesteckten Zielen.

- Nach Fickert und Schedler sind Ergebnisauswertungen und Zieldefinitionen der Unternehmensaktivitäten Teile des Performance Measurement, welches wiederum eine zentrale Komponente des Management Control-Systems darstellt.[577]

Trotz unterschiedlicher Abgrenzungen und Interpretationen hinsichtlich der inhaltlichen Weite des Begriffs Performance Measurement sind sich alle oben zitierten Autoren über den multidimensionalen Charakter des Performance Measurement einig. Ebenso herrscht Einigkeit darüber, dass Performance Measurement ein Instrument zur Messung der Zielerreichung darstellt. Dementsprechend kann zusammenfassend Performance Measurement bzgl. Definition und Ziele folgendermaßen definieren werden:

---

[573] Vgl. die ausführlichen Diskussionen bei Brown/Laverick (1994), S. 89 ff.
[574] Neely/Gregory/Platts (1995), S. 80. Vgl. hierzu auch Reiss (1992), S. 140-142.
[575] Vgl. Reiss (1992), S. 140 f.
[576] Vgl. Hronec (1993), S. 1 ff.
[577] Fickert/Schedler (1995), S. 385.

Performance Measurement wird zur Beurteilung sowohl der Effizienz als auch der Effektivität[578] von Organisationen, Systemen oder einzelnen Maßnahmen und zur Fortentwicklung deren Leistungsfähigkeit betrieben. Zur Quantifizierung werden Maßgrößen verschiedenster Dimensionen gewählt, welche sinnvollerweise in Performance Measurement Systemen zusammengefasst werden. Als zentrale Komponente für das Management Control-System dient das Performance Measurement vor allem der Rechtfertigung der bisherigen und zukünftigen Zuteilung der Ressourcen.[579]

„Ziel des Performance Measurement ist neben der Verbesserung der Zielerreichung auf allen Leistungsebenen im gesamten Unternehmen auch die Förderung der abteilungs- bzw. hierarchieübergreifenden Kommunikation sowie die Steigerung der Motivation."[580]

---

[578] Effizienz bezeichnet die Wirtschaftlichkeit einer Maßnahme oder eines Systems im engeren Sinne und lässt sich durch den Quotienten [*wertmäßiger Output / wertmäßiger Input*] beschreiben. Die operative Ausrichtung unterstützt die Maßgrößenbotschaft *Doing the things right!* Effektivität ist die auf eine konkrete Zielsetzung als Output bezogene Wirtschaftlichkeit. Die strategische Ausrichtung unterstützt die Maßgrößenbotschaft *Doing the right things!* Vgl. Gleich (1996), S. 8 und Scholz (1992), S. 534 und Scholz (1992), Sp. 553.

[579] Vgl. Fickert/Schedler (1995), S. 385 und Gleich (1997), S. 8 ff.

[580] Bark/Gleich/Waller (1997), S. 27.

Anhang 21: Balanced Scorecard von Kaplan/Norton

Neben der Auswahl der unterstützenden Technologien und der Berücksichtigung von Leistungsanreizen ist vor allem die Konstruktion einer geeigneten Informationsarchitektur im Anwendungsfeld für den Aufbau eines Performance Measurement Systems von Bedeutung.

Anhand der wohl bekanntesten Ausprägung eines Performance Measurement Systems – der Balanced Scorecard von Kaplan/Norton[581] – wird eine mehrdimensionale Informationsarchitektur dargestellt.

Der im Rahmen eines langjährigen Forschungsprojekts von *Kaplan* und *Norton* in Zusammenarbeit mit 12 Firmen entwickelte *ausgewogene Berichtsbogen* hält aus vier unterschiedlichen Perspektiven fest, was das betreffende Unternehmen in der betrachteten Berichtsperiode geleistet hat und wo es im Wettbewerb steht.[582]

Zentraler Punkt der Balanced Scorecard ist die aus der Unternehmensvision abgeleitete Strategie, die über Ursache-Wirkungsbeziehungen mit dem Performance Measurement System verbunden ist. „A good Balanced Scorecard will tell the story of our strategy."[583]

Die vier Felder der Balanced Scorecard erlauben den Unternehmen, Ziele zu formulieren, die einerseits den kurzfristigen finanziellen Entwicklungen und andererseits den Einflussgrößen der langfristigen Wachstumsmöglichkeiten gerecht werden.[584] Außerdem werden schwer quantifizierbare Zieldimensionen in die Betrachtung miteinbezogen:

„The balanced scorecard takes a systematic approach to operational performance measures as well as what were once considered those unmeasurable ‚intangibles' like employee skills and training."[585]

Die Balanced Scorecard von Kaplan/Norton ist in Abb. 92 dargestellt.

---

[581] Vgl. Kaplan/Norton (1992), S. 71-79.
[582] Zur Anwendungspraxis der Balanced Scorecard vgl. Zimmermann/Jöhnk (2000), S. 601 ff.
[583] Kaplan/Norton (1992b), S. 37 und Kaplan/Norton (2001), S. 60 f.
[584] Vgl. Kaplan (1995), S. 68 ff.
[585] Hoffecker/Goldenberg (1994), S. 7.

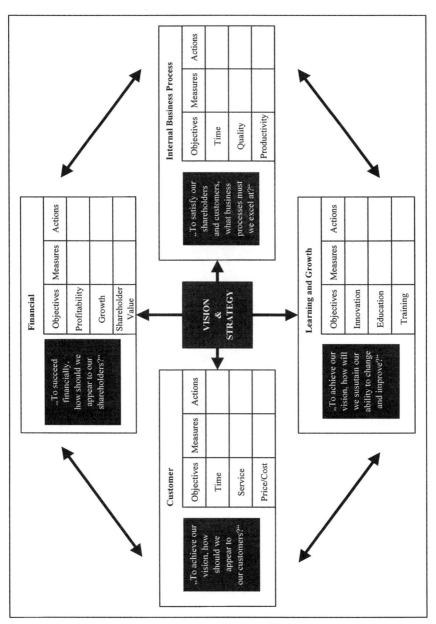

Abb. 92: Balanced Scorecard von Kaplan/Norton[586]

---

[586]   Vgl. Kaplan/Norton (1993), S. 137 und Kaplan/Norton (1996).

Anhang 22: Verknüpfung des Integration-Dashboard mit dem Akquisitionsprozess

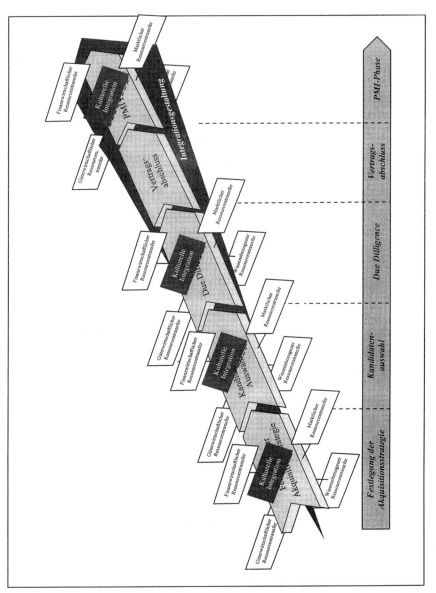

Abb. 93: Verknüpfung des Integration-Dashboard mit dem Akquisitionsprozess

Anhang 23: Mitarbeitereinbindung im Rahmen des Akquisitionsprozesses

Neben einer umfassenden Kommunikationspolitik, deren Ziel darin besteht, Rahmenbedingungen zu schaffen, welche Unruhe und damit negative Gefühle unter den Mitarbeitern gar nicht erst entstehen lassen, ist auch die Form der Mitarbeitereinbindung in den Integrationsgestaltungsprozess für die Akquisition erfolgsrelevant.

Um negative, mitarbeiterbezogene Folgen zu vermeiden, muss das Human Resource Management von Beginn an in den Übernahmeprozess miteinbezogen werden. Es gilt: „Je näher sich zwei Unternehmen kommen, desto stärker ist das Human Resources Management gefordert."[587]

Werden Mitarbeiter außerhalb des Projektteams von Anfang an in die Integrationsgestaltung eingebunden sind oftmals folgende wünschenswerte Effekte erkennbar:[588]

- Das Wissen der Mitarbeiter geht in den Problemlösungsprozess während der Integrationsgestaltung ein und sorgt für bessere Umsetzungsresultate.

- Die partizipative Gestaltung des Problemlösungs- und Umsetzungsprozesses wirkt motivierend auf die beteiligten Mitarbeiter und beugt *Ohnmachtsgefühlen* vor.

- Die Einbindung der Mitarbeiter erhöht die Akzeptanz der Integrationsgestaltungsmaßnahmen in der Belegschaft, da diese sich leichter mit Konzepten identifizieren wird, an deren Entwicklung sie selbst beteiligt war.

- Aus informations-inhaltlicher Sicht werden die eingebundenen Mitarbeiter vom Projektteam aus erster Hand unterrichtet und geben diese Informationen an ihr Umfeld weiter. Umgekehrt erhält auch das Projektteam auf diesem Weg direktes Feedback aus der breiten Mitarbeiterschaft über die Wirkung der Integrationsgestaltungsmaßnahmen.

Hinsichtlich des Integrationsgestaltungsprozesses sind die Abfolgeschritte *(1) Integrationszielsetzung, (2) Umsetzungsplanung, (3) Entscheidung, (4) Umsetzung, (5) Umsetzungskontrolle* und *(6) Leben im Alltag* zu unterscheiden. Werden diese Schritte den beteiligten Akteuren zugeordnet, ergeben sich die in Abb. 94 aufgelisteten vier Grundmuster der Mitarbeitereinbindung bei Integrationsgestaltungsmaßnahmen.

---

[587] Gut-Villa (1995), S. 79.

[588] Den genannten positiven Effekten stehen freilich ein hoher Zeit- und Mittelbedarf für Kommunikations- und Abstimmungsprozesse gegenüber.

1. *Überraschungsangriff/Überfall*

Integrationszielsetzung, Umsetzungsplanung, Entscheidung, Umsetzung und Umsetzungskontrolle werden ausschließlich von dem Integrations-Projektteam bzw. der Unternehmensführung übernommen. Lediglich die Konfrontation mit den Auswirkungen der Integrationsgestaltung obliegt den direkt Betroffenen.

Das Grundmuster des *Überraschungsangriffs* ist durch geringen Zeit- und Ressourcenbedarf gekennzeichnet, jedoch nur im Fall einer konzentrierten Machtverteilung anzuraten. Ebenfalls muss das für den Ressourcentransfer benötigte, spezifische Know-how konzentriert im Bereich des Integrations-Projektteams / der Geschäftsführung liegen.

2. *Mitwirkung*

Die Integrationszielsetzung, Entscheidung und Kontrolle obliegt dem Integrations-Projektteam bzw. der Unternehmensführung. Schlüsselfiguren außerhalb des Projektteams unterstützen bei der Umsetzungsplanung und der tatsächlichen Umsetzung.

Dieses Muster der Mitarbeitereinbindung bedarf eines geringfügig höheren Zeit- und Ressourcenbedarfs als die *Überfall-Strategie* und ist erfolgversprechend bei einer konzentrierten Machtverteilung und anspruchslosen Präferenzen der Mitarbeiter.

3. *Delegation*

In diesem Fall liegen lediglich Integrations-Zielsetzung und Umsetzungskontrolle bei der Geschäftsleitung bzw. beim Integrations-Projektteam. Der Umsetzungsplanungsprozess erfolgt gemeinsam mit den Schlüsselfiguren außerhalb des Projektteams und den direkt betroffenen Mitarbeitern. Die Entscheidung zur Umsetzung wird von den Schlüsselfiguren getroffen, umgesetzt wird von ihnen und den direkt betroffenen Mitarbeitern.

Diese Variante der Mitarbeitereinbindung zur Integrationsgestaltung erscheint sinnvoll, wenn das für den Ressourcentransfer benötigte Wissen nur schwer an Dritte (bspw. Projektteam-Mitglieder) vermittelbar und im Unternehmen verstreut vorhanden ist.

4. *Selbstorganisation*[589]

Lediglich die Umsetzungskontrolle erfolgt bei der Geschäftsleitung bzw. im Integrations-Projektteam. Das Integrationsziel wird gemeinsam mit den betroffenen Mitarbeitern festgelegt. Umsetzungsplanung, Entscheidung und die Umsetzung sind weitere Aufgaben der direkt Betroffenen, die den gesamten Integrationsgestaltungsprozess begleiten, lediglich noch in der Umsetzungsplanung

---

[589] Vgl. Bark (1997), C 3.6, S. 1 ff.

durch die Schlüsselfiguren außerhalb der Geschäftsleitung und des Projektteams unterstützt.

Höchster Einsatz an Zeit und Ressourcen und ausschließlich bei den Betroffenen vorhandenes Know-how für den zu bewerkstelligenden Ressourcentransfer sind Voraussetzungen für das Grundmuster der Selbstorganisation.

	Überraschungs-angriff / Überfall	Mitwirkung	Delegation	Selbstorganisation
Übergeordnete Instanz (Zum Beispiel Geschäftsleitung in Verbindung mit dem Integrations-gestaltungs-Projektteam)	(1) Integrations-Zielsetzung	(1) Integrations-Zielsetzung	(1) Integrations-Zielsetzung	(1) Integrations-Zielsetzung
	(2) Umsetzungs-planung	(2) Umsetzungsplanung	(2) Umsetzungsplanung	
	(3) Entscheidung	(3) Entscheidung		
	(4) Umsetzung			
	(5) Umsetzungs-kontrolle	(5) Umsetzungskontrolle	(5) Umsetzungskontrolle	(5) Umsetzungs-kontrolle
Schlüsselfiguren außerhalb des **Projektteams** (Bereichsleiter, Arbeit-nehmervertreter, etc.)		(2) Umsetzungsplanung	(2) Umsetzungsplanung	(2) Umsetzungs-planung
			(3) Entscheidung	
		(4) Umsetzung	(4) Umsetzung	
Direkt betroffene Mitarbeiter der Maßnahmen der Integrations-gestaltung				(1) Integrations-Zielsetzung
			(2) Umsetzungsplanung	(2) Umsetzungs-planung
				(3) Entscheidung
			(4) Umsetzung	(4) Umsetzung
	(6) Leben im Alltag	(6) Leben im Alltag	(6) Leben im Alltag	(6) Leben im Alltag
Effizienz-Bedingungen (1) Machtverteilung (2) Präferenzstrukturen (3) Für die Ressour-centransfer not-wendiges Know-how	(1) Konzentriert	(1) Eher konzentriert	(1) Eher verteilt	(1) Verteilt
	(2) Anspruchslos	(2) Eher anspruchslos	(2) Eher anspruchsvoll	(2) Anspruchsvoll
	(3) Konzentriert	(3) Kaum verteilt und an Dritte schwer zu vermitteln	(3) Im Unternehmen verteilt und an Dritte schwer zu vermitteln	(3) Nur direkt Betroffe-ne besitzen notwen-diges Know-how für den Res-sourcentransfer

Quelle: Picot/Freudenberg/Gassner, in HARVARD BUSINESS manager 5/1999, S. 53

Abb. 94: Formen der Mitarbeitereinbindung im Integrationsgestaltungsprozess

Anhang 24: Ertragswertverfahren

Es bestehen in Literatur und Bewertungspraxis unterschiedliche Ertragsbegriffe und unterschiedliche Auffassungen darüber, wie die finanziellen Unternehmenserträge zu messen sind. Es ergeben sich je nach Definition des bewertungsrelevanten Zukunftsertrages unterschiedliche Ertragswertverfahren. Folgende Ertragsbegriffe werden unterschieden:

- ❑ Netto Cash-flows (NCF) beim (potenziellen) Eigner
- ❑ Netto-Ausschüttungen aus dem Unternehmen
- ❑ Einzahlungsüberschüsse des Unternehmens
- ❑ Netto-Einnahmen des Unternehmens
- ❑ Periodenerfolge des Unternehmens

Für eine Kauf- bzw. Verkaufssituation können die NCF definiert werden als periodenspezifischer Saldo aller erwarteten finanziellen Zu- und Abflüsse beim (potenziellen) Eigner, die durch die Entscheidung des Erwerbs bzw. des *Haltens* des Unternehmens erwartet werden. Erfasst werden in diesen NCF also nicht nur die Zahlungsströme zwischen Unternehmen und Eigner, sondern auch Zahlungsströme zwischen Unternehmen und Dritten, die mit dem zu bewertenden Unternehmen zusammenhängen, wie z.B. persönliche Steuern oder Synergieeffekte bei anderen Unternehmen des Eigners.[590]

Bei der Betrachtung des Ertragsbegriffs der Netto-Ausschüttungen aus dem Unternehmen werden grundsätzlich nur die Zahlungen zwischen Unternehmen und Eigner berücksichtigt, externe Synergien und persönliche Steuerwirkungen bleiben unberücksichtigt. Identität besteht jedoch zum Ertragsbegriff des NCF beim Eigner hinsichtlich der Zahlungen zwischen Unternehmen und Eigner, die definiert werden können als Saldo zwischen Ausschüttungen (Dividenden), Kapitalrückzahlungen und Kapitaleinzahlungen.

Der Ertragsbegriff der Einzahlungsüberschüsse des Unternehmens unterstellt, dass in jeder künftigen Periode der gesamte erwirtschaftete Einzahlungsüberschuss (nach Abzug aller Zahlungen an die Fremdkapitalgeber) auch tatsächlich an den Eigner ausgeschüttet bzw. ausbezahlt wird, während beim Abstellen auf die Ertragsbegriffe des NCF beim Eigner oder auf Netto-Ausschüttungen aus dem Unternehmen eine konkrete Prognose des Ausschüttungsverhaltens erforderlich ist.

---

[590] Man spricht in diesem Falle auch von *externen Synergien*.

Auf Grundlage dieser „Vollausschüttungsfiktion" wird der Bewertung in jeder Periode der für den Eigner potenziell verfügbare Cash-flow zugrunde gelegt. Persönliche Steuerwirkungen beim Eigner und externe Synergien bleiben unberücksichtigt. Die Einzahlungsüberschüsse können nach dem Schema der Formel ermittelt werden.[591]

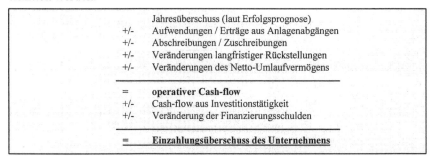

	Jahresüberschuss (laut Erfolgsprognose)
+/-	Aufwendungen / Erträge aus Anlagenabgängen
+/-	Abschreibungen / Zuschreibungen
+/-	Veränderungen langfristiger Rückstellungen
+/-	Veränderungen des Netto-Umlaufvermögens
=	**operativer Cash-flow**
+/-	Cash-flow aus Investitionstätigkeit
+/-	Veränderung der Finanzierungsschulden
=	**Einzahlungsüberschuss des Unternehmens**

Formel XVII: Berechnung des Einzahlungsüberschusses des Unternehmens

In vergleichbarer Form wird beim Ertragsbegriff der Netto-Einnahmen des Unternehmens der Saldo aus den erwarteten Einnahmen und Ausgaben des Unternehmens als bewertungsrelevant erachtet.[592] Der Unterschied zum Ertragsbegriff der Einzahlungsüberschüsse ist, dass zur Ermittlung der künftigen Einnahmenüberschüsse in der Regel lediglich eine Finanzplanung in eingeschränkter Form erforderlich ist.

Werden künftige Periodenerfolge des Unternehmens als bewertungsrelevant erachtet, wird die Ausrichtung an Zahlungsströmen bzw. Cash-flows aufgegeben. Die „buchhalterische Größe" des Periodenerfolgs entspricht dem aus Ertrags- und Aufwandsrechnungen für die Betrachtungsperiode abgeleiteten Gewinn oder Verlust. Für die Ermittlung der zukünftigen Periodenerfolge wird eine reine Erfolgsprognose als ausreichend erachtet. Vereinfachungen bei der Wahl der Periodenerfolge als bewertungsrelevanter Ertragsbegriff resultieren aus der implizierten Annahme, die künftigen Aufwendungen und Erträge würden den künftigen Zahlungen entsprechen.

---

[591] In Anlehnung an die Struktur der Kapitalflussrechnung; Netto-Umlaufvermögen ohne liquide Mittel und kurzfristige Bankverbindlichkeiten.

[592] Gemäß HFA 2/1983 in Form der *nachhaltig entziehbaren, verfügbaren Einnahmenüberschüsse*.

Anhang 25: Comparative Company Approach

Beim *Comparative Company Approach (CCA)* orientiert sich die Bestimmung des Unternehmenswerts unmittelbar an konkreten, tatsächlich realisierten Marktpreisen für vergleichbare Unternehmen. Anhand der Marktpreise für die Vergleichsunternehmen wird der potenzielle Marktpreis für das Bewertungsobjekt geschätzt. Die Auswahl der Vergleichsunternehmen und die Kenntnis von möglichst zeitnahen, tatsächlich realisierten Marktpreisen für die Vergleichsunternehmen bilden zentrale Ansatzpunkte der Verfahren, zugleich jedoch auch die in der Praxis am schwierigsten zu lösenden Aufgabenstellungen.

Ebenfalls der CCA zugerechnet werden die

❑ *Similar Public Company Method (SPCM)*, die zur Bewertung von nicht an der Börse notierten Unternehmen eingesetzt wird, sowie die

❑ *Recent Acquisition Method (RAM)*, bei der der Unternehmenswert aus realisierten Kaufpreisen für Vergleichsunternehmen abgeleitet wird.

Nach demselben Muster wird beim *Initial Public Offering-Ansatz* vorgegangen. Zur Wertfindung werden die erhobenen Marktpreise der Vergleichsunternehmen mit bestimmten Performance-Daten (z.B. Periodengewinngrößen, Dividendenzahlungen, Cash-flows, etc.) in Relation gesetzt. Die daraus resultierenden Verhältniszahlen (*Multiplikatoren*) werden dann auf die für das zu bewertende Unternehmen festgelegten Vergleichsgrößen angewendet.

Die Schätzung des potenziellen Marktpreises folgt im einfachsten Fall nur eines Vergleichsunternehmens nach folgender Formel:

$$MP_B = V_B * \frac{MP_V}{V_V}$$

Dabei gilt:

MP_B	=	potenzieller Marktpreis des zu bewertenden Unternehmens	V_B =	Vergleichsgröße des zu bewertenden Unternehmens
MP_V	=	Börsenkurswert des Vergleichsunternehmens	V_V =	Vergleichsgröße des Vergleichsunternehmens

Formel XVIII: Schätzung des potenziellen Marktpreises

Der Quotient aus dem Börsenkurswert des Vergleichsunternehmens (MP_V) und der Vergleichsgröße des Vergleichsunternehmens (V_V) stellt den Multiplikator dar, der für die jeweilige Vergleichsgröße aus dem Marktpreis eines Vergleichsunternehmens errechnet wurde. Praxisrelevant sind insbesondere Multiplikatoren, denen als Vergleichsgröße eine Gewinn- oder Cash-flow-Größe zugrunde gelegt wird.

Anhang 26: Multiplikatormethode

Beim CCA werden die Multiplikatoren zur Unternehmenswertermittlung unmittelbar aus Börsenkurswerten oder anderen realisierten Marktpreisen konkreter Vergleichsunternehmen abgeleitet.

Im Gegensatz zum CCA ist der Bewerter bei der Multiplikatormethode nicht auf die Kenntnis tatsächlich realisierter Kaufpreise oder Börsenwerte für konkrete Vergleichsunternehmen angewiesen. Er orientiert sich vielmehr an Erfahrungssätzen aus den in der Vergangenheit in einer bestimmten Branche realisierten Marktpreisen für Unternehmensverkäufe. Dabei wird der Unternehmenswert als potenzieller Marktpreis durch Multiplikation einer bestimmten Kenngröße des zu bewertenden Unternehmens mit einem von der gewählten Basis abhängigen, branchenspezifischen Faktor geschätzt.

Ausschlaggebend für die Anwendung der Multiplikatormethode (*market multiples*) ist die Zuordnung des Akquisitionsobjekts zu einem bestimmten Geschäftszweig und die Kenntnis der in diesem Geschäftszweig üblichen Multiplikatoren.[593]

Mit den zwei Größen EBIT[594] bzw. EBDIT[595] werden Ansatzpunkte für eine Multiplikatormethode geliefert, die durch die Einfachheit der ihr zugrunde liegenden Logik besticht (siehe Beispielrechnung 6).

Kernpunkt dieses Ansatzes ist die Frage, wie oft der Käufer den zukünftigen Gewinn als Preis für das Unternehmen zahlen muss.[596] Die Bestimmung der Multiplikatoren läuft teilweise über den reziproken Wert des Kalkulationszinssatzes. Damit wird dem Gedanken Rechnung getragen, dass mit zunehmendem Risiko und damit steigendem Kalkulationszinssatz der Multiplikationsfaktor abnimmt.

Kritikpunkt ist auch hier die vergangenheitsorientierte Bewertung aus den Jahresüberschüssen, allerdings ist aber über die Mittlung von erwarteten EBITs bzw. EBDITs ein Zukunftserfolg abbildbar.

---

[593] Für die unterschiedlichen Multiplikatoren lassen sich branchenspezifische Beispiele finden, die innerhalb der Branche zusätzlich nach der Unternehmensgröße variieren. So bekommen Unternehmen mit einem Umsatz < 20 Millionen DM häufig kleinere Multiplikatoren, während ab 100 Millionen DM Umsatz größere Multiplikatoren angegeben werden. So weisen Versicherungsunternehmen Multiplikatoren zwischen 10 und 20 auf, Energieversorger zwischen 10 und 15 und Pharmaunternehmen zwischen 8 und 15. Die Getränkeindustrie, Verlage, Chemie, Baustoffe und Elektrotechnik rangieren zwischen 5 und 10, Handwerk und Bauindustrie werden hingegen mit Multiplikatoren zwischen 3 und 6 versehen. Vgl. Ruhnke (2000), S. 426.

[594] Earnings Before Interest and Tax.

[595] Earnings Before Depreciation, Interest and Tax.

[596] Vgl. Gösche (1993), S. 184.

1. Formel

Unternehmenswert   =   a * EBIT
                        =   b * EBDIT

a und b = Multiplikationsfaktoren = $\dfrac{1}{\text{Kalkulationszinsfuß}^1}$, wobei a > b

2. Unternehmenswertermittlung

$a = \dfrac{1}{12,5\,\%}$ = 8

b korrigiert (≅ Kalkulationszins von 14,3 %)   = 7

EBIT   = 211.950 €
EBDIT   = 242.094 €

Unternehmenswert =   8 * 211.950 €   bzw.   7 * 242.094 € ≅ **1.695.000 €**

[1] berücksichtigt Zinsniveau, Markt- und Branchenrisiko

Beispielrechnung 6: Unternehmensbewertung auf Basis EBIT und EBDIT

Anhang 27: Übergewinnmethode

Bei der Übergewinnmethode wird die Zukunftsertragserwartung mit dem Substanzwert[597] hinsichtlich seiner Verzinsung verglichen. Entspricht der Zukunftsertrag einer *Normalverzinsung*[598] des Substanzwerts, entspricht auch der Unternehmenswert dem Substanzwert. Ist die Ertragserwartung höher, so ist der Mehrertrag der *Übergewinn*.

Als Übergewinn wird der Teil der jährlichen Gewinne eines Unternehmens bezeichnet, der über den bei einer *normalen* Verzinsung des im Substanzwert verkörperten Kapitaleinsatzes hinaus erwirtschaftet wird. Der Übergewinn ist ein Zeichen dafür, dass neben der materiellen Substanz auch noch immaterielle Vermögenswerte vorhanden sind. Es wird unterstellt, dass diese immateriellen Werte, bedingt durch die Konkurrenzsituation und die damit verbundene Entwertungsgefahr, mit einem stärkeren Risiko behaftet sind, weshalb der Übergewinn mit einem Übergewinnzinssatz diskontiert wird, der über dem Normalzinssatz liegt.[599]

Eine Abwandlung dieser Methode ist das Verfahren der Übergewinnverrentung.[600] Bei diesem Verfahren wird der Übergewinn nicht nach der Formel für die ewige Rente errechnet, sondern als Zeitrente. Das Verfahren basiert auf der Überlegung, dass die Ertragssituation auf einem zeitlich begrenzten *Goodwill* beruht.[601]

---

1. Formel

Unternehmenswert UW $= \quad SW + RBF_n * [E - i_{\ddot{U}} * SW]$

2. Unternehmenswertermittlung

Substanzwert (SW)	=	887.050 €
Referenzergebnis vor Steuern (E)	=	279.460 €
Nachhaltigkeit der Überrendite (n)	=	5 Jahre
Zinssatz für den Übergewinn (i $_{\ddot{U}}$)	=	12,5 %[1)]
Barwertfaktor der nachschüssigen Rente über 5 Jahre (RBF $_n$)	=	3,56

U.E.C.-Wert = 887.050 € + 3,56 * (279.460 € - 110.881 €)   =   <u>**1.487.167 €**</u>

[1)] 10% Kapitalmarktzins + 25% Risikozuschlag = 12,5%

Beispielrechnung 7: Unternehmenswertermittlung auf Basis des Übergewinnverfahrens

---

[597] In diesem Sinne zumeist der Teilreproduktionswert.

[598] Als *Normalverzinsung* wird dabei der landesübliche Zinssatz für langfristige Anlagen angesehen.

[599] Vgl. Helbling (1993), S. 105.

[600] Auch bezeichnet als *Methode der verkürzten Goodwillrentendauer*, *Methode der begrenzten Übergewinnverrentung* oder *Gewinnschichtungsmethode*.

[601] Als Zeitraum für einen subjekt-gebundenen Goodwill kommen 3-5 Jahre in Betracht, für einen objekt-gebundenen Goodwill 5-8 Jahre. Vgl. Helbling (1993), S. 105.

Anhang 28: Stuttgarter Verfahren

Anteile an Kapitalgesellschaften die keinen Kurswert haben, sind für steuerliche Zwecke mit dem gemeinen Wert zu bewerten.[602] Die Bewertung ist in den Abschnitten 76 bis 89 des Vermögenssteuerrechts (VStR) geregelt und ist eine Variante des einfachen undiskontierten Übergewinnverfahrens.

Ausgangsgröße ist bei diesem Verfahren der Teilreproduktionswert, der als Vermögenswert bezeichnet wird. Der Vermögenswert wird durch mengen- und wertmäßige Hinzurechnungen und Kürzungen aus dem steuerlichen Einheitswert des Betriebsvermögens abgeleitet. Korrekturen sind bspw. die Ansetzung von Betriebsgrundstücken zum gemeinen Wert, die Nicht-Berücksichtigung von latenten Steuern, die Nicht-Berücksichtigung künftiger ertragssteuerlicher Belastungen der stillen Reserven sowie die Hinzurechnung von Schachtelbeteiligungen. Der übliche 15 prozentige Abschlag darf nach Abschnitt 6 Abs. 3 VStR seit 1993 nicht mehr angesetzt werden.

Neben dem Vermögen des Betriebes werden die Ertragsaussichten durch den Ertragsprozentsatz berücksichtigt. Er ermittelt sich aus dem Verhältnis des maßgeblichen Durchschnittsertrags zum Nominalkapital. Auch hier ist der bislang übliche 30 prozentige Abschlag vom errechneten Durchschnittsertrag „zur Abgeltung aller Unwägbarkeiten"[603] nicht mehr anzusetzen.

Die Finanzverwaltungen gehen dabei von einer Normalverzinsung von zehn Prozent über einen absehbaren Zeitraum von fünf Jahren aus. Die Berechnung des Durchschnittsertrages wird entsprechend des Abschnittes 78 VStR vorgenommen. Ausgangsgröße ist dabei das zu versteuernde Einkommen, das in der Regel in den letzten drei Jahren vor dem Bewertungsstichtag erzielt wurde. Der Ausgangsgröße des zu versteuernden Einkommens gemäß des Körperschaftssteuergesetzes werden alle Sonderabschreibungen, Verlustabzüge, einmaligen Veräußerungsverluste, steuerfreien Vermögensvermehrungen, Investitionszulagen und gewisse Jubiläumsrückstellungen hinzugerechnet. Abgerechnet werden einmalige Veräußerungsgewinne, Rückflüsse unverzinslicher Darlehen, die Vermögensteuer und die übrigen abzugsfähigen Aufwendungen in voller Höhe.

Damit wird der gemeine Wert des Unternehmens als die Summe des Vermögenswertes und des Ertragsprozentsatzes abzüglich zehn Prozent Normalverzinsung über fünf Jahre angegeben.

---

[602] § 11 des Bewertungsgesetzes für steuerliche Belange (BewG).
[603] Abschnitt 7 VStR.

1. Formel

$$\text{Gemeiner Wert (GW)} \quad = \quad V + 5 * \left[E - \frac{10 * GW}{100} \right] = \frac{100}{150} * (V + 5 * E)$$

2. Unternehmenswertermittlung

Vermögenswert (V)	=	753.993 €
Ertrag auf Basis des Ertragsprozentsatz (EP)	=	195.622 €

Gemeiner Wert = 0,66 * (753.993 € + 5 * 195.622 €)   =   **1.143.188 €**

Beispielrechnung 8: Unternehmenswertermittlung nach dem Stuttgarter Verfahren

SCHRIFTEN ZUR UNTERNEHMENSPLANUNG

Band 1 Bernhard Früh: Entscheidungsträgermodelle bei Planungstechniken. 1984.

Band 2 Ekbert Hering: Planung neuer Produkt-Marktbereiche unter besonderer Berücksichtigung der Realisierung in Klein- und Mittelbetrieben. 1984.

Band 3 Thomas Hintsch: Geschäftsfeldsteuerung in Kreditinstituten. Eine Konzeption für die strategische Planung in Banken. 1984.

Band 4 Rainer Mager: Investitions- und Steuerplanung mit Systemsimulation. 1984.

Band 5 August Zimmermann: Evolutionsstrategische Modelle bei einstufiger, losweiser Produktion. Simultane Programm-, Losgrößen- und Lossequenzplanung mit Hilfe der Simulation auf der Basis biologischer Evolutionsfaktoren. 1985.

Band 6 Paul Bäuerle: Finanzielle Planung mit Hilfe heuristischer Kalküle. Ein Beitrag zur Methodologie modellgestützter Entscheidungsfindung, konkretisiert am Beispiel der Investitions- und Finanzplanung in Klein- und Mittelbetrieben. 1987.

Band 7 Hans-Jürgen Hillmer: Planung der Unternehmensflexibilität. Eine allgemeine theoretische Konzeption und deren Anwendung zur Bewältigung strategischer Flexibilitätsprobleme. 1987.

Band 8 Wilfried H. Schwarz: Systeme der Entscheidungsunterstützung im Rahmen der strategischen Planung. 1987.

Band 9 Horst Michael: Steigerung der Effektivität betriebswirtschaftlicher Planungsprozesse durch das Leitbild des kritischen Rationalismus. Zu den Möglichkeiten eines Methodentransfers zwischen realwissenschaftlicher Forschung und betriebswirtschaftlicher Planung. 1988.

Band 10 Reiner Beutel: Unternehmensstrategien international tätiger mittelständischer Unternehmen. 1988.

Band 11 Andreas Bunz: Strategieunterstützungsmodelle für Montageplanungen. System Dynamics-Modelle zur Analyse und Gestaltung der Flexibilität von Montagesystemen. 1988.

Band 12 Lienhard Hopfmann: Flexibilität im Produktionsbereich. Ein dynamisches Modell zur Analyse und Bewertung von Flexibilitätspotentialen. 1989.

Band 13 Andreas M. Kleinhans: Wissensverarbeitung im Management. Möglichkeiten und Grenzen wissensbasierter Managementunterstützungs-, Planungs- und Simulationssysteme. 1989.

Band 14 Klaus J. Enßlin: Technologische Spin-off-Effekte aus der Raumfahrt. Vom staatspolitischen Anspruch zum unternehmenspolitischen Problem. 1989.

Band 15 Günther Unterkofler: Erfolgsfaktoren innovativer Unternehmensgründungen. Ein gestaltungsorientierter Lösungsansatz betriebswirtschaftlicher Gründungsprobleme. 1989.

Band 16 Wolfgang Kömpf: Unternehmensführung in erfolgreichen Klein- und Mittelbetrieben. Eine empirische Untersuchung. 1989.

Band 17 Wolfgang Brandt: Strategien für Rundfunkanstalten. Strategische Entwicklungsmöglichkeiten der öffentlich-rechtlichen Rundfunkanstalten. 1989.

Band 18 Uwe Schmid: Umweltschutz - Eine strategische Herausforderung für das Management. 1989.

Band 19 Josef Röhrle: Unternehmensführung und Unternehmensentwicklung. Ein Führungskonzept zur ganzheitlichen Steuerung der Unternehmensentwicklung. 1990.

Band 20 Harald W. Sondhof: Finanzdienstleistungsmärkte im Wandel. Eine industrieökonomische Branchenanalyse für strategische Zwecke. 1990.

Band 21 Ulrich Kreutle: Die Marketing-Konzeption in deutschen Chemieunternehmen – eine betriebswirtschaftlich-historische Analyse am Beispiel der BASF Ludwigshafen. 1992.

Kathrin Knöfler

Rechtliche Auswirkungen der Due Diligence bei Unternehmensakquisitionen

Frankfurt/M., Berlin, Bern, Bruxelles, New York, Oxford, Wien, 2001. 375 S.
Europäische Hochschulschriften: Reihe 2, Rechtswissenschaft. Bd. 3240
ISBN 3-631-38371-1 · br. € 50.10 *

Die Due Diligence hat in den letzten Jahren insbesondere aufgrund der steigenden Anzahl der Unternehmensakquisitionen eine enorme Bedeutung er-langt und ist inzwischen fast zu einer eigenständigen Disziplin der Tätigkeit von Wirtschaftsprüfern, Steuerberatern, Unternehmensberatungen und auch Rechtsanwälten geworden. Nicht geklärt sind jedoch die rechtlichen Auswirkungen der Due Diligence. Diese werden mit der vorliegenden Arbeit umfassend untersucht. Gegenstand dieser Untersuchung sind die Auswirkungen der Due Diligence auf die Gewährleistungsrechte des Käufers eines Unternehmens, die Möglichkeit der Inanspruchnahme des potentiellen Käufers bei mißbräuchlicher Verwendung der durch die Due Diligence erlangten Informa- tionen und die diesbezügliche Anwendbarkeit bei internationalen Unternehmenskäufen. Darüber hinaus wird erörtert, welche Ansprüche gegen jene Dritte bestehen, die die Due Diligence durchgeführt haben, und inwieweit Ansprüche gegen das Management des Verkäuferunternehmens unter dem Gesichtspunkt der pflichtwidrigen Zulassung der Due Diligence geltend gemacht werden können.

Frankfurt/M · Berlin · Bern · Bruxelles · New York · Oxford · Wien
Auslieferung: Verlag Peter Lang AG
Jupiterstr. 15, CH-3000 Bern 15
Telefax (004131) 9402131

*inklusive der in Deutschland gültigen Mehrwertsteuer
Preisänderungen vorbehalten
Homepage http://www.peterlang.de

Peter Lang · Europäischer Verlag der Wissenschaften